21 世 纪 本 科 金 融 学 名 家 经 典 教 科 书 系

商业银行经营管理

（第二版修订版）

Bank Management

主　编　宋清华
副主编　章　晟　张雪兰

中国金融出版社

责任编辑：张菊香
责任校对：潘 洁
责任印制：陈晓川

图书在版编目（CIP）数据

商业银行经营管理/宋清华主编 . —2 版（修订本）. —北京：中国金融出版社，2021.8
（21 世纪本科金融学名家经典教科书系）
ISBN 978 -7 -5220 -1282 -7

Ⅰ.①商… Ⅱ.①宋… Ⅲ.①商业银行—经营管理—高等学校—教材 Ⅳ.①F830.33

中国版本图书馆 CIP 数据核字（2021）第 164407 号

商业银行经营管理（第二版修订版）
SHANGYE YINHANG JINGYING GUANLI（DI-ER BAN XIUDINGBAN）
出版
发行 中国金融出版社
社址 北京市丰台区益泽路 2 号
市场开发部 （010）66024766，63805472，63439533（传真）
网 上 书 店 www.cfph.cn
（010）66024766，63372837（传真）
读者服务部 （010）66070833，62568380
邮编 100071
经销 新华书店
印刷 河北松源印刷有限公司
尺寸 185 毫米×260 毫米
印张 19.75
字数 463 千
版次 2009 年 3 月第 1 版 2017 年 3 月第 2 版 2021 年 8 月第 2 版修订版
印次 2023 年 7 月第 3 次印刷
定价 50.00 元
ISBN 978 -7 -5220 -1282 -7
如出现印装错误本社负责调换 联系电话（010）63263947
编辑部邮箱：jiaocaiyibu@126.com

21 世纪高等学校金融学系列教材
编审委员会

主编简介

宋清华，中南财经政法大学金融学院教授，博士生导师。入选教育部新世纪优秀人才支持计划，湖北省新世纪高层次人才工程第二层次人选，湖北省有突出贡献中青年专家。兼任中国金融学会理事，中国国际金融学会常务理事、副秘书长、学术委员会委员，湖北省金融学会常务理事、学术委员会委员，湖北省金融要素市场战略规划与风险控制委员会委员，武汉仲裁委员会仲裁员。在《管理世界》《金融研究》等刊物上发表论文170余篇，出版了个人学术专著2部，主编或参与撰写并出版了十余部著作，多项科研成果获省部级奖，主持完成了国家社科基金项目等各类课题10余项。研究方向为银行管理、金融风险管理。

第二版修订前言

大仪斡运，天回地游，距《商业银行经营管理（第二版）》初版付印倏尔四年有余。此间，百年未有之大变局正深刻地改变着中国银行业的经营环境，“一委一行两会”金融监管体系与货币政策和宏观审慎政策双支柱调控框架的确立，“碳达峰”“碳中和”国策给银行业带来的机遇与挑战，金融科技浪潮推动商业银行的数字化转型与发展，新冠肺炎疫情全球大流行对商业银行及其利益相关者的短期冲击与长期影响，商业银行如何在有效服务实体经济的同时防控金融风险以支持高质量发展……凡此种种，构成了中国银行业改革与发展波澜壮阔的生动画面，更塑造了商业银行的经营管理理念与策略。我们在授课过程中，亦不断更新教案，希望尽可能地将相关内容纳入第三版，并力求以更生动、更多样化、更深入浅出的形式加以呈现。但囿于时间、精力等种种原因，第三版的撰写工作尚未完成，而学生对教材的需求却是刻不容缓，于是便有了此次的第二版修订版。

《商业银行经营管理》教材的撰写承袭了中原大学时期便确立的宽口径、厚基础、应用型的人才培养思路，力求海纳百川、与时俱进。本教材第一版由中南财经政法大学金融学院朱新蓉教授和宋清华教授任主编，2009 年由中国金融出版社出版；第二版由宋清华教授担任主编，章晟教授和张雪兰教授任副主编，2017 年 3 月出版。编撰者主要来自中南财经政法大学金融学院金融学系银行管理教研室，中国邮政储蓄银行周颖辉博士和李伟平博士参与了编写。具体分工如下：第一章，陈雄兵；第二章，吕勇斌；第三章，章晟；第四章，刘春志、邓翔；第五章，胡娟；第六章，黄彬；第七章，周颖辉、李伟平；第八章，宋清华；第九章，肖春海；第十章，张雪兰。教材编撰期间，朱新蓉教授在编写工作的推进、大纲的完善和内容的凝练上给予了指导和支持，中信银行总行张春子博士则对全书内容提出了富有建设性的意见，杨璐副教授、彭伟博士就商业银行如何应对互联网金融的蓬勃发展做了大量的文献搜集与整理工作，杨璐副教授、柏艺益博士、曾洋洋对全书公式、例题、文字等进行了全面核校。在此一并表示感谢！

此次修订版保持了《商业银行经营管理（第二版）》的体系架构和基本内容不变，我们对第二版初版中的一些错误进行了更正，对个别内容进行了更新。感谢郑州升达经贸管理学院耿广奇副教授，他对第二版初版中存在的问题提出了具体的商榷意见。而中国金融出版社王效端主任和张菊香编辑的敦促与鼓励，更是此次修订版得以付梓的强大动力，谢谢他们!

由于作者水平有限，本教材的错误在所难免，恳请同行专家和读者批评指正。

编者

2021 年 8 月

目　　录 Contents

第一章
商业银行导论

小时候，银行是一幢幢的钢筋水泥建筑，任何跟钱有关的业务都得往这里跑。长大后，银行成了桌上的电脑，只需动动鼠标就能足不出户办理业务。如今啊，银行成了口袋里的手机，只要轻轻一点，就能随时随地感受“指尖上的便利”。[①] 事实上，从公元前2000年的巴比伦，到中世纪意大利的美第奇银行，再到今天的手机银行，银行业在几千年间经历了诸多变迁。

随着大数据时代的全面来临，银行业发展的步伐越来越快，现代银行更像是金融综合超市，可以满足不同顾客的各种金融需求。那么最早的商业银行又是起源于哪里？商业银行的经营目标与原则是哪些？它们又是以何种形式组织构建？它们受到何种监管？在学习完本章之后你将得到关于这一系列问题的基本答案。

通过本章的学习，你将能够：

- 了解商业银行的起源和发展、性质与功能；
- 了解商业银行的经营原则、组织形式与公司治理结构；
- 了解商业银行监管的原因、内容、主体以及商业银行的行业自律组织；
- 了解商业银行的发展趋势。

第一节　商业银行概览

一、商业银行的起源和发展

（一）西方商业银行的起源和发展

西方最早的近代银行发源于文艺复兴时期的意大利。1171年成立的意大利威尼斯银行是世界上最早的银行，而目前仍然在营业的最古老银行是1472年建立于意大利中部的锡耶纳银行（Banca Monte dei Paschi di Siena）。此后，1593年在米兰（米兰银行）、1609年在阿姆斯特丹（阿姆斯特丹银行）、1619年在汉堡（汉堡银行）、1621年在纽伦堡（纽伦堡银行）以及其他城市也相继建立了银行。当时，这些银行主要的放款对象是政府，并带有高利贷性质，因而很难适应资本主义工商业发展的要求。最早出现的股份制商业银行是1694年成立

---

① 孙耀星．银行业的变迁［N］．太原晚报，2014－09－25.

的英格兰银行（Bank of England），它后来转型成为英国的中央银行。

18 世纪末 19 世纪初，股份制银行纷纷建立，股份制成为资本主义银行的主要形式。早期的商业银行以办理工商企业存款、短期抵押贷款和贴现等为主要业务。现在，西方国家商业银行的业务已扩展到证券投资、黄金买卖、中长期贷款、租赁、信托、保险、咨询、信息服务以及电子计算机服务等各个方面，成了名副其实的“金融百货公司”。

（二） 我国商业银行的起源和发展

我国在唐朝已经出现了办理金融业务的独立机构，但经营范围比较单一。明朝中叶出现的钱庄和清朝产生的票号，实际都具有银行的性质。这类采取封建式组织管理形式的金融机构，均为独资或合资经营，资金力量薄弱，业务范围小，与股份制银行在业务经营和管理方式等方面有着很大的差别。

中国第一家民族资本银行是 1897 年成立的中国通商银行，1904 年清政府成立官商合办的户部银行（1908 年改为大清银行、1912 年改为中国银行）是中国最早的国家银行。1911 年辛亥革命以后，中国银行业有了进一步发展。但是，由于资本主义商品经济的欠发达和帝国主义的侵略，中国银行业的发展并非一帆风顺。在国民党统治的后期，官僚资本垄断了金融体系，“四行两局一库”① 控制了全国的金融命脉。

在国民党统治时期的革命根据地，金融事业逐步发展壮大。1932 年成立的苏维埃国家银行，后改组为陕甘宁边区银行。1948 年 12 月，中国人民银行在河北省石家庄市成立，1949 年 2 月迁入北平，开始接收国民党政府遗留下来的官僚资本银行，整顿和改造旧中国的银行和钱庄。新中国成立后，为配合计划体制的实施，我国实行了较长一段时期的大一统银行体制，即只有中国人民银行，它既有中央银行的性质，又兼有商业银行的职能。

中共十一届三中全会后至 1984 年，我国对“大一统”银行体制进行改革。1979 年恢复成立了中国农业银行，1984 年成立了中国工商银行，中国银行和中国人民建设银行也先后恢复成立，专业化银行体系初步确立。1984 年 1 月 1 日，中国人民银行开始专门行使中央银行的职能，标志着我国中央银行—商业银行二级银行体系的建立。

1995 年 3 月，第八届全国人民代表大会第三次会议通过的《中华人民共和国中国人民银行法》从法律上确定了中国人民银行作为我国中央银行的地位和职能。1995 年 5 月颁布的《中华人民共和国商业银行法》则从法律上规范了商业银行的行为，有助于保护商业银行、存款人和其他客户的合法权益，保障商业银行的稳健运行，维护金融秩序，促进社会主义市场经济的发展。2003 年 4 月 25 日中国银行业监督管理委员会的成立和 2004 年 2 月 1 日开始实施的《中华人民共和国银行业监督管理法》则进一步强化了对银行业的监督管理，有助于防范和化解银行风险，促进银行业的健康发展。

自 2004 年起，我国致力于推进商业银行的股份制改革，商业银行开始引进境外战略投资者，国有大银行纷纷上市。2006 年 12 月 11 日，我国解除了对外资银行的限制，全面对外开放银行业市场。2013 年 11 月，中共十八届三中全会召开，允许民间资本依法设立民营银

---

① “四行两局一库”是中央银行、中国银行、交通银行、中国农民银行、中央信托局、邮政储金汇业局、中央合作金库的合称。

行。经过一系列渐进式改革，我国逐渐形成了由大型商业银行、股份制商业银行、城市商业银行、农村商业银行、外资银行和民营银行所构成的现代商业银行体系。

专栏1－1

山西票号

山西票号产生于清乾隆嘉庆年间，营业内容和范围主要是经营汇兑和存放款业务。关于汇兑有以下六种情况：一、同业对交，各凭各信，不立字据，汇水随市面松紧，临时酌定。二、迟票。除以兑期另加汇水外，所占之期，按月估算递加。三、兑条。手续于定汇之后，立一对条，齐中剪为二纸，汇款者持上半页，承汇者将下半页寄往所汇之地验兑，交条付银，即不找保立收据也可。四、信汇。各凭各信，字号对字号，下付人堂名，须得保付给，汇水随行市。五、汇票。凭票给付，汇水随行市。六、电汇。如用明电，见电后讨殷实承保用款，错则退款，如系各家之密电，用款手续亦与明电同，电费皆由汇款者出。

关于存款，又分往来存款及定期存款二种，前者系商家浮存，随市面之疲快，临时定日利，但存款利率较市面利率略小；后者则有定期一年者，亦有定期一、二、三、四、五、六月者，存户如在存款未到期提取利息，须立一借据。

关于放款，又分信用放款及抵押放款两种。前者放款时须立一字据，也有随市面习惯办理者。其日利随市面而定，活期者较小；后者抵押货物，须订立合同，执其凭单，押品如系不动产，则须执其红契，并立字据，由承保者垫还。

票号经营汇兑和存放款业务，最初以商号和个人为对象，以内陆商埠为重心，咸丰以后，又为清政府大量汇兑公款。

二、商业银行的性质与功能

在一个开放的经济体中，金融市场有四类参与者：(1) 公司。总体来看，公司是资金的需求者，它们通过发行证券或者向银行借款来获得所需要的资金，然后修建厂房、购买设备、招聘员工等。(2) 家庭。总体来看，家庭通常是资金的供给者，他们购买公司发行的证券或者将资金存入银行。(3) 政府。政府可能是资金的需求者，也可能是资金的供给者，这取决于政府支出和政府财政收入之间的关系。若支出大于收入，则政府是资金的需求者，此时需向公众（个人或者公司）筹集资金；相反，若收入大于支出，则政府有财政盈余，此时有能力清偿债务。(4) 外国经济单位。包括外国家庭、外国政府和外国公司。

金融体系的核心功能是将资金从供给者转移到需求者手中，促进储蓄向投资转化，进而实现金融资源的优化配置。从融资方式来看，这一过程有两种融资方式：直接融资和间接融资，如图1－1所示。

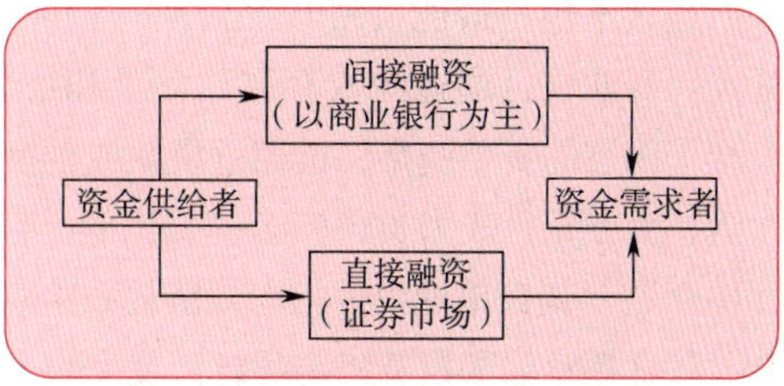

图1－1　金融市场融资示意图

直接融资是指资金供给者通过购买资金需求者发行的证券而将资金转移到后者手中。若购买的是股票，则资金供给者成为公司的股东，若购买债券，则成为公司的债权人。间接融资是货币资金的供给者和需求者通过各种金融中介机构（主要是银行）进行资金融通的行为。在间接融资过程中，资金的供求双方并不形成直接的债权债务关系，而是通过银行等金融中介机构与资金的供给者和需求者分别形成独立的债权债务关系。

由于信息不对称与交易成本的影响，无论是在发达国家还是发展中国家，间接融资的比重都高于直接融资，因此，商业银行在国民经济中发挥着重要作用。

（一） 商业银行的性质

商业银行是一种以追求企业价值最大化为目标，以经营金融资产和负债为对象的特殊企业。

商业银行是以经营金融资产和负债为对象，以企业价值最大化为目标的特殊企业。这里面包含了三层意思：商业银行是一种企业；商业银行是一种金融企业；商业银行是一种特殊的金融企业。

1. 商业银行是一种企业。商业银行同一般工商企业一样，以企业价值最大化为目的，实行自主经营、自担风险、自负盈亏、自我约束，同时在经营过程中遵从市场规律，接受政府监督，依法经营，照章纳税。企业价值最大化是商业银行产生和发展的基本前提，也是商业银行经营的内在动力。从这个角度来看，商业银行与一般的工商企业没有差别，即具有一般工商企业的本质属性。

2. 商业银行是一种金融企业。商业银行与一般工商企业又有所不同，一般工商企业经营的主要是实物资产，而商业银行主要经营的是金融资产。商业银行使用他人资金，来获得对其他企业的要求权。商业银行可以向个人、企业和政府进行贷款，也可以进行证券投资。商业银行与非金融机构在资金募集方式上的区别并不是主要的，因为所有的企业都可以通过发行债务来募集资金，商业银行与一般工商企业的主要区别在运用这些资金从事的活动上。

3. 商业银行是一种特殊的金融企业。商业银行与其他金融机构相比，也有所不同。商业银行能够提供更多、更全面的金融服务，能够吸收活期存款。而其他金融机构不能吸收活期存款，只是提供一方面或某几个方面的金融服务。随着金融自由化和金融创新的发展，商业银行经营的业务和提供的服务范围越来越广泛，正在朝着“全能银行”和“金融百货公司”的综合银行方向发展。

（二） 商业银行的功能

为了保持竞争力和满足顾客需要，现代商业银行不得不采取新的措施以发挥更大的作用，其作用主要通过以下功能表现出来。

信用中介功能是商业银行最基本也是最能反映其经营活动特征的功能。

1. 信用中介功能。信用中介功能是商业银行最基本也是最能反映其经营活动特征的职能。商业银行通过吸收存款，动员和集中社会上闲置的货币资金，再通过贷款或者投资的方式将这些货币资金提供给赤字的企业或者个人，商业银行成为货币资金的贷出者与借入者之间的中介人，充当信用中介的功能。“信用中介”一词简单地说是指在经济体系中联系以下两类人和机构的企业：（1）赤字个人和机构，其现期存款和投资支出超过其现期收入，因而需要通过外部借款进行融资；（2）盈余个人和机构，其现期收入超过其现期限存款和投资支出，因而有盈余资金进行储蓄和投资。银行在这两者之间起到了必不可少的桥梁作用：通过向盈余单位提供便利的金融服务来吸引资金然后贷放给赤字单位。商业银行信用中介作用的条件：（1）贷款的预期收益率和吸取资金的预期利率（成本）之间有利差；（2）贷款收益率与吸取资金的预期利率（成本）之间存在正的相关关系。如果两者之间存在正相关，就会减少预期收益的不确定性，进而有利于银行借款后贷放给顾客。

支付中介功能是指商业银行代替客户对商品和劳务进行支付（如签发和清算支票、划汇资金和分配货币）。

2. 支付中介功能。商业银行利用活期存款账户，为客户办理各种货币结算、货币收付、货币兑换和转移存款等业务活动。支付中介职能是商业银行的传统功能，商业银行成为了工商企业、政府、家庭个人的货币保管者、出纳人和支付代理人，商业银行成了社会经济活动的出纳中心和支付中心，进而成为整个社会信用链的枢纽。商业银行发挥其支付中介职能的过程中，具有两个明显的作用：首先，它可以使商业银行持续拥有比较稳定的廉价资金来源。客户要想利用商业银行的支付中介职能，获得转账结算等服务的便利，必须先在商业银行开立活期存款账户，并存入一定的资金。这就使得商业银行集中了大量低息甚至无息资金，有利于降低银行资金的成本。其次，它可以节约社会流通费用，增加生产资金的投入。商业银行广泛提供非现金转账结算和支票收付服务，既可加速资金周转，又可大大减少现金的使用量和流通量，进而使现金的保管费、铸造费、运转费等社会流通费用大大减少，从而将更多的资金投入生产，促进生产扩大，以提供更好的产品。

3. 信用创造功能。信用创造功能是在信用中介和支付中介的基础上产生的，它是商业银行的特殊职能。所谓信用创造职能是指商业银行利用其可以吸收各种活期存款的有利条件，通过发放贷款、从事投资业务而派生出更多存款，从而扩大社会货币供应量。当然这种货币不是现金货币，而是存款货币，它只是账面上的流通工具和支付手段。商业银行的信用创造功能依赖银行业的制度安排：一是现代商业银行的部分存款准备金制度；二是现代金融体系的支票转账结算制度。

4. 金融服务功能。向社会中的个人、企业及政府部门提供优质的金融服务是商业银行的重要功能之一。商业银行可以利用其在国民经济活动中的特殊地位，在提供信用中介和支付中介中获得的大量信息，以及自己的机构、人才、信息、管理等优势开展中间业务，为客户提供信托、租赁、咨询、代客理财、票据承兑、结算等业务获取手续费收入。随着国际国内金融机构之间竞争的加剧以及社会对金融创新服务的需求增多，商业银行需要不断开发新的业务品种，完善其金融服务功能。商业银行借助日新月异的信息技术，其金融服务功能发生着革命性的变化，朝着“电子银行”“网上银行”方向发展。与此同时，经济形势不断发生变化，同样从多方面给商业银行提出了创新金融服务的要求。如何借鉴和吸收国际经验，不断开发新的业务领域和业务品种，保持本国商业银行在国际领域的竞争优势，是我国商业银行面临的一个新的艰巨任务。

5. 风险管理功能。商业银行本质上是经营风险的金融机构，以经营风险为其盈利的根本手段。承担和管理风险是商业银行的基本职能，也是商业银行业务不断创新发展的原动力。风险管理作为商业银行实施经营战略的手段，极大地改变了商业银行经营管理模式，商业银行从传统上片面追求扩大规模、增加利润的粗放经营模式，向风险与收益相匹配的精细化管理模式转变。风险管理能够为商业银行风险定价提供依据，并有效管理商业银行的业务组合。健全的风险管理体系具有自觉管理、微观管理、系统管理、动态管理等功能。高水平的风险管理能够降低商业银行的破产可能性和财务成本，保护商业银行所有者的利益，实现股东价值最大化。

三、我国的商业银行体系

商业银行是以追求利润为目标，以金融资产和负债为对象，综合性、多功能的金融企业。《中华人民共和国商业银行法》第二条规定："本法所称的商业银行是指依照本法和《中华人民共和国公司法》设立的吸收公众存款、发放贷款、办理结算等业务的企业法人。"

《中华人民共和国商业银行法》规定，商业银行可以经营下列部分或者全部业务：（1）吸收公众存款；（2）发放短期、中期和长期贷款；（3）办理国内外结算；（4）办理票据承兑与贴现；（5）发行金融债券；（6）代理发行、代理兑付、承销政府债券；（7）买卖政府债券、金融债券；（8）从事同业拆借；（9）买卖、代理买卖外汇；（10）从事银行卡业务；（11）提供信用证服务及担保；（12）代理收付款项及代理保险业务；（13）提供保管箱服务。

改革开放以来，尤其是2003年银监会成立以来，我国银行业发生了巨大的变化。银行系统提供的金融服务不断推陈出新，从简单的存款、贷款和结算业务，到现在多样化、个性化的金融服务，传统银行业务模式发生重大转变，金融超市功能开始逐步显现。与改革开放初期相比，我国银行组织体系更加健全，机构种类更加丰富，市场竞争更加充分，服务功能更加完善。

表1－1　2015年商业银行系统基本情况表

银行类型	数量（家）	资产规模（万亿元）	从业人员（万人）	人均资产规模（万元）
大型商业银行	5	78.16	173.03	4 517.14
股份制商业银行	12	36.99	40.24	9 192.35
城市商业银行	133	22.68	37.01	6 128.07
农村商业银行	859	15.23	46.41	3 281.62
外资银行	40	2.68	4.67	5 738.76
民营银行	5	0.08	0.16	5 000.00
加总	1 054	155.82	301.52	5 167.82

资料来源：《中国银行业监督管理委员会2015年报》等各期。

根据《中国银行业监督管理委员会2015年报》统计口径，我国商业银行包括大型商业银行、股份制商业银行、城市商业银行、农村商业银行、外资银行和民营银行。如表1－1所示，从资产规模来看，大型商业银行排在首位，其次是股份制商业银行，民营银行最低。从从业人员来看，大型商业银行仍位列第一，特别之处在于资产规模较低的农村商业银行，其从业人员数量超过了股份制商业银行和城市商业银行。从人均资产规模来看，股份制商业银行以 9 192 万元排在第一位，其次是城市商业银行和外资银行，民营银行、大型商业银行和农村商业银行的人均资产规模则相对较低。

表 1－2　商业银行数量　　单位：家

年份	2005	2006	2007	2008	2009	2010	2011	2012	2013	2014	2015
大型商业银行	5	5	5	5	5	5	5	5	5	5	5
股份制商业银行	12	12	12	12	12	12	12	12	12	12	12
城市商业银行	112	112	124	136	143	147	144	144	145	133	133
农村商业银行	12	13	17	22	43	85	212	337	468	665	859
外资商业银行	14	14	29	32	37	40	40	42	42	41	40
民营银行	—	—	—	—	—	—	—	—	—	—	5
加总	155	156	187	207	240	289	413	540	672	856	1 054

资料来源：《中国银行业监督管理委员会 2015 年报》等各期。

如表 1－2 所示，我国商业银行从 2005 年的 155 家稳步增加到 2015 年的 1 054 家，平均每年增加银行数约 82 家。具体来看，大型商业银行和股份制商业银行数量保持不变，分别为 5 家和 12 家。城市商业银行的数量基本保持稳定，11 年时间内仅增加了 21 家。随着大量的农村信用社改制成功，农村商业银行的数量明显增加，从 2005 年的 12 家飞速跨越到 2015 年的 859 家。与此同时，随着 WTO 进程和银行业对外开放的深入，外资银行的数量也从 14 家增加到 40 家。2015 年，随着民间资本进入银行业的渠道和机构类型的开放，首批试点的 5 家民营银行全部开业。①

表 1－3 是我国商业银行系统的资产结构，从资产规模来看，商业银行系统的总资产从 2005 年的约 28 万亿元稳步增加到 2015 年的约 156 万亿元，平均每年资产额以 11.6 万亿元的速度增加。具体地，大型商业银行的资产份额从 2005 年的 73.6% 稳步下降到 2015 年的 50.2%，降幅约 30%，但份额仍超过 50%。在大型商业银行资产份额下降的同时，其他类型商业银行的份额稳步增加，股份制商业银行的份额增加了 8.1%，城市商业银行和农村商业银行的份额分别增加了 7.4% 和 8.7%，外资银行的市场份额则小幅增加了 0.8%。

表 1－3　商业银行资产规模　　单位：万亿元

年份	2005	2006	2007	2008	2009	2010	2011	2012	2013	2014	2015
大型商业银行	21.01	24.24	28.50	32.58	40.80	46.89	53.63	60.04	65.60	71.01	78.16
股份制商业银行	4.47	5.45	7.27	8.83	11.82	14.90	18.38	23.53	26.97	31.38	36.99
城市商业银行	2.04	2.59	3.34	4.13	5.68	7.85	9.99	12.35	15.18	18.08	22.68
农村商业银行	0.30	0.50	0.61	0.93	1.87	2.77	4.25	6.28	8.52	11.53	15.23
外资商业银行	0.72	0.93	1.25	1.35	1.35	1.74	2.15	2.38	2.56	2.79	2.68
民营银行	—	—	—	—	—	—	—	—	—	—	0.08
加总	28.53	33.71	40.98	47.82	61.51	74.16	88.40	104.57	118.79	134.79	155.82

资料来源：《中国银行业监督管理委员会 2015 年报》等各期。

① 我国首批试点 5 家民营银行分别是深圳前海微众银行、上海华瑞银行、天津金城银行、温州民商银行和浙江网商银行。截至 2016 年 12 月 17 日，第二批获得银监会批准筹建的民营银行数量已达 6 家。

在20世纪90年代，我国仅有两家上市银行，分别是1991年在深圳证券交易所上市的深圳发展银行（后更名为平安银行）和1999年在上海证券交易所上市的上海浦东发展银行。2001年11月，中国加入世界贸易组织，此后外资银行开始进入中国。为积极参与国际金融市场竞争、进一步提升核心竞争力及经营管理效率，中国银行业开始全面实施股份制改革、引进境外战略投资者并启动上市步伐。截至2016年6月，共有26家银行在内地和（或）香港上市，规模较大的中国工商银行等已经跻身于世界最大的银行之列。

专栏1－2
全球1 000大银行排行榜

英国《银行家》（*The Banker*）杂志于1926年创刊，以全球化的视野、针对性的报道和客观性的分析而闻名。它每年推出的全球1 000大银行排名一直被视为评估各家银行综合实力的指标，受到全球业界的肯定。2016年7月公布的排行榜是以2015年底的一级资本为标准进行排名，其中最大的10家银行如表1－4所示，我国有4家银行上榜，分别是中国工商银行、中国建设银行、中国银行和中国农业银行。

表1－4　2015年底全球10大银行

2015年排名	2014年排名	银行名称	国家	一级资本（千亿美元）	总资产（万亿美元）	总资产排名
1	1	ICBC 中国工商银行	中国	2.74	3.42	1
2	2	China Construction Bank 中国建设银行	中国	2.20	2.83	2
3	3	JP Morgan Chase & Co 摩根大通集团	美国	2.00	2.35	7
4	7	Bank of China 中国银行	中国	1.98	2.59	5
5	9	Agricultural Bank of China 中国农业银行	中国	1.85	2.74	3
6	4	Bank of America 美国银行	美国	1.80	2.15	9
7	6	Citigroup 花旗集团	美国	1.76	1.73	13
8	8	Wells Fargo & Co 富国银行	美国	1.65	1.79	11
9	5	HSBC Holdings 汇丰银行	英国	1.53	2.41	6
10	10	Mitsubishi UFJ Financial 三菱UFJ金融集团	日本	1.32	2.65	4

第二节　商业银行的经营原则与组织形式

一、商业银行的经营原则

《中华人民共和国商业银行法》明确规定，“商业银行以安全性、流动性、效益性为经营原则，实行自主经营，自担风险，自负盈亏，自我约束”。

（一）安全性原则

安全性要求商业银行树立“稳健经营”的思想，采取各种必要的措施来避免商业银行的损失。商业银行经营安全性的核心在于正确处理风险，要求经营者在商业银行的经营活动中努力避免风险、减少风险、分散风险，同时还要对经营活动中出现的各种风险有清醒的认识和正确的估价。

安全性是指商业银行的资产、收入、信誉和所有经营与生存发展的条件免遭受损失的可靠程度。

商业银行的经营风险一般来自四个方面：第一，商业银行的资金构成和经营特点。因为商业银行主要依靠负债经营，自有资本所占的比重很小，所以必须留有一定的周转金。存款户要求提款时，商业银行必须予以满足，否则就可能引发挤兑风潮；从商业银行贷款的方面来讲，要求有一定的资金保证支付。第二，商业银行贷款的规模和期限结构。如果商业银行贷款的规模过大，超出了自身资金来源的可用限度，或者资金来源的期限较短，而贷款的期限较长，就可能造成资金的短缺和周转不灵。第三，贷款客户的信用状况。如果商业银行客户的信用状况不好，到期不能归还商业银行贷款，也会影响商业银行的资金周转和收益。第四，经济环境的变化。如果整个宏观经济出现困难，致使商品市场的供求关系发生变化，工商企业资金普遍周转迟滞，大量贷款收不回来，就必然危及商业银行的安全。商业银行经营的特点决定了风险存在的必然性。这就要求商业银行的经营者合理地安排资产的规模和结构，保持适当的现金准备，把风险发生的可能性降到最低限度。具体来说，有以下几点要求：一是要合理安排贷款和投资的规模和期限结构。使之与负债的规模保持一定的比例，与负债的结构相匹配。二是要加强对客户的资信调查和经营预测，并使商业银行资产在种类上多样化，在客户上适当分散以避免风险，减少不良贷款的发生。三是要使自有资本与负债保持适当的比例，并保持良好的财务状况，巩固和加强存款户对商业银行的信任。四是要保持一定比例的流动性较高的资产，以应付突发的资金需要。

（二）流动性原则

商业银行经营的流动性有两个方面的含义：一方面是指资产的流动性，即商业银行资产在不发生损失的情况下迅速变现的能力；另一方面是指负债的流动性，即商业银行能以较低的成本，随时获得所需要资金的能力。

流动性是指商业银行具有随时应付客户支取，满足必要的资金需求的能力。

商业银行资产的流动性，要求商业银行持有一定数量的现金资产和流动性较强的其他资产，并掌握合理的资产管理方法。商业银行资产中流动性最强的是现金资产、存放中央银行的存款准备金和同业存款，这是满足商业银行经营流动性需要的第一道防线。短期证券和短期贷款既能取得一定的盈利又能随时在短期内变现，可以作为满足流动性需要的第二道防线。资产的流动性还要求经营者合理安排资产的期限结构，即根据经济情况的变化和客户资金的运动规律，预测一定时期内的资金需求，使各种资产的到期日与不同时期的资金需要量相适应。

负债的流动性则要求商业银行能够通过向中央银行借款向同业和国内外金融市场借款以及通过发行大额可转让定期存单、金融债券等主动性负债的方式来满足突然出现的资金需求。

（三） 效益性原则

效益性原则主要是指商业银行在经营活动中取得盈利的能力，其基本要求就是商业银行要把盈利作为经营管理的出发点和总目标，不断发展业务、改进服务、努力提高盈利水平。只有保持合理的盈利水平，商业银行才能够充实资本、增强实力、巩固信誉、提高竞争能力。

效益性要求商业银行在实际经营过程中，应尽可能地追求利润最大化，这是商业银行经营活动的主要动力和最终目标。

商业银行的盈利水平集中表现在利润上，即商业银行经营所获得的总收入扣除成本后的余额。一般来说，对商业银行利润影响最大的三个要素是资产收益、其他收入和商业银行经营成本。因此，可以通过提高资产收益、增加商业银行的其他业务收入和降低经营成本来提高商业银行的盈利水平。

提高资产盈利水平就是要在保证商业银行正常支付的前提下，尽量减少非盈利资产，从而提高总体资产的盈利水平。在扩大资产规模的同时，应注意提高资产质量，提高每一部分资产的盈利水平，尽量减少资产的损失。如果资产规模的扩大是建立在高质量的基础上，商业银行的盈利能力必然会得到增强；否则，就会削弱商业银行的盈利能力。

商业银行的其他业务收入主要依赖于金融服务。在商业银行激烈竞争的条件下，为客户提供多样化的金融服务，既是增加收入的一个重要途径，又是扩大社会影响，进一步发展信用业务的重要手段。从当前国外商业银行的经营情况看，金融服务的手续费收入在商业银行收入中的比重有越来越大的趋势，因此，拓展各项金融服务，可以充分利用商业银行现有的信贷、会计和现金业务，利用商业银行的人员、机构、设备和信息资料，为商业银行增加收入。同时，还可以促进资产负债业务的发展，间接地提高商业银行的盈利水平。

降低商业银行的经营成本，主要有三个途径：一是尽量减少贷款和投资的损失。不良贷款会影响商业银行的盈利水平，发生一笔不良贷款，就有可能吞没商业银行的全部利润。故要求商业银行在经营中，加强对贷款和投资项目的调查和评估，提高决策的科学性和准确性。二是尽可能降低存款的成本。在激烈的竞争环境中，降低存款的成本确实困难重重，但并非无所作为。一方面，可以通过改善服务态度和服务质量吸引客户；另一方面，可以通过提供配套的金融服务，发展低息的中长期存款。三是努力控制和减少费用支出。商业银行的费用支出涉及业务活动和经营管理的方方面面，有巨大潜力可挖。因此，在经营管理中，应千方百计降低各项管理费用和非经营性支出，如差旅费、办公费、邮电费、印刷费等，合理添置商业银行业务经营所必需的设备，合理设置营业网点。

（四）　三原则之间的关系

安全性、流动性和效益性三者的关系是既相互联系又相互制约的。从总体上看，安全性和流动性是成正比的。流动性较强的资产一般来说安全有保障，风险较小。但流动性和效益性存在矛盾，现代投资理论认为：风险和收益呈正向关系。流动性强、安全性好，效益性就会比较低。相反，流动性差、安全性低的资产，一般效益性就可能会比较高。如商业银行的现金资产流动性最强，也最安全，但它不产生盈利。扩大现金资产的比重，可以增加安全性和流动性，但要以牺牲盈利为代价。同样，其他流动性较强的资产，如短期贷款、短期证券等，盈利水平也都比较低，而风险大、期限长、流动性较差的中长期贷款，盈利水平相对比较高。

由于三者之间的制约关系，在任何经营条件下，都不可能同时达到三者各自的最好状态，但在每一个具体条件下，都有一个最佳组合。商业银行经营的关键，就是要在正确分析内部、外部条件的前提下谋求三者尽可能合理的协调搭配，即在保证安全性和流动性的前提下，追求最大限度的效益。流动性是实现安全性的必要手段，安全性是实现效益的基础，追求效益是安全性和流动性的最终目标。

二、商业银行的外部组织形式

商业银行的外部组织形式因各国政治经济制度的不同而有所不同，主要有单一银行制、总分行制和银行控股公司制三种形式。

（一）　单一银行制

单一银行制是指银行业务由各自独立的商业银行经营，不允许设立任何分支机构。这种制度起源于美国，20 世纪早期，美国许多经济落后的州通过立法禁止或限制其他地区的银行到本州设立分行，以保护本地信贷资源，防止银行吞并，促进本地经济发展。

单一银行制的优点在于经营自主灵活，而且鼓励竞争，能够在一定程度上防止银行吞并，限制垄断。但其缺点也很明显，规模较小，经营成本较高，在竞争中处于不利地位。另外，银行业务集中于某一地区导致风险集中。1980 年美国仍有约三分之一的州实行严格的单一银行制度。1994 年 9 月，美国国会通过《里格尔—尼尔州际银行业务和分支机构效率法》（*Riegle – Neal Interstate Banking and Branching Efficiency Act*），允许商业银行跨州设立分支机构，从此单一银行制在美国被废止。

（二）　总分行制

总分行制起源于英国并流行于全球。

总分行制是指银行在大城市设立总行，在本市及国内外各地普遍设立分支行并形成庞大银行网络的制度。

从总行行使经营管理职能的情况看，总分行制又可以分为管理处制、总行制和地区分行制三类。管理处制是指总部负责管理下属分支机构的业务活动，自身并不经营具体的银行对外业务。总行制是指总行除了负有管理和控制职责外，自身也经营具体的银行业务。地区分行制是一种多级管理、多级经营的组织形式，即总行不直接管理各地分支机构，而是在全国若干地区设立大区管理机构，负责管理本大区内的支行，形成总行—分行—支行多级体制，在这种体制下总行主要通过地区分行实行管理。

总分行制的优点是银行规模大，业务范围广，易于取得规模经济和范围经济；另外，资产分布于大量的国家（地区）和行业，能够分散风险。缺点在于容易形成垄断，降低经济效率，而且内部层次复杂，管理较为困难。

目前，包括中国在内的大部分国家普遍采用这种制度。以中国工商银行为例，截至 2015 年末，其境内外机构共 17 136 家。其中，中国内地机构 16 732 家，境外机构 404 家。

（三） 银行控股公司制

银行控股公司（Bank Holding Company）制起源于美国，从法律上讲，控制一家或者多家银行的公司就是银行控股公司，后者本身则不一定从事银行业务。银行控股公司可以形成控股链条，即一家银行控股公司可以控制另外一家银行控股公司，从而最终控制多家银行。

大萧条爆发之后，美国于 1933 年出台《格拉斯—斯蒂格尔法》（*Glass－Steagall Act*），禁止商业银行从事证券业务，这极大地限制了银行业的利润来源。在银行业的不断游说下，国会于 1956 年通过《银行控股公司法》（*Bank Holding Company Act*），这样银行业可以采取银行控股公司的形式绕开立法限制，不断开拓证券业务来获取巨额利润，同时也可借此绕开早期不允许设立分支机构的管制，扩大经营区域。即使银行控股公司控制的银行被联邦存款保险公司或者货币监理署监管，银行控股公司本身仍然受美联储监管，比如其资本标准、并购以及日常运营。

银行控股公司的优点在于使银行有效地摆脱州政府关于设立分支机构和经营范围的各种法律限制，扩大经营范围，实现地区分散化和业务多样化；另外，能够有效扩大资产和资本规模，增强银行实力，提高抗风险和参与市场竞争的能力。其缺点则是容易形成银行业的集中和垄断，不利于银行之间开展竞争。

专栏 1－3

美国的银行控股公司

2007 年次贷危机爆发后，传统的投资银行如高盛（Goldman Sachs）和摩根士丹利（Morgan Stanley）以及金融公司如美国运通（American Express）等，纷纷在美联储的批准下转型为银行控股公司，从而可以获得更多的流动性和资金支持。表 1－5 是 2014 年底美国最大的 10 家银行控股公司，规模最大的摩根大通银行资产高达 2.57 万亿美元。

表 1－5　2014 年美国最大的 10 家银行控股公司

排名	名称	总部	总资产（万亿美元）
1	JP Morgan Chase & Co. 摩根大通集团	纽约市，纽约州	2.57
2	Bank of America Corporation 美国银行	夏洛特市，北卡罗来纳州	2.11
3	Citigroup Inc. 花旗集团	纽约市，纽约州	1.84

续表

排名	名称	总部	总资产（万亿美元）
4	Wells Fargo & Company 富国银行	旧金山市，加利福尼亚州	1.69
5	Goldman Sachs Inc. 高盛集团	纽约市，纽约州	0.86
6	Morgan Stanley 摩根士坦利	纽约市，纽约州	0.80
7	General Electric Capital Corporation 通用电气资本公司	诺沃克市，康涅狄格州	0.65
8	American International Group Inc. 美国国际集团	纽约市，纽约州	0.52
9	Bank of New York Mellon Corporation 纽约梅隆银行公司	纽约市，纽约州	0.39
10	U. S. Bancorp 美国合众银行	明尼阿波利斯市，明尼苏达州	0.40

三、商业银行的公司治理结构

商业银行公司治理对于促进商业银行稳健经营和健康发展，保护存款人和其他利益相关者的合法权益等具有重要意义。

商业银行公司治理是指股东大会、董事会、监事会、高级管理层、股东及其他利益相关者之间的相互关系，包括组织架构、职责边界、履职要求等治理制衡机制，以及决策、执行、监督、激励约束等治理运行机制。

商业银行公司治理应当遵循各治理主体独立运作、有效制衡、相互合作、协调运转的原则，建立合理的激励、约束机制，科学、高效地决策、执行和监督。良好的公司治理一般包括如下内容：（1）健全的组织架构；（2）清晰的职责边界；（3）科学的发展战略、价值准则与良好的社会责任；（4）有效的风险管理与内部控制；（5）合理的激励约束机制；（6）完善的信息披露制度。

（一）股东大会

商业银行股东大会由全体股东组成。股东大会是商业银行的权力机构，依照《中华人民共和国公司法》和《中华人民共和国商业银行法》等依法行使职权。

商业银行股东大会依法行使下列职权：（1）决定商业银行的经营方针和投资计划；（2）选举和更换董事、监事，决定有关董事、监事的报酬事项；（3）审议批准董事会的报告；（4）审议批准监事会或者监事的报告；（5）审议批准商业银行的年度财务预算方案、决算方案；（6）审议批准商业银行的利润分配方案和弥补亏损方案；（7）对商业银行增加或者减少注册资本作出决议；（8）对发行商业银行债券作出决议；（9）对商业银行合并、分立、解散、清算或者变更商业银行形式作出决议；（10）修改商业银行章程；（11）商业银行章程规定的其他职权。

（二）董事会

商业银行董事会设董事长一人，可以设副董事长。董事长、副董事长的产生办法由商业银行章程规定。董事任期由商业银行章程规定，但每届任期不得超过三年。董事任期届满，连选可以连任。

董事会对股东大会负责，行使下列职权：（1）召集股东大会会议，并向股东大会报告工作；（2）执行股东大会的决议；（3）决定商业银行的经营计划和投资方案；（4）制订商业银行的年度财务预算方案、决算方案；（5）制订商业银行的利润分配方案和弥补亏损方案；（6）制订商业银行增加或者减少注册资本以及发行商业银行债券的方案；（7）制订商业银行合并、分立、解散或者变更商业银行形式的方案；（8）决定商业银行内部管理机构的设置；（9）决定聘任或者解聘商业银行经理及其报酬事项，并根据经理的提名决定聘任或者解聘商业银行副经理、财务负责人及其报酬事项；（10）制定商业银行的基本管理制度；（11）商业银行章程规定的其他职权。

（三）监事会

《中华人民共和国商业银行法》规定商业银行设监事会，其成员不得少于3人。监事会应当包括股东代表和适当比例的商业银行职工代表，其中职工代表的比例不得低于1/3，具体比例由商业银行章程规定。监事会中的职工代表由商业银行职工通过职工代表大会、职工大会或者其他形式民主选举产生。

监事会设主席一人，由全体监事过半数选举产生。监事会主席召集和主持监事会会议；监事会主席不能履行职务或者不履行职务的，由半数以上监事共同推举一名监事召集和主持监事会会议。监事会行使下列职权：（1）检查商业银行财务；（2）对董事、高级管理人员执行商业银行职务的行为进行监督，对违反法律、行政法规、商业银行章程或者股东大会决议的董事、高级管理人员提出罢免的建议；（3）当董事、高级管理人员的行为损害商业银行的利益时，要求董事、高级管理人员予以纠正；（4）提议召开临时股东大会会议，在董事会不履行本法规定的召集和主持股东大会会议职责时召集和主持股东大会会议；（5）向股东大会会议提出提案；（6）依照《中华人民共和国商业银行法》规定，对董事、高级管理人员提起诉讼；（7）商业银行章程规定的其他职权；（8）监事可以列席董事会会议，并对董事会决议事项提出质询或者建议。

（四）高级管理层

商业银行高级管理层包括行长、副行长及其他高级管理人员，由董事会决定聘任或者解聘。行长对董事会负责，行使下列职权：（1）主持商业银行的生产经营管理工作，组织实施董事会决议；（2）组织实施商业银行年度经营计划和投资方案；（3）拟订商业银行内部管理机构设置方案；（4）拟订商业银行的基本管理制度；（5）制定商业银行的具体规章；（6）提请聘任或者解聘商业银行副经理、财务负责人；（7）决定聘任或者解聘除应由董事会决定聘任或者解聘以外的负责管理人员；（8）董事会授予的其他职权。一个典型的商业银行公司治理结构如图1－2所示。

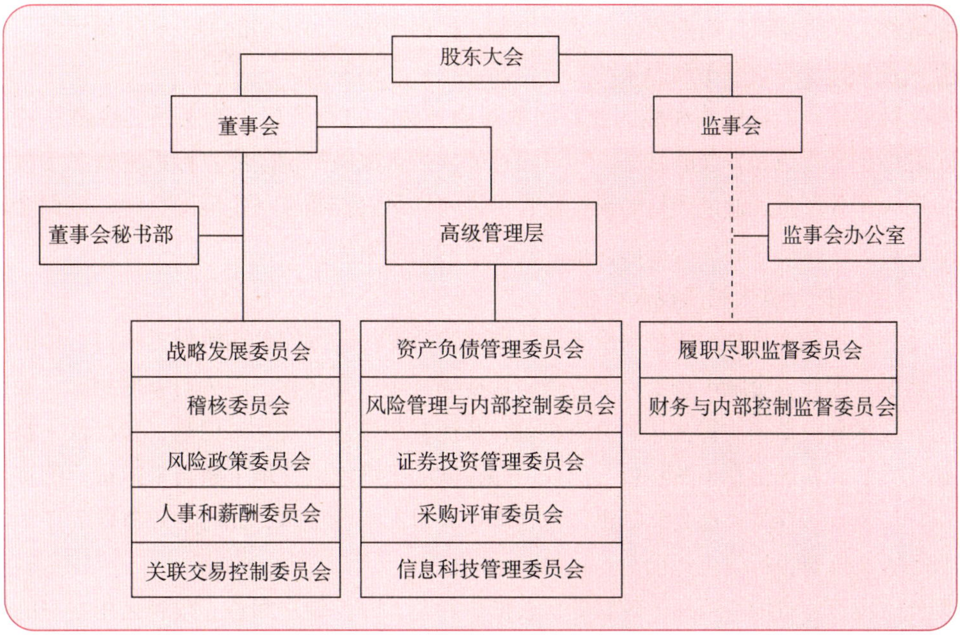

图1－2　商业银行的公司治理结构

（资料来源：《中国银行2015年年报》）

第三节　商业银行的监管

银行监管有广义和狭义两种理解。从狭义上讲，银行监管是指国家金融监管机构对银行业务活动进行监督和管理的总称。广义的银行监管则不仅包括国家金融监管机构对银行业金融机构的外部监管或他律监管，也包括银行内部的监管或自律监管。一般说的银行监管是狭义的。

银行监管的监管原则为依法原则、公开原则、公正原则和效率原则。依法原则是指监管职权的设定和形式必须依据法律、行政法规的规定；公开原则是指监管活动除法律规定需要保密的以外，应当具有适当的透明度，保证监管立法和政策标准公开，监管执法和行为标准公开，行政复议的依据、标准、程序公开；公正原则是指市场参与者具有平等的法律地位；效率原则是指监管当局要合理配置和利用监管资源，提高监管效率。在保证全面履行监管职责，确保监管目标的实现的同时努力降低监管成本，不给纳税人与被监管者增加负担。

一、监管的原因

（一）　确保经济金融系统稳定

作为金融资源的配置者和和金融服务的提供者，商业银行在金融系统中占据着重要地位并发挥着重要作用。在微观层面，银行为大部分的家庭和企业提供诸如存款、贷款和结算之类的金融服务。在宏观层面，借助资源配置功能，银行促进了资本积累、企业成长、行业扩张乃至最终的经济增长。商业银行虽然很重要，但由于资产与负债的期限和规模错配、杠杆率高企以及外部性等众多不利因素的影响，商业银行也很脆弱。

鉴于商业银行的重要性和脆弱性，必须对商业银行进行严格监管以保证金融系统的稳定。金融稳定是改革和发展的基础，一旦银行发生危机或破产倒闭将直接损害众多债权人的利益，后果十分严重。通过严格的银行监管可以将其风险控制在一定范围之内，确保金融体系安全运行，保持公众的信心进而保证国民经济的健康发展。

（二） 保护存款人和债权人利益

由于存在信息不对称，资金供给者无法准确判断发行证券的公司所投资项目具体的风险和收益情况，因此，金融市场上大部分资金往往通过银行来转移。因为与家庭相比，银行拥有专门的技术和人员来监督公司的投资决策，从而减少信息不对称。但是，当存款人将资金存入银行之后，新的信息不对称也会出现，即存款人不可能清楚地了解与掌握银行的资金使用情况，而且众多存款人都去监督银行也会产生大量的交易成本，此时，政府作为广大存款人的代理人去监督银行便应运而生。

因此，银行监管的原因在于政府要代表储户利益，保护储户利益。政府运用自身的信息集中优势对商业银行实施准入监管、运作过程中的监管和退出管理，要求银行的资金使用必须考虑到风险因素，以期减少存款人和债权人的损失。

（三） 改善货币政策的实施效果

在货币政策的传导机制中，商业银行也是重要的参与者之一。货币政策是监管当局进行宏观经济调控的重要手段，中央银行实施货币政策主要有两条路径：第一，运用货币政策工具作用于金融市场，通过金融市场因子的变化作用于金融机构和其他金融市场主体，进而影响微观主体的消费和投资行为；第二，利用行政手段直接作用于金融机构，使金融机构的融资行为发生变化，再通过金融机构的贷款行为的变化传导给投资和消费主体。无论哪种途径，包括商业银行在内的金融机构在货币政策传导机制中占据着不可替代的地位。

我国金融体系是典型的银行主导型体系，商业银行在整个金融体系中占据着绝对主导的地位，是全社会的信用中心和货币资金流转中心，社会融资需求也主要由商业银行体系提供的间接融资来满足，这使得商业银行信贷渠道成为我国货币政策传导的主要渠道。加强对商业银行的监管，促使其行为与中央银行货币政策意图保持一致，能够增强货币政策传导的效率和结果，更好地发挥商业银行在我国经济战略转型期应有的融资支持作用。

（四） 维护银行业公平有效竞争

竞争是市场经济条件下的基本规律，也是保护先进、淘汰落后的有效机制，公平竞争是维持金融秩序和金融效率的前提条件。商业银行以盈利为目的，在经营过程中容易突破法律、规章和自律规则的刚性约束，出现垄断或者无序竞争等金融市场失灵的问题。

为创造适度竞争的环境，促进银行业健康发展，就需要银行监管当局进行严格的银行监管。既要避免造成银行业高度垄断、排斥竞争从而丧失效率与活力，又要防止出现过度竞争而危及银行业的安全和稳定，甚至引起银行倒闭。银行监管目的是建立一个公平、高效、适度、有序的竞争环境。

专栏 1－4
《多德—弗兰克华尔街改革与消费者保护法》

美国次贷危机之后的 2009 年 6 月 17 日，奥巴马政府正式公布全面金融监管改革方案，从金融机构监管、金融市场监管、消费者权益保护、危机处理和国际合作等方面构筑安全防线，期望以此恢复对美国金融体系的信心。2010 年 6 月 25 日，美国国会正式通过了《多德—弗兰克华尔街改革与消费者保护法》（*Dodd－Frank Wall Street Reform and Consumer Protection Act*），它被认为是大萧条以来最全面、最严厉的金融改革法案，并为全球金融监管改革树立了新的标尺。

该法有三大核心内容。第一，扩大监管机构权力，破解金融机构“大而不能倒”的困局，允许分拆陷入困境的所谓“大到不能倒”（Too big to fall）的金融机构和禁止使用纳税人资金救市；可限制金融高管的薪酬。第二，设立新的消费者金融保护局，赋予其超越监管机构的权力，全面保护消费者合法权益。第三，采纳所谓的“沃尔克规则”，即限制大金融机构的投机性交易，尤其是加强对金融衍生品的监管，以防范金融风险。

该法的具体内容包括以下七个方面。

第一，成立金融稳定监管委员会，负责监测和处理威胁国家金融稳定的系统性风险。该委员会共有 10 名成员，由财政部长牵头。委员会有权认定哪些金融机构可能对市场产生系统性冲击，从而在资本金和流动性方面对这些机构提出更加严格的监管要求。

第二，在美国联邦储备委员会下设立新的消费者金融保护局，对提供信用卡、抵押贷款和其他贷款等消费者金融产品及服务的金融机构实施监管。

第三，将之前缺乏监管的场外衍生品市场纳入监管视野。大部分衍生品须在交易所内通过第三方清算进行交易。

第四，限制银行自营交易及高风险的衍生品交易。在自营交易方面，允许银行投资对冲基金和私募股权，但资金规模不得高于自身一级资本的 3%。在衍生品交易方面，要求金融机构将农产品掉期、能源掉期、多数金属掉期等风险最大的衍生品交易业务拆分到附属公司，但自身可保留利率掉期、外汇掉期以及金银掉期等业务。

第五，设立新的破产清算机制，由联邦储蓄保险公司负责，责令大型金融机构提前作出自己的风险拨备，以防止金融机构倒闭再度拖累纳税人救助。

第六，美联储被赋予更大的监管职责，但其自身也将受到更严格的监督。美国国会下属政府问责局将对美联储向银行发放的紧急贷款、低息贷款以及为执行利率政策进行的公开市场交易等行为进行审计和监督。

第七，美联储将对企业高管薪酬进行监督，确保高管薪酬制度不会导致对风险的过度追求。美联储将提供纲领性指导而非制定具体规则，一旦发现薪酬制度导致企业过度追求高风险业务，美联储有权加以干预和阻止。

二、监管内容

银行监管的具体内容包括市场准入监管、运作过程监管和市场退出监管三个部分。

（一） 市场准入监管

市场准入监管是银行监管的重要环节之一，它是指通过对银行机构进入金融市场、经营金融产品、提供金融服务依法进行审查和批准，将那些可能对存款人利益或银行业健康运转造成危害的金融机构拒之门外，来保证银行业的安全稳健运行。

市场准入监管的目的在于防止过度竞争，维护银行特许权价值；抑制逆向选择，防止投机冒险者进入银行市场；同时促使银行审慎经营，防止银行过度冒险行为。由于存款保险会导致银行的道德风险，市场准入监管就成为确保银行业安全的第一道关口。

按照我国现行规定，市场准入包括三个方面的内容，即机构准入监管、业务准入监管和高级管理人员准入监管。(1) 机构准入监管是指根据法定标准，是否批准设立银行机构或分支机构，主要考虑银行机构的设立需要符合国民经济发展的客观需要，符合金融业发展的政策和方向，符合最低资本金及股权结构和股东资格、公司治理和内部控制等要求；(2) 业务准入监管是指按照审慎性标准，是否批准银行机构新的业务范围和开办新的业务品种，主要考虑该业务的合规性、风险性和收益性；(3) 高级管理人员准入监管是指按照既定标准和参考日常监管信息，对金融机构的高级管理人员任职资格的核准或认可。高级管理人员一般应具备以下要求：能正确贯彻执行国家的经济、金融方针政策，熟悉并遵守有关经济、金融方针政策，具有与担任职务相适应的专业知识和工作经验，具备与担任职务相称的组织管理能力和业务能力，具有公正、诚实、廉洁的品质，工作作风正派。

专栏 1－5
银监会依法关闭“钱塘银行（筹）”

2014 年 9 月 26 日，中国银监会在官网上发布了关于依法取缔姜霞倩、浙江瑞智开创文化投资有限公司等擅自设立的“钱塘银行（筹）”的通知。经中国银行业监督管理委员会浙江监管局查实，2013 年 8 月以来，未经银监会批准，姜霞倩、浙江瑞智开创文化投资有限公司等擅自设立了“钱塘银行筹备委员会”，并在办公场所挂出了“钱塘银行（筹）”的牌子。2014 年 2 月 25 日，“钱塘银行（筹）”在中国工商银行杭州经济技术开发区支行开立了验资账户。“钱塘银行（筹）”制作了“钱塘银行”规划概要、招股介绍、股份认购要点、股东确认协议书、股权证书等文书，印制了“钱塘银行（筹）”介绍信，并开展招募意向股东和委托他人募股的工作。

根据我国法律、行政法规规定，未经国务院银行业监督管理机构批准，任何单位或者个人不得设立银行业金融机构或者从事银行业金融机构的业务活动。姜霞倩、浙江瑞智开创文化投资有限公司等的行为违反了《中华人民共和国商业银行法》第十一条，《中华人民共和国银行业监督管理法》第十九条，《非法金融机构和非法金融业务活动取缔办法》（国务院令第 247 号）第二条、第三条、第五条的规定。因此，“钱塘银行（筹）”是非法的金融机构，必须依法予以取缔。

（二） 运作过程监管

商业银行经批准开业后，监管当局还要对银行的运作过程进行有效监管，以更好地实现监管目标的要求。以美国为例，其 CAMELS 体系是针对商业银行的一整套规范化、制度化和指标化的监管体系，包括六项考核指标，即资本充足性（Capital Adequacy）、资产质量（Asset Quality）、管理水平（Management）、盈利水平（Earnings）、流动性（Liquidity）和市场风险敏感度（Sensitivity of Market Risk）。

我国对商业银行运作过程的监管主要包括资本监管、监督检查和风险评级三个方面。

1. 资本监管。资本监管是审慎银行监管的核心，是提升银行体系稳定性，维护银行业公平竞争、保护存款人利益的重要手段。

根据《巴塞尔协议》对资本的规定，商业银行的资本分为一级资本（核心资本）和二级资本（补充资本）。一级资本包括股本和公开储备，二级资本包括未公开储备、重估储备、普通准备金、长期次级债务和债务性质的资本工具。商业银行持有的资本必须满足监管当局规定的资本充足率要求。

资本监管还包括对商业银行资本充足率信息披露的要求，一般包括风险管理目标和政策、并表范围、资本规模和资本充足率水平。

2. 监督检查。监督检查是指通过非现场监管和现场检查等监督检查手段，实现对风险的及时预警、识别和评估，并针对不同风险程度的银行机构，建立风险纠正和处置安排，确保银行风险得以有效控制、处置。

（1）非现场监管。非现场监管是指监管机构通过收集银行业金融机构的经营管理和财务数据，运用一定的技术方法（如各种模型与比例分析等）进行分析研究，从而了解银行业金融机构经营的总体状况、风险管理状况、合规情况等。

非现场监管分析的主要内容是资本充足性监管、资产质量监管、流动性监管、盈利能力监管、市场风险监管等。

（2）现场检查。现场检查是监管当局及各级派出机构对银行业金融机构进行实地检查。通过查阅金融机构的账表、文件等各种资料和座谈询问等方法，对金融机构经营管理情况进行分析、检查、评价和处理，督促金融机构合法、稳健经营，提高经营管理水平，维护金融机构及金融体系安全的一种检查方式。

现场检查的重点内容包括业务经营的合法合规性、风险状况和资本充足性、资产质量、流动性、盈利能力、管理水平和内部控制、市场风险敏感度。

3. 风险评级。风险评级是监管机构根据商业银行的资本充足、资产安全、管理、盈利、流动性和市场风险敏感性等方面的状况，对商业银行的风险表现形态和内在风险控制能力进行的科学、审慎的评估与判断，并形成综合评级的过程，是银行监管框架的重要组成部分。

监管机构对商业银行的风险评级，既不同于商业银行自身的评价，也不同于社会中介机构对商业银行的评级。它是以防范风险为目的，通过对商业银行风险及经营状况的综合评级，系统地分析、识别商业银行存在的风险，实现对商业银行持续监管和分类监管，促进商业银行稳健发展。

风险评级的原则包括：（1）全面性原则，风险评级应在全面收集银行相关信息的基础上，综合全部信息进行；（2）系统性原则，风险评级应系统分析银行的整体风险和经营状况，以及风险发展趋势；（3）持续性原则，风险评级应根据监管周期持续进行；（4）审慎性原则，风险评级应当遵循审慎监管原则，以审慎监管的要求为依据，有效识别和认定银行存在的和潜在的风险。

专栏 1 -6

“腕骨” 风险监管指标体系

2010 年 9 月，中国银监会发布了我国的 “腕骨” 风险监管指标体系（CARPALS），包括资本充足性（Capital Adequacy）、贷款质量（Asset Quality）、风险集中度（Risk Concentration）、拨备覆盖（Provisioning Coverage）、附属机构（Affiliated Institutions）、流动性（Liquidity）、案件防控（Swindle Prevention & Control）等七个方面。这七项指标的第一个英文字母拼起来正好是英文单词 “腕骨” （CARPALS），所以称作 “腕骨” 风险监管指标体系，其中主要的监管指标如表 1 -6所示。

表 1 -6　商业银行主要监管指标

类别	指标名称	计算方法	具体要求
资本充足	核心一级资本充足率	$\frac{\text{（核心一级资本－对应资本扣减项）}}{\text{风险加权资产}}\times 100\%$	≥5%
	一级资本充足率	$\frac{\text{（一级资本－对应资本扣减项）}}{\text{风险加权资产}}\times 100\%$	≥6%
	资本充足率	$\frac{\text{（总资本－对应资本扣减项）}}{\text{风险加权资产}}\times 100\%$	≥8%
	杠杆率	$\frac{\text{（一级资本－一级资本扣减项）}}{\text{调整后的表内外资产余额}}\times 100\%$	≥4%
信用风险	贷款拨备率	$\frac{\text{贷款损失准备余额}}{\text{各项贷款余额}}\times 100\%$	≥2.5%
	拨备覆盖率	$\frac{\text{贷款损失准备余额}}{\text{不良贷款余额}}\times 100\%$	≥150%
	不良贷款率	$\frac{\text{不良贷款余额}}{\text{各项贷款余额}}\times 100\%$	≤5%
	单一客户贷款集中度	$\frac{\text{最大一家客户贷款总额}}{\text{资本净额之比}}\times 100\%$	≤10%
	最大 10 家客户贷款集中度	$\frac{\text{最大 10 家客户贷款总额}}{\text{资本净额之比}}\times 100\%$	≤50%
流动性风险	流动性比例	$\frac{\text{流动性资产余额}}{\text{流动性负债余额}}\times 100\%$	≥25%
	流动性覆盖率	$\frac{\text{合格优质流动性资产}}{\text{未来 30 天现金净流出量}}\times 100\%$	≥100%
	净稳定融资比率	$\frac{\text{可用的稳定资金}}{\text{业务所需的稳定资金}}\times 100\%$	≥100%
	存贷比	$\frac{\text{各项贷款余额}}{\text{各项存款余额}}\times 100\%$	≤75%
盈利能力	成本收入比	$\frac{\text{（营业支出－营业税金及附加）}}{\text{营业收入}}\times 100\%$	≤45%
	资产利润率	净利润/平均资产余额 ×100%	≥0.6%
	资本利润率	净利润/平均净资产余额 ×100%	≥11%

（三）市场退出监管

市场退出监管是指金融监管当局对金融机构退出金融业、破产倒闭或合（兼）并、变更等实施监管，也包括对违规金融机构终止经营的监管。

市场退出监管必须遵循以下原则：(1) 依法退出原则，主要是指商业银行退出市场时都必须在银行业监管当局的监督控制之内有序地退出。在遵循既有法律规定下，保持充分的透明度，向社会公众准确表达商业银行市场退出的原因、方式、相关制度安排。(2) 效率与稳定原则，主要是指依法处理银行债权人、债务人、股东、银行职员等多方面的利益，通过适当的安排，消灭风险的传染源，提高银行体系效率，维护银行体系稳健性。(3) 准市场化原则，主要是指在实行商业银行市场退出机制时，要将市场方式和政府监管有效集合起来。(4) 风险最小化原则，主要是指市场退出的关键在于化解风险，所以在实行商业银行市场退出时需要坚持风险最小化原则，将可能发生的风险控制在最小的范围之内。(5) 协调配合原则，是指银行监管当局、财政部门和司法部门必须协调配合，保证商业银行平稳退出市场。(6) 强制性原则，是指有问题银行丧失金融清偿能力，如果救助与重组失败，则必须退出市场，退出具有强制性。

我国商业银行市场退出的方式有兼并收购、解散、撤销（关闭）和破产。(1) 兼并收购是指两个或两个以上的金融机构通过订立兼并收购协议，按照《公司法》及有关法律和法规的规定，组成一个新的金融机构的法律行为；(2) 解散是指已成立的金融机构，因其章程规定或法律规定的事由的发生，致使金融机构丧失了经营能力，经批准登记注销后，金融机构组织消亡的法律行为；(3) 撤销是指国务院金融监管部门运用行政手段对不可救助、股东无力注资、救助失败的金融机构依法关闭和组织清算，指定一家金融机构托管，在完成清算后宣布解散或撤销；(4) 破产是指金融机构不能支付到期债务的，金融机构或债权人均可向人民法院提出破产申请，法院依法作出裁定，对金融机构的资产进行破产清算，并对其剩余财产实行强制分配，以使债权人得到公平偿还。

专栏1－7

存款保险制度

存款保险制度是一种金融保障制度，是指由符合条件的各类存款性金融机构集中起来建立一个保险机构，各存款机构作为投保人按一定存款比例向其缴纳保险费，建立存款保险准备金，当成员机构发生经营危机或面临破产倒闭时，存款保险机构向其提供财务救助或直接向存款人支付部分或全部存款，从而保护存款人利益，维护银行信用，稳定金融秩序。存款保险制度可提高金融体系稳定性，保护存款人的利益，促进银行业适度竞争；但其本身也有成本，可能诱发道德风险，使银行承受更多风险，还产生了逆向选择的问题。

1933 年，美国国会通过了《格拉斯—斯蒂格尔法》，1934 年 1 月 1 日美国联邦存款保险制度正式实施，开启存款保险制度的先河，形成了真正意义上的存款保险制度。20 世纪 60 年代中期以来，随着金融业日益自由化、国际化，金融风险呈明显上升态势，绝大多数西方发达国家相继在本国金融体系中引入存款保险制度，中国台湾、印度、哥伦比亚等部分发展中国家和地区也进行了这方面的有益尝试。截至 2014 年底，全球已有 112 个国家和地区建立了存款保险制度。

已经实行存款保险制度的国家，有三种组织形式：一是由政府出面建立，如美国、英国、加拿大；二是由政府与银行界共同建立，如日本、比利时、荷兰；三是在政府支持下由银行同业联合建立，如德国。另外，存款保险的方式也有三种：一是强制保险，如英国、日本及加拿大；二是自愿保险，如法国和德国；三是强制与自愿相结合保险，如美国。

存款保险分为显性存款保险和隐性存款保险两种。显性的存款保险制度是指国家以法律的形式对存款保险的要素机构设置以及有问题机构的处置等问题作出明确规定。显性存款保险制度的优势在于：（1）明确银行倒闭时对存款人的赔付额度；（2）迅速、有效地处置有问题银行，节约处置成本；（3）通过基金积累赔付存款人并处置银行；（4）明确银行倒闭时各方责任，增强银行体系的市场约束。隐性的存款保险制度则多见于发展中国家或者国有银行占主导的银行体系中，国家没有对存款保险作出制度安排，但在银行倒闭时，政府会采取某种形式保护存款人的利益，因而形成了公众对存款保护的预期。

建立存款保险制度，有利于完善我国金融安全网，更好地保护存款人的利益，维护金融市场和公众对我国银行体系的信心。2015 年 2 月 17 日，李克强总理签署国务院令，正式公布《存款保险条例》，自 2015 年 5 月 1 日起施行。

《存款保险条例》规定，存款保险具有强制性，在我国境内设立的吸收存款的银行业金融机构，包括商业银行（含外商独资银行和中外合资银行）、农村合作银行、农村信用合作社等，都应当参加存款保险。存款保险覆盖的范围既包括人民币存款，也包括外币存款；既包括个人储蓄存款，也包括企业及其他单位存款；本金和利息都属于被保险存款的范围。存款保险的保费由投保的银行业金融机构交纳。存款保险实行限额偿付，最高偿付限额为人民币 50 万元。

三、监管主体

2018 年 3 月以前，我国银行业的监管主体是中国银行业监督管理委员会（简称中国银监会）。2018 年 3 月 13 日，第十三届全国人民代表大会第一次会议表决通过了关于国务院机构改革方案的决定，将中国银行业监督管理委员会和中国保险监督管理委员会的职责整合，组建中国银行保险监督管理委员会（简称中国银保监会）。2018 年 4 月 8 日，中国银保监会正式挂牌。

中国银保监会的主要职责是依照法律法规统一监督管理银行业和保险业，维护银行业和保险业合法、稳健运行，防范和化解金融风险，保护金融消费者合法权益，维护金融稳定。

中国银保监会内设 27 个机构，如图 1 – 3 所示。同时于 31 个省（自治区、直辖市）和 5 个计划单列市设立了 36 家监管局。

四、商业银行的行业自律组织

商业银行行业自律组织，即同业公会（协会），是在市场经济条件下，适应银行体系行业保护、行业协调与行业管理的需要，自发地形成和发展起来的。最早的银行业自律组织是 1875 年成立的美国银行家协会（The American Bankers Association），最权威的是巴塞尔银行监管委员会（Basel Committee on Banking Supervision），我国银行业的行业自律组织则是中国银行业协会。

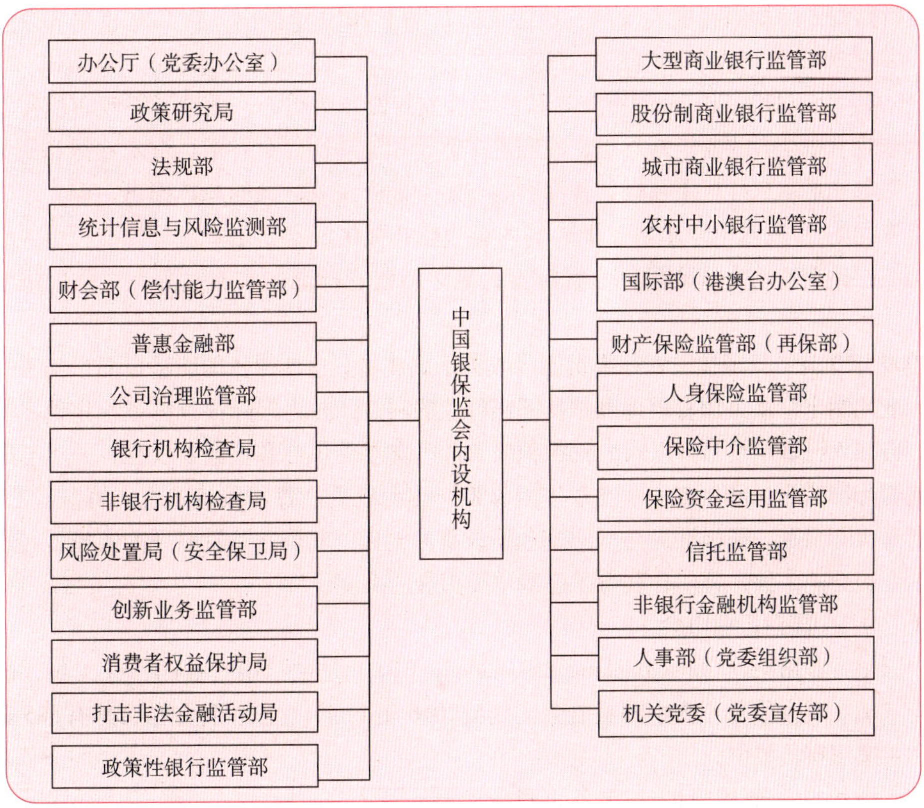

图 1－3　中国银保监会内设机构

（一）巴塞尔银行监管委员会

巴塞尔银行监管委员会简称巴塞尔委员会，是全球银行业审慎监管标准的主要制定者，由美国、英国、法国、德国、意大利、日本、荷兰、加拿大、比利时、瑞典十大工业国的中央银行于 1974 年底共同成立的，以各国中央银行和银行监管当局为代表，总部设在瑞士的巴塞尔。巴塞尔委员会每年定期召开四次会议，对有关事项进行审议沟通，制定解决方案及目标。

巴塞尔委员会的职能包括：（1）制定全球银行业监管统一标准。巴塞尔委员会负责制定全球银行业监管标准和准则，以促进全球金融稳定；（2）促进全球银行业监管合作。通过巴塞尔委员会的定期会晤机制和成员国之间的交流机制，各成员能够彼此交换各自监管安排方面的信息，不断改善国际银行业务监管技术的有效性，并共同建立资本充足率的最低标准制度及研究在银行监管的其他领域确立标准的有效性；（3）推动全球银行业监管标准的履行。巴塞尔委员会在推动监管标准实施过程中，提倡各国采用最佳监管做法，期望各国采取措施，根据本国的情况，通过具体的立法或其他安排予以实施。委员会鼓励采用共同的方法和共同的标准，但并不强求成员国在监管技术上的一致。

继《巴塞尔协议Ⅰ》《巴塞尔协议Ⅱ》后，巴塞尔委员会又推出国际银行业监管新标准——《巴塞尔协议Ⅲ》（Basel Ⅲ）。《巴塞尔协议Ⅲ》是基于 2008 年金融危机的教训，对现行银行监管国际规则的重大改革。该协议的草案于2010年提出，在G20首尔峰会上获得批准，并在2013年在成员国中开始实施。

《巴塞尔协议Ⅲ》以商业银行资本和流动性监管改革为核心，体现了微观审慎监管与宏观审慎监管有机结合的监管新思维，按照资本监管和流动性监管并重、资本数量和质量同步提高、资本充足率与杠杆率并行、长期影响与短期效应统筹兼顾的总体要求，确立了国际银行业监管的新标杆。《巴塞尔协议Ⅲ》的内容包括：强化资本充足率监管标准；引入杠杆率监管标准；建立流动性风险量化监管标准；确定新监管标准的实施过渡期；强化风险管理实践。

2009年3月，我国被巴塞尔委员会吸收为正式成员。这使得我国能够全面参与银行监管国际标准的制定，以更加有效地维护我国银行业的利益，并为国际银行体系稳定作出更大的贡献。自加入巴塞尔委员会以来，我国积极参加巴塞尔委员会各项会议议程，并参与国际银行业监管标准的研讨和制定。《巴塞尔协议Ⅲ》出台以后，我国秉持宏观审慎监管的理念，结合自身实际情况，积极推进与《巴塞尔协议Ⅲ》对应的新资本监管原则的实施，并通过了巴塞尔委员会的一致性评估，获得了巴塞尔委员会的高度评价。

（二）中国银行业协会

中国银行业协会（China Banking Association，CBA）是中国银行业的自律组织，成立于2000年5月，其主管单位为中国银监会。截至2016年4月，中国银行业协会共有585家会员单位和4家观察员单位。

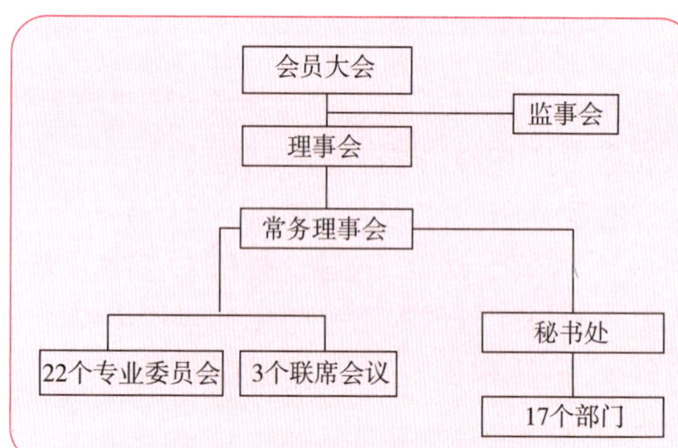

图1－4 中国银行业协会结构图

银行业协会主要履行四个方面的职能，即行业自律、行业维权、行业协调和行业服务。（1）行业自律是指银行业协会通过签订自律约定，实施自我约束以维护银行业公平竞争和市场秩序。这种行业自律一般体现在两个方面，一是银行业内对国家法律、法规政策的遵守和贯彻，二是银行业内的行规制约自己的行为。（2）行业维权是指银行业协会依据法律法规规定，采取合理正当的程序和方法来维护行业内成员的权利不受侵犯。（3）行业协调一般是指自律机构协调行业内各成员之间的经济利益关系以及其他关系，以期促进行业公平竞争和健康发展。（4）行业服务是指银行业协会为协会内会员提供相关服务，主要有与外行业、国外银行业交流的服务，同时也有银行间成员信息技术的交流等。

第四节 商业银行的发展趋势

20世纪以来，世界经济已经开始进入以知识经济与网络经济为双重特征的新时代，随着生产和市场的社会化和国际化程度的提高，作为经济架构中最活跃的要素，商业银行的业务和体制也发生了深刻而巨大的变革。商业银行的变化趋势主要表现为全球化、综合化和网络化。

一、全球化

（一）机构全球化

商业银行的全球化发展是以它们在世界各地建立起庞大的机构网络为现实载体的。这种分支机构主要有三种类型：（1）代表处。这是商业银行在国外市场上活动时最简单的组织形式。它是一个只具有有限职能的机构，其基本职责是为母国机构提供的服务开拓市场、寻求客户。但不得吸收存款、不得发放贷款。（2）分行。这是商业银行在海外市场上运作的最普遍的组织形式，它可以提供全方位的服务。（3）子公司或附属机构。当一家跨国银行在国外收购了一家独立注册的外国银行并控制了其所有权时，这家外国银行就成为该跨国银行的子公司。由于子公司独立注册并拥有自己的股本，因此，它既可以为跨国银行扩大业务，又可以避免风险。当它的最大股东倒闭时，子公司不一定会随之倒闭。

（二）客户全球化

商业银行全球化的客户形成渠道主要有以下四种：（1）国内的主要客户到国外设立分公司或国际贸易发展到国外，西方商业银行为了更好地服务于它在国内的客户，而到国外去设机构。这是西方商业银行海外机构建设的一大特点，尤其是在国际贸易发展的初期。（2）海外股东自然成为其海外客户。股东投资于银行必须承担两个义务，其一是出资的义务，其二是支持银行业务发展的义务。第一个义务在出资之后（或者说是在购买股票的同时）就“一次性地完成”了，而支持所投资的企业发展的义务则是长期的，这种支持最直接、最有效的方式就是把相关的业务转移到新投资的银行去。在成为银行股东的同时也成为银行的客户。（3）通过海外机构拓展当地市场的新客户。前两类客户是海外分支行的基本客户源，海外分支行还必须利用各种有利条件，抓住各种机会去拓展客户，去占领当地的市场，这是国外商业银行设立海外机构的重要目标。（4）通过 Internet 网络吸收更多的海外客户。这是国际银行业最近 10 年来的新动向，也是一种新手段。通过网上银行去吸引客户，可能完全不受地域的限制，没有空间距离，没有时间间隔，不仅速度高效，而且成本低廉。Internet 成了西方商业银行拓展新客户，特别是全球客户的重要手段之一。

（三）业务全球化

商业银行的业务全球化是世界经济发展到一定程度的必然产物，是商业银行追求利润最大化的结果。银行业务全球化包括三层含义：一是指银行传统业务的全球化延伸，包括对境外居民和企业的国际结算、贸易融资、外汇买卖、个人贷款及离岸零售批发业务；二是指银行非传统业务全球化经营，主要包括国际投资、证券保险、国际信托、私人银行及金融衍生产品等；三是指银行非金融领域的全球化经营，主要是指国际租赁、资本投资及其他领域的参股经营。

（四）雇员全球化

商业银行通过两种途径表现出其雇员全球化的特征：一是海外机构大量雇佣当地人员。一般情况下，西方商业银行在建海外分支机构时，习惯派出自己的管理人员，分支机构的主要负责人通常都从总行派出或从母国的其他分支机构抽调，而海外机构的一般工作人员则录用当地员工。这样可以收到两方面的好处：既能管理和控制住分支机构，使它按照总行的模式和要求去运作；又能让分支机构融入当地市场，熟悉当地文化，尽快开拓当地业务。二是在国内市场的机构里（总行和国内分支机构），也录用一定数量的外籍人员。从这种人员的融合中得到思想的交流、文化的交流、信息的交流等各种好处，使商业银行在管理体制设计、运作机制重组、产品更新换代方面能保持在最前沿。

二、综合化

（一） 综合化趋势

随着经济全球化和金融自由化的加速，金融创新层出不穷，技术进步日新月异，行业竞争也日益加剧，银行与非银行金融机构之间的界限越来越模糊。商业银行借助自身在资产、网点、信息以及技术上的优势，将业务范围和服务领域逐步扩张到证券、保险和基金等行业，综合化经营已经成为国际金融市场的趋势。

商业银行的综合化经营主要是指银行除了经营传统的商业银行业务（比如信用业务和中间业务）以外，还经营其他类型的金融业务，包括基金、保险、信托、证券和金融租赁等业务。综合化经营，是商业银行适应金融市场竞争的必然要求，也是商业银行满足客户多元化金融需求的必然要求，更是应对利率市场化和金融“脱媒”等挑战，改善收入结构、谋求自身发展的必然要求。商业银行综合化经营有助于扩大银行的经营范围、满足客户日益增加的多元化的金融服务需求、更好地参与市场竞争，也有助于改善银行的资产结构和收入结构、提升盈利能力。

（二） 综合化的效果

商业银行的业务范围和服务领域非常广泛。商业银行综合化经营一方面确实满足和适应了社会对金融业的多方面需求，另一方面从商业银行自身来看，也收到明显效果：

1. 分散经营风险，并尽可能减少风险总量。业务的多元化使商业银行在客观上分散了资金的运作，这实际上也就分散了经营风险，因为它不是“把所有的鸡蛋放到一个篮子里面”，而是将其分散在诸多的篮子里面。

2. 多渠道赚取利润。商业银行是一个利润主体，是以利润为驱动力的企业，它涉足各种业务领域的一个很重要的原因是为了从中赚取利润。即使有些业务、有些项目暂时不盈利或盈利很少，那也是为了将来更多的盈利或为了整个银行集团更高的盈利。

3. 改变收入来源结构和利润结构。在各大商业银行的收入结构中，来自各种服务手续费收入的比重越来越大，而来自贷款利息收入的比重却逐渐减少。例如加拿大蒙特利尔银行的贷款业务只占全部资产的30%，而70%的资产分布在投资、证券等领域。

三、网络化

（一） 网络银行的兴起

互联网是人类最伟大的发明，互联网已经并还在继续急剧地改变着整个世界。信息技术的发展和互联网在银行领域推广的直接影响是降生了“网络银行”（Internet Bank，e - Bank，Online - Bank），即以互联网技术为基础所开展的银行业务。

网络银行又称网上银行、在线银行，是指银行借助现代数字通信、互联网、移动通信及物联网技术，通过云计算、大数据等方式为客户提供账户管理、存款贷款、支付结算和投资理财等金融服务，使客户可以足不出户、安全便捷地管理个人账户。可以说，网上银行是在网络上的虚拟银行柜台。

自从 1995 年美国的安全第一网络银行成立后，发达国家的网上银行业务迅猛发展，花旗银行、摩根大通银行和汇丰银行等国际金融大集团纷纷涌入网上银行市场。短短十几年间，作为新兴的银行模式，网上银行在全世界范围内蓬勃发展，特别是互联网金融的崛起，对三百多年来的传统银行业，甚至对整个金融业都产生了前所未有的冲击。

互联网银行是指借助现代数字通信、互联网、移动通信及物联网技术，通过云计算、大数据等方式在线实现为客户提供存款、贷款、支付、结算、汇转、电子票证、电子信用、账户管理、货币互换、P2P金融、投资理财、金融信息等全方位无缝、快捷、安全和高效的互联网金融服务机构。

网上银行业务一般为三类。第一类是信息服务，主要是宣传银行能够给客户提供的产品和服务，包括存贷款利率、外汇牌价查询、投资理财咨询等。这是银行通过互联网提供的最基本的服务，一般由银行一个独立的服务器提供。这类业务的服务器与银行内部网络无链接路径，风险较低。第二类是客户交流服务，包括电子邮件、账户查询、贷款申请、客户资料等。该类服务使银行内部网络系统与客户之间保持一定的链接，银行必须采取合适的控制手段，监测和防止黑客入侵银行内部网络系统。第三类是交易服务，包括个人业务和公司业务两类。这是网上银行业务的主体。个人业务包括存款、贷款、转账、汇款、代缴费用、按揭贷款、证券买卖和外汇买卖等。公司业务包括结算业务、信贷业务、国际业务和投资银行业务等。银行交易服务系统服务器与银行内部网络直接相连，无论从业务本身或是网络系统安全角度，均存在较大风险。

专栏 1 –8
互联网金融与互联网金融平台

互联网金融这一概念是 2012 年由谢平等人提出。他们认为互联网金融在信息处置、支付结算、资源配置、金融供求匹配等具有实质性的优势，将对传统金融带来“颠覆性”冲击。2013 年由于余额宝等的爆炸式增长以及 P2P、众筹等新型业务的蓬勃发展，互联网金融成为国内学术界、实业界和政策界热议的对象。

目前国内的主流观点，将互联网金融定义为一种有别于传统金融模式的新兴金融模式，互联网金融的核心是互联网。现今的金融业共分为两种模式，一种是以商业银行为代表的间接融资模式，另一种是以资本市场为代表的直接融资模式，两者的交易成本都十分巨大。而互联网金融将成为第三种金融模式。互联网直接金融是必然趋势，并且将彻底颠覆传统金融业。在这种金融模式下，支付便捷，市场信息不对称程度非常低；资金供需双方直接交易，银行、券商和交易所等金融中介都不起作用；可以达到与现在直接融资和间接融资一样的资源配置效率，并在促进经济增长的同时，大幅减少交易成本。谢平、邹传伟和刘海二（2014）在《互联网金融手册》一书中指出“互联网金融是一个谱系的概念，涵盖因为互联网技术和互联网精神的影响，从传统银行、证券、保险、交易所等金融中介和市场，到瓦尔拉斯一般均衡对应的无金融中介或市场情形之间的所有金融交易和组织形式”，该研究根据互联网金融在信息处理、支付、资源配置上的差别，把互联网金融分成六大类别，即金融互联网化、移动支付与第三方支付、互联网货币、P2P 网络贷款、大数据的征信和网络贷款、众筹融资。互联网虽然发展时间较短，但发展十分迅猛，它以一种“非抵押、低成本、便捷”的信贷模式有效实现了金融末端的普惠，补充了传统金融机构的借贷作用，加速发展了多层次的资本市场。

但是，部分研究则认为互联网金融仅仅是传统金融的一种新渠道，互联网金融的核心是金融。目前中国的所谓互联网金融业务更多的是一种辅助性、补充性的金融业务，而涉及的实质性和主体性业务较少，并非全球的主流发展趋势。而国内学者热议的“互联网金融”特指互联网企业，如应用平台供应商、各类接入商、ISP 等，在通过互联网进行商品交易时所延伸出来的金融活动，仅仅是电子金融或网络金融的一部分。根据目前国内互联网金融的金融活动现状，“网商金融”更能精确对其定义。陈志武（2014）从互联网金融的表现形式上强调，互联网金融并不是一种“新金融”，而仅仅是传统金融在销售和获取渠道上的一种拓展。互联网金融的经营范围和支付结构并没有显著创新，本质上依然是交易对手间的跨期价值交换。

互联网金融平台是与互联网金融相互关联的一个新兴概念。互联网金融平台是指互联网金融功能实现的技术及物理平台，最为典型的是互联网金融业务相关的信息系统及其相关软件、硬件等配套设施以及相关的组织机构安排等。从广义的角度出发，互联网金融平台可以泛指一切与互联网金融业务相关的设施，可以是单一平台，亦可以是综合系统，还可以是互联网金融相关的机构与制度安排等，比如大型国有银行的互联网金融事业部就是一个综合性平台。当然，从狭义的角度出发，可以是某项互联网金融业务相关的单一平台，比如网络贷款（P2P）平台就可以是一个互联网金融平台。

（二） 网络银行业务的优势

与传统银行业务相比，网络银行业务有诸多优势。

1. 降低银行经营成本，有效提高银行盈利能力。开办网络银行业务或网上银行业务，主要利用公共网络资源，无须设置物理的分支机构或营业网点，减少了人员费用，提高了银行后台系统的效率。

2. 无时空限制，有利于扩大客户群体。网上银行业务打破了传统银行业务的地域、时间限制，具有 3A 特点，即能在任何时候（Anytime）、任何地方（Anywhere）、以任何方式（Anyhow）为客户提供金融服务，这既有利于吸引和保留优质客户，又能主动扩大客户群，开辟新的利润来源。

3. 有利于服务创新，向客户提供多种类、个性化服务。利用互联网和银行支付系统，更好地满足客户咨询、购买和交易多种金融产品和服务的需求，为客户提供个性化金融服务。

4. 以客户体验为中心，用互联网精神做金融服务。共享，透明，开放，全球互联，是未来银行的必然发展方向。

专栏 1－9

我国网上银行的发展

1998 年，招商银行正式推出“一网通”网上银行服务。截至 2015 年，网上银行在中国已步入第 18 个年头。互联网的飞速发展为网上银行的兴起提供了坚实的硬件基础和庞大的用户群体。截至 2015 年 12 月，我国网民规模达 6.88 亿。

为此，国内银行业大力发展网上银行业务，主要包括账户查询、转账汇款、缴费支付、信用卡和投资理财等传统服务。此外，部分银行已经开始试办网上小额质押贷款、住房按揭贷款等授信业务。随着移动互联网的发展，尤其是 4G 网络技术和智能移动终端（如智能手机、平板电脑）的快速发展，网上银行逐步向移动互联网领域进军，各大银行纷纷推出支持智能终端的网上银行客户端软件。

2015 年 5 月底，我国首批试点的五家民营银行已全部开业。其中，腾讯入股的深圳前海微众银行和阿里巴巴入股的浙江网商银行完全以网络为基础开展业务，可谓是我国网络银行的先行者。微众银行既无营业网点，也无营业柜台，更无须财产担保，而是通过人脸识别技术和大数据信用评级发放贷款。网商银行也是全流程网络操作，可为电商平台的消费者和经营者提供数据化、规模化、批量化的服务。

中国银行业协会发布的《2015 年度中国银行业服务改进情况报告》显示，2015 年中国银行业金融机构离柜交易达到 1 085.74 亿笔，离柜交易金额达 1 762.02 万亿元，同比增长 31.52%，其中，手机银行交易额为 70.70 万亿元，同比增长 122.75%；网上银行交易额为 1 600.85 万亿元，同比增长 28.18%；电话银行交易额为 18.20 万亿元，同比增长 171.64%；微信银行交易额为 3 174.49 亿元，同比增长 195.67%；电商平台交易总计 13.68 亿笔，交易总额达 15.4 万亿元。目前，银行业平均离柜业务率为 77.76%。

本章小结

1. 商业银行是一种以追求企业价值最大化为目标，经营金融资产和负债为对象的特殊企业。其职能包括信用中介功能、支付中介功能、金融服务功能、政策功能等。

2. 商业银行的经营目标是企业价值最大化，商业银行的经营有三个原则：效益性、流动性、安全性。效益性、流动性、安全性三者的关系是既相互联系，又相互制约的。

3. 商业银行外部组织形式可以分为单一银行制、总分行制和银行控股公司制。商业银行的内部治理结构可以分为决策机构（股东大会和董事会）、执行机构（高级管理层）和监督机构（监事会）。

4. 由于金融市场失灵和缺陷、道德风险、商业银行外部性的存在，国家一般都成立专门的机构对其进行监管，银行监管的原则为依法原则、公开原则、公正原则和效率原则。商业银行监管主要集中在市场准入、市场运作过程、风险控制、流动性、存款保护、市场退出等。商业银行成立行业自律组织，对行业进行规范和约束。

5. 商业银行发生革命性变化是在 20 世纪 90 年代之后，其趋势主要表现为经营的全球化、业务的综合化和机构的网络化。

本章重要概念

商业银行　信用中介　支付中介　安全性　流动性　效益性　总分行制　银行公司治理　银行监管

思考与练习

1. 简述商业银行的演变过程及商业银行的类型。
2. 简述商业银行的性质与主要功能。
3. 简述商业银行设立的原则与条件。
4. 商业银行的外部组织形式有哪些？
5. 商业银行的内部组织机构有哪些？
6. 简述商业银行的经营原则及其关系。
7. 简述现代商业银行的发展趋势。

第二章
商业银行资本管理

只有根深蒂固，方可枝繁叶茂，这是大树生存的基本法则之一。银行的资本犹如参天大树的根，资本的管理，只为了让银行能“根深蒂固”。而如果忽视资本的重要性，在还没来得及扎稳根基的时候便一味地扩张经营规模，日复一日，随着资产业务的扩张、经营风险的累积，银行却没有充足的资本来抵御。整个银行就仿佛头重脚轻的大树，一旦狂风来临，则很可能是破产、倒闭的降临。

资本不仅为银行经营提供了必要的资金来源，更重要的是，它还充当了银行抵御风险的防线、维护公众信任的工具。因此，资本管理对于银行有着特殊意义。基于现代先进管理技术之上的专业化的资本管理活动已成为现代商业银行经营管理的核心内容。

通过本章的学习，你将能够：

- 了解商业银行资本的含义及功能；
- 熟悉商业银行资本的构成、充足性及监管；
- 掌握商业银行资本的筹集和管理方式。

第一节 资本的构成及功能

一、商业银行资本的内涵

（一） 三个层面的资本概念

商业银行资本是一个较为复杂且不断发展的概念。银行资本可以从权益资本、监管资本和经济资本三个层面上加以理解和定义。

商业银行资本（Bank Capital）是指商业银行自身拥有的或者能永久支配、使用的资金。

1. 权益资本（Equity Capital）。权益资本是指从财务会计角度理解的账面所有者权益，即银行所有者在银行资产中享有的经济利益，是银行总资产与总负债账面价值的差额，也称会计资本或账面资本。这部分资本在银行资产负债表上以“所有者（股东）权益”的项目列出，代表着银行所有者（或股东）对银行的控制权、收益权以及对银行净资产的要求权，因此，会计意义上的银行资本项目与一般企业资本项目无大的差异。

2. 监管资本（Regulatory Capital）。监管资本是指银行已经持有的或是必须持有的符合监管法规规定的资本。各国银行监管当局，基于对本国银行业资本充足监管的需要，均对本国银行所拥有的符合监管口径要求的资本数量规定了最低标准，并根据构成监管资本项目的不同及其对抵御风险作用的差异，要求资本充足不仅需要资本数量适度，还包括资本结构合理。通常意义上所说的资本充足率中的“资本”即是指“监管资本”或“法定资本”。用公式表示即为

$$\text{资本充足率} = \frac{\text{监管资本}}{\text{风险加权资产}}$$

3. 经济资本（Economic Capital）。经济资本是指银行抵御风险、吸收损失必须拥有的最低所需资本，是基于银行全部风险之上的资本，因此又称为风险资本。它是一种虚拟资本概念，并非真正的银行资本，是一个算出来的数字。其计算公式如下：

$$\text{银行的经济资本} = \text{信用风险的非预期损失} + \text{市场风险的非预期损失} + \text{操作风险的非预期损失}$$

同时，经济资本又具备资本的消化风险损失的性质，这种性质以经济资本不超过实际资本为前提。经济资本与实际资本的比较，是银行确定风险边界的基础。以此为基础确定的风险边界，既能有效控制风险，又充分考虑银行的业务发展和资产扩张。

（二） 三种资本概念的联系

权益资本是建立在财务会计原理基础上的资本概念，可以从一般财务会计角度去解释，强调产权性质。而监管资本是建立在财务会计和银行业一般的风险计量基础上的资本概念，其内涵主要反映了商业银行资本具有吸收和消化银行损失的功能，因此，其外延宽于权益资本。通常，监管资本等于权益资本加上具有资本性质的债务工具的数量。经济资本是建立在财务会计和特定银行自身的风险计量基础上的资本概念，其真实数量等于特定银行自身非预期损失金额。与会计学意义上的权益资本和监管资本最根本的不同之处是，经济资本并不基于任何会计规则、监管政策、融资策略或资产负债结构，而是基于银行自身正常经营活动所面临的真实风险量。

三个资本概念之间的数量关系可以理解为：经济资本≤权益资本≤监管资本。监管者认为，银行资本的主要功能在于吸收和消化损失，因此，建立在经济资本上的监管资本的外延要宽于权益资本。从未来发展趋势上看，经济资本与监管资本的主流趋势是收敛和一体化。另外，监管资本中的核心资本基本上与权益资本等同。因此，监管资本也可视为广义的权益资本，与账面权益资本具有相同的特性。

二、商业银行资本的功能

一般来说，商业银行资本具有三种基本功能。

（一） 营业功能

资本是商业银行成立、正常运转和发展壮大的必要前提和保证。营业功能是指资本不仅能满足监管机构对商业银行提出的从开设时领取营业执照到营运过程中最低资本要求，而且还是其自身开设之初的铺底资金和经营过程中的营运资金，如租赁或建造营业场所、装备办公用品和雇用员工等。银行成长壮大后，还可以通过追加资本为增设分支机构、添置和改善办公设施、扩大营业场地等提供资金支持。同时，资本也是银行树立公众信心和市场声誉的基本物质条件。资本雄厚的银行往往享有较高的声誉，在公众心目中树立起对本银行充分的信赖，以吸引客户将资金存入银行，有利于扩展银行其他业务。

（二）保护功能

保护功能有两层含义。第一层是指商业银行的资本通过弥补经营过程中发生的损失，为银行免遭被兼并、倒闭和破产提供保护。理论上，银行经营过程中的全部风险损失可分为三类：可预期损失（Expected Loss）、不可预期损失（Unexpected Loss）和异常损失（Catastrophic Loss）。除了异常损失外，可预期损失和不可预期损失都要求被补偿或消化，以维持银行的稳健经营。实际操作中，可预期损失主要以损失准备金的形式被计入银行经营成本，或在银行提供的产品价格如贷款利率中予以补偿；而不可预期损失则只能通过银行资本予以覆盖（资本与风险的关系参见图 2－1）。第二层是指资本能提升社会公众对商业银行的信心，使存款人对存入银行的款项有安全感，避免在经济不景气时出现公众挤提存款导致银行面临挤兑危机；也可以使借款人在经济不景气时也有能被满足贷款需求的保障感，有利于维护银行在整个社会中的形象。

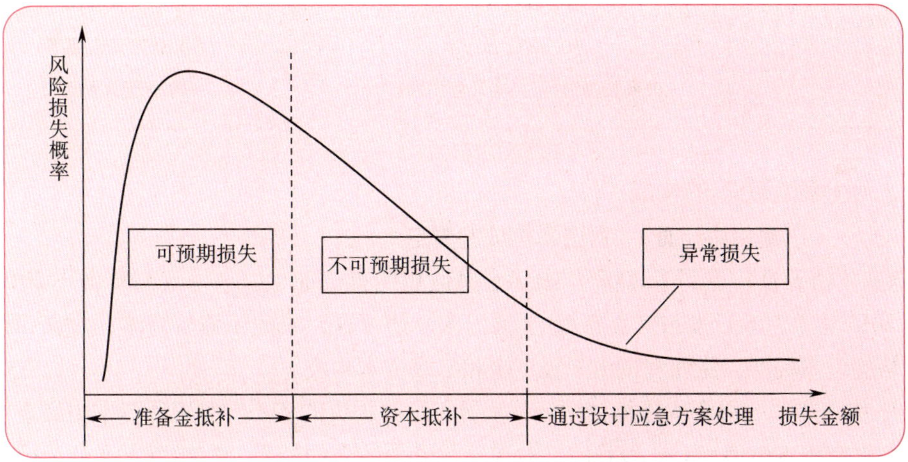

图 2－1　银行风险损失与资本的关系

（三）管理功能

管理功能是指资本为监管当局提供了控制银行风险的管理杠杆。各国金融监管当局都对银行资本制定了具体的规定和要求，如新建银行的最低资本额、新设分支机构的最低资本额及资本与贷款、投资的比率。金融监管当局对银行设置的最低资本要求，实际上起到了限制商业银行片面谋求发展而盲目扩张经营规模的作用，因为它要求银行的资产扩张一定要有某种比例的、昂贵的自有资本的支持，不允许完全运用负债资金从事经营。而且，银行资本充足与否，也是获得金融监管当局认可与信任的重要因素。

专栏 2－1

各国（地区）最低注册资本金数额

设立商业银行必须达到法定的最低资本额以保护存款人的利益和维护银行体系的稳定。各国（地区）对最低限度资本额的规定不一。

国家/地区	机构类型	注册资本最低限额
美国	国民银行	100 万美元
英国	商业银行	500 万英镑
日本	商业银行	20 亿日元
韩国	商业银行	1000 亿韩国圆
新加坡	商业银行	1.5 亿新加坡元
中国香港地区	持牌银行	3 亿港元
中国台湾地区	商业银行	100 亿新台币 或 2.29 亿美元
中国	全国性商业银行	10 亿元人民币
	城市商业银行	1 亿元人民币
	农村商业银行	5000 万元人民币
	外商独资银行、中外合资银行	10 亿元人民币

三、商业银行资本的构成

（一）《巴塞尔协议Ⅲ》对资本构成的界定

《巴塞尔协议Ⅲ》受到了 2008 年国际金融危机的直接催生，该协议的草案于 2010 年提出，于 2013 年 1 月 6 日发布其最新规定。《巴塞尔协议Ⅲ》修改了监管资本的定义，提出了更加严格的资本标准。监管资本由一级资本和二级资本构成。

1. 一级资本。一级资本是指持续经营状况下吸收损失的资本，是银行资本中最重要的组成部分，具有资本价值相对比较稳定、对风险承受力较强的特点。一级资本又分为核心一级资本和其他一级资本。

（1）核心一级资本。核心一级资本（Common Equity Tier 1）包括以下部分：银行发行的满足监管标准的普通股（或非股份制公司发行的与普通股对等的工具）；发行核心一级资本工具产生的股本盈余（股票溢价）；留存收益；累计其他综合收益和公开储备；由银行并表子公司发行的且由第三方持有的普通股（即少数股东权益），但必须满足一定标准才能计入；核心一级资本的监管调整项。

（2）其他一级资本。其他一级资本包括以下部分：银行发行的满足其他一级资本标准的工具（不应包含在核心一级资本中）；发行其他一级资本工具产生的股本盈余（股票溢价）；由银行并表子公司发行的且由第三方持有的工具，该工具应满足计入其他一级资本工具的标准，同时未计入核心一级资本；其他一级资本的监管调整项。

2. 二级资本。二级资本是指破产清算状况下吸收损失的资本。二级资本包括以下部分：（1）银行发行的满足二级资本标准的工具（未包含在一级资本中）；（2）发行二级资本工具时产生的股本盈余（股票溢价）；（3）由银行并表子公司发行的且由第三方持有的工具，该工具应满足计入二级资本工具的标准，同时未计入一级资本；（4）二级资本的监管调整项。

根据《巴塞尔协议Ⅲ》，监管资本的调整项目主要包括：（1）商誉（Goodwill）及其他无形资产；(2) 递延税资产；(3) 现金流套期储备；(4) 预期损失准备金的缺口；(5) 与资产证券化销售相关的收益；(6) 自身信用风险变化导致的金融负债公允价值带来的累积收益或损失；(7) 固定收益类的养老金资产及负债；(8) 所持有本银行的股票（库存股票）；(9) 与金融机构相互交叉持有的资本工具；(10) 对监管并表范围外的金融机构的资本投资且该投资不超过被投资机构普通股股本的10%；(11) 对监管并表范围外的金融机构的大额投资。

专栏2-2
《巴塞尔协议Ⅱ》与《巴塞尔协议Ⅲ》规定的资本构成比较

总体而言，与《巴塞尔协议Ⅱ》相比较，《巴塞尔协议Ⅲ》对于一级资本定义更加严格化，同时简化了二级资本并取消了三级资本。

《巴塞尔协议Ⅱ》规定的资本构成		《巴塞尔协议Ⅲ》建议的资本构成	
一级资本	实收资本/普通股	一级资本	普通股
	股本溢价		
	留存收益		其他持续经营下的资本
	盈余公积		不计入一级资本
	少数股东权益		不计入一级资本
	创新资本工具（15%上限）		
二级资本（不超过一级资本的100%）	一般准备	二级资本	简化二级资本，只有一套二级资本的合格标准，其他子类别被取消
	混合债务资本工具		
	次级债		
三级资本（市场风险暴露）	极端情况适用	三级资本	被取消

（二）我国商业银行资本构成

1. 我国现行资本监管要求。2012年6月颁布、2013年1月1日起实施的《商业银行资本管理办法（试行）》，是银监会依据我国银行的现实情况以及实际资本现状，基于《巴塞尔协议Ⅲ》的相关要求，对现行监管资本的重新确定以维护银行资本工具的损失吸收能力所作出的具体规定。

《商业银行资本管理办法（试行）》对资本组成的规定如下。

核心一级资本包括：实收资本或普通股，资本公积，盈余公积，一般风险准备，未分配利润，少数股东资本可计入部分。

其他一级资本包括：其他一级资本工具及其溢价，少数股东资本可计入部分。

二级资本包括：二级资本工具及其溢价，超额贷款损失准备，少数股东资本可计入部分。

2. 我国现行资本监管要求与《巴塞尔协议Ⅲ》的差异。

（1）一级资本对比。一级资本定义的比较如表 2－1 所示。可以看出，我国现行监管标准与《巴塞尔协议Ⅲ》最主要的区别在于少数股权。结合我国商业银行的财务报表来看，少数股权扣减所带来的一级资本变动可能影响我国一级资本充足率的计算结果。

（2）二级资本对比。二级资本定义的比较如表 2－2 所示。可以看出，我国现行监管标准与《巴塞尔协议Ⅲ》的标准差别并不大，但我国二级资本占总资本的比例很低，主要构成为次级债和一般准备。

表 2－1　一级资本对比

巴塞尔协议Ⅲ	我国现行标准
实收资本/普通股	实收资本/普通股
资本盈余	资本公积
留存盈余	盈余公积
累计其他综合收益	一般风险准备
	未分配利润
超出子行最低资本要求的少数股权	少数股权

表 2－2　二级资本对比

巴塞尔协议Ⅲ	我国现行标准
未公开储备	
重估储备	重估储备
优先股	优先股
长期次级债券	长期次级债券
可转换债券	可转换债券
混合型资本工具	混合资本债券

3. 我国商业银行的资本现状。总的来说，中国商业银行的资本现状可以归纳为两点：

（1）一级资本基本由核心一级资本构成。对于中国银行业来说，一级资本、总资本基本上是由核心一级资本构成的，也就是主要由普通股和留存收益来实现，而逆周期资本和储备资本的要求无疑又增加了核心一级资本的压力。根据 16 家上市银行 2016 年半年度报告的数据测算，构成核心一级资本的主要组织部分（资本公积、盈余公积、一般风险准备和未分配利润等）占现行标准下一级资本的比重较大（如表 2－3 所示）。

表 2－3　核心一级资本主要组成部分占一级资本比重（2016.06）单位：%

银行	资本公积	盈余公积	一般风险准备	未分配利润	合计
平安银行	31	5	15	35	86
宁波银行	23	7	13	40	83
浦发银行	22	23	19	21	86
华夏银行	20	7	17	34	78
民生银行	20	9	20	38	87
招商银行	19	9	18	50	95
南京银行	28	6	16	27	78
兴业银行	15	3	18	48	85
北京银行	21	8	18	37	84
农业银行	8	8	16	35	67
交通银行	21	33	16	14	84
工商银行	8	10	13	46	77
光大银行	15	7	18	31	70
建设银行	10	10	14	48	82
中国银行	11	8	14	40	72
中信银行	18	7	20	40	84

资料来源：根据 Wind 数据整理。

（2）资本补充大部分依靠外源融资。从中国银行业整体状况来看，内源融资和外源融资对资本的贡献度均为50%左右。选择2015年半年度到2016年半年度为考察期间，仅从未分配利润增长占一级资本增长的比例来看，上市的16家银行平均占比不到50%（见表2－4）。

表2－4　未分配利润增长占一级资本增长的比重　　单位：%

银行	平安银行	宁波银行	浦发银行	华夏银行	民生银行	招商银行	南京银行	兴业银行
占比	8	32	14	21	56	58	14	52
银行	中国银行	农业银行	交通银行	工商银行	光大银行	建设银行	北京银行	中信银行
占比	68	60	42	53	49	59	26	32

资料来源：根据Wind数据整理。

第二节　资本的充足性及监管

商业银行资本的充足性是指资本数量的充足和资本结构的合理。资本充足性问题是金融监管的重要内容，如何确定银行资本的适宜度历来是商业银行资本管理的重点。

一、最佳资本需要量原理

确定银行资本充足性的基本原则是，使银行资本规模适度且结构合理，既与银行的总体风险状况匹配，也与银行谋求利润最大化的经营目标相匹配。从监管的角度看，监管当局要求银行维持一定的资本水平，以督促银行谨慎经营。从经营的角度看，银行资本不宜过多，过高的资本水平将限制银行创造最大回报。由此，确定银行的资本充足性需要考虑两个方面的因素：一是保证资本发挥其保护功能与管理功能，二是兼顾银行股东利益最大化的要求。

银行资本成本（Bank Capital Cost）一般是指商业银行为筹集一定量资本所花费的各种开支、费用等，如股票的股息和红利、附属债券的利息以及银行为管理这些成本所花费的费用等。

最佳资本需要量原理认为：银行资本不能过高也不能过低，必须适度。银行资本过高会使银行财务杠杆比率下降，增加筹集资本的成本，最终影响银行利润；资本过低，会增加对存款等其他资金来源的需求，使银行边际收益下降。为了分析的需要，我们把资本量变动而引起银行的其他成本变动也计入资本成本。如果我们用资本金/总资产比率（K/A）来表示银行的资本数量并作为横坐标，把银行资本成本 C 作为纵坐标。这样，随着资本金数量的变化，银行的资本成本曲线 KCC 形成U形运动轨迹（见图2－2）。

商业银行的资本最佳需要量，即总资本成本曲线最低点所对应的资本金/总资产比率 $(K/A)^*$ 所决定的资本金数量。

银行资本成本曲线必然会受到银行的资产规模、资产负债结构以及银行所面临的市场状况的影响。换言之，不同的资产规模、资产负债结构和所面临的市场状况会决定不同的资本成本曲线。因此，条件各异的商业银行有不同的资本成本曲线，就是同一个银行也会因其条

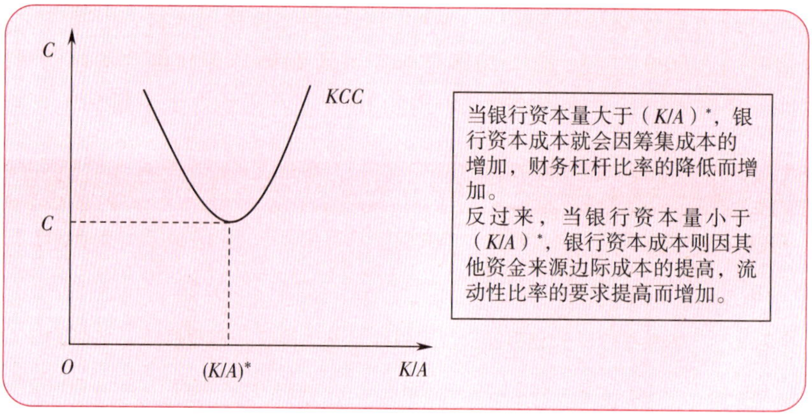

图 2－2　银行资本量与资本成本之间的关系

件变化而使资本成本曲线变动。资本成本曲线的变化可以是水平变化，可以是垂直变化，也可以是两者同时变化（如图 2－3 所示）。

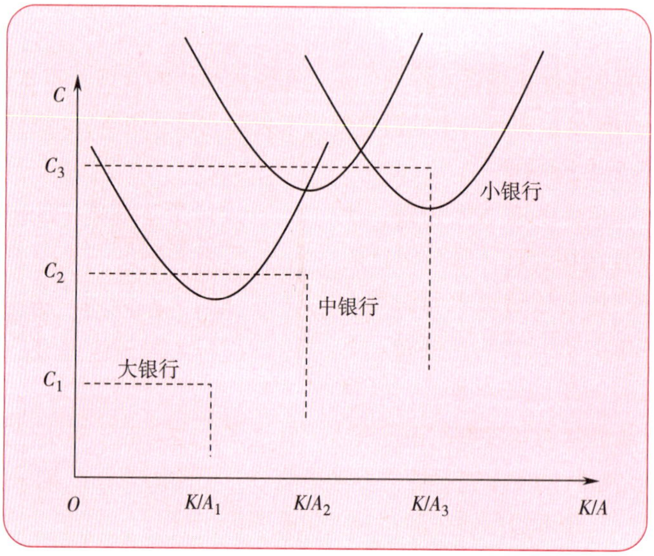

图 2－3　银行最佳资本需要量与银行规模之间的关系

资本成本曲线的最低点越接近原点，银行就越有利，因为这时银行的资本成本最低，最佳资本需要量很少；但若资本成本曲线的最低点远离原点，那就意味着银行的最佳资本需要量很大，而且资本成本很高。一般而言，小银行由于信誉不高，负债缺乏弹性，为应付存款人提现必须保持相对数量的流动资产而使资产盈利率降低，同时还必须拥有相当数量的贷款损失准备来补偿信用风险可能带来的损失，这使资本成本曲线可能远离原点，不仅资本需要量很大，而且资本成本很高。而大银行由于信誉较高，流动性比率和贷款损失准备金比例客观上要求相对较低，其资本成本曲线的顶点也更接近原点。

最佳资本需要量原理是对资本成本与银行资本量之间关系的一种概括，反映了银行资本需要量与银行资金成本及银行资金的流动性、安全性之间的内在联系。但这种概括和反映仅仅是一种理论抽象，难以具体用在银行资本的评估与衡量中。在具体分析银行资本是否适度时，需要用一些具体的指标或公式。

二、影响银行资本金需要量的主要因素

除一国法定要求银行必须保证的资本充足比率对资本数量的要求外，影响银行资本金需要量的因素主要有如下几方面。

（一）国家的经济形势

在市场经济条件下，国民经济经常处于周期性波动之中，不同的经济波动阶段对银行资本金需要量的影响是不同的。在经济繁荣时期，国内需求增加，工商企业再生产进行顺利，市场交易活跃，银行存款稳定增长，资产质量较高，坏账的可能性很小，故在该时期银行可持有相对少量的资本金。反之，在经济不景气时期，银行则应保持较充足的资本金以应付各种意外事件的冲击。

（二）银行的资产负债结构

从负债看，不同的负债流动性不同，需要保持的资本储备也不同。例如，对活期存款等流动性较高的负债，银行就必须保持较多的资本储备；而对于定期存款等流动性较低的负债，银行持有的资本储备可以相应减少。从资产看，银行资本受资产质量的制约，银行资产质量是由资产结构及各种资产的期限、收益、风险等多种因素决定的。如果资产质量高，则遭受损失的可能性就小，银行只需保持少量的资本储备；反之，银行的资本需要量就要增大。

（三）银行的信誉

资本金是决定银行信誉高低的重要因素，银行的信誉高低又影响银行应保持的资本金数量。如果一家银行的资本基础非常雄厚、信誉较高，社会公众对其比较信赖，该银行就会有较充足的资金来源。当经济不景气，金融体系发生危机时，由于该银行信誉较高，存款人不会大规模地提款，于是该银行可持有较少量的资本金。反之，如果一家银行的信誉较低，它就不得不保持较多的资本金以应付可能出现的较大规模的提款风潮。

（四）有关法规制度

在市场经济条件下，有关银行的法规制度以及其他一些法规制度、公约协议等都对银行资本金需要量有着直接或间接的影响。比如《巴塞尔协议》对商业银行的资本充足比率就作出了严格规定，商业银行只有达到此标准才能进入国际金融市场进行竞争。

三、资本充足性的衡量

对商业银行资本量的计算以及衡量充足与否，是一个非常复杂的问题。资本充足性的衡量标准经历了一个逐步演进的过程。巴塞尔委员会先后出台了三个《巴塞尔协议》，是衡量与评判商业银行资本充足性的国际性文件。2012 年 6 月，中国银监会公布了《商业银行资本管理办法（试行）》，自 2013 年 1 月 1 日起施行，《商业银行资本充足率管理办法》等规章同时废止。

（一）我国的最低资本要求

根据《商业银行资本管理办法（试行）》的规定，我国商业银行的最低资本要求如下。

1. 商业银行各级资本充足率不得低于如下最低要求：核心一级资本充足率不得低于 5%，一级资本充足率不得低于 6%，资本充足率不得低于 8%。

商业银行应当按照以下公式计算资本充足率：

$$资本充足率=\frac{总资本-对应资本扣减项}{风险加权资产}\times 100\%$$

$$一级资本充足率=\frac{一级资本-对应资本扣减项}{风险加权资产}\times 100\%$$

$$核心一级资本充足率=\frac{核心一级资本-对应资本扣减项}{风险加权资产}\times 100\%$$

表 2-5　表内资产风险权重

项目	权重
1. 现金类资产	
1.1 现金	0
1.2 黄金	0
1.3 存放中国人民银行款项	0
2. 对中央政府和中央银行的债权	
2.1 对我国中央政府的债权	0
2.2 对中国人民银行的债权	0
2.3 对评级 AA-级（含 AA-级）以上的国家或地区的中央政府和中央银行的债权	0
2.4 对评级 AA-级以下，A-级（含 A-级）以上的国家或地区的中央政府和中央银行的债权	20%
2.5 对评级 A-级以下，BBB-级（含 BBB-级）以上的国家或地区的中央政府和中央银行的债权	50%
2.6 对评级 BBB-级以下，B-级（含 B-级）以上的国家或地区的中央政府和中央银行的债权	100%
2.7 对评级 B-级以下的国家或地区的中央政府和中央银行的债权	150%
2.8 对未评级的国家或地区的中央政府和中央银行的债权	100%
3. 对我国公共部门实体的债权	20%
4. 对我国金融机构的债权	
4.1 对我国政策性银行的债权（不包括次级债权）	0
4.2 对我国中央政府投资的金融资产管理公司的债权	
4.2.1 持有我国中央政府投资的金融资产管理公司为收购国有银行不良贷款而定向发行的债权	0
4.2.2 对我国中央政府投资的金融资产管理公司的其他债权	100%
4.3 对我国其他商业银行的债权（不包括次级债权）	
4.3.1 原始期限 3 个月以内	20%
4.3.2 原始期限 3 个月以上	25%
4.4 对我国商业银行的次级债权（未扣除部分）	100%
4.5 对我国其他金融机构的债权	100%
5. 对在其他国家或地区注册的金融机构和公共部门实体的债权	
5.1 对评级 AA-级（含 AA-级）以上国家或地区注册的商业银行和公共部门实体的债权	25%
5.2 对评级 AA-级以下，A-级（含 A-级）以上国家或地区注册的商业银行和公共部门实体的债权	50%

续表

项目	权重
5. 3 对评级 A－级以下， B－级 （含 B－级） 以上国家或地区注册的商业银行和公共部门实体的债权	100%
5. 4 对评级 B－级以下国家或地区注册的商业银行和公共部门实体的债权	150%
5. 5 对未评级的国家或地区注册的商业银行和公共部门实体的债权	100%
5. 6 对多边开发银行、 国际清算银行及国际货币基金组织的债权	0
5. 7 对其他金融机构的债权	100%
6. 对一般企业的债权	100%
7. 对符合标准的微型和小型企业的债权	75%
8. 对个人的债权	
8. 1 个人住房抵押贷款	50%
8. 2 对已抵押房产， 在购房人没有全部归还贷款前， 商业银行以再评估后的净值为抵押追加贷款的， 追加的部分	150%
8. 3 对个人其他债权	75%
9. 租赁资产余值	100%
10. 股权	
10. 1 对金融机构的股权投资 （未扣除部分）	250%
10. 2 被动持有的对工商企业的股权投资	400%
10. 3 因政策性原因并经国务院特别批准的对工商企业的股权投资	400%
10. 4 对工商企业的其他股权投资	1250%
11. 非自用不动产	
11. 1 因行使抵押权而持有并在法律规定处分期限内的非自用不动产	100%
11. 2 其他非自用不动产	1250%
12. 其他	
12. 1 依赖于银行未来盈利的净递延税资产 （未扣除部分）	250%
12. 2 其他表内资产	100%

表 2－6　表外项目信用转换系数

项目	信用转换系数
1. 等同于贷款的授信业务	100%
2. 贷款承诺	
2. 1 原始期限不超过 1 年的贷款承诺	20%
2. 2 原始期限 1 年以上的贷款承诺	50%
2. 3 可随时无条件撤销的贷款承诺	0
3. 未使用的信用卡授信额度	
3. 1 一般未使用额度	50%
3. 2 符合标准的未使用额度	20%

续表

项目	信用转换系数
4. 票据发行便利	50%
5. 循环认购便利	50%
6. 银行借出的证券或用作抵押物的证券	100%
7. 与贸易直接相关的短期或有项目	20%
8. 与交易直接相关的或有项目	50%
9. 信用风险仍在银行的资产销售与购买协议	100%
10. 远期资产购买、远期定期存款、部分交款的股票及证券	100%
11. 其他表外项目	100%

2. 商业银行应当在最低资本要求的基础上计提储备资本。储备资本要求为风险加权资产的2.5%，由核心一级资本来满足。

3. 特定情况下，商业银行应当在最低资本要求和储备资本要求之上计提逆周期资本。逆周期资本要求为风险加权资产的0~2.5%，由核心一级资本来满足。

4. 系统重要性银行还应当计提附加资本。国内系统重要性银行附加资本要求为风险加权资产的1%，由核心一级资本满足。

整体来看，中国商业银行的资本水平较高，资本质量较好。2015年末，商业银行核心一级资本充足率为10.91%，一级资本充足率为11.31%，资本充足率为13.45%（参见表2-7）。

表2-7 中国商业银行资本充足率状况 单位：%

年份	2013				2014			
季度	Q1	Q2	Q3	Q4	Q1	Q2	Q3	Q4
资本充足率	12.28	12.24	12.18	12.19	12.13	12.40	12.93	13.18
核心资本充足率	9.85	9.85	9.87	9.95	10.04	10.13	10.47	10.76
核心资本与资本比例	N.A.	N.A.	N.A.	81.62	82.73	81.71	81.0	81.6
年份	2015				2016			
季度	Q1	Q2	Q3	Q4	Q1	Q2	Q3	Q4
资本充足率	13.13	12.95	13.15	13.45	13.37	13.11	—	—
核心资本充足率	10.95	10.79	10.99	11.31	11.38	11.10	—	—
核心资本与资本比例	83.36	83.34	83.52	84.03	85.14	84.62	—	—

数据来源：银监会网站。

（二）《巴塞尔协议Ⅲ》的最低资本要求

2010年12月16日，巴塞尔委员会正式发布了新的全球资本标准及相应的过渡期安排，正式明确了《巴塞尔协议Ⅲ》的内容和范围。该协议其主要涉及三个方面。

1. 明确了新的全球最低资本要求标准。表2-8详细列示了宏观审慎监管框架下由三种超额资本连同最低监管资本要求构成的资本监管框架。

表2－8　《巴塞尔协议Ⅲ》新的全球最低资本要求标准的具体比例　单位：%

项目	普通股（扣减调整项后）	一级资本	二级资本
最低资本要求	4.5	6.0	8.0
资本留存缓冲		2.5	
最低资本要求＋资本留存缓冲	7.0	8.5	10.5
逆周期资本缓冲		0～2.5	
系统重要性银行附加资本		1～2.5	

资料来源：BCBS（2010a）。

表2－9列出了《巴塞尔协议Ⅲ》最低资本要求标准相对于《巴塞尔协议Ⅱ》的主要变化。

表2－9　最低资本要求标准的主要变化　单位：%

风险加权资产的百分比	资本要求							额外的资本要求	
	普通股			一级资本		总资本		逆周期资本缓冲	对系统重要性银行额外损失吸收的能力
	最低要求	资本留存缓冲	总资本要求	最低要求	总资本要求	最低要求	总资本要求	范围	
《巴塞尔协议Ⅱ》	2.0		2.0	4.0	4.0	8.0	8.0		
《巴塞尔协议Ⅲ》	4.5	2.5	7.0	6.0	8.5	8.0	10.5	0～2.5	是否对系统重要性银行计提超额资本

根据新规定，银行更宽泛的一级资本充足率下限则将从4%上调至6%。银行需要在2015年前达到最低资本比率要求，即不包括资本缓冲在内的普通股占风险加权资产的比率达到4.5%，一级资本比率达到6%；而对缓冲资本的落实则更为宽松一些，银行可以在2016年1月至2019年1月期间分阶段落实。

（1）核心一级资本（Common Equity Tier 1）。《巴塞尔协议Ⅲ》的资本框架比现行更加严格，更加强调资本质量，增强资本工具吸收损失的能力，在资本充足率指标的基础上，普通股比例也成为重要的资本管理指标。《巴塞尔协议Ⅲ》规定，商业银行的普通股最低要求将从目前的2%提升至4.5%，也就是所谓的“核心”一级资本比率。

（2）资本留存缓冲（Conservation Buffer）。为了增强经济压力下资本的风险抵御能力，《巴塞尔协议Ⅲ》中增设了总额不得低于银行风险资产2.5%的“资本留存资本”（或储备资本），旨在确保银行在非压力时期建立超额资本用于当损失发生时吸收损失。这一留存缓冲的目的在于确保银行持有缓冲资金用于在金融和经济危机时期“吸收”损失。通过设置最低资本留存比例，来限制银行的收益分配。留存超额资本的建立主要是基于简单的资本留存规则，避免银行发生违反最低资本要求的情况。

尽管银行在危机期间可以利用“资本留存缓冲”，但资本比率越是接近于最低要求，受到的限制也会越大。当银行的资本充足率越接近监管最低要求，越要对银行的收益分配进行限制。表 2 - 10 中银行核心一级资本比例对应的留存资本要求可以明显地反映出这一点（见表 2 - 10）。

表 2 - 10　最低资本留存比例

核心一级资本比例	最低资本留存比例（与收益占比）
4.5% ~5.125%	100%
5.125% ~5.75%	80%
5.75% ~6.375%	60%
6.375% ~7.0%	40%
>7.0%	0

例如，某家银行的核心一级资本水平在 5.75% ~6.375% 之间，则在下一财务年度必须将 60% 的收益用于留存超额资本，即银行的收益分配如红利、股本回购以及自主发放奖金的支出不能超过总收益的 40%。若核心一级资本比例为 8%，留存超额资本为 0，则该银行可将利润的 100% 用于分配。

（3）逆周期资本缓冲（Counter - cyclical Buffer）。逆周期资本缓冲是一项与信贷快速扩张挂钩的超额资本要求。《巴塞尔协议Ⅲ》的“逆周期缓冲”是一项为了达到保护银行部门承受过度信贷增长的更广泛的宏观审慎目标，要求银行在信贷过分充足的情况下居安思危、未雨绸缪。对一国而言，这一缓冲仅仅在“信贷增速过快并导致系统范围内风险积累”的情况下才会生效。一旦“逆周期缓冲”生效，将作为留存缓冲范围的延伸。为了抵御资本充足率指标的顺周期性，委员会提出了 0 ~2.5% 的逆周期资本缓冲区间，即这一新的缓冲比率为普通股或其他能完全“吸收”亏损资本的 0 ~2.5%，将根据各国情况具体执行。

（4）系统重要性金融机构（SIFIs）附加资本。针对系统重要性金融机构（SIFIs）可能产生的道德风险以及系统性危机，可视各国情况对其增设更高的监管资本要求。在一般情况下，对系统重要性金融机构所提取的附加资本为 1% ~2.5%。在特定条件下，最具系统重要性的银行除去需要计提附加资本最高上限 2.5% 外，还需额外计提 1% 的附加资本要求，即最具系统重要性银行可能会面临最高 3.5% 的附加资本，以此避免风险聚集。

系统重要性金融机构（Systemically Important Financial Institutions，SIFIs）是指业务规模较大、业务复杂程度较高、一旦发生风险事件尤其是道德风险将给所在区域或全球金融体系带来冲击的金融机构。

2. 明确了相应的过渡期实施安排

《巴塞尔协议Ⅲ》规定了 5 年的实施过渡期，即在 2013 年初引入，2017 年底开始全面实施（见表 2 - 11）。对于最低资本来说，普通股和一级资本的最低要求于 2013 年开始逐步引进，2015 年全面生效，具体时间安排如下：

（1）2013 年开始，最低普通股的要求从 2% 提升到 3.5%，最低一级资本要求从 4% 提升到 4.5%；

（2）2014 年开始，最低普通股和一级资本要求分别提升至 4% 和 5.5%；

（3）2015 年开始，对于最低普通股和一级资本的要求分别为 4.5% 和 6%。

资本留存缓冲资本作为 4.5% 的最低普通股的补充，于 2016 年 1 月 1 日逐步引入并以每年 0.625% 的速度增加，到 2019 年 1 月 1 日达到 2.5% 的最终要求。

引入杠杆比率要求。在 2013 年至 2017 年间对杠杆比率执行 5 年的并行期安排，观测杠杆比率的使用值并进行必要的校准工作。2018 年开始杠杆比率要求正式纳入第一支柱。

根据协商结果，巴塞尔委员会及金融稳定理事会在 2014 年确定系统性重要性金融机构的分类标准，2016 年逐步分阶段实施附加资本要求，并于 2019 年 1 月正式实施。

表 2－11　过渡期内分年度资本充足率要求

类别	项目	2013 年	2014 年	2015 年	2016 年	2017 年	2018 年
系统重要性银行	核心一级资本充足率	6.5%	6.9%	7.3%	7.7%	8.1%	8.5%
	一级资本充足率	7.5%	7.9%	8.3%	8.7%	9.1%	9.5%
	资本充足率	9.5%	9.9%	10.3%	10.7%	11.1%	11.5%
其他银行	核心一级资本充足率	5.5%	5.9%	6.3%	6.7%	7.1%	7.5%
	一级资本充足率	6.5%	6.9%	7.3%	7.7%	8.1%	8.5%
	资本充足率	8.5%	8.9%	9.3%	9.7%	10.1%	10.5%

资料来源：中国银监会网站。

3. 杠杆率：新监管指标的引入。2010 年 12 月，《巴塞尔协议Ⅲ》将杠杆率监管明确纳入资本监管体系中。杠杆率通过建立基于总风险暴露的、简单的、非风险敏感性的支持性手段，强化以风险为本的资本监管，避免银行不稳定去杠杆化的过程，以及该过程对整个金融和经济体系可能造成的危害。

杠杆率（Leverage Ratio）是商业银行持有的、符合有关监管规定的一级资本（核心资本）与调整后的表内外资产余额的比率。计算公式为

$$杠杆率 = \frac{一级资本 - 一级资本扣减项}{调整后的表内外资产余额} \times 100\%$$

对比资本充足率、杠杆率的计算公式，两者的主要区别在于分母。与风险加权资产不同，表内外风险暴露的计算并不需要对表内外各项业务分别进行风险加权求和，仅通过对表内、表外总资产的简单求和即可。因此，杠杆率监管呈现风险中性。作为对资本充足率的补充，杠杆率起到控制商业银行资产业务的相对规模，限制表内外资产过度膨胀的作用。资本充足率弥补了杠杆率监管中对资产风险水平的忽视，杠杆率又较好地补充了资本充足率监管中可能存在的顺周期和监管套利。杠杆率与资本充足率在监测商业银行资本方面相辅相成。

第三节　资本的筹集与管理

从商业银行微观营运角度而言，资本管理包括筹资方式的选择、筹资规模计划、资本结构安排、风险资本配置以及股利分配等丰富的管理内容，并正在经历由外生的监管资本约束向内生的风险资本管理的转变。

一、商业银行资本管理的影响因素

商业银行在进行资本管理实践活动时，会受到多个方面因素的影响与制约。

（一）银行监管的法定约束

银行所有的资本经营管理活动必须在满足法律规定的基础上进行。满足外部资本监管需求的资本管理活动，是商业银行资本管理的核心。监管要求对银行核心资本、附属资本等资本构成的约束条件会直接影响银行的资本规模及其结构安排，也会影响银行对增资扩股或债券发行等筹资方式的选择。满足外部资本监管要求是商业银行资本管理的起点和生存需要。

（二）实现股东权益最大化目标的制约

从追求股东权益最大化的银行经营目的考虑，资本是昂贵的资源；与银行业务经营所需承担的风险相比，资本是银行稀缺的资源。资本过高会使银行的杠杆比率下降，降低普通股的每股净收益；资本过低则会使银行增加对存款、借款等其他资金来源的需求，使负债的成本上升，不仅会降低资本缓释风险的能力，而且会增加银行的风险，影响银行的竞争实力及其在社会公众中的形象。银行经营需要留足多少资本才能实现抵御风险的安全性与股东权益最大化的收益性统一，是商业银行资本管理永恒不变的主题。

（三）银行经营所承担风险的影响

基于银行内在风险承担需要所进行的资本管理才是银行资本管理本质属性的体现。这也正是现阶段商业银行实施经济资本管理方式，构建经济资本管理体系的基本动因。银行实施监管资本管理，所实现的满足外生的资本充足率要求，并不代表该银行稳健经营的实现。因为每一特定银行自身所面临的经营风险并不相同，8%的统一的资本充足率并不一定是适合每一家银行的最安全资本比率，只有满足自身风险管理需要的资本量才是最安全的资本量。因而只有基于银行自身风险管理需要的资本管理才是最有意义的资本管理，才能有效实现资本抵御风险的管理目的。

二、商业银行资本规模与结构管理

要达到《巴塞尔协议》提出的最低资本要求，商业银行有两种基本策略：分子策略与分母策略。资本的规模与结构管理原理为：根据《巴塞尔协议》中资本的计算方法，尽量提高银行的资本总量，优化资本结构，即所谓的“分子策略”。

（一）资本计划

最佳资本结构是商业银行所追求的理想目标，但在实际操作中，银行通常面临的情况只有两种：资本不足和资本过多。针对不同的情况，商业银行应该审时度势采取不同的资本计划以促使银行的资本比率不断向最佳目标趋近。银行的资本计划可以分为四个阶段。

第一阶段是指出银行的总体财务目标，管理者必须根据银行的规模、服务范围以及利润目标来制订相应的计划；第二阶段是在第一阶段的基础上，确定银行资本的需要量，包括对银行资产年度增长目标和利润目标的预测，使之成为确定资本结构的基础；第三阶段是确定多少资本可以通过银行利润留成从内部产生；第四阶段是为最低的筹资成本选择相应的筹资手段。如果银行必须发行股票或债券，就要考虑市场条件以及现有股东的权益。图2－4描述了银行筹资计划的四个阶段。

（二）资本的筹集

资本的筹集方式主要有两种：内源资本和外源资本。两者各有优劣。

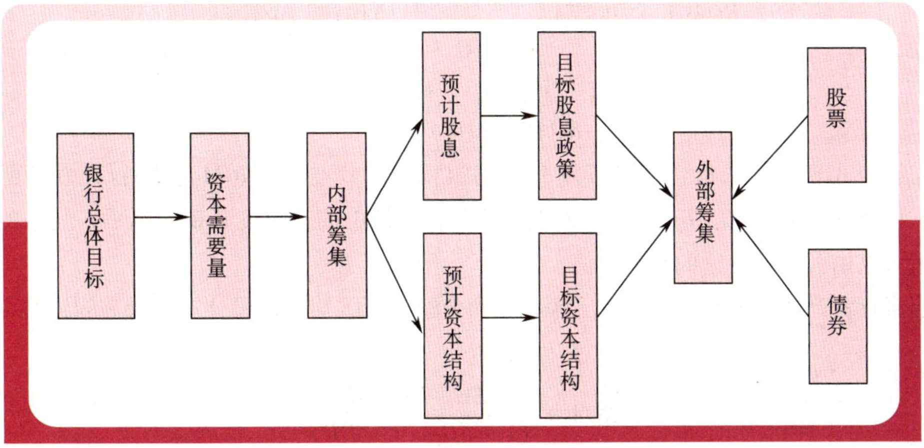

图 2－4　资本计划的四个阶段

1. 内源资本的筹集。资本的内部筹集是商业银行获取资本最经济和最便捷的方法。银行内部产生的资本有很多优点：不必依靠公开市场筹集资金，可免去发行成本；不会使股东控制权削弱，避免了股东所有权的稀释和所持有股票的每股收益的稀释。

资本内部筹集可以采用两种具体方法，即进行收益留存或者增加各种准备金。实际上，提取呆账损失准备或者提取证券损失准备金等对商业银行非常有利。因为它既增加了银行资本又几乎不要求银行为之付出任何代价。但各国金融监管机构往往对准备金的提取有上限规定，有的国家还规定准备金仅能折扣计入资本总额，而且提取过多的准备金会影响商业银行的利润总额。鉴于提取准备金这一筹资手段的上述不足，获取留存收益便成了商业银行内源资本的主要来源。

留存收益与分配给股东的股利存在着此消彼长的关系，因此如果扩大内源融资，必然需要减少股利分配，这可能会影响到银行的股票市值。但是银行内源融资的成本相对股票和债券要低，从成本、时效两方面看，留存收益无疑是银行充实资本金的第一选择。下面通过银行内源资本支持资产增长模型的介绍来看银行的内源融资是如何促进银行资产的扩张。

由银行内源资本所支持的银行资产年增长率称为持续增长率，美国经济学家戴维·贝勒（David Bernon）于 1978 年提出了银行资产持续增长模型。

银行资产的持续增长率为

$$SG_1 = \frac{TA_1 - TA_0}{TA_0} = \frac{\Delta TA}{TA_0} \tag{2.1}$$

其中，SG 为银行资产持续增长率；TA 为银行总资产；ΔTA 为银行资产增加额。

$$\text{又 } SG_1 = \frac{\Delta TA}{TA_0} = \frac{\Delta EC}{EC_0} \tag{2.2}$$

其中，ΔEC 为银行股本增加额。所以，下面推导出（2.3）式：

$$SG_1 = \frac{EC_1 - EC_0}{EC_0} = \frac{[EC_0 + ROA(1 - DR)TA_1] - EC_0}{EC_0}$$

$$= \frac{ROA(1-DR)TA_1}{EC_0} = \frac{ROA(1-DR)}{[EC_1 - ROA(1-DR)TA_1]/TA_1}$$

$$= \frac{ROA(1-DR)}{(EC_1/TA_1) - ROA(1-DR)} \tag{2.3}$$

上述公式表示了银行资产持续增长率与银行资产收益率（*ROA*）、银行红利分配比例（*DR*）和资本比率（EC_1/TA_1）之间的数量关系。当其中的三个变量确定以后，其余的一个变量就可以由公式获得它们确切的值。

当银行资产持续增长率、资本比率和红利分配比例已知时，可计算出所需的银行资产收益率为

$$ROA = \frac{(EC_1/TA_1)SG_1}{(1+SG_1)(1-DR)} \tag{2.4}$$

当银行资产持续增长率和资产收益率、资本比率一定时，银行的红利分配比例为

$$DR = 1 - \frac{(EC_1/TA_1)SG_1}{ROA(1+SG_1)} \tag{2.5}$$

当资产收益率、红利分配比例和资产持续增长率一定时，资本比例为

$$EC_1/TA_1 = \frac{ROA(1-DR)}{SG_1} + ROA(1-DR) \tag{2.6}$$

还可以将外源资本的因素也考虑在内，公式可以写为

$$SG_1 = \frac{ROA(1-DR) + \Delta EK/TA_1}{(EC_1/TA_1) - ROA(1-DR)} \tag{2.7}$$

其中，ΔEK 为外源资本增加额。

【例 2－1】 假设某银行的资产总额为 200 亿元，原有资本金为 10 亿元，红利分配比例为 45%，未分配利润为 6 亿元，资本比率为 10%。

当资产持续增长率为 8% 时，其他条件不变，需要多高的资产收益率？

$$ROA = \frac{(EC_1/TA_1)SG_1}{(1+SG_1)(1-DR)} = 1.35\%$$

当资产收益率为 1.35%，资本比率不变，实现 12% 的资产持续增长率需要多高的红利分配比例？

$$DR = 1 - \frac{(EC_1/TA_1)SG_1}{ROA(1+SG_1)} = 20.63\%$$

当资产收益率不变，红利分配比例不变，资本比率不变时，支持 12% 的资产增长率所需外源资本的数量是多少？

由 $G_1 = \frac{ROA(1-DR) + \Delta EK/TA_1}{(EC_1/TA_1) - ROA(1-DR)}$，可求出 $\Delta EK = 0.73$（亿元）。

2. 外源资本的筹集。通过提取留存盈余和各种准备金来增加资本的内部筹集方法虽然方便可靠、成本低廉，但内部资本的筹集量毕竟是有限的，而且还受到各种客观条件的制约。因此，在内部资本筹集基础上通过多种外源融资方式筹集资本以满足银行对资本的需求，已成为银行筹资管理的重要手段（参见表 2－12）。

表2－12　银行主要外源资本形式

普通股		
		固定股息率的优先股
	优先股	可调整股息率的优先股
		可转换优先股
		资本票据
优先证券		资本债券
	次级债券	可转换次级债券
		浮动利率次级债券
		选择性次级债券
	租赁合同	

资本票据是固定利息的面值较小的次级债券，期限为7~15年。银行可以像卖出存款单一样卖给银行客户。

资本债券是期限为15年以上的固定利率大额债券，以贴现方式发行。

选择性次级债券是以固定利率发行，但一定时期后可以由持有者选择是否按照浮动利率计算。

商业银行应全面分析各种筹资方式的差别，结合本行的情况，选择最有利的外部筹集方式。

（1）考虑外部资本筹集的灵活性。由于优先股对其持有人的保障程度较低，因而商业银行如果过分地依赖优先股作为资本筹集方式，会受到社会舆论的批评，引起金融监管机构的注意。同样，债券在总资本中所占的比例太高，也会影响商业银行的信誉，从而加大其进一步扩大债务资本的难度，且受到附属资本不能超过核心资本的限制。发行普通股一般会对商业银行的股东权益与每股收益带来稀释作用，从而影响普通股的市价，尤其当支付的股息红利较少时，普通股市价将会更低。这样无疑会给进一步扩大股本、增发普通股带来困难。因此，商业银行不应只顾眼前利益，还要考虑长远的资本筹集的便利。

（2）认真把握筹资证券的最佳发行时机。把握筹资证券的最佳发行时机，往往是决定外部资本筹集成功与否的关键环节之一。一般来说，比较有利的发行时机是当证券的市场价格比较高，投资者投资热情高涨的“牛市”到来时，因为此时发行证券容易受到投资者欢迎，也较易获得金融管理机构的批准，同时还能保持较高的发行价格。在选择发行时机时一般应注意：

一方面，考察目前本银行的信誉状况和竞争对手的情况，一般在本行信誉日升、竞争对手经营遭受挫折时发行比较有利，各种重大的政治经济事件、自然突发事件等都会对商业银行的证券发行有严重影响。

另一方面，应当确定合理的证券发行价格，这也是决定证券发行成功与否的关键。因为证券发行价格的高低，直接影响到投资者的投资热情。如果定价过高，会降低投资者对银行证券的需求，可能会使发行计划无法完成；如果定价过低，则会导致资本筹集金额太低，无法满足银行的需要。

【例2－2】　各种资本筹集方式对股东收益的影响

假设A银行，现有资产总额1亿美元，息税前收益率1.2%，资本金600万美元，其中含面值20美元的普通股股票10万股和400万美元的资本盈余。根据市场预测，该行决定增加100万美元资本以支持业务发展，A银行为维持股票价格稳定，不拟从内部增加资本。现有三种从外部增加资本的方案可以选择：

A. 发行5万股普通股股票，每股面值20美元（不考虑股票溢价）；

B. 以8%的股息发行1万股优先股，每股面值100美元；

C. 发行1万张面值100美元的债券，利率为8%。

三种方式中任意实行一种之后，该银行立即有10 100万美元资产和700万美元资本，见表2－13。

表2－13　不同增加资本方式对普通股收益的影响　　单位：万美元

项目	未增加资本	以普通股增资	以优先股增资	以资本债券增资
息税前收益	120	121.2	121.2	121.2
减利息				8
税前净收入	120	121.2	121.2	113.2
税率（50%）	60	60.6	60.6	56.6
税后净收入	60	60.6	60.6	56.6
优先股股息			8	
普通股收益总额	60	60.6	52.6	56.6
普通股股数	10	15	10	10
每股收益	6	4.04	5.26	5.66

表2－13计算了该银行在息税前收益率为1.2%，税率为50%的情况下三种增加资本方式对普通股收益的影响。从计算结果来看，无论采取哪一种方法，都会削弱普通股收益，其中以普通股方式增加资本，每股收益从6美元降至4.04美元，下降了32.7%；以优先股方式增加资本，每股收益从6美元降至5.26美元，下降了12.3%；以资本债券方式增加资本，每股收益从6美元降至5.66美元，下降了5.7%。这说明，增加资本方式的不同，对商业银行普通股收益的影响不同。当一家商业银行需要增加资本时，必须考虑多种因素，选择适当的方式。

三、商业银行资产规模与结构管理

进行资产的规模与结构管理（俗称“分母策略”）的原理在于：优化资产结构，尽量降低风险权数高的资产在总资产中的比重，提高风险权数低的资产在总资产的比重，同时还要加强表外业务项目的管理，尽量选择转换系数较小与相应风险权重较小的表外资产。这样，必然会降低商业银行的风险资产额，从而提高资本与风险资产的比重。

（一）压缩银行资产规模

银行资产规模越大，对资本的要求也就越高。对一些资本不足的银行则可以通过销售一部分高风险或有问题或市价水平较高的金融资产，减少银行资产规模，这相应提高了资本对资产的比率。银行资产构成有其自身的特点：第一是现金存量较高；第二是金融债权比例较高；第三是房产等被固化了的资本相对较少。因此，压缩银行资产规模应在银行资产管理的要求下从现金资产和金融债权着手。

银行现金资产受四个方面的约束：首先要满足客户提取存款进行日常交易的要求；其次

要满足金融管理当局对法定准备金的规定；再次，必须在央行或其他往来行存有足够清偿的存款；最后应满足其向代理行支付现金以换取服务的需要。银行满足以上四个方面需求的能力大小反映了其流动性的强弱。银行的流动性与盈利性往往有矛盾，但与银行的安全性又往往是一致的。银行现金资产的大小应直接满足流动性要求，这是银行现金资产管理的最基本要求。因此，降低现金资产是可行的，也是有效的。

银行金融债权主要包括证券投资和各种贷款，由于它们是银行收入的基本来源，因此它们在资产中所占的比例很高。银行证券投资主要包括银行持有的高流动性及低风险的金融证券，银行的该类资产既可满足银行的流动性需求，又能因获取较高利息收入而满足银行的盈利要求。因此，简单地压缩其规模的做法不是该类资产管理的目标，而应该进行有效的投资组合，以达到降低风险、提高流动性与盈利性的目的。贷款构成了银行资产项目中的主要部分，它是银行资产管理中最重要的管理内容之一。宏观经济环境及银行信用环境的变化会影响银行贷款规模及质量。银行贷款总额的大小一般可用存贷比来衡量，存贷比的大小往往受经济景气度的影响，如果经济不景气，则通过缩小贷款规模以减少经营风险。

（二）调整资产结构

银行可以在总资本额和总资产额不变的情况下，通过调整资产结构，提高资本充足率。资产结构调整空间较大的部分在于证券投资与贷款投资。银行的证券投资的内容多为信誉等级很高的金融证券，而且银行的证券投资并不是投资单一金融证券，而是投资于不同种类、期限的证券，既可以投资于货币市场、资本市场的融资工具，也可以投资于创新的金融工具，其目的是通过这样的投资组合来降低投资风险，降低风险资产数量及权数，达到流动性和盈利性的均衡。

贷款是银行持有的变现力较差的资产，从贷款管理的要求看，银行为减少贷款风险进行贷款组合，通过减少高风险贷款和相应增加低风险资产的办法，来减少风险资产总量。20 世纪 80 年代后，随着贷款总体风险的加大，银行的资产组合不再局限于贷款内部或证券投资内部，而是将贷款与证券投资打通。比如，许多大银行通过购买债券和票据等证券投资来满足因贷款组合减少而剩余的资金。

分子对策和分母对策在于减少银行的经营风险和财务风险，提高银行的安全性和流动性。一般来说，商业银行可以同时采用两种对策，以便随着业务和监管的变化不断调整其资本资产规模和结构，实现经营状况的最优化。国际清算银行对十国集团（共 12 个国家）从 1989 年至 1996 年银行业资本充足率变化（总共 96 例）的研究表明，同时利用分子对策和分母对策提高资本充足率的仅 18 例，占总数的 19%，而利用分子对策使资本充足率提高，同时分母政策反而使资本充足率下降的情况则有 70 例，占总数的 73%。也就是说，国际银行业在提高资本充足率时，主要采用的是分子对策（占总数的 90% 以上），仅有少数情形采用分母对策。这反映了这样一个事实：银行所处经营环境波动性加大，风险增加，银行在经营中所承担的风险不断增加。

本章小结

1. 商业银行资本可以从权益资本、监管资本和经济资本三个层面定义。权益资本是指从财务会计角度理解的账面所有者权益，监管资本是指银行已经持有的或是必须持有的符合监管法规规定的资本，而经济资本是指银行抵御风险必须拥有的最低资本需要，又称为风险资本。三个资本概念有一定的区别和联系，它们的数量关系可以理解为：经济资本≤权益资本≤监管资本。从未来发展趋势上看，经济资本与监管资本的主流趋势是收敛和一体化。

2. 商业银行资本分为核心一级资本、其他一级资本和二级资本。《巴塞尔协议Ⅲ》提出了更加严格的三种超额资本（资本留存缓冲、逆周期资本缓冲和系统重要性金融机构附加资本）连同最低监管资本要求的新的资本监管框架。

3. 最佳资本需要量原理认为：银行资本不能过高也不能过低，必须适度。影响银行资本金需要量的主要因素有国家的经济形势、银行的资产负债结构、银行的信誉、有关法规制度。《商业银行资本管理办法（试行）》和《巴塞尔协议Ⅲ》提出了明确的最低资本要求。

4. 商业银行资本管理包括筹资规模计划、筹资方式的选择、资本结构安排、风险资本配置以及股利分配等丰富的管理内容。资本管理主要是指资本充足性管理，综合运用分子策略和分母策略。

本章重要概念

监管资本　经济资本　核心资本　附属资本　《巴塞尔协议》　资本充足率
一级资本充足率　核心一级资本充足率　杠杆率　资本留存缓冲　逆周期资本缓冲
系统重要性金融机构　外源融资　内源融资　银行资产持续增长模型

思考与练习

1. 银行资本对银行的经营有什么意义？
2. 《巴塞尔协议Ⅲ》如何规定银行资本的构成？
3. 引入杠杆率监管的背景是什么？
4. 影响银行资本金需要量的主要因素有哪些？
5. 我国商业银行资本管理存在哪些问题？如何解决？
6. 谈谈商业银行资本管理的发展趋势。
7. 比较三种资本概念的异同。
8. 什么是资本充足率？掌握银行对资本充足率的具体测算方法。
9. 限制银行资本内部筹集的条件是什么？怎样理解资产持续增长模型？利用下面的资料，计算有关的数据。

某银行的总资产为60亿元，红利分配比例为45%，原有资本为4亿元，未分配利润为5亿元，资本与资产比率为8%。

（1）如果资本与资产比率不变，红利分配比例不变，要实现资产 12% 的增长，需要保持多高的资产收益率水平？

（2）按上面计算出来的资产收益率水平，红利分配比例不变，资本与资产比例也不变，支持 12% 的资产增长需要多少的外源资本？

10. 某家商业银行准备从外部筹集 2 000 万元的资本。目前银行拥有普通股 800 万股，每股票面价值 5 元，总资产 12 亿元，股权资本为 8 000 万元。如果银行产生 1 亿元的总收益，则经营支出为 8 000 万元。采用发行普通股、优先股和资本票据三种做法（发行方案如下），会对银行每股收益产生怎样的影响？通过计算说明。

（1）发行 100 万股普通股股票，每股面值 20 美元（不考虑股票溢价）；

（2）以 8% 的股息发行 20 万股优先股，每股面值 100 美元；

（3）发行 20 万张面值 100 美元的债券，利率为 8%。

第三章
商业银行负债业务

存贷比监管指标的废除和存款利率浮动上限的放开，标志着我国利率市场化在形式上已经完成。但在这渐行渐近的过程中，各家商业银行都感受到了阵阵寒意。利率市场化背景下银行负债业务遭遇三重压力，即利差收入由“宽”趋“窄”，利率波动由“缓”趋“疾”，市场风险由“隐”趋“显”。有行长戏谑：“不要存款，等死；要存款嘛，找死。”

面对存款增长乏力、负债成本攀升、存贷利差收窄、利率风险显现，商业银行当如何开展负债管理?①

通过本章的学习，你将能够：

- 了解商业银行负债的作用、构成和负债结构的变化；
- 了解商业银行存款负债与借款负债的种类与特点；
- 了解商业银行负债成本及其分析方法和管理方法。

第一节 银行负债的作用和构成

一、银行负债的内涵

银行负债是银行在经营活动中尚未偿还的经济义务。银行负债的基本特点是：(1) 它必须是现实的、优先存在的经济义务，过去发生的、已经了结的经济义务或将来可能发生的经济义务都不包括在内；(2) 它的数量是必须能够用货币来确定的，一切不能用货币计量的经济义务都不能称之为银行负债；(3) 负债只有偿付以后才能消失，以债抵债只是原有负债的延期，不能构成新的负债。

银行负债有广义和狭义之分。广义负债指除银行自有资本以外的一切资金来源，包括资本期票和长期债务资本等二级资本的内容；狭义负债主要指银行存款、借款等一切非资本性的债务。本章以狭义负债为研究对象。

二、银行负债的作用

1. 负债是银行经营的基础。商业银行作为信用中介，首先表现为“借者的集中”，即通过负债业务广泛地筹集起资金，然后才可能成为“贷者的集中”，通过资产业务有效地运用

① 沈荣勤．存款：到底要不要？——利率市场化下商业银行如何发展负债业务［J］．银行家，2015（1）．

出去。因此，负债业务是商业银行开展资产业务的基础和前提。银行负债的结构主要有期限结构、利率结构和币种结构等，它反映了资产的运用方向和结构特征；同时负债业务也是银行开展中间业务的基础，因为信用中介把借者和贷者有机地联系在一起，进而为银行开拓和发展中间业务创造了有利的条件。

2. 负债是保持银行流动性的手段。通过负债业务银行能聚集起大量可用资金，以确保合理贷款的资金需求和存款提取、转移的资金需要。同时，负债也是决定银行盈利水平的基础：一方面在资产价格水平一定的情况下，负债成本费用的高低决定了银行盈利水平的高低；另一方面银行负债所聚集的资金一般不直接投资于生产经营，而是贷放给企业，银行只能获取所贷放资金的一部分收益。这两方面都决定了银行资产的盈利水平要远远低于一般工商企业，银行要获取社会平均利润，必须尽量扩大负债规模，使资产总额数倍于自有资本。因此，负债是银行生存发展的基础，对商业银行来说至关重要。

3. 负债有利于促进经济发展。商业银行通过负债业务把社会各方面的闲置资金集中起来，形成一股巨大的资金力量，能在社会资金存量不变的情况下扩大社会生产资金总量。因此，银行负债是社会经济发展的强大推动力。

4. 负债构成社会流通中的货币量。社会流通中的货币量由现金和银行存款组成。现金是中央银行的负债，存款是商业银行的负债。如果贷款增长了，存款没有相应扩大，则会导致社会上现金流通量的增加。因此，稳定银行负债对稳定社会货币流通量有着决定性的影响。

5. 负债是银行同社会各界联系的主要渠道。社会所有经济单位的闲置资金和货币收支，都离不开银行的负债业务。市场的资金流向、企业的经营活动、机关事业单位、社会团体和居民的货币收支，每时每刻都反映在银行的账面上，因此，负债又是银行进行金融服务和监督的主要渠道。

三、银行负债结构的变化

商业银行的负债结构主要由存款、借款和其他负债三个方面的内容组成。由于各国金融体制的差异和金融市场发达程度的不同，各国银行的负债结构不尽相同；即使在一个国家的同一家银行，由于经济发展和金融环境的变化，其负债结构也处于不断变化的过程中。

1. 负债结构呈多元化的发展趋势。20 世纪 70 年代以来，金融竞争日趋加剧，金融产品不断涌现，商业银行面对非银行机构为公众提供与银行业类似甚至更新的服务而形成的存款流失，负债管理开始由被动型存款负债管理向主动借款负债管理方向延伸，这一管理理念的转变拓宽了银行的负债结构。20 世纪 90 年代中后期，银行业同业竞争日趋激烈，为避免粗放式竞争带来的风险，商业银行引入市场营销的理念，精细化管理银行负债。21 世纪初，随着社会财富的快速积累，商业银行强化金融服务的专业化，财富管理是金融服务中成长最快的部分，目前个人金融服务不仅大大超越了传统个人存款业务，而且成为银行一个独立的业务部门。伴随商业银行服务理念与模式的转变，负债结构走向了多元化。

2. 负债结构的稳定性呈下降趋势。存款负债是商业银行的主要负债，也是银行经常性资金的来源，借款负债的比例则随金融市场的发展而有所上升。存款负债的稳定性好坏直接关系到银行负债的稳定性，21 世纪以来，利率、汇率市场化和金融市场国际化程度不断提高，金融产品日益丰富。在此背景下，商业银行存款负债管理中，存款流失严重，存款人选择与持有金融产品的不确定性加大。这些变化直接导致以存款为核心的商业银行负债结构稳定性下降。

第二节 商业银行存款与借款业务

存款是商业银行的被动负债，借款负债是商业银行的主动负债。商业银行是否借款负债主要取决于银行经营的需要和银行经营者的主观决策，对银行经营者来说，借款负债比存款负债具有更大的主动性、灵活性和稳定性。20世纪60年代以后，随着负债管理理论的发展，许多商业银行把管理的重点转移到负债方面。由于借款资金既能增加盈利性资产，又能满足流动性的需要，因此，借款负债在负债总额中所占比重呈不断上升趋势，逐渐成为各国商业银行的重要资金来源。借款负债在期限上有短期借款和中长期借款之分，在国际上，短期借款主要指期限在1年以内的借款负债，期限在1～5年的为中期借款，5年以上的则为长期借款。

一、存款的种类

（一）个人存款

个人存款又称为储蓄存款，是指居民个人将闲置不用的货币资金存入银行，并可以随时或按约定时间支取款项的一种信用行为，是银行对存款人的负债，包括活期储蓄存款、定期储蓄存款、定活两便存款、个人通知存款和教育储蓄存款。

1. 活期储蓄存款。活期储蓄存款是指不规定存款期限，客户可以随时存取的存款。客户凭存折或银行卡及预留密码可在银行营业时间内通过银行柜面或通过银行自助设备随时存取现金。

在现实中，活期存款通常1元起存，以存折或银行卡作为存取凭证，部分银行的客户可凭存折或银行卡在全国各网点通存通兑。

根据《中国人民银行关于人民币存贷款计结息问题的通知》，活期存款的计息金额、计息时间和计息方式如下所述：

（1）计息金额。存款的计息起点为元，元以下的角分不计利息。利息金额算至分位，分以下尾数四舍五入。分段计息算至厘位，合计利息后分以下四舍五入。除活期存款在每季结息日时将利息计入本金作为下个季度的本金计算复利外，其他存款不论存期多长，一律不计复利。

（2）计息时间。我国对活期存款实行按季度结息，每季度末月的20日为结息日，次日付息。

（3）计息方式。除活期和定期整存整取两种存款外，国内银行的通知存款、协定存款、定活两便、存本取息、零存整取、整存零取6个存款种类，只要不超过中国人民银行同期限档次存款上限，计结息规则由各银行自己把握。银行除仍可沿用普遍使用的每年360天（每月30天）计息期外，也可选择将计息期全部化为实际天数计算利息，即每年为365天（闰年为366天），每月为当月公历的实际天数。

计息方式有两种：一种是积数计息，另一种是逐笔计息。上述 6 种存款具体采用何种计息方式由各银行决定，储户只能选择银行，不能选择计息方式。

人民币存款计息的通用公式为

$$利息 = 本金 \times 实际天数 \times 日利率$$

人民币存款利率的换算公式为

$$日利率 = 年利率 \div 360$$

$$月利率 = 年利率 \div 12$$

积数计息法按实际天数每日累计账户余额，以累计积数乘以日利率计算利息。目前，各银行多使用积数计息法计算活期存款利息。计算公式为

$$利息 = 累计计息积数 \times 日利率$$

其中，累计计息积数 = 每日余额合计数。

银行使用年利率除以 360 天折算出的日利率，相对于年利率除以 365 天（实际计息天数）折算出的日利率要高，实际上提高了储户的利息收益。

逐笔计息法按预先确定的计息公式逐笔计算利息。目前，各家银行多使用逐笔计息法计算整存整取定期存款利息。

计息期为整年（月）的，计息公式为

$$利息 = 本金 \times 年(月)数 \times 年(月)利率$$

计息期有整年（月）又有零头天数的，计息公式为

$$利息 = 本金 \times 年(月)数 \times 年(月)利率 + 本金 \times 零头天数 \times 日利率$$

2. 定期储蓄存款。定期储蓄存款是个人在存款开户时约定存款期限，一次或分次（在约定存期内）存入本金，整笔或分期、分次支取本金或利息的一种储蓄方式。对于提前支取的定期存款，我国没有罚款规定，过去是按原存单利息计付利息，但是要扣除提前日期的利息；而现在依照国际惯例全部按活期利率计息，并扣除提前日期的利息。根据不同的存取方式，定期存款分为整存整取、零存整取、整存零取、存本取息 4 种，其中整存整取最为常见，是定期存款的典型方式。

（1）整存整取是定期储蓄的一种，指约定存期，整笔存入，到期一次支取本息的一种储蓄。50 元起存，多存不限。存期分为 3 个月、半年、1 年、2 年、3 年和 5 年。存款开户的手续与活期相同，只是银行给储户的取款凭证式存单。另外，储户提前支取时必须提供身份证件，代他人支取的不仅要提供存款人的身份证件，还要提供代取人的身份证件。该储种只能进行一次部分提前支取。计息按存入时的约定利率计算，利随本清。需要注意的是，未到期前取款时不能计息；办理整存整取一般是存单，交易凭证不能是银行卡，但个别类种银行卡除外。

（2）零存整取是银行定期储蓄的一种基本类型，是指储户在进行银行存款时约定存期、每月固定存款、到期一次支取本息的一种储蓄方式。零存整取一般每月 5 元起存，每月存入一次，中途如有漏存，应在次月补齐，存期一般分 1 年、3 年和 5 年；零存整取计息按实存金额和实际存期计算，具体利率标准按照利率表执行；零存整取开户手续与活期储蓄相同，只是每月要按开户时的金额进行存续，储户提前支取时的手续比照整存整取定期储蓄存款有

关手续办理。零存整取利率一般为同期定期存款利率的60%。

（3）整存零取指在存款开户时约定存款期限、本金一次存入，固定期限分次支取本金的一种个人存款。存期分为1年、3年、5年，存入时1 000元起存，支取期分1个月、3个月及半年一次，由存户与银行商定。利息按存款开户日挂牌整存零取利率计算，于期满结清时支取。到期末支取部分或提前支取按支取日挂牌的活期利率计算利息。只能办理全部提前支取，不能部分提前支取。

（4）存本取息是指个人将属于其所有的人民币一次性存入较大的金额，分次支取利息，到期支取本金的一种定期储蓄。一般5 000元起存，存期分为1年、3年、5年。分期付息，客户可以获得较活期储蓄高的利息收入。适用对象一般是个人客户。储户凭有效身份证件办理开户，开户时由银行按本金和约定的存期计算出每期应向储户支付的利息数，签发存折，储户凭存折分期取息。可以在开户时约定的支取限额内多次支取任意金额。利息按存款开户日挂牌存本取息利息计算，其开户和支取手续与活期储蓄相同，提前支取时与定期整存整取的手续相同。

3. 定活两便存款。定活两便存款是指在存款开户时不必约定存期，银行根据客户存款的实际存期按规定计息，可随时支取的一种个人存款种类。50元起存，存期不足3个月的，利息按支取日挂牌活期利率计算；存期3个月以上（含3个月），不满半年的，利息按支取日挂牌定期整存整取3个月存款利率的60%计算；存期半年以上的（含半年）不满1年的，整个存期按支取日定期整存整取半年期存款利率打六折计息；存期1年以上（含1年），无论存期多长，整个存期一律按支取日定期整存整取一年期存款利率的60%计息。

4. 个人通知存款。个人通知存款是指在存入款项时不约定存期，支取时需事先通知银行，约定支取存款日期和金额的一种个人存款方式。人民币通知存款需一次性存入，可以一次或分次支取。不论实际存期多长，按存款人提前通知的期限长短划分为一天通知存款和七天通知存款两个品种，最低起存金额为5万元，最低支取金额为5万元。外币通知存款只设七天通知存款一个品种，最低期存金额为5万元人民币等值外汇；最低支取金额个人为5万元人民币等值外汇。对于个人300万美元（含300万）以上等值外币存款，经与客户协商，可以办理外币大额通知存款。在支取时按照大额外币通知存款实际存期和支取日利率（即支取日上一个交易日国际市场利率——约定利差）计息。

5. 教育储蓄存款。教育储蓄存款是为鼓励城乡居民以储蓄方式，为其子女接受非义务教育积蓄资金，促进教育事业发展而开办的储蓄。教育储蓄的对象为在校小学四年级（含四年级）以上学生。存期规定：教育储蓄存款按存期分为1年、3年和6年三种。教育储蓄每一账户起存50元，本金合计最高限额为2万元。客户凭学校提供的正在接受非义务教育的学生身份证明一次支取本金和利息时，可以享受利率优惠，并免征储蓄存款利息所得税。享受免征利息税优惠政策的对象必须是正在接受非义务教育的在校学生，其在就读全日制高中（中专）、大专和大学本科、硕士和博士研究生的三个阶段中，每个学习阶段可分别享受一次2万元教育储蓄的免税和利率优惠。也就是说，一个人至多可以享受三次优惠。

（二）单位存款

单位存款是企业、事业、机关、社会团体、部队等单位在商业银行办理的人民币存款。单位存款包括单位定期存款、单位活期存款、单位通知存款、单位协定存款和保证金存款。

1. 单位定期存款。单位定期存款是我国银行业的一项传统负债业务，是指企事业、机关团体等单位将短期闲置资金存入银行，并事先与银行约定存期、利率，到期支取本息的一种存款方式。吸收单位定期存款可以为银行带来大额而又较为稳定的资金来源，所以这项业务备受广大金融机构的青睐。

2. 单位活期存款。单位活期存款是指不约定存款期限，可以随时办理存取的，并按照中国人民银行公布的活期存款利率按季计取利息的存款。

3. 单位通知存款。单位通知存款是指存款人不约定存期，在支取时需事先通知存款银行的一种人民币存款。单位通知存款实行账户管理，其账户不得作结算户使用。

4. 单位协定存款。单位协定存款是客户按照与金融机构约定的存款额度开立的结算账户，账户中超过存款额度的部分，金融机构自动将其转入协定账户，并以协定存款利率计息的一种企业存款。

5. 保证金存款。保证金存款是银行为客户对外出具、具有结算功能的信用工具，或提供资金融通后，按约履行相关义务，而与其约定将一定数量的资金存入特定账户所形成的存款类别。在客户违约后，商业银行有权直接扣划该账户中的存款，以最大限度地减少银行损失。按照保证金担保的对象不同，可分为银行承兑汇票保证金、信用证保证金、黄金交易保证金、远期结售汇保证金、银行保函保证金、远期外汇买卖保证金等。

（三）同业存款

同业存款是因支付清算和业务合作等需要，由其他金融机构存放于商业银行的款项。同业存款可分为国内同业存款和国外同业存款两类。国内同业存款，是指国内各银行还有其他金融机构为了方便结算，在各自有关的结算地点开立存款账户，是对于接纳该笔存款的银行和金融机构而言的。国外同业存款，是指各国经营外汇业务的银行，为了便于国际业务的收付，在某种货币的结算地点开立的该货币的存款账户，是对于接纳该存款的银行和金融机构而言的。2014 年 12 月 27 日，中国人民银行发文将部分原属于同业存款项下存款纳入各项存款范围。这意味着，“余额宝”等各类存放在银行的货币基金也要被计作存款，需要缴纳存款准备金，由此导致收益下行。不过此类存款的存款准备金率暂定为零。

（四）外币存款

外币存款与人民币存款除了存款币种和具体管理方式不同之外，有许多共同点。两种存款都是存款人将资金存入银行的信用行为，都可按存款期限分为活期存款和定期存款，按客户类型分为个人存款和单位存款等。许多银行提供“本外币一本通”之类的存款产品，实际上已将人民币账户和外币账户的界限淡化。目前，我国银行开发的外币存款业务币种主要有九种：美元、欧元、日元、港元、英镑、澳大利亚元、加拿大元、瑞士法郎、新加坡元。其他可自由兑换的外币不能直接存入账户，需由存款人自由选择上述货币中的一种，按存入日的外汇牌价折算存入。

专栏 3－1
存款偏离度

存款偏离度是一个衡量存款波动情况的指标。针对月末存款高于月日均存款的实际，限定月末存款不得高于月日均存款的 1.03 倍。这一政策的出台一方面可以降低存贷款波动带给货币政策的干扰；另一方面能够抑制银行存款“冲时点”的行为，减少短时间内市场资金的剧烈波动，降低银行流动性风险。

2014 年 9 月 11 日，银监会办公厅、财政部办公厅、人民银行办公厅联合印发了《关于加强商业银行存款偏离度管理有关事项的通知》（银监办发〔2014〕236 号），提出了 6 点要求，指导商业银行改进绩效考评制度，设立存款偏离度指标，约束存款“冲时点”行为，有效防范和控制风险，并对存款偏离度过高（分超 3% 和 4% 两种情形）及一年内出现 2 次突破 3% 的机构采取相应的监管措施。

存款偏离度可以定义为月末最后一日各项存款和本月日均存款的偏差程度。存款偏离度的计算公式为：月末存款偏离度 =（月末最后一日各项存款 − 本月日均存款）/本月日均存款 ×100%。计算每季最后一月的月末存款偏离度时，本月日均存款的可计入金额不得超过上月日均存款 ×（1 + 最近 4 个季度最后一月日均存款增长率的均值）。月日均存款增长率 =（本月日均存款 − 上月日均存款）/上月日均存款 ×100%。

二、短期借款负债

（一）同业借款

同业拆借是金融机构之间的短期资金融通，主要用于支持日常性的资金周转，它是商业银行为解决短期资金余缺，调剂法定准备金头寸而融通资金的重要渠道。按照美国 1913 年通过的《联邦储备法》，加入联邦储备银行的会员银行，必须按存款数额的一定比率向联邦储备银行缴纳法定存款准备金。在这种情况下，存款准备金多余和不足的银行，在客观上需要互相调剂。1921 年在美国纽约形成了以调剂联邦储备银行会员银行的准备金头寸为内容的联邦基金市场。由于同业拆借一般是通过商业银行在中央银行的存款账户进行的，实际上是超额准备金的调剂，因此又称中央银行基金，美国则称之为联邦基金。发达国家同业拆借市场一般为无形市场，而我国 1996 年开通的全国同业拆借一级网络和各省市的融资中心，均为有形市场。

专栏 3－2
我国同业拆借市场的形成与发展

1996 年初至 1997 年 7 月，我国同业拆借市场由两级网络组成，商业银行总行为一级网络成员，银行分支行和非银行金融机构为二级网络成员；各省市融资中心既是一级网络成员，同时又是二级网络的组织者和参与者，成为沟通一级网络和二级网络的桥梁。1998 年 2 月后，二级网络终止。1998 年 4 月外资银行开始进入拆借市场，1998 年 6 月我国商业银行省级分行开始成为拆借市场成员。但拆借依然维持在商业银行总行之间。此后，各类银行相继成为市场成员。

为期活跃同业拆借市场交投，促进市场更快发展。2007 年 8 月出台的《同业拆借管理办法》从市场准入、期限管理和限额管理等三方面放松管制。根据规定，16 类金融机构可以申请进入同业拆借市场，涵盖了所有银行类金融机构和绝大部分非银行金融机构。其中，信托公司、金融资产管理公司、金融租赁公司、汽车金融公司、保险公司、保险资产管理公司等 6 类非银行金融机构是首次纳入同业拆借市场申请人范围。而此前保险公司、非金融机构和个人不能参加同业拆借活动。

同业拆借的利率一般是以高于存款利率、低于短期贷款利率为限，否则拆借盈亏就不能达到保本的要求。通常情况下，拆借利率应略低于中央银行的再贴现率，这样能迫使商业银行更多地面向市场借款，有利于中央银行控制基础货币的供应。同业拆借一般由 1 天、7 天、14 天、20 天、30 天、60 天、90 天和 120 天的期限构成，最常见的是隔夜拆借。2015 年中国银行间同业拆借累计成交 64. 2 万亿元，同比增长 70. 5%①。

商业银行拆借额度的确定必须立足于自身的承受能力。拆出资金以不影响存款的正常提取和转账为限，拆入资金必须视自身短期内的还债能力为度。2007 年中国人民银行下发《同业拆借管理办法》，对金融机构同业拆借实行限额管理。2016 年 8 月 9 日，全国银行间同业拆借中心为落实国务院关于取消进入全国银行间同业拆借市场行政许可的决定，明确金融机构进入全国银行间同业拆借市场相关流程和事中事后监管要求，发布了《全国银行间同业拆借市场业务操作细则》。根据该细则，同业拆借中心依据金融机构提交的财务数据和财务报表，按《同业拆借管理办法》的规定计算拆借限额并进行事前控制。金融机构用于计算拆借限额的财务指标发生变化的，可向同业拆借中心提交最新财务指标及相关财务报表，由同业拆借中心按《同业拆借管理办法》规定计算新的拆借限额。

（二） 向中央银行借款

世界各国的中央银行，都是向商业银行提供货币的最后贷款者。其借款的形式有两种，一种是直接借款，也称再贷款；另一种为间接借款，即再贴现。在市场经济发达的国家，由于商业票据和贴现业务广泛流行，再贴现就成为商业银行向中央银行借款的主要渠道；而在商业票据信用不普及的国家，则主要采取再贷款的形式。

商业银行向中央银行借款有严格限制。这是因为各国中央银行通常把对商业银行的放款作为宏观金融调控的主要手段，放款的数额将直接构成具有成倍派生能力的基础货币，其利率则随经济、金融形势的变化而经常调节，且一般要高于同业拆借利率。中央银行在决定是否向商业银行放款、何时放款、放多少款时遵循的最高原则是货币稳定和金融稳定。一般情况下，商业银行向中央银行的借款只能用于调剂头寸、补充储备不足和资产的应急调整，不能用于贷款和证券投资。

为提高货币调控效果，增强对货币市场利率的调控效力及灵活性。2013 年以来，中国人民银行采取了一些新的货币政策工具。

① 数据来源：原中国银监会网站。

1. 常备借贷便利（Standing Lending Facility，SLF）。常备借贷便利于2013年1月创设。它是中央银行的流动性供给渠道，主要功能是满足金融机构期限较长的大额流动性需求。对象主要为政策性银行和全国性商业银行，期限为1~3个月。常备借贷便利的特点：一是由金融机构主动发起，金融机构可根据自身流动性需求申请常备借贷便利；二是常备借贷便利是中央银行与金融机构“一对一”交易，针对性强；三是常备借贷便利的交易对手覆盖面广，通常覆盖存款金融机构。常备借贷便利需要银行提供高质量的抵押品，主要有国债、中央银行票据、国家开发银行的政策性金融债、高等级公司信用债，央行会有一定抵押率控制风险。

2. 公开市场短期流动性调节工具（Short－term Liquidity，SLO）。公开市场短期流动性调节工具于2014年1月创设。作为公开市场操作的补充，以7天期以内短期回购为主，采用市场化利率招标方式开展操作。与常备借贷便利相比，公开市场短期流动性调节工具仍然属于传统宏观调节，采用全面漫灌的流动性注入方式，非“一对一”；但其操作的时间窗口更具灵活性，弥补传统流动性干预以每周为周期，存在操作方向和力度难以及时转换等缺陷。央行这项政策旨在提高公开市场操作的灵活性和主动性，克服传统公开市场操作无法有效应对流动性短期波动的问题。

作为货币政策工具，常备借贷便利和央行发行央票、回购和公开市场短期流动性调节工具等本质上类似，都是对货币供应量的调节。但是三者操作上具有明显的不同，由此也带来不同的操作效果。

从操作时间上看，回购是常规操作，每周周二、周四，央行在公开市场上与前一天提出的有回购需要的金融机构交易。常备借贷便利和公开市场短期流动性调节工具是非常规操作，公开市场短期流动性调节工具是央行相机操作，常备借贷便利是金融机构主动发起。

从资金投放的时间上看，回购有7天、14天、28天和91天4种，公开市场短期流动性调节工具以7天为主，常备借贷便利以1个月到3个月期限为主，可满足金融机构较为长期的货币需求。

从资金投放和回收的方式上看，回购和公开市场短期流动性调节工具都是以正逆回购形式投放和回收资金，常备借贷便利是以抵押方式发放贷款，贷款到期回收资金。

从利率水平上看，回购和公开市场短期流动性调节工具在公开市场操作，利率水平采取市场化招标方式确定；而常备借贷便利是央行与金融机构一对一的交易，利率水平由央行根据多种因素综合确定，更有利于央行加强对货币市场的控制和对资金流向的监管。

常备借贷便利与央行再贷款和再贴现也是不同的，但形式更为接近。再贷款是央行把钱贷给商业银行，再由商业银行贷给普通客户，是央行履行“最后贷款人”职能的体现，目标是引导信贷，扶持特定行业及产业的发展。常备借贷便利是在资金面波动、人为造成“钱荒”的背景下，向商业银行补充流动性，维持金融市场稳定。

3. 中期借贷便利（Medium－term Lending Facility，MLF）。中期借贷便利于2014年9月创设。它是中央银行提供中期基础货币的货币政策工具，对象为符合宏观审慎管理要求的商业银行、政策性银行，可通过招标方式开展。中期借贷便利采取质押方式发放，金融机构提供国债、央行票据、政策性金融债、高等级信用债等优质债券作为合格质押品。

中期借贷便利本质上其实就是可展期的长期常备借贷便利。基本特征与常备借贷便利相似，也是央行对银行的一种抵押贷款，期限一般为 3 个月，临近到期可以重新约定利率展期，中期借贷便利要求各行投放“三农”和小微企业等国民经济重点领域和薄弱环节。

4. 抵押补充贷款（Pledged Supplementary Lending，PSL）。抵押补充贷款，作为一种新的储备政策工具主要是通过商业银行抵押资产从央行获得融资，引导中期利率。抵押补充贷款的目标是借 PSL 的利率水平来引导中期政策利率，以实现央行在短期利率控制之外，对中长期利率水平的引导和掌控。自 2013 年底以来，央行在短期利率水平上通过常备借贷便利已经构建了利率走廊机制。

抵押补充贷款这一工具和再贷款非常类似，再贷款是一种无抵押的信用贷款，不过市场往往将再贷款赋予某种金融稳定含义，即一家机构出了问题才会被投放再贷款。出于各种原因，央行可以将再贷款工具升级为抵押补充贷款，未来抵押补充贷款很大程度上可取代再贷款工具，但再贷款依然在央行的政策工具篮子当中。

（三） 其他短期借款负债

1. 转贴现。转贴现是指中央银行以外的投资人从二级市场上购进票据的行为。商业银行通过转贴现在二级市场卖出未到期的贴现票据以融通到所需要的资金，而二级市场的投资人在票据到期前还可进一步转手买卖，继续转贴现。转贴现的期限一律从贴现之日起到票据到期日止，按实际天数计算。转贴现利率可由双方议定，也可以贴现率为基础参照再贴现率来确定。在我国，票据款项的回收一律向申请转贴现的银行收取，而不是向承兑人收取。

2. 回购协议。回购协议是指商业银行在出售证券等金融资产时签订协议，约定在一定期限后按约定价格购回所卖证券，以获得即时可用资金的交易方式。回购协议通常只有一个交易日，协议签订后由银行向资金供给者出售证券等金融资产以换取即时可用资金协议期满后，再以即时可用资金作相反交易。回购协议最常见的交易方式有两种，一种是证券卖出和购回证券采用相同的价格，协议到期时以约定的收益率在本金外再支付费用；另一种是购回证券时的价格高于卖出时的价格，其差额就是即时资金提供者的收益。回购协议交易通常在相互高度信任的机构间进行，并且期限一般很短，如我国规定回购协议的期限最长不得超过 3 个月。回购协议是发达国家央行公开市场操作的重要工具。

3. 大面额存单。大面额存单是银行负债证券化的产物。大面额存单的特点是可以转让，并且有较高的利率，兼有活期存款流动性和定期盈利性的优点。在西方国家，大面额存单由大银行直接出售，利率由发行银行确定，既有固定利率也有浮动利率，期限在 1 年以内，在二级市场上的存单期限一般不超过 6 个月。有的国家也发行期限长达 2～5 年的利率固定的大面额存单，但认购者可自动换期，如交换期 6 个月期限的存单，以便于在二级市场上转让。大面额存单可流通转让、自由买卖，但不能购回；存单到期还本付息，但过期不计利息。

2015 年 6 月，中国人民银行发布了《大额存单管理暂行办法》，《大额可转让定期存单管理办法》（银发〔1996〕405 号文）同时废止。根据《大额存单管理暂行办法》，大额存单发行主体为银行业存款类金融机构，投资人包括个人、非金融企业、机关团体等非金融机构投资人及保险公司、社保基金。个人投资人认购的大额存单起点金额不低于 30 万元，机构投资人认购大额存单起点金额不低于 1 000 万元。大额存单期限包括 1 个月、3 个月、6 个月、9 个月、1 年、18 个月、2 年、3 年和 5 年共 9 个品种。

4. 欧洲货币市场借款。欧洲货币市场对各国商业银行有很大的吸引力，因为它是一个完全自由开放的富有竞争力的市场。其主要特点有：欧洲货币市场不受任何国家的政府管制和纳税限制，如借款条件灵活、借款不限制用途等；其存款利率相对较高，放款利率相对较低，存放款利差较小。这是因为它不受法定存款准备金和存款利率最高额的限制，因此无论对存款人和借款人都具吸引力；欧洲货币市场资金调度灵活、手续简便，业务方式主要是凭信用，短期借款一般不签协议，无须担保品，通过电话和电传就可以完成，这里起决定作用的是借款银行的资信；欧洲货币市场的借款利率由交易双方依据伦敦同业拆借利率具体商定。

三、长期借款负债

商业银行的长期借款一般采用金融债券的形式。金融债券是 20 世纪 70 年代开始的西方商业银行业务综合化、多样化和金融业务证券化的产物，体现了商业银行资产负债管理的许多新特点。金融债券有资本性债券、一般性金融债券和国际金融债券等。

（一） 资本性债券

资本性债券是为弥补银行资本不足而发行的，介于存款负债和股票资本之间的一种债务，《巴塞尔协议》称之为附属资本或次级长期债务。它对银行收益的资产分配要求权优先于普通股和优先股，次于银行存款和其他负债。这种资本性的长期债务与优先股有着某种相似之处，不同的是它一般要付出比优先股更高的利息，还有到期归还的限制。商业银行过多持有这种债券对银行信誉是不利的，故《巴塞尔协议》对附属债务资本有着严格的数量限制。

在资本性债券中，近年来颇受欢迎和广泛流行的是可转换债券。这是附有专门规定，允许持有人在一定时间内以一定价格向发行银行换取该银行股票的债券。债券持有人如不想转为股票，则可继续持有，直至期满。这种债券给投资者较大的选择余地。

（二） 一般性金融债券

一般性金融债券指的是商业银行为筹集用于长期贷款、投资等业务资金而发行的债券，这类债券的形式、种类颇多。

1. 担保债券和信用债券。担保债券包括由第三方担保的债券和以发行者本身财产作抵押的抵押担保债券。信用债券也称无担保债券，是完全以发行者本身信用为保证发行的债券。

2. 固定利率债券和浮动利率债券。固定利率债券指的是在债券期限内利率固定不变，持券人到期收回本金，定期取得固定利息的一种债券。浮动利率债券则是在期限内，根据事先约定的时间间隔，按某种选定的市场利率进行利率调整的债券。

3. 普通金融债券、累进利息金融债券和贴现金融债券。普通金融债券是定期存单式的到期还本付息的债券，这种债券类似于定期存单，但它具有金融债券的全部本质特征。累进利息金融债券是浮动期限式的、利率和期限挂钩的金融债券，其期限通常在 1 ~ 5 年，利息采用累进制方法计算。贴现金融债券也称贴水债券，是指银行在一定时间和期限内，按一定的贴现率以低于债券面额的价格折价发行的债券。这种债券券面上不附有息票，到期按面额还本付息，不再计利息，其利息就是债券发行价格与票面价格的差额。我国银行发行的大多是普通金融债券，也有累进利息金融债券和贴现金融债券。

4. 附息金融债券和一次性还本付息金融债券。一次性还本付息金融债券是期限在5年以内、利率固定、发行银行到期一次支付本息的中期普通金融债券。所谓附息金融债券，是指在债券期限内，每隔一定时期（半年或1年）支付一次利息的金融债券。

（三）国际金融债券

国际金融债券指的是在国际金融市场上发行的面额以外币表示的金融债券。它不仅包容了上述所有的债券品种，而且内容更为广泛。在此我们仅从市场和货币的角度，简要介绍几种通行的国际债券。

1. 外国金融债券。外国金融债券是指债券发行银行通过外国金融市场所在国的银行或金融机构发行的以该国货币为面值的金融债券。这类债券的基本特点是，债券发行银行在一个国家，债券的面值货币和发行市场则属于另一个国家。如我国的银行通过日本的银行或金融机构在日本东京市场发行日元债券，即为外国金融债券。

2. 欧洲金融债券。欧洲金融债券是指债券发行银行通过其他银行和金融机构，在债券面值货币以外的国家发行并推销的债券。其主要特点是：债券发行银行属于一个国家，债券在另一个国家的金融市场上发行，而债券面值所使用的货币则属于第三国。如我国银行在伦敦市场发行美元债券或法兰克福市场发行日元债券。前者称为欧洲美元金融债券，后者则称为欧洲日元金融债券。欧洲债券通常以国际通用货币美元标价，所筹资金的使用范围广泛。

3. 平行金融债券。平行金融债券是指发行银行为筹措一笔资金，在几个国家同时发行债券，债券分别以各投资国的货币标价，各债券的筹资条件和利息基本相同。实际上，这是一家银行同时在不同国家发行的几笔外国金融债券。

以狭义负债而言，除以上存款负债、借款负债外，还有因结算和中间业务开展中形成的其他负债，但相对数量甚少。总体来看，存款负债是商业银行的主要业务，标志着商业银行的经营实力；借款负债和其他负债是商业银行资金的重要调剂和补充，体现商业银行的经营活力。

第三节　商业银行负债成本管理

负债成本对银行管理人员来说至关重要。它一方面关系到银行的整体盈利，另一方面也关系到银行在激烈的负债竞争中能否取胜。对于管理人员而言，必须懂得如何计算和分析银行营运资金成本。如果成本核算准确，银行就可以对各种可供选择的资金来源价格进行比较，从而确定合理的资产价格，以弥补资金成本和支付给股东所需的收益率。

一、负债成本

银行在进行负债成本管理时，经常使用的成本概念主要有利息成本、营业成本、资金成本和可用资金成本等。

（一） 利息成本

利息成本是商业银行以货币的形式直接支付给存款者或债券持有人、信贷中介人的报酬，利息成本的高低依期限的不同而不同。利息成本的计息方式有两种：一是以不变利率计息，二是按可变利率计息。前者是指在负债发生时规定的利率，以后不再调整。利息额按负债余额乘以既定的利率而得。可变利率计息是指负债发生时不规定具体的利率，而是确定一个基点，例如以市场上不断变化的某种利率，如国库券利率为基点，加上某一具体数额（如0.5%或1%）。由于市场利率波动频繁，若以固定利率计息，在市场利率下降时，银行负债成本过高，会遭受损失，在市场利率上升时，银行则会受益。或者说，利率波动会给银行负债带来风险。以可变利率计息的负债则可降低银行负债的利率风险，但会给银行成本预测和管理带来困难。

（二） 营业成本

营业成本是指花费在吸收负债上的除利息之外的一切开支，包括广告宣传费用、银行职员的工资和薪金、设备折旧应摊提额、办公费用及其他为存款客户提供服务所需的开支等。这些成本，有的有具体的受益者，如为存款提供的转账结算、代收代付以及利用电子计算机的自动化服务等所需的开支，它实际代表银行为了吸纳存款性负债而支付的除利息之外的报酬。有的则没有具体的受益者，如广告、宣传费用等。商业银行在面临巨大的竞争压力下，越来越重视利息之外或非利息的报酬形式——服务，因此，尽可能地将服务成本和利息成本区分开来，以便更加灵活地开展竞争。服务成本因负债的种类或形式的不同而有很大区别。活期存款支付的利息少，而这种存款的服务成本高一些；而大额可转让存单和一些短期借款，一般不需要提供服务，只需花费一些广告促销费用。

（三） 资金成本

资金成本是包括利息在内的花费在吸收负债上的一切开支，即利息成本与营业成本之和。它反映银行为取得负债而付出的代价。用资金成本除以吸收的资金数额，可得

$$\text{资金成本率} = \left[\frac{(\text{利息成本} + \text{营业成本})}{\text{吸收的资金数额}}\right] \times 100\%$$

资金成本率可以分为某一类负债或资金来源的资金成本和总资金成本两种。资金成本率是一个重要的成本分析指标，既可以用来比较银行不同年份的吸收负债成本，考察其发展趋势，也可以在银行同业，尤其是规模相同、条件相近的银行之间进行比较，从而明确其在目前竞争中的地位。

（四） 可用资金成本

可用资金是指银行可以实际用于贷款和投资的资金，它是银行总的资金来源中扣除应交存的法定存款准备金和必要的储备金后的余额，即扣除库存现金、在中央银行存款、在关联行或往来行的存款及其他现金项目之后的资金。可用资金成本率是指资金成本与可用资金数额相比。这个比率既可以用于各种存款的对比，分析为得到各种可用资金所要付出的代价，也可在总体上分析银行可用资金成本的历史变化情况及比较本行与其他银行可用资金成本的高低。

$$\text{可用资金成本率} = \left[\frac{(\text{利息成本} + \text{营业成本})}{\text{可用资金额}}\right] \times 100\%$$

可用资金额 = 吸收的资金数额 − 法定存款准备金 − 必要的储备金

（五） 相关成本

相关成本是指与增加存款有关，但未包括在以上 4 种成本之中的支出，主要有：（1）因存款增加引起银行风险增加而必须付出的代价。存款总额增长提高了负债与资金的比例，从而使资本风险增加，加大银行破产风险；利率变动和通货膨胀等导致的短期存款利率成本上升和保值储蓄所带来的成本上升。（2）连锁反应成本。银行因对新吸收存款增加的服务和利息支出，而引起原有存款增加的开支。如过去我国定期存款储蓄的利率就高不就低，当利率提高时，不仅新增存款利率水平提高，原有的定期存款的利率也相应提高；再如，银行为吸引新的存款客户，推出某项优惠服务，考虑到老客户的疑虑，最后新老客户同享这一优惠政策，从而导致存款老客户经营成本上升。

二、负债成本分析方法

成本分析是以上述成本要领为基础来计算、比较银行种类成本的实际数额，分析研究其变动情况和变化原因。成本分析方法主要有平均成本法和边际成本法两种。

（一） 平均成本法

由于银行资金来源种类较多，银行往往使用加权平均成本法，其计算公式为

$$\bar{X} = \frac{\sum Xf}{\sum f}$$

其中，f 为各类资金来源的数量；X 为每种资金的单位成本；$\bar{X}$ 为银行全部资金来源的单位加权平均成本。

其中，每种资金的单位成本包括利息成本和非利息成本，计算时可将这两种成本加起来再乘以资金数量，也可分别相乘后加总。即

$$\bar{X} = \frac{\sum (X_1 + X_2)f}{\sum f} = \frac{\sum X_1 f + \sum X_2 f}{\sum f}$$

加权平均成本主要用于对不同的银行各种负债成本的对比分析和同一银行历年负债成本的变动分析等。每项资金来源的历史平均成本等于利息费用率与该项来源平均余额的乘积。

加权平均成本的主要缺陷是未考虑未来利息成本的变动。当未来利率上升时，历史平均成本就低于新债务的实际成本，这样以历史成本为基础的固定资产收益率就不能弥补成本，从而难以实现利润目标。反之则反。但该方法不失为一个评价银行过去经营状况的极佳工具。

（二） 边际成本法

边际成本是指银行增加一个单位的资金所支付的成本。银行在确定资产时，只有当新增资产的边际收益大于新增负债的边际成本时，银行才能获得适当的利润。每项负债都有不同的边际成本，其成本随着市场利率、管理费用和该负债用于补充现金资产的比例变化而变化，这些独立的成本加在一起就可以得出新增资金的加权边际成本。在资产价格定价时，边际成本是重要的参考依据。如果已知边际成本，资产收益率就可以适当高出边际成本率，高出部分为银行的目标利润和风险补偿费用。边际成本也可反映各种负债的相对成本，当确定

新增负债的最低费用目标，当银行资金边际成本一定时，银行只能选择那些边际收益大于边际成本的资产。在边际成本的计算中，一般有资金边际成本和可用资金的边际成本两种方法。

资金的边际成本计算公式为

$$MC_1 = \frac{新增利息 + 新增其他开支}{新增资金} \times 100\%$$

如果新增资金中有部分资金需作为必需的储备（现金资产、法定存款金等），则新增可用资金的边际成本为

$$MC_2 = \frac{新增利息 + 新增其他开支}{新增资金 - 必要的储备} \times 100\%$$

如，某银行准备以 NOWs 账户支持资产扩张，这些资金的利息成本为 5%，其他开支为 2%，新增资金的 24% 用于非盈利资产。此时银行的边际成本计算如下：

$MC_1 =（5\% + 2\%）/1 \times 100\% = 7\%$

$MC_2 =（5\% + 2\%）/（1 - 0.24）\times 100\% = 9.21\%$

利用上述方法计算某类资金的边际成本时效果较好，但由于银行的资金来源较多，且各项资金来源的风险各异，因此，采用平均边际成本更能反映银行总体成本的情况。

表 3－1　某银行资金平均边际成本　　单位：亿元，%

类别	增加额（1）	可用资金比率（2）	可用资金额（3）＝（1）×（2）	成本率（4）	总成本（5）＝（1）×（4）
活期存款	30	78	23.4	6	1.8
货币市场账户	60	94	56.4	8	4.8
定期存单	40	94	37.6	10	4.0
其他定期存款	40	94	37.6	7.8	3.12
资本	10	97	9.7	25	2.5
总计	180		164.7		16.22

平均边际成本率 = 16.22 ÷ 180 = 9.01%

可用资金边际成本率 = 16.22 ÷ 164.7 = 9.85%

以上计算可知，如果银行新增资产能够获得高于 9.85% 的收益率，则新增资金的结构是可取的。

三、加强负债成本管理的主要方法

（一）明确管理责任，完善成本内控体系

成本控制由谁负责，由谁把关，应落实到具体的责任部门和责任人。要把增加收入、节约支出、降低经营成本的目标落到实处，落实到各个经营环节，要求各环节对节约和降低成本承担经济责任。从商业银行内部管理来看，要借鉴先进的成本管理经验，完善成本内部管理体系，运用边际成本、本量利等成本分析方法，主动调整、优化资产负债结构，按照有进有退原则，优化客户结构，提高资金运用效率。

（二） 健全内控制度，严格遵章办事

商业银行的各项成本费用都有确定的内容，每项支出都有严格的规定，绝对不能混淆。这是商业银行成本管理的一项重要制度，商业银行的成本控制与管理必须以此为依据和基础。通过执行各项制度，使各项费用的开支控制在制度规定的开支范围和标准以内。

（三） 优化信息系统，及时纠正偏差

通过建立系统或网络，收集、整理加工、传递行内行外的有关经营成本方面的信息，及时发现经营过程中偏离成本目标的因素和原因，采取措施，排除影响，使偏离成本计划的偏差趋向平衡，使影响成本计划的外部因素尽量减少，使控制系统的运行摆脱干扰，保证成本控制正常进行。

（四） 科学预测分析，加强日常管理

商业银行成本控制的日常管理可分为事前、事中、事后三个控制阶段，即成本控制循环中的设计阶段、执行阶段和考核阶段。成本控制的设计阶段的主要工作是确定目标成本，控制成本计划，规定成本限额，建立健全成本责任制，实行成本归口分级管理；成本控制执行阶段的主要工作在于执行成本计划，控制费用，成本限额以保证实现成本目标；成本控制考核阶段的主要工作是根据计划执行情况，分析研究成本差异发生的原因，确定责任归属，借以纠正偏差，评定考核业绩，修正成本控制的设计和成本限额。通过上述工作，把日常银行成本控制管理工作抓好、落实，为最终达到成本控制的目的打下坚实的基础。

本章小结

1. 银行负债是银行在经营活动中产生的尚未偿还的经济义务。商业银行作为信用中介，负债是其最基本、最主要的业务。商业银行的负债结构主要由存款负债、借款负债和其他负债三个部分组成。银行负债的规模和结构决定了整个银行的经营规模和经营方向，而负债结构和成本的变化则极大地影响着银行的盈利水平和风险状况。

2. 存款始终是商业银行的主要负债和经常性的资金来源。存款可分为个人存款、单位存款、同业存款和外币存款。

3. 借款负债是商业银行的主动负债。借款负债有短期借款和中长期借款之分。短期借款负债包括同业借款、向中央银行借款和其他短期借款负债。长期借款一般采用金融债券的形式，金融债券有资本性债券、一般性金融债券和国际金融债券等。

4. 商业银行负债成本管理经常使用的成本概念主要有利息成本、营业成本、资金成本和可用资金成本等。成本分析方法主要有平均成本法和边际成本法。

本章重要概念

个人存款　单位存款　同业存款　外币存款　定期存款　活期存款　存款偏离度

金融债券　同业借款　转贴现　回购协议　资本性债券　一般性金融债券
外国金融债券　欧洲金融债券　平行金融债券　营业成本　资金成本　可用资金成本
平均成本法　边际成本　平均边际成本率

思考与练习

1. 简述银行负债的作用与意义。
2. 非存款负债的主要方式有哪些？
3. 简述负债成本的主要分析方法与差异。
4. 我国实施存款保险制度的现实意义是什么？
5. 试对我国商业银行负债结构的变化进行分析和解释。
6. 以下是某银行的资金来源与成本状况，试计算以下银行的加权平均成本和可用资金加权平均成本率。

表 3－2　某银行的资金与成本结构表　单位：%

资金来源	资金占比	可用资金比率	单位资金利息成本	单位资金营业费用
支票账户	20	78	2	5
储蓄账户	40	94	4	1
CDs	30	94	6	0.5
自有资本	10	97	12	0.25

第四章
商业银行资产业务

《新约·马太福音》第25章中有这样一个故事：国王远行前交给三个仆人各一锭银子，并让他们在自己远行期间去做生意。国王远行回来后把三个仆人召集到一起，发现第一个仆人已经赚了十锭银子，而第二个仆人赚了五锭银子，只有第三个仆人因为怕亏本什么生意也不敢做，最终还是攥着那一锭银子。于是，国王奖励了第一个仆人十座城邑，奖励了第二个仆人五座城邑，第三个仆人认为国王一定会奖给他一座城邑，可国王不但没有奖励他，反而下令将他的一锭银子没收并奖赏给了第一个仆人。国王降旨说："少的就让他更少，多的就让他更多。"

1968年，美国科学史研究者罗伯特·默顿（Robert K. Merton）将这种现象归纳为"马太效应"，即任何个体、群体或地区，一旦在某一个方面（如金钱、名誉、地位等）获得成功和进步，就会产生一种积累优势，就会有更多的机会取得更大的成功和进步。此术语后为经济学界所借用，反映贫者越贫，富者越富，赢家通吃的经济学现象。

当下银行业"强弱共赢"的竞争局面正在悄然改变，充分的市场竞争和规模效应将激发资源的"马太效应"，拥有更多资源的大银行是否应考虑充分利用其现有的资源，对其资产进行合理有效的管理而成为"马太效应"的受益者？银行业会出现"强者越强、弱者越弱"的格局吗？

商业银行的资产业务是指商业银行依法经营的与其资产项目相关的各项业务。资产业务是商业银行的主要利润来源，而贷款业务是商业银行最重要的资产业务，贷款利息收入对商业银行的总收入有着重要影响。资产业务的经营管理直接关系到商业银行的安全性、流动性、效益性，关系到商业银行经营管理目标的顺利实现。

通过本章的学习，你将能够：

- 了解商业银行资产的构成和资产结构的特征；
- 领会商业银行现金资产的构成、现金资产管理的目的与原则以及流动性需求的预测；
- 掌握贷款的种类与管理政策、企业信用风险分析和个人信用评估；
- 熟悉不良贷款的界定和处置方式。

第一节　商业银行资产构成

一、商业银行资产的构成

按照不同的分类标准，商业银行的资产业务可进行多种分类。以现行商业银行资产负债表的主要资产项目为依据，分表内资产业务与表外资产业务。表内资产业务主要包括现金与存放同业资产、交易类投资、衍生金融资产、发放贷款及垫款、可供出售投资、持有至到期投资、应收款项类资产、长期股权投资以及一部分占比很小的固定资产等。表外资产业务主要指按照各种规定不能直接记入表内资产，需要在表外登记反映的各项资产。其中，银行表内资产又可分为四大类：现金资产与存放同业、贷款、证券投资以及其他资产。

（一）现金资产与存放同业

现金资产与存放同业包括库存现金、存放中央银行的存款、存放其他金融机构的存款以及在途应收现金项目。持有这类资产是为了满足客户提款需求和法定准备金要求，协助票据清算和电汇以及影响国债的买卖。商业银行经营货币的特殊属性决定了现金等货币资产在商业银行资产项目中的特殊意义，是商业银行流动性的基本保障，否则一切经营活动就无从谈起。该类型的资产主要以银行库存现金、在中央银行的存款、存放同业存款和托收中的现金的形式表现出来。该类资产不能产生收益或者收益极小，但它为银行提供了最基本的流动性供给，保证银行能够持续稳健经营，因此被看作是银行的一级准备。由于它的盈利性很小，一般情况下，银行会将该类型的资产维持在较低的水平。

（二）贷款

贷款是大部分银行资产组合中的主要资产，产生最大的息税前利润，同时也具有最大的违约风险。贷款是我国商业银行最重要的资产，决定商业银行的资产规模和盈利水平。按照贷款对象及服务内容不同，主要包括公司客户贷款、个人客户贷款、信用卡透支以及贸易融资贷款等业务品种。在贷款类业务中，公司客户贷款和个人客户贷款是最主要的贷款品种。资产类票据业务主要包括贴现业务、转贴现业务、买入返售资产和福费廷等。由于贷款是商业银行的主要盈利性资产，因此它在银行的资产业务中处于最重要的地位，但它也是面临违约风险和流动性风险最高的资产。商业银行在发放贷款时，需要对借款人进行全方位的信用分析，以此来判断是否对其发放贷款。同时，银行作为贷款人还需严格按照贷款发放的程序和政策审查、发放和管理每笔贷款，保证银行在有效控制风险的情况下，实现其盈利性目标。

（三）证券投资

银行投资证券是为了获得利息收益，满足流动性需要，投机于利率变动，满足抵押要求。银行进行证券投资不仅可以获取一定的收益，而且还能通过持有各种证券来优化银行的资产组合，抵御风险，寻求安全性、盈利性和流动性的均衡。商业银行进行的证券投资，根据其持有意图，可以分为以公允价值计量且其变动计入当期损益的投资（交易类投资）、持有至到期投资和可供出售的金融资产等类型。其投资对象主要是银行持有的流动性证券，包括短期政府债券、货币市场工具、交易账户证券、同业拆出以及回购协议下购入的证券等。以公允价值计量且其价值变动计入当期损益的投资作为银行交易类金融资产管理，通常能随时变现，可视为银行的二级准备，既能为银行提供收益，又能满足银行的流动性需求。持有至到期投资、可供出售的金融资产等投资则更侧重于盈利性及资产结构管理需要，主要包括中长期证券和股票等，目前各国对其投资的范围有不同的限制。由于企业债券的投资风险较高，各国银行监管当局一般规定只有达到债券评级机构规定的投资级以上的企业债券，银行才能持有。而政府债券由于信誉高、流动性强、风险相对较小，往往更受银行青睐。

（四）其他资产

其他资产是银行的剩余资产，数额较小，如银行承兑汇票、房产和设备、其他不动产和其他更小额资产。固定资产是指银行建筑和设备，包括银行拥有的建筑物、各种办公设备以及维持银行正常运营的其他设备。固定资产属于非盈利性资产，在资产中所占的比例较小。无形资产，指银行出租给他人，或为管理目的而持有的、没有实物形态的非货币性长期资产。其他资产包括在取消赎回抵押权条款下取得借款人的不动产和其他各类没有单独立项的小额资产项目。

二、商业银行资产结构特征

商业银行资产是商业银行对资金的运用。商业银行资金运用形成其资产。

商业银行是经营货币的特殊企业，与一般企业相同，对其通过各种渠道获得的资金必须有效使用才能盈利，这些资金的使用方向，就构成了商业银行资产业务的具体内容。

从商业银行的资产业务构成可以看出，商业银行的资产结构主要表现为三个方面的特点：第一，金融资产占据了绝大部分的比重；第二，各项贷款是最重要的盈利性资产；第三，现金资产是商业银行最有意义的资产。我国商业银行的资产结构中，贷款一项就可能占到银行总资产的三分之二以上，带来的收益占银行总收入的四分之三甚至更多，比如在表 4－1 中，贷款的占比就达到了 54.01%；现金资产是为保持商业银行资产的流动性必不可少的项目，现金资产项目在总资产中的占比正是商业银行资产管理流动性与盈利性均衡的结果。

表 4－1　中国银行 2015—2016 年资产负债表

项目	2016 年 6 月 30 日		2015 年 12 月 31 日	
	金额（亿元）	占比（%）	金额（亿元）	占比（%）
资产				
客户贷款净额	9 506 567	54.01	8 935 195	53.14
投资	3 717 368	21.12	3 595 095	21.38
存放中央银行	2 292 771	13.03	2 196 063	13.06
存拆放同业	1 121 802	6.37	931 225	5.54
其他资产	962 759	5.47	1 158 019	6.88
资产总计	17 601 267	100.00	16 815 597	100.00
负债				
客户存款	12 551 850	77.57	11 729 171	75.88
同业存拆入及对央行负债	2 466 212	15.24	2 444 475	15.81
其他借款资金	33.040	2.05	313 210	2.03
其他负债	831 862	5.14	971 136	6.28
负债总计	16 180 964	100.00	15 457 992	100.00

数据来源：中国银行官方网站。

表 4 -2　中国银行 2015—2016 年资产科目展开说明　　单位：亿元

资产	2016 年 6 月 30 日	2015 年 12 月 31 日
现金及存放中央银行存款	2 362 122	2 269 433
存放同业款项	692 522	576 892
贵金属	180 712	176 753
拆出资金	418 975	349 406
以公允价值计量且其变动计入当期损益的金融资产	119 930	94 446
衍生金融资产	90 679	81 819
买入返售金融资产	70 725	76 621
应收利息	76 562	76 585
发放贷款和垫款	9 506 308	8 934 811
可供出售金融资产	1 243 830	1 026 613
持有至到期投资	1 777 848	1 776 709
应收款项类资产	473 599	603 205
长期股权投资	44 070	43 790
投资性房地产	12 469	11 284
固定资产	95 797	99 433
无形资产	12 470	12 689
持有待售资产	—	237 937
其他资产	173 717	147 146
资产总计	17 376 305	16 617 193

数据来源：中国银行官方网站。

专栏 4 -1
《企业会计准则》中的金融资产

2006 年 2 月 15 日，财政部发布了新的企业会计准则和审计准则体系，其中《企业会计准则第 22 号——金融工具确认和计量》提出了金融资产的基本概念。按照第 22 号企业会计准则的要求，金融资产应根据持有意图的不同在初始确认时分为四大类：（1）以公允价值计量且其变动计入当期损益的金融资产。这类金融资产还可进一步分为交易性金融资产和指定为以公允值计量且其变动计入当期损益的金融资产，这类金融资产的外延接近旧的会计准则中的短期投资。（2）持有至到期投资，这类金融资产的外延接近旧准则中的长期债权投资。（3）贷款和应收款项。（4）可供出售金融资产。某项金融资产具体应分为哪一类，主要取决于企业管理层的风险管理、投资决策以及会计人员的执业判断等因素，但准则要求对该项资产在初始计量时一旦确认为哪一类，一般情况下不可在后续计量中随意变更。

专栏 4－2

表内外资产管理并重：银行进入大资管时代

近年来，国内机构与个人财富迅速积累，急需更加多元化的资产管理渠道，我国资产管理行业迅猛发展。自 2012 年 5 月以来，中国的资产管理行业迎来了一轮监管放松、业务创新的浪潮，由此进入进一步的竞争、创新、混业经营的大资管时代。在利率市场化、人民币国际化的大背景下，整个资产管理行业的产业链不断延伸，跨界竞争与合作将更为常态化。

大资管时代来临，银行资产管理面临新的业务调整和改革压力，即从过去的主要重视表内资产管理转为表内外并重，重视理财业务、财富银行和私人银行等资产管理业务的发展。2013 年 9 月末，银监会正式批准国内 10 家商业银行开展理财资产管理业务试点和债权直接融资工具的试点。负债端和资产端试点的同时推出，标志着商业银行的理财业务正式作别“资金池—资产池”运作模式，变得更为规范化、阳光化。大资管时代背景下，中国的金融格局正在潜移默化中震荡重组，这为银行业带来了挑战，也提供了难得的机遇。一方面，商业银行原有的以理财为主的资产管理模式弊端日显；另一方面，资产管理成为银行业务转型的主要方向。能否由“信用中介”向“资产管理中介”成功转型，将决定着商业银行在这个时代的市场地位与发展空间。

对商业银行而言，尽管是资产管理领域的“后来者”，但借助遍布全国的销售渠道、广泛的客户基础、雄厚的资金实力以及完善的风险控制机制，仍然有望在“大资管时代”大有作为。商业银行应顺应行业发展趋势，逐步引导资产管理业务向“代客理财”的本质回归，加快实现从“资产持有”到“资产管理”的经营转型。一方面，应注重拓展表内外资产管理业务范围。表内资产管理中应逐步构建涵盖债权、股权和商品的全门类投资组合。表外资产业务管理中在稳步发展预期收益型理财产品的同时，逐步扩大净值型产品比例。进一步做好理财直接融资工具和理财管理计划发行工作。另一方面，应注重提升业务运作能力。加大产品创新和服务模式创新力度。积极探索适应资产管理业务发展需要的运营保障、技术支撑体系和激励机制。

第二节　现金资产业务

一、现金资产的构成

现金资产是指商业银行所持有的库存现金及等同现金的随时可用于支付的银行资产。

（一）库存现金

库存现金是指商业银行保存在金库中的现钞和硬币，其特点是流动性程度高但盈利性程度低。并且其保管、安全防卫费用较高，过多持有现金会影响银行资产的收益性，但现金短缺又可能引发流动性风险。商业银行经营必须以满足债权人的支付要求为前提条件，因此，需根据业务的客观需要保存适当库存限额以应付客户提现和银行本身的日常营业开支需要。

（二）在中央银行的存款

在中央银行的存款是指商业银行存放在中央银行存款准备金账户中的存款。它包括两部分：一是法定存款准备金，二是超额准备金。

法定存款准备金是按照法定比率向中央银行缴存的存款准备金。规定缴存准备金最初是为了保证银行有足够的资金，以应付存款人的提现，避免发生挤兑而引起银行倒闭。法定存款准备金具有强制性，商业银行必须按法律规定缴存，一般不得动用，并要定期按银行存款额的增减进行相应调整。法定存款准备金的调整是中央银行进行宏观调控的一般性货币政策工具之一。

超额准备金是指在中央银行超过法定存款准备金的部分存款。它是用于随时补充法定存款准备金不足、商业银行同业清算、保证存款提取和用于贷款的准备金。这部分超额准备金，商业银行可随时支用，其数额多少直接影响商业银行的流动性供给能力和信贷扩张能力。

（三） 存放同业

存放同业是指商业银行为了业务上的需要，存放在其他银行的存款。其目的是便利同业之间的票据清算和代理收付以及委托代理银行提供服务的需要。同业存款为活期存款性质，可随时支用，因而通常被视为银行的现金资产，作为其营运资金的一部分。

（四） 托收中现金

托收中现金是商业银行向其他银行收取的票据款项，也称作托收未达款。商业银行在为客户办理票据支付清算的过程中，会产生需向其他付款银行托收但尚未收妥的款项。因此，托收中的现金是银行之间票据支付清算过程中自然形成的。它也属于非盈利性资产。

【例 4－1】 表 4－3 是从 2015 年 12 月 31 日招商银行 2015 年末资产负债表中截取的一部分数据。根据资产负债表，2015 年 12 月 31 日招商银行流动资产项目中包括库存现金 13 783 百万元人民币，存放中央银行款项为 543 228 百万元人民币，存放同业款项为 55 927百万元人民币，同期总资产为5 208 037 百万元人民币。如果忽略托收中现金，仅计算其他三项资产占资产的比重，那么计算的结果表明 2015 年 12 月 31 日招商银行的现金资产在总资产中的比重约为 11.77%。

表 4－3 招商银行 2015 年 12 月 31 日资产负债表资产项目

单位：百万元人民币

库存现金	13 783
存放中央银行款项	543 228
存放同业款项	55 927
资产总计	5 208 037

资料来源：《招商银行 2015 年年度报告》。

二、现金资产管理的目的及原则

现金资产管理的目的是在保证流动性的前提下，尽可能保持最低现金资产占用量。现金资产的各个项目都是盈利性很低或者收益率为零的资产，但是现金资产是保证银行安全稳定的必要储备，是协调安全性和盈利性的杠杆，是商业银行必须持有的资产。银行持有过低现金资产，会面临现金短缺所带来的流动性风险；但持有现金过多则需要承担较大的机会成本，因此商业银行需要在持有现金资产的机会成本和现金不足的短缺成本之间进行权衡，在不威胁流动性的基础上，尽可能减少现金资产的持有量，将资金投入到收益性资产。商业银行对现金资产的管理需要坚持以下三个方面的原则。

（一）适度存量控制原则

商业银行的现金资产存量要保持适度规模，规模太小，无法满足客户的提存需要和合理的贷款需求，容易引发公众对银行的信任危机；规模太大，会影响银行盈利目标的实现。因此，商业银行要保持一个合理的现金资产存量，使之能够与银行的存贷款规模相适应，满足客户的合理要求。同时，银行还需要注意现金资产存量结构的管理。现金资产的各个组成部分具有不同的功能和特点，因此在适度控制存量的同时要注意其结构的内在合理性。

（二）适时流量调节原则

适时流量调节是与适度存量控制原则分不开的，对存量的控制需要对流量进行调节，通过对流量的调节实现存量的适度规模。商业银行持有的现金资产就像一个蓄水池，每天都会频繁地发生现金的流入与流出。带来现金流入的行为包括吸收存款、偿还贷款、出售证券等；带来现金流出的行为有存款的提取、使用信贷额度以及购买货币市场工具等。一定时期内，现金的流入与流出常常不会相等，因此现金的流动导致了现金资产存量的不断变化。当现金的流入大于流出时，现金存量就会增加；流出大于流入时，现金存量就会减少。为了实现某个特定规模的存量，商业银行有必要结合流动性需求对现金资产的流量进行调节。存量过多时，银行须将多余的现金资产通过增加贷款或进行证券投资加以运用；存量不足时，需要将一部分资产变现，补充现金资产，确保流动性的需求。

（三）安全性原则

银行的现金资产一部分是库存现金的形式，而库存现金是以现钞、硬币实物形态存在，易受人为因素以及自然灾害等的影响，因此库存现金的管理与其他形态的现金资产的管理不同，尤其需要注意安全性管理，防止被盗、被抢或包装、清点的错误等。

三、商业银行流动性需求的预测

商业银行现金资产管理的核心任务是保证银行经营过程中的适度流动性。商业银行既要保证其现金资产满足正常的和非正常的现金支出需要，又要追求利润的最大化。因此，需要银行管理者准确地预测资金头寸，即对银行各期流动性需要量的预测，为流动性管理提供可靠依据。

表 4－4　影响商业银行流动性的主要因素

流动性供给增加的因素	流动性需求增加的因素
贷款的本金收回和利息收入增加	新发放的贷款
银行的资产出售	购买金融资产
存款增加	存款减少
其他负债增加	其他负债减少
中间业务收入	各种费用和税收支出的增加
发行新股	派发股利

商业银行流动性供给是指商业银行对即期资金支付需求的供应，流动性需求是指商业银行自身或客户提款对资金支付的需要。表 4－4 列举了引起银行流动性变化的主要因素。

流动性需求的预测主要有以下三种方法。

（一）资金结构法

银行的流动性需求主要来自银行的债务以及潜在的贷款需求。资金结构法是将银行的债务按照提取的可能性加以分类，对不同种类的债务按其流动性需求提取准备金。对于资产主要是贷款的流动性需求按照 100% 的比例提取流动性准备金。以下介绍资金结构法的主要步骤。

1. 按照提取的可能性将银行的负债分为游资负债、易损负债和稳定负债。游资负债是指对利率十分敏感或者近期到期的负债。对利率非常敏感的资金总是不断追求更高收益率的投资机会。当发现别处有更好的投资机会，这类资金会立即被抽走，银行只是这类资金暂时的避风港。即将到期的存款以及同业拆借、证券回购等都属于这类负债，它们都会对银行近期的流动性提出要求。易损负债是指近期内可能被提取的大额存款，这类负债通常占总款的25%～30%，如经纪人存款和大额存款。稳定负债（也称作核心负债、核心存款）是指那些被认为近期不可能被提取或提取可能性较小的、稳定性最强的存款或其他负债。

2. 对上述不同类别的负债按照一定比例提取流动性准备金。对不同类别负债提取流动性准备金的比例通常需要根据历史经验进行判断。假设某银行根据过去长期的经验得出对游资负债的提取比例为90%，对易损负债提取的比例为30%，对核心负债提取的比例为8%。由此可以计算出不同类型的负债需要提取的流动性准备金，求和后即得所有负债要求的流动性准备金数额。计算公式如下：

所有负债的流动性准备金＝90%×（游资负债－法定准备金）
＋30%×（易损负债－法定准备金）
＋8%×（核心负债－法定准备金）

3. 新增贷款的流动性准备计算。除了要满足债权人的提款要求外，银行不能忽略客户合理的贷款需求，即使银行的流动性不足或短缺，银行也应通过资产变现或货币市场借款等途径满足优质客户的贷款需求。银行发放贷款的着眼点不仅在于获得利息收入，发放贷款可以留住客户的存款，而且银行可以通过提供其他金融服务获得收入。因此，根据客户关系原则，银行对于新增优质贷款需求通常保持100%的流动性准备，这样银行流动性需要量由下面的公式给出：

银行总流动性需求＝负债流动性需求＋贷款流动性需求

【例4－2】 表4－5是某银行通过资金结构法计算的需要提取的流动性准备金，其中法定准备金提取比例假设为10%。

表4－5　流动性准备金提取示例　　单位：百万元，%

账户	账户余额（百万元）	应交存款准备金（＝账户余额×10%）（百万元）	扣除准备后的账户余额（百万元）	流动性准备金比例（%）	提取流动性准备金（百万元）
游资负债	74	7.4	66.6	90	59.94
易损负债	60	6	54	30	16.2
核心负债	280	28	252	8	20.16
新增贷款	45			100	45
流动性准备金合计					141.3

本例题计算公式如下：

银行的流动性需求＝90%×（74－7.4）＋30%×（60－6.0）＋8%×（280－28）
＋100%×45＝141.3（百万元）

4. 流动性预测的概率调整。银行业务经营实践中，银行所面临的流动性需求是不确定的。未来情况的变化可能会使银行的流动性状况陷入危险，也可能出现流动性过剩。银行必须对流动性不足或过剩等各种情况作相应的流动性准备。如果银行为最糟糕的情况作打算，持有了大量的流动性资产，而这种情况只有5%的可能性发生，那么银行这么做未免太过于保守。银行理智的做法是找出最可能出现的情况，并作出相应的流动性准备。在计算最可能发生的情况时，银行必须对各种可能发生的情况作出概率估计。

【例4-3】 假设某银行估计未来一周内面临的最坏的情况是流动性出现-3亿元负缺口，这种情况发生的概率为5%；另一种极端的情况是银行面临最佳流动性状态，将出现2亿元的正缺口，发生的概率为15%；第三种情况，银行将面临0.5亿元的正缺口，概率为50%；第四种情况，出现-0.5亿元的负缺口，概率为30%。根据以上信息，求出银行最可能面临的流动性需求，并根据这个预测结果安排流动性资金。

银行最有可能出现的流动需求 $=5\%\times(-3)+15\%\times2+50\%\times0.5+30\%\times(-0.5)$

$=0.25$（亿元）

在这里需要补充说明的是对于可能发生的极端情况，银行不能置之不理，应该制订计划为最糟情况作准备。

（二）因素法

商业银行的流动性变化主要取决于存贷款的变化，因此对其流动性的预测，主要是预测存贷款的变化趋势。银行流动性供给随着存款增加和贷款减少而增加；随着存款减少和贷款增加而降低。一般而言，影响存贷款变化的因素除了宏观经济金融运行状况和货币政策导向外，还有微观个体的行为特征及主观偏好等。银行根据国民经济发展和个体金融行为的有关信息，通过对各种因素变动趋势的数量分析，估计未来一年各月的存贷款变化情况和应缴准备金变化情况，在此基础上，预测每月流动性需要量。在一定时期内，测度商业银行的流动性需求量可以表示为

流动性需求量 = 预计贷款增量 + 应缴存款准备金变化量 - 预计存款增量

【例4-4】 表4-6是某银行流动性需求量的测算表，银行根据未来存贷有关信息预测其未来一年各月的资金需求量。

表4-6 某银行流动性需求量预测 单位：百万元

月份	存款总额	存款的变化	所需准备金的变化	贷款总额	贷款的变化	流动性盈余（+）或赤字（-）
12	693			451		
1	687	-6	-0.6	456	5	-10.4
2	689	2	0.2	459	3	-1.2
3	686	-3	-0.3	456	-3	0.3
4	691	5	0.5	465	9	-4.5
5	706	15	1.5	457	-8	21.5
6	720	14	1.4	445	-12	24.6

续表

月份	存款总额	存款的变化	所需准备金的变化	贷款总额	贷款的变化	流动性盈余（＋）或赤字（－）
7	715	-5	-0.5	430	-15	10.5
8	716	1	0.1	441	11	-10.1
9	755	39	3.9	441	0	35.1
10	735	-20	-2	461	20	-38
11	738	3	0.3	475	14	-11.3
12	743	-5	-0.5	486	11	-15.5

注：表中存款准备金是按10%的比例计算的。

从表4－6可以看出，该银行预计1月存款下降、贷款上升，支出大于现金收入，即出现流动性缺口1 040万元。在5、6、7三个月贷款下降较多，使这几个月出现了较大金额的资金头寸。从10月开始，银行贷款的现金支出大量增加，支出大于收入，头寸又出现不足，流动性缺口分别达3 800万元、1 130万元和1 550万元。针对头寸预测表中测算的未来银行资金头寸余缺状况，银行管理者应当采取措施积极调度头寸。当头寸过剩时，设法将资金头寸运用出去；当头寸不足时，应当从金融市场上筹措新的资金来满足流动性的需要。

在存贷款的变化趋势预测中，由于存款是银行的被动负债，存款变化的主动权更多地掌握在客户手中，银行无法直接控制存款的变化数量和趋势。但银行存款的变化并非毫无规律可循。通常，我们可以把存款按其变化规律分为三类：第一类是一定会提取的存款，如到期不能自动转期的定期存款和金融债券，这类存款因为有契约，所以无须预测；第二类是随时可能提取的存款，如活期存款；第三类是可能会提取的存款，如定活两便存款、零存整取存款，以及到期可以自动转存的存款等，这类存款有可能提取，但又不能确定。存款预测的对象主要是后两类，我们把它们称为易变性存款。在图4－1中，我们把存款的最低点连接起来，就形成了核心存款线，核心存款稳定性较强，正常情况下没有流动性需求。银行存款的流动性需求通过易变性存款曲线来反映。虽然，这一曲线只是大致反映存款的变化，但可以为存款周转金的需要量决策提供一个重要的依据（见图4－1）。

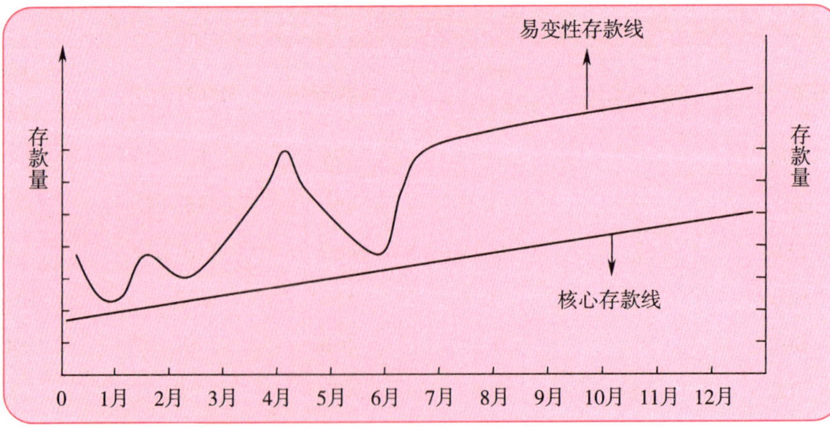

图4－1　例4－4之银行存款变化趋势图

商业银行贷款需求的变化不同于存款。从理论上讲，银行贷款的主动权掌握在银行自己手中，银行只能在有头寸的情况下才能发放贷款。但在实践中，情况往往不是这样。因为：首先，贷款能否到期归还，更多地取决于客户有无还款能力和还款意愿，即使有合同约束，贷款也不一定能够按期归还；其次，对于新的贷款需求，虽然银行有权拒绝，但在金融市场竞争激烈的情况下，银行一般不会轻易拒绝一个具有合理资金需要的客户。因此，从某种意义上讲，贷款对于银行也是被动的。因此，银行也必须对贷款的变化作出预测。

图4－2 中的贷款变化趋势线由贷款需求的最高点连接而成，它表示商业银行贷款需要量的变化趋势。而波动线则在趋势线以下，表示不同点上贷款需要量变化的幅度和期限。在一定时期内低于上限的贷款数，是商业银行为满足季节性和周期性变化应持有的可贷头寸。

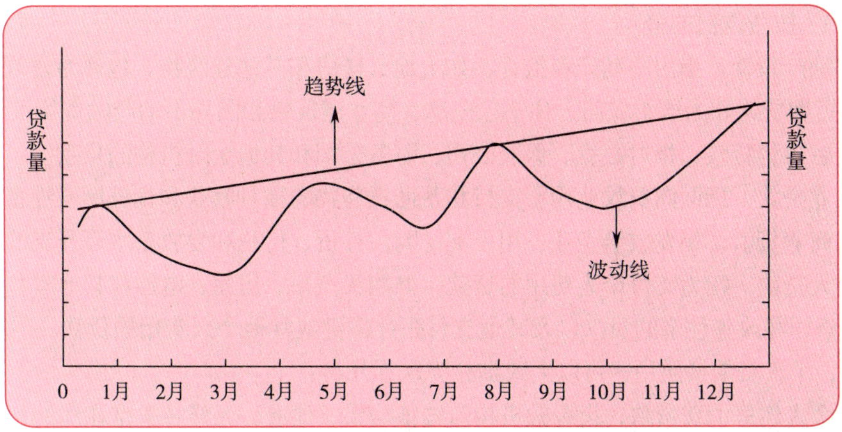

图 4－2　例 4－4 之银行贷款变化趋势图

（三）流动性指标法

商业银行在实际的流动性管理实践中，还可借助一些反映银行流动性状况的指标，通过与同行业平均水平的比较来估算、预测和分析管理其流动性需求状况，如现金与总资产之比、同业拆借净值与总资产之比、核心存款与总资产之比等。

第三节　贷款种类及政策

一、银行贷款的分类

研究贷款种类的目的是针对不同类型性质的贷款，采取不同的策略和管理方法来提高银行贷款资产的质量，增加贷款合同履约率，减少银行贷款坏账的发生，从而为银行盈利作出贡献。

（一）按借款期限分

1. 短期贷款，指借款期 1 年以内（包含 1 年）的工商企业流动资金贷款，包括季节性贷款、临时贷款等。

2. 中长期贷款，指贷款期限在 1 年以上的贷款。由于中长期贷款不具有自动清偿的性质，只能通过企业的收益或借新债来偿还，因此贷款风险较大。银行在发放这类贷款时，要进行详细的信用分析。

（二） 按贷款保障方式分

1. 信用贷款，指银行完全凭借客户的信誉而无须提供抵押物或第三者保证而发放的贷款。这类贷款一般只贷给信誉好的大公司。

2. 保证贷款，指由借贷双方之外的第三人以书面保证形式向贷款人承诺，当借款人不能如期偿还贷款本息时，由其按约定承担一般保证责任或者连带保证责任而发放的贷款。

3. 抵押贷款，指以借款人或第三人的不动产、动产和土地使用权作为抵押物抵押给银行而发放的贷款。

（三） 按贷款目的分

1. 房地产贷款，指由不动产作抵押，如土地、楼房和其他建筑物，包括为建筑和土地开发提供的短期贷款和为购买农田、住宅、公寓、商业建筑物和国外不动产融资的长期贷款。

2. 金融机构贷款，指对银行、保险公司、财务公司和其他金融机构的贷款。

3. 农业贷款，指面向农牧业用于支持和帮助农作物的播种收获和饲养照料牲畜的贷款。

4. 工商业贷款，指发放给企业，用于支付购买存货、付税和发放薪水等开支的贷款。

5. 个人贷款，指为支付个人费用的贷款，如购买汽车、房屋、电器和其他零售物品的贷款；用于修理和改善住宅的贷款以及其他支付医疗保健或其他个人费用的贷款。

其中，个人贷款按照用途可以大致细分为以下几类：

（1）个人住房消费贷款，指金融机构向城镇购买、建造、大修各类型住房的自然人发放的贷款。

（2）汽车消费贷款，指金融机构对在特约经销商处购买汽车的借款人发放的担保贷款。

（3）个人耐用消费品贷款，指银行向借款人发放的用于支付其购买耐用消费品的人民币贷款。耐用消费品指单价在 2 000 元以上，正常使用寿命在 2 年以上的家庭耐用商品（住房、汽车除外）。

（4）个人助学贷款，指金融机构对大专院校学生或其直系亲属发放的人民币担保贷款，主要用于支付学生在校的学费和生活费。

（5）旅游消费贷款，指金融机构向客户发放的用于旅游度假消费的贷款。

（四） 按贷款质量分类

现阶段我国商业银行已经普遍根据贷款风险程度实施五级分类法，即将贷款划分为正常、关注、次级、可疑、损失五种类型或等级。

1. 正常类贷款，指借款人能够履行合同，有充分把握按时足额偿还本息的贷款。

2. 关注类贷款，指尽管借款人目前有能力偿还贷款本息，但是存在一些可能对偿还产生不利影响因素的贷款。

3. 次级类贷款，指借款人的还款能力出现了明显问题，依靠其正常收入已无法保证足额偿还本息的贷款。

4. 可疑类贷款，指借款人不能足额偿还本息，即使执行抵押或担保也肯定要造成一部分损失的贷款。

5. 损失类贷款，指银行已采取所有可能的措施和一切必要的法律程序之后，贷款本息仍然无法收回或只能收回极少部分的贷款。

贷款质量五级分类法的优点是它能充分揭示贷款的实际值和风险程度，同时能真实、全面、动态地反映贷款的不同质量状况，还能够及时发现银行贷款在发放、管理、监控、催收等诸环节存在的问题。

除以上常用的几种贷款分类方法外，实务中还有按贷款经营方式分为自营贷款和委托贷款；按计算方式分为固定利率贷款和浮动利率贷款；按贷款人主体数量分为单一贷款和银团贷款；按贷款币种分为人民币（或本币）贷款和外币贷款。总之贷款种类可以按不同经营管理要求和不同标准统一划分或自主划分，目的只有一个，那就是通过划分方便管理，提高贷款资产质量和管理效益。

二、贷款政策

（一）信贷监管

我国目前的信贷监管政策主要体现在四个方面：一是与货币信贷总量扩张有关，政策措施影响货币乘数和货币流动性。如，规定了汽车和住房消费信贷的首付款比例、证券质押贷款比例等。二是配合国家产业政策。通过贷款贴息等多种手段，引导信贷资金向国家政策需要鼓励和扶持的地区及行业流动，以扶持这些地区和行业的经济发展。三是限制性的信贷政策。通过“窗口指导”或引导商业银行通过调整授信额度、调整信贷风险评级和风险溢价等方式，限制信贷资金向某些产业、行业及地区过度投放，体现扶优限劣原则。四是制定信贷法律法规，引导、规范和促进金融创新，防范信贷风险。

专栏4－3
赤道原则

赤道原则是一套非官方规定的，由世界主要金融机构根据国际金融公司的环境和社会政策和指南制定的，旨在用于确定、评估和管理项目融资过程中所涉及环境和社会风险的一套自愿性原则。宣布实行赤道原则的银行必须制定与该原则相一致的内部政策和程序，并对项目融资中的环境和社会问题尽到审慎性审核调查义务，只有在项目发起人能够证明在项目执行中会对社会和环境负责并会遵守赤道原则的情况下，才能对项目提供融资。目前，赤道原则已经成为国际项目融资的行业标准、国际惯例和全球金融机构的企业社会责任基准。

2003年6月，7个国家的10家主要国际领先银行率先宣布采纳并实行“赤道原则”。截至2012年3月，全球已有包括汇丰银行、花旗银行、巴克莱银行、瑞穗实业银行以及兴业银行在内，共计76家金融机构宣布采纳赤道原则，其中绝大多数是各国金融行业的领先机构，其项目融资额约占全球项目融资总额的80%以上。2008年10月31日，兴业银行正式对外宣布承诺采纳赤道原则，成为中国首家、全球第63家承诺采纳赤道原则的银行业金融机构。

专栏 4-4
绿色信贷

绿色信贷源于赤道原则，本质在于正确处理金融业与可持续发展的关系，其主要表现形式为：为生态保护、生态建设和绿色产业融资，构建新的金融体系和完善的金融工具。一般来说，绿色信贷包含两层含义：第一，绿色信贷的目标之一是帮助和促使企业降低能耗，节约资源，将生态环境要素纳入金融业的核算和决策之中，扭转企业污染环境、浪费资源的粗放经营模式，避免陷入先污染后治理、再污染再治理的恶性循环；第二，金融业应密切关注环保产业、生态产业等“无眼前利益产业”的发展，注重人类的长远利益，以未来的良好生态经济效益和环境反哺金融业，促成金融与生态的良性循环。绿色信贷的发展推动着我国金融业与国际金融规范接轨，逐渐成为商业银行降低和防范信贷风险的有效途径，同时也是银行业应该履行的社会责任之一。

为了构建一套符合我国当前和今后一段时期环境保护形势和市场发展阶段规律的、有效的商业银行绿色信贷战略和管理体系，2012 年 2 月 24 日，银监会制定并发布了《绿色信贷指引》。该文件的发布旨在强化政策监管力度，推动金融机构以绿色信贷为抓手，促进经济发展方式的转变。2013 年，银监会推进绿色信贷统计制度。2014 年，银监会发布《绿色信贷实施情况关键评价指标》，超过 100 个指标对组织管理、能力建设、流程管理、内控管理、信息披露等方面进行了规范。虽然我国的绿色信贷发展在世界上处于领先水平，但与银行的总信贷资产相比，还是较少。中国银行业协会 2015 年 6 月 26 日发布的《2014 年度中国银行业社会责任报告》显示，截至 2014 年底，包括工商银行、农业银行、中国银行、建设银行、交通银行五大行和邮储银行、中信银行、光大银行等在内的 21 家主要银行绿色信贷余额超 6 万亿元，占其各项贷款的 9.33%。2016 年 1 月 8 日，国家发展改革委办公厅印发了《绿色债券发行指引》，进一步助推了中国绿色金融的发展，2016 年 9 月 2 日银监会召开新闻发布会称，21 家主要银行投放的绿色信贷余额达 7.26 万亿元，不良率低于同期各项贷款。

（二） 商业银行贷款政策的主要内容

贷款政策是指商业银行指导和规范贷款业务、管理和控制贷款风险的各项方针、措施和程序的总和。其基本内容主要有以下几个方面。

1. 贷款业务发展战略。银行贷款政策首先应当明确银行的发展战略，包括开展业务应当遵循的原则，银行希望开展业务的行业、区域及业务品种和希望达到的业务开展规模与速度。

2. 贷款工作规程及权限划分。贷款工作规程是指贷款业务操作的规范化程序。贷款程序通常分为三个阶段：第一阶段是贷前的推销、调查及信用分析阶段；第二阶段是银行接受贷款申请以后的评估、审查及贷款发放阶段；第三阶段是贷款发放以后的监督检查、风险监测及贷款本息收回阶段。

3. 贷款的规模和比率控制。商业银行在贷款政策中应当为自己确定一个合理的贷款规模，以利于银行制订详细而周密的年度贷款计划。通常银行根据贷款资金情况及其稳定性状况、中央银行存款准备金比率、资本金状况、银行流动性准备比率、银行经营环境状况、贷款需求情况以及银行经营管理水平等因素，来确定计划的贷款规模，这个贷款规模既要符合银行稳健经营的原则，又要最大限度地满足客户的贷款需求。

4. 贷款的种类及地区。贷款的不同种类形成银行的贷款结构，而贷款结构对商业银行信贷资产的安全性、流动性、效益性具有十分重要的影响。因此，银行贷款政策必须对本行的贷款最为有利。银行在考虑了诸如贷款的风险、保持流动性、银行所要服务的客户类型、银行工作人员的能力等因素后，应在企业贷款、消费贷款、农业贷款等贷款领域中分配贷款总额。当然，受地区经济发展制约，贷款也可能集中在某一个领域。

5. 贷款人的担保。贷款政策中，应根据有关法律确立贷款的担保政策。贷款担保政策一般应包括以下内容：(1) 明确担保的方式。《中华人民共和国担保法》规定的担保方式有保证、抵押、质押、留置和定金，与贷款有关的担保方式主要是前三种；(2) 规定抵押品的鉴定、评估方法和程序；(3) 确定贷款与抵押品估值的比率、贷款与质押品价值的比率；(4) 确定担保人的资格和还款能力的评估方法与程序等。在贷款政策中明确上述担保政策，是为了在贷款中能够完善贷款的还款保障，确保贷款的安全性。

6. 贷款定价。在市场经济条件下，贷款定价是一个复杂的过程，银行贷款政策应当对此进行明确的规定。银行贷款的价格一般包括贷款利率、贷款补偿性余额（回存余额）和对某些贷款收取的费用（如承诺费、手续费等），因此，贷款定价也不仅仅是一个确定贷款利率的过程。在贷款定价过程中，银行必须考虑资金成本、贷款的风险程度、贷款的期限、贷款管理费用、存款余额、还款方式、银行与借款人之间的关系、资产收益率目标等多种因素。

7. 贷款档案管理政策。贷款档案是银行贷款管理过程的详细记录，体现银行经营管理水平和信贷人的素质，可直接反映贷款的质量，在某些情况下，甚至可以决定贷款的质量。贷款档案管理政策是贷款政策的重要内容，银行应该建立科学、完整的贷款档案管理制度。

8. 贷款的日常管理和催收制度。贷款发放以后，贷款的日常管理对保证贷款的质量尤为重要，应在贷款政策中加以规定。贷款发放后，信贷人员应保持与借款人的密切联系，定期或不定期地走访借款人，了解借款人的业务经营情况和财务状况，定期进行信贷分析，并形成信贷分析报告存档。

9. 不良贷款的管理。对不良贷款的管理是商业银行贷款政策的重要组成部分。贷款发放以后，如在贷后检查中发现不良贷款的预警信号，或在贷款质量评估中被列入关注类以下的贷款，都应当引起充分重视。

第四节　企业贷款

一、企业贷款及其分类

（一）企业贷款定义

对于许多企业来说，获得其所需要的大额贷款是一项具有挑战性的任务，因为银行通常会密切关注企业借款人及其贷款申请。此外，对于银行及其最接近业务竞争者（商业信贷公司之类的财务公司）来说，企业贷款通常又被称为工商业贷款，是最为重要的贷款之一。

（二）企业贷款的种类

企业贷款的种类繁多，大体分为两类：短期企业贷款和长期企业贷款。

1. 短期企业贷款。短期企业贷款可以进一步分为自动清偿存货贷款、营运资本贷款、临时建筑融资等贷款。

自动清偿存货贷款：用于企业购买存货（原材料和完工待售产品）的融资，具有短期性和商业性。企业利用贷款购入存货，生产商品销售后收回现金，然后偿还银行贷款，贷款期限为60~90天。

营运资本贷款：用于企业购买存货进行融资以使新货上架或购买原材料的短期贷款，和传统的自动清偿贷款最为相似。营运资本贷款通常用来应对企业生产和信贷需求的季节性高峰，并由应收账款或存货作担保，在批准的信贷额度内针对实际借用量采用浮动利率。

临时建筑融资：用于支持住宅、公寓、写字楼等永久建筑物建造的有担保的短期贷款。

2. 长期企业贷款。长期企业贷款可进一步分为固定资金贷款、循环信贷额度、长期项目贷款等贷款。

固定资金贷款：用于支持企业长期投资包括购买设备或建造实物设施，期限在1年以上的贷款。企业通常承诺以按月或按季度分期付款的方式偿还贷款。

循环信贷额度：允许企业先借一定数额的款项，全部或部分偿还后在信贷额度到期前可根据需要重新取得新的贷款。循环信贷由于其贷款额度灵活，因此非常适合企业不确定未来现金流产生的时间或贷款额度不确定的情况。

长期项目贷款：是指任何涉及时间范围长且关联利益长远的大型项目的资本融资业务，它是以项目本身具有比较高的投资回报可行性或者第三者的抵押为担保的一种融资方式。项目贷款的规模大、风险大，因此贷款通常由几个放贷机构联合发放。

二、企业贷款信用风险分析

（一）企业信用分析

信用分析，就是采用各种定性和定量分析方法，对可能导致借款人违约的各项因素进行调查分析，其目的在于考察借款人的还贷能力和意愿，从而得出对借款人信用的正确评价。

对借款企业进行信用分析和评级是商业银行防范贷款风险的基础工作。商业银行对借款人进行信用分析所涉及的内容不尽相同。西方商业银行在长期经营管理与贷款业务操作实践中逐步总结出来的、关于信用分析的内容有所谓的“5C”、“5W”和“5P”学说。“5C”指借款人的品格（Character）、能力（Capacity）、资本（Capital）、担保品（Collateral）和经营环境（Condition of Business）；“5W”指借款人（Who）、借款用途（Why）、还款期限（When）、担保物（What）、如何还款（How）；“5P”是指个人因素（Personal）、目的因素（Purpose）、偿还因素（Payment）、保障因素（Protection）和前景因素（Prospect）。三者大体上是一致的，只是侧重点有所差异，因而在具体操作中各有特点。不过，目前运用最广泛的信用分析原则是“5C”。

1. 借款人品格（Character）。几乎所有的商业银行贷款业务都表明，借款人的品德状况即偿债意愿是贷款能否按时获得偿还的关键因素之一。它是通过借款人过去的信用承诺是否诚实可靠来判断借款人的品格好坏，并认为如果历史记录表明该借款人如约承担了一切贷款责任，那么其品德状况就是良好的。如果贷款申请人的历史信用资料中有不良记录，那么其未来违约的概率就很大。

2. 借款人的能力（Capacity）。这里所说的能力有两个方面的含义。一方面，指借款企业的领导人的经营才能、管理水平、应变能力、判断和预测能力、以前的经营经历等。另一方面，则是指借款人的偿债能力，也就是考虑申请人的未来财务状况、现金流量等是否能够满足偿还本金和利息的需要。这一点可以通过借款人的财务报表、项目的财务预测或者信用调查机构提供的咨询服务等途径予以了解。

3. 资本（Capital）。资本指借款人的实有资本金，即借款人的总资产减去全部负债后的所有者权益。借款人的实有资本多少可直接表明借款人的经营规模和经济实力。借款人资本越多，贷款风险越小，安全性越高。但我们在分析借款人的经济实力时，不能简单地根据资本绝对数多少来确认，而是要通过一系列的比率分析，如资本金结构、资本充足率、资本金与负债比率等来综合评价。

4. 担保品（Collateral）。担保品指借款人提供的贷款抵押品，需要考察抵押品的价值状况、抵御未来风险的能力、贷款金额与抵押品价值的比率是否可以接受等。另外，如果是保证贷款，则要考虑担保人的信用状况、担保人与借款人的关系等。

5. 经营环境（Condition of Business）。经营环境指借款人经营所涉及的外部宏观经济环境和内部正常运营的经营条件。前者指所在国的经济政策、法令、法规、劳动力充足度、市场竞争度等，后者包括企业内部领导的协调性、机械设备和制造工艺的先进性、员工福利待遇和劳动条件等。如果借款人所处经营环境无大的变化，贷款的偿债风险就能相对锁定，反之经营环境不确定性的增加则会影响贷款决策。

（二）企业财务状况及偿债能力分析

银行向借款人放款时，首先必须对借款人的各种财务会计资料的组成部分进行定性的分析，由此来获取对借款人经营状况和还款能力的总体认识，并作为发放贷款的依据。银行可以得到的财务会计资料比较多，包括会计报表、会计报表附注、财务状况说明书和注册会计师查账验证报告以及其他的资料。银行对借款人财务报表项目分析的重点在于资产负债表、损益表和现金流量表。

1. 资产负债表项目分析。资产负债表是反映借款人在某一时点财务状况的财务报表，包括资产、负债和所有者权益三方面的内容。资产负债表具体包含的项目很多，表4－7和表4－8是资产负债表重点分析的内容。

表4－7　资产项目分析要点

资产项目	分析要点
应收账款	（1）是否集中于少数几个大户或某一地区和某一行业？ （2）账龄结构如何？平均账龄与同行业的其他企业相比是否比较正常？ （3）坏账准备金的提取是否足量？ （4）是否被抵押或出售？如果是，还需要考虑被追索的情况。

续表

资产项目	分析要点
存货	（1）规模是否合理？保留时间是否过长？有没有存在产成品积压或原材料过多的情况？ （2）企业采用哪些存货计价方法？是否合理？ （3）流动性如何？账面价值是否与市场价值比较一致？ （4）是否购买了保险？是否已经被作为抵押品？
固定资产	（1）企业采用哪种折旧方法？提取的折旧额是否足量？ （2）是否购买了保险？是否已经被作为抵押品？ （3）变现能力如何？
投资	（1）这些投资是什么环境下发生的？这些投资对企业来说是合适的吗？ （2）这些投资一旦需要变现，所产生的现金流量如何？ （3）这些投资的盈利状况如何。

表4－8　负债和所有者权益项目分析

负债和所有者权益项目	分析要点
短期负债	（1）短期负债的规模如何？ （2）企业近期的现金流量是否足够偿还短期负债？如果不能，是否有其他的融资渠道？ （3）这些短期负债是由真实的业务往来形成的吗？
长期负债	（1）长期负债的规模有多大？使用的效益如何？ （2）这些长期负债的期限结构是否合理？ （3）这些长期负债的利率如何？可不可能造成企业严重的财务负担？
或有负债	（1）或有负债的规模有多大？ （2）这些负债有多大可能转变为真实的负债？
所有者权益	（1）企业的所有权结构是否比较合理？ （2）与负债和资产规模相比，所有者投入的资本是否合理？

2. 损益表分析。损益表又称利润表，其反映企业在一定会计期间内的经营成果及其分配情况，是评价企业经营管理水平，分析企业未来盈利能力的重要资料和信息来源。

（1）在对企业损益表进行分析时，商业银行必须了解企业的会计核算过程是否科学、严密，是否符合有关的规定。

（2）应了解损益表的各个项目是否合理。损益表一般由营业收入、营业成本、营业外收支、利润等项目构成。

（3）要将损益表中的各项目与以前各期对比，将其与同类企业对比，与企业的计划对比，从而考察企业的经营状况是否令人满意。如果其中某些项目发生了大幅的变动，例如销售费用大幅上升，而销售收入却没有相应的增加，那么商业银行就可以推断这种变动所反映企业的经营状况和经营环境的变化，从而将此作为评价企业未来偿债能力的依据。

3. 现金流量表分析。一般来说，利润是企业偿还贷款的来源，因此一个盈利企业比一个亏损企业偿还银行贷款的可能性大。但是，在银行贷款业务的实践中，银行的管理人员会遇到这样的情况：一家盈利的企业可能因不能偿还到期贷款而面临清算，而另外一家亏损企业却因为能偿还到期贷款而继续经营下去。这是为什么呢？这是因为前者虽然盈利却没有立即可以支配的资金，后者虽然亏损但却有可以支配的现金。因此，银行有必要进一步分析企业的现金流量状况。

在进行现金流量分析时，银行应根据企业提供的财务报表来计算企业的现金流量并且预测未来的现金流量。现金流量包括现金流入量、现金流出量和现金净流量；现金净流量为现金流入量与现金流出量之差。计算方法为

现金净流量＝经营活动的现金净流量＋投资活动的现金净流量＋融资活动的现金净流量

表4－9　企业各种活动中常见的现金流量项目

项目	现金流入	现金流出
经营活动现金流量	（1）销货的现金收入 （2）利息与股息的现金收入 （3）增值税销项税款和出口退税	（1）购货现金支出 （2）营业费用现金和缴纳所得税 （3）其他业务现金支出
投资活动现金流量	（1）出售证券和固定资产 （2）收回对外投资资本金	（1）购买有价证券 （2）购买固定资产
融资活动现金流量	（1）取得短期和长期贷款 （2）发行股票或债券	（1）偿还借款本金的现金 （2）分配现金股利

（三）财务比率分析

财务报表项目分析虽然可以提供很多关于企业偿债能力的信息，但这显然还是不够的。一个简单的例子是，一家拥有上亿资产的大企业和另外一家资产只有几千万元的企业的净利润都是500万元，那么这两家企业的获利能力是不能够直接比较的。因此，在完成了上述分析工作的基础上，对借款者的财务状况和获利能力有一个总体认识后，银行有必要进一步比较各项财务比率，以便更加合理地判断借款者的经营状况和还款能力。通常银行应对企业财务报表进行分析的财务比率有短期偿债能力比率、业务活动比率、负债比率、盈利能力比率及保障比率五类，每类由若干具体的财务比率组成。为了方便理解和运用，我们将上述五类财务比率用表4－10表示。

表4－10　常用财务比率指标

比率种类	比率名称及计算方法	说明
1. 短期偿债能力比率	（1）流动比率＝流动资产/流动负债 （2）速动比率＝（流动资产－存货）/流动负债 （3）现金比率＝（现金＋银行存款＋短期政府债券）/流动负债	比率越大，说明企业的短期偿债能力越强
2. 业务活动比率	（4）存货周转率＝销售商品的成本/存货 （5）应收账款周转率＝企业全年赊销总额/收账款金额 （6）固定资产周转率＝销售总额/固定资产净值 （7）资产周转率＝销售总额/资产总额	比率越大，说明企业的管理水平越高，资金运用状况越好

续表

比率种类	比率名称及计算方法	说明
3. 负债比率	（8） 债务比率 = 负债总额/资产总额 （9） 负债净值比率 = 负债总额/净值总额 （10） 流动负债比率 = 流动负债/负债总额 （11） 长期负债比率 = 长期负债/负债总额	比率越大，表明企业的债务负担越重，偿债能力越差
4. 盈利比率	（12） 销售毛利率 = （销售收入 - 销售成本） /销售总额 （13） 净收益率 = 利润总额/销售总额 （14） 资产收益率 = 利润总额/资产总额 （15） 资本收益率 = 利润总额/资本总额 （16） 普通股每股收益 = （利润总额 - 优先股股利） /普通股股数	其值越大，说明盈利能力越强，偿债能力也越强
5. 保障比率	（17） 利息保障倍数 = （税前利润 + 利息支出） /利息支出 （18） 负债本息保障比率 = （税后利润 + 利息支出） / ［利息支出 + 本金 ÷ （1 - 所得税率）］	比率越大，其还款保障越高

专栏 4-5

× ×公司几类客户（大型）评分

等级分类

等级	指标区间（越高越好）	对应得分区间	指标区间（越低越好）	对应得分区间
优秀	≥A1	100	≤A1	100
良好	[A2, A1)	[80, 100)	(A2, A1]	(100, 80]
一般	[A3, A2)	[60, 80)	(A3, A2]	(80, 60]
较差	(A4, A3)	(0, 60)	(A3, A4)	(60, 0)
差	≤A4	0	≥A4	0

综合类

一级指标	二级指标	三级指标	指标权重	评分区间				
				优秀	良好	中（一般）		差
						一般	较差	
经营状况（20）	经营效率	总资产周转次数（次）	3	≥1.9	[1.45, 1.9)	[0.77, 1.45)	[0.33, 0.77)	<0.33
		存货周转次数（次）	4	≥15.51	[9.99, 15.51)	[5.16, 9.99)	[1.35, 5.16)	<1.35
		应收账款周转次数（次）	5	≥23.39	[15.36, 23.39)	[9.19, 15.36)	[2.01, 9.19)	<2.01
	未来预测	预计主营业务收入增长率（%）	3	≥20	[15, 20)	[10, 15)	[5, 10)	<5
		预计所有者权益增长率（%）	5	≥15	[10, 15)	[5, 10)	[0, 5)	<0

续表

一级指标	二级指标	三级指标	指标权重	评分区间				
				优秀	良好	中（一般）		差
						一般	较差	
财务状况（55）	负债水平	资产负债率（%）	7	≤37.66	(37.66, 49.97]	(49.97, 58.86]	(58.86, 72.66]	>72.66
		全部债务资本化比率（%）	5	≤15	(15, 31.6]	(31.6, 41.83]	(41.83, 70]	>70
		长期债券资本化比率（%）	3	≤10	(10, 25]	(25, 45]	(45, 65]	>65
	盈利能力	主营业务利润率（%）	3	≥26.49	[19.43, 26.49)	[12.07, 19.43)	[5.01, 12.07)	<5.01
		净资产收益率（%）	4	≥19.97	[12.79, 19.97)	[7, 12.79)	[0, 7)	<0
	现金流量	营业利润增长率（%）	3	≥22	[15, 22)	[6, 15)	[0, 6)	<0
		现金收入比（%）	5	≥115.22	[97.93, 115.22)	[89.85, 97.93)	[66.78, 89.85)	<66.78
	偿债能力	流入流出比（%）	5	≥115	[100, 115)	[85, 100)	[70, 85)	<70
		流动比率（%）	6	≥222.86	[177.89, 226.86)	[128.92, 177.89)	[79.95, 128.92)	<79.95
		速动比率（%）	4	≥169.96	[133.2, 169.96)	[82.67, 133.2)	[67.35, 82.67)	<67.35
		债务保护倍数（倍）	5	≥0.86	[0.56, 0.86)	[0.31, 0.56)	[0.1, 0.31)	<0.1
		EBITDA 利息倍数（倍）	5	≥7.96	[5.57, 7.96)	[3.6, 5.75)	[0.5, 3.6)	<0.5
行业政策（5）			5	积极支持	适度支持	限制支持		不支持
企业素质（20）	治理结构		5	完善	较完善	一般		不完善
	高管素质		2	高	较高	一般		低
	管理水平	制度建设	3	好	较好	一般		差
		制度执行	3	好	较好	一般		差
	竞争力		7	强	较强	一般		弱

农业类								
一级指标	二级指标	三级指标	指标权重	评分区间				
				优秀	良好	中（一般）		差
						一般	较差	
经营状况（20）	经营效率	总资产周转次数（次）	3	≥1.58	[1.25, 1.58)	[0.84, 1.25)	[0.47, 0.84)	<0.47
		存货周转次数（次）	4	≥8.23	[6.75, 8.23)	[3.49, 6.75)	[2.09, 3.49)	<2.09
		应收账款周转次数（次）	5	≥20.96	[10.37, 20.96)	[4.65, 10.37)	[2.32, 4.65)	<2.32
	未来预测	预计主营业务收入增长率（%）	3	≥20	[12, 20)	[8, 12)	[0, 8)	<0
		预计所有者权益增长率（%）	5	≥15	[10, 15)	[5, 10)	[0, 5)	<0
财务状况（55）	负债水平	资产负债率（%）	7	≤39.6	(39.6, 51.38]	(51.38, 67.25]	(67.25, 78.59]	>78.59
		全部债务资本化比率（%）	5	≤16.32	(16.32, 36.25]	(36.25, 44.79]	(44.79, 73.25]	>73.25
		长期债券资本化比率（%）	3	≤15	(15, 30]	(30, 50]	(50, 70]	>70
	盈利能力	主营业务利润率（%）	3	≥19.2	[13.56, 19.2)	[10.36, 13.56)	[4.86, 10.36)	<4.86
		净资产收益率（%）	4	≥12.01	[7.35, 12.01)	[4.34, 7.35)	[0, 4.34)	<0
		营业利润增长率（%）	3	≥20	[12, 20)	[8, 12)	[0, 8)	<0
	现金流量	现金收入比（%）	5	≥110.31	[102.66, 110.31)	[97, 102.66)	[76.33, 97)	<76.33
		流入流出比（%）	5	≥110	[95, 110)	[80, 95)	[65, 80)	<65
	偿债能力	流动比率（%）	6	≥213.69	[167.7, 213.69)	[121.7, 167.7)	[75.7, 121.7)	<75.7
		速动比率（%）	4	≥107.51	[87.39, 107.51)	[71.44, 87.39)	[55.49, 71.44)	<55.49
		债务保护倍数（倍）	5	≥0.69	[0.44, 0.69)	[0.25, 0.44)	[0.1, 0.25)	<0.1
		EBITDA 利息倍数（倍）	5	≥4.74	[2.13, 4.74)	[1.16, 2.13)	[0.5, 1.16)	<0.5
行业政策（5）			5	积极支持	适度支持	限制支持		不支持
企业素质（20）	治理结构		5	完善	较完善	一般		不完善
	高管素质		2	高	较高	一般		低
	管理水平	制度建设	3	好	较好	一般		差
		制度执行	3	好	较好	一般		差
	竞争力		7	强	较强	一般		弱

工业类								
一级指标	二级指标	三级指标	指标权重	评分区间				
				优秀	良好	中（一般）		差
						一般	较差	
经营状况（20）	经营效率	总资产周转次数（次）	3	≥1.77	[1.44, 1.77)	[0.84, 1.44)	[0.49, 0.82)	<0.49
		存货周转次数（次）	4	≥14.32	[10.17, 14.32)	[5.28, 10.17)	[1.99, 5.28)	<1.99
		应收账款周转次数（次）	5	≥18.13	[12.74, 18.13)	[7.89, 12.74)	[1.58, 7.89)	<1.58
	未来预测	预计主营业务收入增长率（%）	3	≥18	[10, 18)	[5, 10)	[0, 5)	<0
		预计所有者权益增长率（%）	5	≥15	[10, 15)	[5, 10)	[0, 5)	<0
财务状况（55）	负债水平	资产负债率（%）	7	≤35.95	(35.95, 48.91]	(48.91, 57.12]	(57.12, 73.96]	>73.96
		全部债务资本化比率（%）	5	≤20	(20, 32.24]	(32.24, 42.22]	(42.22, 70]	>70
		长期债券资本化比率（%）	3	≤15	(15, 30]	(30, 45]	(45, 65]	>65
	盈利能力	主营业务利润率（%）	3	≥29.2	[22.06, 29.2)	[13.48, 22.06)	[6.5, 13.48)	<6.5
		净资产收益率（%）	4	≥17.26	[9.64, 17.26)	[5.58, 9.64)	[0, 5.58)	<0
		营业利润增长率（%）	3	≥16.8	[11.2, 16.8)	[6.53, 11.2)	[0, 6.53)	<0
	现金流量	现金收入比（%）	5	≥114.24	[99.06, 114.24)	[91.51, 99.06)	[68.97, 91.51)	<68.97
		流入流出比（%）	5	≥110	[95, 110)	[85, 95)	[70, 85)	<70
	偿债能力	流动比率（%）	6	≥193.4	[155.76, 193.4)	[118.13, 155.76)	[80.49, 118.13)	<80.49
		速动比率（%）	4	≥123.62	[97.51, 123.62)	[77.59, 97.51)	[57.67, 77.59)	<57.67
		债务保护倍数（倍）	5	≥1.22	[0.83, 1.22)	[0.48, 0.83)	[0.2, 0.48)	<0.2
		EBITDA利息倍数（倍）	5	≥7.49	[3.8, 7.49)	[1.31, 3.8)	[0.3, 1.31)	<0.3
行业政策（5）			5	积极支持	适度支持	限制支持		不支持
企业素质（20）	治理结构		5	完善	较完善	一般		不完善
	高管素质		2	高	较高	一般		低
	管理水平	制度建设	3	齐全	较齐全	一般		不齐全
		制度执行	3	好	较好	一般		差
	竞争力		7	强	较强	一般		弱

建工类								
一级指标	二级指标	三级指标	指标权重	评分区间				
				优秀	良好	中（一般）		差
						一般	较差	
经营状况（20）	经营效率	总资产周转次数（次）	3	≥1.92	[1.47, 1.92)	[1.13, 1.47)	[0.66, 1.13)	<0.66
		存货周转次数（次）	4	≥22.09	[13.17, 22.09)	[7.82, 13.17)	[2.46, 7.82)	<2.46
		应收账款周转次数（次）	5	≥13.4	[8.1, 13.4)	[3.7, 8.1)	[1.3, 3.7)	<1.3
	未来预测	预计主营业务收入增长率（%）	3	≥22	[16, 22)	[9, 16)	[0, 9)	<0
		预计所有者权益增长率（%）	5	≥18	[11, 18)	[6, 11)	[0, 6)	<0
财务状况（55）	负债水平	资产负债率（%）	7	≤36.74	(36.74, 48.65]	(48.65, 62.42]	(62.42, 71.37]	>71.37
		全部债务资本化比率（%）	5	≤15	(15, 27.9]	(27.9, 37.52]	(37.52, 69.58]	>70
		长期债券资本化比率（%）	3	≤20	(20, 35]	(35, 50]	(50, 65]	>65
	盈利能力	主营业务利润率（%）	3	≥19.42	[14.84, 19.42)	[10.22, 14.84)	[4.04, 10.22)	<4.04
		净资产收益率（%）	4	≥12.24	[10.03, 12.24)	[4.89, 10.03)	[0, 4.89)	<0
		营业利润增长率（%）	3	≥17.79	[10.6, 17.79)	[5.3, 10.6)	[0, 5.3)	<0
	现金流量	现金收入比（%）	5	≥105.36	[89.22, 105.36)	[81.44, 89.22)	[58.65, 81.44)	<58.65
		流入流出比（%）	5	≥115	[100, 115)	[85, 100)	[70, 85)	<70
	偿债能力	流动比率（%）	6	≥281.57	[221.42, 281.57)	[161.26, 221.42)	[101.11, 161.26)	<101.11
		速动比率（%）	4	≥172.36	[104.57, 172.36)	[76.7, 104.57)	[61.57, 76.7)	<61.57
		债务保护倍数（倍）	5	≥1.07	[0.72, 1.07)	[0.41, 0.72)	[0.2, 0.41)	<0.2
		EBITDA 利息倍数（倍）	5	≥8.98	[3.97, 8.98)	[1.47, 3.97)	[0.37, 1.47)	<0.37
行业政策（5）			5	积极支持	适度支持	限制支持		不支持
企业素质（20）	治理结构		5	完善	较完善	一般		不完善
	高管素质		2	高	较高	一般		低
	管理水平	制度建设	3	齐全	较齐全	一般		不齐全
		制度执行	3	好	较好	一般		差
	竞争力		7	强	较强	一般		弱

❶ 数据来源：四川省农村信用社联合社文件。

【复习与思考】

请找一家上市公司的资产负债表、损益表和现金流量表。

要求：在合理考虑企业业务合作情况下，尝试分析这家上市公司的偿债能力，并计算该上市公司的信用等级。

第五节 消费贷款

一、消费贷款及其分类

（一）消费贷款的定义

消费贷款又称消费者贷款（Consumer Loan），是指银行或其他金融机构采取信用、抵押、质押担保或保证方式，以货币形式向个人消费者提供的贷款，消费贷款是发展最快的信贷形式之一。

银行目前处于个人及家庭信贷领域中的主导地位，原因是银行对个人和家庭的资金需求越来越大，如果储户在贷款时难以从存款银行获得贷款，则会降低他们在该银行存款的意愿。同时，消费贷款是银行利润较高的服务之一，也是成本和风险较高的产品之一。个人和家庭的财务状况可能因为某些意外而很快改变，因此家庭贷款必须针对其特殊的问题谨慎灵活地管理。

（二）消费贷款的种类

消费贷款的种类日益增多，而且为了迎合消费需求而产生的信贷创新也层出不穷。由于消费贷款具有极强的消费需求针对性，我们一般按贷款目的对消费贷款进行分类。

因为消费贷款向个人和家庭发放，我们可以按目的将其分为购买住房融资的住房贷款和为其他非住房相关消费活动融资（旅游、购买汽车等）的非住房贷款。

1. 住房贷款。住房贷款是向个人或家庭发放的，以购买或改善私人住房为资金用途的贷款。住房贷款一般期限较长，且以所购买的房产为抵押，所以通常也被称为住房抵押贷款。在我国，住房贷款由商业银行发放。在美国，尽管银行也在住房贷款的发放上占据主导地位，但是也有储蓄协会和信贷联盟等一些其他放贷机构。目前，住房抵押贷款已经成为广泛的个人理财手段，以盘活居民手中持有的不动产，合理安排个人现期和将来的现金流。

贷款申请人交付一定比例的首付金，由银行代替其垫付首付与全款之间的差额。在办理了房屋产权过户手续后，贷款申请人对该住房的所有权作为抵押，借款人在后续的十到几十年内以分期还款方式偿还银行的贷款资金。

2. 非住房贷款。与住房贷款相比，非住房贷款可以按偿还方式继续分类。一般来说，额度较大的贷款会以分期付款的方式进行偿还，如汽车、家具、家用电器等。而其他消费贷款通常采用到期时一次还本付息方式，比如用于日常衣食住行的小额贷款、用于满足个人或家庭的即期资金需求。

在现实生活中，除了房贷和车贷以外，消费贷款的另一大分支就是信用卡贷款。信用卡贷款是以信用卡账户为媒介，由信用卡发卡行向持卡用户发放的用于直接支付中小额消费花销的贷款。信用卡贷款如此流行与其使用便捷性密不可分，持卡人可以直接向商家进行透支支付，省去了许多传统贷款的中间环节。然而正是因为使用的方便快捷，信用卡的支付过程会造成严重的信息不对称，因此商业银行对信用卡业务的谨慎管理和控制至关重要。

二、个人信用评估分析

银行是否向消费者提供消费贷款、贷款量的大小、贷款利息率的高低等因素，主要取决于对消费者个人还款意愿和还款能力的评估。科学地选择个人信用评估指标是准确评估个人信用的基础和前提。现代商业银行零售业务的重要性正在日益突出，因此，消费者贷款以及消费者贷款信用分析的作用也日益明显。消费者贷款是消费者为了购买商品、进行消费而向商业银行谋求资金支持的结果，因此，对于消费者的信用分析与工商业贷款申请人的信用分析有重大差别。尽管从理论上说，对消费者的信用分析仍可以有“5C”、“5W”和“5P”原则，但在实际操作中，商业银行一般强调的是偿债能力、偿债意愿、抵押品等基本条件。

（一）偿债能力

偿债能力就是消费者未来偿付贷款的能力，这一能力主要反映在借款人的职业与收入、财产状况、债务状况三个方面。

1. 职业与收入。由于消费者贷款将由借款人的未来收入来偿还，因而其职业和收入的状况极为重要。在接受贷款申请时，商业银行往往要求申请人填写目前的工作、在该工作岗位上的时间、就业时间、收入状况等。

要求贷款申请人说明目前收入状况的原因有两个：一方面考察其职业收入与总收入状况，以便考虑是否应予以贷款；另一方面，还可以根据申请人收入的多少考虑应给予其多少金额的贷款。一般说来，商业银行关心的是申请人的固定收入，因为固定收入是借款人偿还贷款的根本资金来源。不过，商业银行还往往要求贷款申请人说明其非固定收入状况，以作为确定借款人信用水平的辅助考察因素。

2. 财产状况。借款人拥有的个人财产如房屋、金融资产、汽车、家用电器等是个人经济实力的体现。这些财产往往能给贷款申请人带来一定的收入，如房屋租金、股票红利与股息、债券利息、股票与债券的资本利得收益、存款利息等，这些收入在前面考察申请人收入状况时往往未能反映出来；另外，借款人也可以变卖财产以获得现金来偿还银行贷款。因此，贷款申请人的财产状况是考察其未来还款能力的重要指标。

3. 债务状况。仅考虑贷款申请人的财产状况显然是不够的，因为其财产中一部分很可能是用借来的资金购买的，所以要考察借款人的债务情况。此时，商业银行一般要求知道贷款申请人的负债总额及其期限构成、利息负担、每期必须偿还的债务额。结合这些债务资料和有关的申请人的财产资料和收入资料，综合地评价申请人的偿债能力。

（二）偿债意愿

如果借款人有还债能力，但其品质低下，那么商业银行也很难指望他能够按时偿还贷款本息。另外，如果申请人贷款的目的是金融诈骗，那么无论其表现出来的偿债能力多么好，商业银行都难免遭受损失。因此，对申请人偿债意愿即个人品格的了解是消费者贷款信用分析的关键一环。

（三） 抵押品

消费者贷款一般都需要抵押品，因为商业银行认为如果没有抵押品，贷款风险太大，因而一般不予贷款。况且，确定消费者贷款的抵押品一般比较容易，因为其常常用贷款准备购入的物品来充当，例如，房屋贷款就往往用购买的房屋作抵押、汽车贷款就常常用购买的汽车作抵押等。当然，消费者也可以用自己已有的财产作为贷款的抵押品，例如房产、证券、存款单等。

商业银行应当对消费者提供的抵押品做彻底的审查。首先，应了解该抵押品是否真实属于贷款申请人的，申请人对该抵押品是否拥有完全的所有权；其次，要了解贷款申请人是否已将该抵押品抵押给了别人，用于获取资金；最后，还要评估该抵押品的市场价值，分析这一价值是否与申请人要求的贷款额相符。一般贷款额是抵押品价值的一定百分比，也就是说抵押品的价值应打一定的折扣才是贷款的金额。

在对上述三个方面进行分析评估之后，商业银行通常采取给借款人评分的方法来表示评估结果，当然，具体的操作方法主要由各商业银行自己确定。

案例4－1

苏女士是一家大型知名企业的管理人员，为方便接送上小学的女儿上下学，同时为了工作生活出行考虑，她想购买一辆性价比较高的汽车，价位在20万元左右，可是她手头上的现金离购车款还差几万元，而车行又不接受贷款，所以苏女士想通过抵押房产贷出一部分钱，来一次性付清购车款。

解析：像苏女士这种有小额贷款需求的人士，是完全没有必要通过抵押房产来进行资金融通的。目前银行对于小额消费贷款，有一种专门的产品，叫作“无抵押贷款”，也就是说不需要抵押房产和他人担保，即可获得贷款。借款人只需提供三个月以上的在职证明，并且月收入超过3000元就可以申请。无抵押贷款额度较低，通常是借款人收入的8～10倍贷款，年限较短，在1～4年之间。在贷款利率上，无抵押贷款利率也明显高于抵押贷款，视贷款银行及借款人贷款年限不同，各行无抵押贷款年利率一般在10%～15%。

案例4－2

小王是一家私企的员工，参加工作3年，公司一直为其缴存公积金。小王名下现有一套房产，是父母出资为其贷款购买，小王每月支付2 000多元的月供。他准备年底和女友结婚，所以想把房子装修一下，但小王这三年来的工作积蓄不多，也不好意思再向父母伸手要钱，所以他想向银行申请一笔小额装修贷款。

解析：按照借款人单位和收入进行放款外，还有一种是可以用公积金联名卡及存折来向银行申请的消费贷款。银行对这类贷款的要求有两点：一是借款人需要缴存公积金一年以上，二是能够提供个人公积金缴存联名卡及存折。贷款年限一般最长为3年，利率一般上浮20%，借款人可以选择等额本息还款，银行会要求借款人选择的贷款年限及对应的贷款利率来计算每月还款额，借款人需要提供月供两倍以上的收入证明。

（四）常见的个人信用评估方法

信贷计分法是银行或其他金融机构利用所获得的关于信用申请人的信息，进行风险预测的一种方法和技术。它是把数学和统计模式用于个人信贷发放决策，对个人履行承诺的能力和信誉程度进行全面评价，以此来确定信用等级和信贷限额的一种方法。

信贷计分法的最初使用可以追溯到20世纪30年代末、40年代初。当时，在美国阿尔登斯工作的著名统计师Henry Wells首先采用打分方法对消费者个人的信用申请进行评价。这一方法的功能是以个人的信贷申请书和征信报告等资料为基础信息，对该申请人的信贷风险程度进行数学分析，并得到数字量化的结果作为贷款决策的依据，从而使信贷决策自动化、科学化。

1. 杜兰德9因素消费信贷评分体系。该体系通过统计分析找出与发生消费信贷违约事件相关的9个因素，并运用打分的方法表示各因素的风险程度，将各因素的分值加总就是个人的信用分。杜兰德的研究结果表明，划分消费者贷款风险高低的界限是1.25分，评分在1.25分以上的借款人可视为资信良好，银行可以考虑发放贷款；而低于1.25分则视为借款人违约风险较高，应拒绝其贷款要求。

专栏4－6

杜兰德9因素消费信贷评分内容

①年龄：超过20岁后每一年给0.01分，最高分为0.3分；
②性别：女性给0.4分，男性给0分；
③居住的稳定性：长期居住在现在住所给0.42分，最高分为0.42分；
④职业：好的职业为0.55分，差的职业为0分，其他给0.16分；
⑤行业：在公共事业、政府部门和银行工作给0.21分；
⑥就业的稳定性：长期工作在现在的部门给0.59分；
⑦在银行有账户：给0.21分；
⑧有不动产：给0.35分；
⑨有人身保险：给0.91分。

2. FICO信用分。20世纪50年代，一位工程师Bill Fair和一位数学家Earl Isaac发明了一个信用分的统计模型，80年代开始在美国流行。如今它是美国Fair Isaac & Company的专有产品，FICO信用分由此得名。由于美国三大信用局——Experian、Equifax和Trans Union & Company每一份信用报告上都附有FICO信用分，因此FICO信用分成为美国个人信用分的代名词。一般来讲，美国人经常谈到的“你的得分”，通常指的是每个人目前的FICO分数。

FICO信用分模型利用高达100万的大样本的数据，首先确定代表消费者信用、品德以及支付能力的指标，再把各个指标分成若干个档次以及各个档次的得分，然后计算每个指标的加权，最后得到消费者的总得分。FICO 信用分的打分范围是 325 ~ 900 分。

虽然在审查各种信用贷款申请时，每个金融机构都有各自的方法和分数线，但 FICO 信用分可以帮助它们决策。然而信用分虽然可以作为发放贷款的决策依据，但不应当成为决策的唯一依据。美国的法律禁止信用分作为拒绝消费贷款的唯一理由。一般而言，如果借款人的信用分达到 680 分以上，金融机构就可以认为借款人的信用很好，可以同意发放贷款。如果借款人的信用分低于 620 分，金融机构会要求借款人增加担保或拒绝贷款。信用分介于 620 ~ 680 分，金融机构就需要采用其他信用分析工具作进一步调查。

3. 中国商业银行信用评分体系。国外常用的指标体系主要考虑的指标包括年龄、性别、婚姻状况、工作性质、工作行业、工作稳定性、工作时间、在居住地时间、房屋、保险、收入及其变化、应征税资产、拥有的其他资产、银行账户、已有无抵押贷款数额和个数、贷款数额、是否有担保等。而国内各商业银行所使用的信用评分体系具有一定的差异，但其主要指标包含年龄、教育程度、户籍、住宅性质、单位类型、职位、在本岗位工作时间、年收入这几个变量。

专栏 4 – 7
中国建设银行的个人信用计分模型

中国建设银行的个人信用计分模型，是借鉴国外商业银行的信用评分体系，并结合我国实际情况设计而成的。该模型采用百分制，由自然情况、职业情况、家庭情况与银行关系四部分内容组成（见表 4 – 11）。

表 4 – 11　中国建设银行的个人信用计分模型

	项目	评分标准				得分
自然状况	年龄	25 岁以下	26 ~ 35 岁	36 ~ 50 岁	50 岁以上	
		2	4	6	4	
	性别	男	女			
		1	2			
	婚姻状况	已婚有子女	已婚无子女	未婚	其他	
		5	4	3	2	
	健康状况	良好	一般	差		
		5	3	–1		
	文化程度	研究生以上	本科	大专		
		8	6	4		
		中专、高中	其他			
		2	1			
	户口性质	常住户口	临时户口			
		2	1			

续表

	项目	评分标准			
职业情况	单位类别	机关事业	国营企业	集体企业	军队
		6	4	3	5
		个人独资	个体经营户	三资企业	其他
		2	2	5	1
	单位经济状况	良好	一般	差	
		4	2	-1	
	从事行业发展前景	较好	一般	较差	
		4	2	-1	
	岗位性质	单位主管	部门主管	一般职员	
		6	4	2	
	岗位年限	2 年以上	1 ~2 年	1 年以内	
		3	2	1	
	职称	高级	中级	初级	无职称
		4	2	1	0
	月收入	10 000 元以上	8 000 ~10 000 元	5 000 ~8 000 元	4 000 ~5 000 元
		12	10	9	8
		3 000 ~4 000 元	2 000 ~3 000 元	1 000 ~2 000 元	1 000 元以下
		6	4	2	1
家庭情况	家庭月平均收入	5 000 元以上	4 000 ~5 000 元	3 000 ~4 000 元	2 000 ~3 000 元
		9	6	5	4
		1 000 ~2 000 元	1 000 元以下		
		3	1		
与本行关系	是否本行员工	是	否		
		2	0		
	本行账户	有信用卡用户	有储蓄卡户	无	
		6	4	0	
	存款余额	较高	较低	无	
		6	4	0	
	业务往来	频繁	一般	较少	
		4	2	0	
	其他借款情况	从未借款	有借款但已还清	有拖欠记录	
		4	5	-5	
总分					

数据来源：中国建设银行网站。

专栏4－8

按揭贷款中的等额本息还款法与等额本金还款法

假设甲某一次性贷款100万元用于购买商品房，贷款期限为20年，贷款的年利率为10%。

（一）等额本息还款法

等额本息还款法即把按揭贷款的本金总额与利息总额相加，然后平均分摊到还款期限的每个月中，每个月的还款额是固定的，但每月还款额中的本金比重逐月递增、利息比重逐月递减。这种方法是目前最为普遍，也是大部分银行长期推荐的方式。

计算公式为：

每月支付额＝剩余本金×月利息率＋归还本金数（A_i）

第一个月还款：$100万 \times \frac{10\%}{12} + A_0 = B$

第二个月还款：$(100万 - A_0) \times \frac{10\%}{12} + A_1 = B$

第三个月还款：$(100万 - A_0 - A_1) \times \frac{10\%}{12} + A_2 = B$

……

其中，B为每月还款额。依此类推，可由专门的计算工具算出B=9 650.22（元）、A_0=1 316.88（元）、A_1=1 327.86（元），累计支付利息1 316 051.95元，累计支付总额为2 316 051.95元。

（二）等额本金还款法

等额本金还款法指借款人每月按相等的金额（贷款金额/贷款月数）偿还贷款本金，每月贷款利息按月初剩余贷款本金计算并逐月结清，两者合计即为每月的还款额。

计算公式：

每月支付额＝同等数额的本金＋剩余本金的利息

那么，

$$每月归还本金额 = \frac{100万}{20 \times 12} = 4\ 166.67(元)$$

第一个月还款：

$$100万 \times \frac{10\%}{12} + 4\ 166.67 = B_1$$

第二个月还款：

$$(100万 - 4\ 166.67) \times \frac{10\%}{12} + 4\ 166.67 = B_2$$

第三个月还款：

$$(100万 - 4\ 166.67 \times 2) \times \frac{10\%}{12} + 4\ 166.67 = B_3$$

……

经计算得出，B_1=12 500（元）、B_2=12 465（元）、B_3=12 430（元），累计支付利息1 004 166.67元，累计支付总额为2 004 166.67元。

对比等额本息和等额本金两种按揭还款方式，从某种意义上说，购房还贷，等额本金法（递减法）未必优于等额本息法（等额法），到底选择什么样的还贷方法还要因人而异。“等额本息还款法”就是借款人每月始终以相等的金额偿还贷款本金和利息，偿还初期利息支出最大，本金就还得少，以后随着每月利息支出的逐步减少，归还本金就逐步增大；“等额本金还款法”（递减法）就是借款人每月以相等的额度偿还贷款本金，利息随本金逐月递减，每月还款额亦逐月递减。

两种还款方法都是随着剩余本金的逐月减少，利息也将逐月递减，都是按照客户占用管理中心资金的时间价值来计算的。由于“等额本金还款法”较“等额本息还款法”而言同期较多地归还贷款本金，因此以后各期确定贷款利息时作为计算利息的基数变小，所归还的总利息相对就少。在选择还款方式的时候，需要根据自身的经济状况和收入水平来确定。

第六节　不良贷款处置

一、不良贷款概述

我国银行在较长的时间内实行的是贷款四级分类制度，即将贷款分为正常贷款、一般逾期贷款、呆滞贷款和呆账贷款，后三类是不良贷款，统称为“一逾两呆”。

不良贷款是指借款人未能按原定的贷款协议按时偿还商业银行的贷款本息，或者已有迹象表明借款人不可能按原定的贷款协议按时偿还商业银行的贷款本息而形成的贷款。

2003 年 11 月 3 日，中国银监会发布《关于推进和完善贷款风险分类工作的通知》，决定将贷款五级分类的范围扩大到所有的银行业金融机构。所谓贷款五级分类，就是根据贷款风险，将贷款分为以下五类：正常（Pass）类贷款、关注（Special Mentioned）贷款、次级（Substandard）类贷款、可疑（Doubtful）类贷款、损失（Loss）类贷款。后三类贷款统称为不良贷款，即不良贷款包括次级类贷款、可疑类贷款和损失类贷款。

随着我国银行贷款业务范围和贷款规模的不断扩大，不良贷款自然而然地产生。我国银行不良贷款的产生既有银行自身的因素，也有明显的政策因素。20 世纪 80 年代末，我国国有银行的不良贷款率曾高达 40% 左右，正因为如此，有人说国有银行在技术上已经破产。随着不良贷款的剥离和处置，加上风险管理水平的提高和外部监管的加强，2011 年 9 月末我国商业银行不良贷款率降至历史最低点 0.90%。近年来，由于我国经济增长速度放缓、竞争加剧等原因，我国商业银行不良贷款率开始回升。截至 2016 年第三季度末，商业银行不良贷款余额 14939 亿元，不良贷款率为 1.76%，不良贷款继续呈现“双升”趋势，不良贷款综合治理任重而道远①。

---

① 数据来源：原中国银监会官方网站。

表 4-12　2010—2015 年银行业金融机构不良贷款占全部贷款比例　单位：%

分类	2010 年	2011 年	2012 年	2013 年	2014 年	2015 年
次级类贷款	1.1	0.8	0.8	0.7	0.8	1.0
可疑类贷款	1.0	0.7	0.6	0.6	0.6	0.8
损失类贷款	0.3	0.2	0.2	0.2	0.2	0.2
不良贷款率	2.4	1.8	1.6	1.5	1.6	1.9

注：根据银监会的统计口径，银行业金融机构包括政策性银行及国家开发银行、大型商业银行、股份制商业银行、城市商业银行、农村商业银行、农村合作银行、城市信用社、农村信用社、非银行金融机构、外资银行、新型农村金融机构和邮政储蓄银行。

资料来源：《中国银行业监督管理委员会 2015 年报》，第 173 页。

不良贷款的产生并不是我国商业银行特有的问题，世界各国商业银行都曾产生过不良贷款的难题。例如，20 世纪 80 年代末，美国花旗银行由于在海外及商业房地产方面的不良贷款而陷入了困境。1990 年至 1992 年 3 年内，信贷损失准备达到 100 多亿美元，1991 年税后利润亏损 9.14 亿美元。不过，经过随后花旗银行的三年复兴计划（1992—1994 年），迅速调整了资本结构，恢复了资本实力。1995 年，花旗银行净收入达到 35 亿美元，资本总额上升到了 277 亿美元，一级资本上升到了 192.4 亿美元。可见，伴随银行贷款业务的经营，不良贷款的出现有其内生性，不良贷款的治理是商业银行经营管理的长期课题。

二、不良贷款处置方式

（一）贷款清收

当贷款到期借款人无法偿还时，商业银行不得不采取各种手段收回贷款本息，即贷款清收。贷款清收包括不良贷款的盘活、保全、以资抵债等。按照是否采用法律手段，贷款清收包括常规清收和依法收贷。按照对债务人资产处置的方式，不良贷款清收可分为以物抵债及抵债资产处置、处置质押物、破产清算等。贷款清收通常包括以下几种措施：

1. 处理担保品。如果贷款为抵押贷款，在借款人不能归还到期贷款时，银行可以向法院起诉债务人，申请将抵押品变现，以偿还贷款。但处置抵押品需要花费大量的人力、物力，需要一定的时间。如果贷款是质押贷款，在借款人不能归还到期债务时，银行可以自行处置质物，以收回贷款。

2. 申请法律裁决。如果贷款是无抵押的，或者抵押品的拍卖价格无法偿还全部贷款，债权银行可以通过法律裁决，要求借款人或保证人承担还贷责任。一旦获得裁决，银行可以通过公开拍卖借款人被扣押的资产、扣押借款人的收入和限制债务人资产转移等各种合理的手段来最大限度地收回贷款。

3. 破产清算。破产是债务人解决债务纠纷的最后手段。借款人可以自愿申请破产以减轻债务负担，银行也可以向法庭申请要求清算借款人的资产。一般情况下，银行不愿看到借款人破产，因为破产清算需要花费银行大量的费用和时间，而且，即使借款人破产清算后，银行往往也难以收回全部贷款，因此，这是在其他方案都不可行时，银行才会采用的手段。

（二）贷款重组

贷款重组是当债务不能归还贷款时，商业银行为了降低风险、减少损失，对原有贷款结构（期限、金额、利率、费用、担保等）进行调整、重新安排、重新组织的过程。商业银行要与债务人进行磋商和谈判，就贷款重组的措施、条件、要求和实施期限达成共识。

贷款重组包括以下几种措施：（1）修改贷款条款。如免除借款人部分贷款本息、延长贷款期限、重新确定贷款利率等。（2）强化贷款的安全保障。如果是信用贷款，银行可以要求借款人提供抵（质）押品或寻找保证人。如果是抵（质）押贷款，银行发现抵（质）押品已经明显不足，应与借款人商议增加额外的安全措施。（3）银行直接介入企业的经营管理。银行可以要求借款人削减日常开支以及减少固定资产投资以减少借款人的现金流出，甚至可以派代表参加企业的董事会和建议撤换现有的管理层。2016 年 2 月，中国人民银行等八部委发布的《关于金融支持工业稳增长调结构增效益的若干意见》指出：对于暂时困难、未来现金流有合理市场预期的工业企业，通过债务重组等多种方式有效降低其债务负担和杠杆率。

债转股，即将商业银行的债权转化为对企业的股权。债转股是债务重组的一种方式，也是不良贷款处置的方式之一。我国债转股始于四大金融资产管理公司，四大金融资产管理公司成立后，对四大国有银行的不良贷款进行收购，将原国有银行持有的企业债权转为金融资产管理公司持有企业的股权，并由金融资产管理公司阶段性持股。截至 2004 年 6 月，四大金融资产管理公司收购的政策性不良资产包括 601 家国有企业的 4 050 亿元转股资产。2016 年 9 月 22 日，国务院发布了《关于积极稳妥降低企业杠杆率的意见》及附件《关于市场化银行债权转股权的指导意见》。此次首批债转股规模为 1 万亿元，预计在三年甚至更短时间内，化解 1 万亿元左右规模的银行潜在不良资产。国家开发银行、中国银行、中国工商银行、招商银行等银行入选第一批债转股试点。本轮重启的债转股最大的特点是采用市场化方式进行。

案例 4 –1

中国银行成为熔盛重工最大股东

2016 年 3 月 10 日，中国最大民营造船厂熔盛重工发布公告拟向债权人发行最多 171 亿股股票抵债，抵消债务总额高达 171 亿元。

债转股对象包括 22 家债权银行和 1 000 家供应商债权人。其中，中国银行是其最大债权方，债务总额为 63. 1 亿元。熔盛重工将向中国银行发行 27. 5 亿股股票以抵消 27. 5 亿元债务，中国银行成为熔盛重工（已更名为华荣能源）的最大股东，持股比例届时将高达 14%。

为解决熔盛重工的债务问题，2014 年 4 月，江苏省金融办发文，明确由中国银行江苏分行、进出口银行江苏省分行、民生银行上海分行牵头，成立债务优化银团，帮助熔盛走出流动困境，主要措施为：不采取清收措施，不进入不良贷款科目。

（三）贷款转让

贷款转让是贷款的原债权人将已经发放但未到期的贷款有偿转让给其他机构的经济行

为，主要目的是分散或转移风险、增加收益、实现资产多元化、提高经济资本配置效率。在发达国家，贷款是可以直接买卖的，所谓贷款出售是指银行将贷款视为可销售的资产，在贷款形成之后，将贷款卖给其他投资者，收回货币资金。

在我国，贷款转让主要是指商业银行将其不良贷款转让给资产管理公司。为解决我国国有银行的不良贷款问题，1999 年开始，由财政部出资先后成立了中国信达、中国东方、中国长城、中国华融四家资产管理公司，按账面价值收购了中国建设银行及国家开发银行、中国银行、中国农业银行、中国工商银行 1996 年以前形成的不良贷款 13 940 亿元①。四大国有商业银行在上市前又进行了不良贷款的第二次剥离，共剥离不良贷款总计 19 785 亿元，其中农业银行剥离处置不良资产 8 156. 95 亿元，其中 1 506. 02 元以免息再贷款等额置换，6 650. 93 亿元形成应收财政部款项。

2012 年 2 月，财政部、银监会印发了《金融企业不良资产批量转让管理办法》，金融企业可对一定规模的不良资产（10 户/项以上）进行组包，通过协议转让、招标、拍卖等形式，将不良贷款及全部相关权利义务转让给资产管理公司。金融企业批量转让不良资产的范围包括金融企业在经营中形成的以下不良信贷资产和非信贷资产：（1）按规定程序和标准认定为次级、可疑、损失类的贷款；（2）已核销的账销案存资产；（3）抵债资产；（4）其他不良资产。下列不良资产不得进行批量转让：（1）债务人或担保人为国家机关的资产；（2）经国务院批准列入全国企业政策性关闭破产计划的资产；（3）国防军工等涉及国家安全和敏感信息的资产；（4）个人贷款②；（5）在借款合同或担保合同中有限制转让条款的资产；（6）国家法律法规限制转让的其他资产。

（四） 贷款证券化

贷款证券化是指商业银行将其缺乏流动性，但有未来现金流的不良贷款“打包”，并以此为支持发行不良贷款支持证券的过程。不良贷款证券化拓宽了银行不良贷款处置的渠道，加快不良贷款处置速度。

2005 年我国进行资产证券化试点后，我国四大金融资产管理公司曾在 2006—2008 年试行过不良资产证券化，我国商业银行在不良贷款证券化方面一直未实现突破。2016 年 2 月，中国人民银行等八部委发布的《关于金融支持工业稳增长调结构增效益的若干意见》指出：“在审慎稳妥的前提下，选择少数符合条件的金融机构探索开展不良贷款证券化试点。”2016 年 4 月，中国银行间市场交易商协会发布《不良贷款资产支持证券信息披露指引（试行）》，再度拉开了不良贷款证券化的序幕。2016 年 5 月，中国银行“中誉 2016 年第一期不良资产支持证券”、招商银行“和萃 2016 第一期不良资产支持证券”在银行间市场成功簿记发行，发行规模分别为 3. 01 亿元和 2. 33 亿元。

---

① 四大金融资产管理公司收购四大国有银行不良资产的资金来源：一是财政部作为唯一股东向四大金融资产管理公司各注资 100 亿元，二是财政部担保四大金融资产管理公司向中国人民银行再贷款融资 5 700 亿元，三是四大金融资产管理公司再向四大国有银行和国家开发银行共发行 8 200 亿金融债券。

② 包括向个人发放的购房贷款、购车贷款、教育助学贷款、信用卡透支、其他消费贷款等以个人为借款主体的各类贷款。

（五） 贷款核销

商业银行即使采取了以上各种措施，还会有一定的贷款无法收回。对于这一部分贷款，银行应将其记入呆账，并在合适的时候用呆账准备金来冲销。不良贷款的核销是商业银行的内部事务，由银行的董事会根据自身的情况来决定，但是呆账的冲销政策、程度和结果等必须受到金融监管部门和税务部门的双重监督。

贷款呆账准备金又称贷款损失准备或拨备，是银行从收入中提取的，用于弥补贷款损失的一种价值准备。它的功能在于冲销银行在采取以上措施后仍然不能收回的不良贷款。呆账准备金的提取必须符合审慎会计原则的要求，即呆账准备金的提取必须充足，能够冲销所有可能产生的贷款损失。但是呆账准备金不能够过量，因为呆账准备金是没有收益的资产，过多的呆账准备金会降低银行的收益水平，因此，呆账准备金提取的比率有一个适度的问题。

2012 年 3 月，财政部发布《金融企业准备金计提管理办法》，自 2012 年 7 月 1 日起施行。《金融企业准备金计提管理办法》规定，金融企业对承担风险和损失的金融资产计提的准备金，包括资产减值准备和一般准备；信贷资产根据金融监管部门的有关规定进行风险分类，标准风险系数暂定为：正常类 1.5%，关注类 3%，次级类 30%，可疑类 60%，损失类 100%；一般准备余额原则上不得低于风险资产期末余额的 1.5%。

专栏 4－9

拨备覆盖率

依据《股份制商业银行风险评级体系（暂行）》，拨备覆盖率是贷款损失准备对不良贷款的比率，该比率最佳状态为 100%。这实际上是从另一个角度来评价贷款损失准备是否充分，以至于判断谁的业绩水分最大。它实际上就是呆、坏账准备金的提取比率，如我国现行上市公司的应收账款坏账准备金的提取比率为 9%，即：按应收账款余额的 9% 计提坏账准备，提取的准备金进入当期损益。银行贷款可能发生的呆、坏账准备金，是银行谨慎性考虑风险的一个方面，也是反映业绩真实性的一个量化指标。拨备率的高低应适合贷款风险程度，不能过低导致拨备金不足，利润虚增；也不能过高导致拨备金多余，利润虚降。该项指标从宏观上反映银行贷款的风险程度及社会经济环境、诚信等方面的情况。

本章小结

1. 商业银行资产包括四大类：现金资产和同业存款、贷款、证券投资以及其他资产。贷款是我国商业银行最重要的资产，决定商业银行的资产规模和盈利水平。银行贷款按借款期限分为短期贷款和中长期贷款。银行贷款还可以按贷款保障方式、贷款目的、贷款质量进行分类。

2. 现金资产由库存现金、在中央银行的存款、存放同业和托收中现金组成。现金资产管理的目的是在保证流动性的前提下，尽可能保持最低现金资产占用量。现金资产管理需要坚持适度存量控制原则、适时流量调节原则和安全性原则。流动性预测的主要方法是资金结构法和因素法。

3. 绿色信贷源于赤道原则，本质在于正确处理金融业与可持续发展的关系，其主要表现形式为：为生态保护、生态建设和绿色产业融资，构建新的金融体系和完善的金融工具。绿色信贷的发展推动着我国金融业与国际金融规范接轨，逐渐成为商业银行降低和防范信贷风险的有效途径，同时也是银行业应该履行的社会责任之一。

4. 企业贷款是商业银行按照一定的贷款政策和原则，以还本付息为条件，将一定数量的货币资金提供给企业使用的借贷行为。商业银行在发放企业贷款时，要从"5C"原则、财务报表分析和财务比率分析三个方面对贷款进行信用分析。

5. 消费贷款又称消费者贷款，包括住房贷款和非住房贷款。商业银行对个人进行信用评估时一般强调的是偿债能力、偿债意愿、抵押品等基本条件。常见的个人信用评估方法是信贷记分法。

6. 不良贷款包括次级类贷款、可疑类贷款和损失类贷款。不良贷款处置方式主要有贷款清收、贷款重组、贷款转让、贷款证券化、贷款核销等。

本章重要概念

库存现金　存放中央银行款项　存放同业　赤道原则　绿色信贷　企业贷款　消费贷款
不良贷款　贷款清收　贷款重组　贷款转让　贷款证券化　贷款核销　贷款损失准备

思考与练习

1. 商业银行的资产构成、现金资产构成及其各部分的作用。
2. 商业银行现金资产管理的目的和原则。
3. 贷款政策的主要内容。
4. 企业贷款和消费贷款的信用分析。
5. 不良贷款的处置方式。
6. 某客户向银行申请一年期3 000万美元的贷款。由于该客户是银行的重点客户，虽然银行资金不足，银行还是通过了这个申请。为了筹集这笔资金，该银行出售了年利率为9%，金额为2 000万美元的大额存单，并且按10%的年利率向其他银行借款1 000万美元。与此贷款申请有关的信用调查和其他费用估计为20 000美元。银行的信用分析部门建议，对此贷款至少收取0.25%的风险溢价和0.5%的利润。要求：如果银行采用成本加成定价法，那么该笔贷款的价格是多少？
7. 某客户借入一笔1年期的8 000元的贷款。要求：

（1）如果采用月等额分期偿还方式，年利率为14%，试用年百分比法计算该笔贷款的真实利率。

（2）如果采用按季偿还方式，年利率为12%，试用单一利率法计算该笔贷款的真实利率。

（3）如果采用利息首付的方式，年利率为10%，试用贴现法计算该笔贷款的真实利率。

8. 某客户得到一笔25年期，450 000元，年利率为12.5%的固定利率住宅抵押贷款，约定还款方式为按月等额支付本息。要求：该客户的每月支付额、利息总额。

9. 假设客户按24个月分期等额支付的2 000美元贷款的利息成本是260美元，此客户的到期年百分比报价是多少？

10. 下表是某银行在预测期内各类存款额、其法定准备金率以及要提取的流动性资金比例。要求：请你计算出其所需流动性需求。

某银行负债与法定准备金率、提取流动性资金比例

各项存款及非存款负债	金额（百万元）	法定准备金率（%）	法定准备额（百万元）	提取流动性资金比例（%）
游资负债	300	8	24	95
易损负债	250	5	12.5	30
核心负债	400	3	12	15
新增贷款	12			100

第五章
商业银行中间业务

招商银行作为全国发展最为迅猛的中小银行之一，一直重视中间业务的拓展。2011年作为天津文化艺术品交易所的资金托管和监管银行，投资者在开户之前必须先到招商银行开通“一卡通”金葵花（日均资产余额50万元以上）以上级别的银行卡账户。根据媒体披露的交易情况，全国已累计有4万人开户参与文交所的各类交易。假如这4万名投资者都持有招行金葵花卡，那么仅托管一项业务，平均每日沉淀在招商银行的存款就不少。

由此可见，如何发展中间业务，增加中间业务的利润贡献率，关键在于找准中间业务发展的关键要素。在近年来资本约束进一步加强的情况下，寻找新的中间业务收入来源已不仅是商业银行谋求发展的战略问题，而是迫在眉睫的战术问题。

通过本章的学习，你将能够：

- 了解商业银行中间业务发展的原因及其特征；
- 掌握金融服务类中间业务和表外业务的异同点；
- 熟悉支付结算类、银行卡、代理类、基金托管、咨询顾问等金融服务类中间业务的基本操作流程；
- 掌握担保类、承诺类业务和金融衍生业务的特点，学会运用远期利率协议避免利率风险；
- 了解商业银行非利息收支的主要衡量指标。

第一节　商业银行中间业务概述

20世纪70年代以来，随着金融业竞争的日益加剧，“脱媒”和证券化带来的金融市场结构性变化使商业银行作为融资主渠道的地位下降，非银行金融机构的壮大使银行面临巨大的竞争压力，国际银行业受到更加严格的监管，这些形势迫使国际银行业寻找新的利润来源，从而掀起了一股大力发展商业银行中间业务的热潮。他们通过大力开展中间业务开辟出新的利润空间，以期立于不败之地。在我国，利率市场化、互联网金融的蓬勃发展迫使商业银行向轻型银行转型，中间业务继续保持较快增长，但是相对于发达国家大银行中间业务占比通常达到50%以上，差距仍然比较大。因此，寻找新的中间业务收入来源，拓展中间业务的范围仍是我国商业银行亟待解决的重要课题。

一、中间业务的概念

对于什么是中间业务，有不同的理解。对中间业务（Intermediary Business）的一种解释是将其视为银行的中介或代理业务，认为中间业务是商业银行在资产业务和负债业务的基础上，利用技术、信息、资金、机构网络和信誉等方面的优势，不运用或者间接运用自己的资金，以中间人或代理人的身份替客户办理收付、咨询、代理和其他委托事项，提供各类金融服务并收取一定费用的业务。银行在办理这类业务时，既不是债务人，也不是债权人，而是处于受委托代理的地位，以中间人的身份进行各项业务活动。这实际上是狭义的中间业务。广义的中间业务被定义为不构成商业银行表内资产、表内负债，形成银行非利息收入的业务。如果从广义的角度理解中间业务，那么它就包括了我们通常所说的“表外业务”。本章所指中间业务是广义的中间业务；表外业务采用狭义定义，仅指担保类、承诺类和金融衍生交易类三类业务。

二、中间业务的类型

中间业务的分类有许多标准，主要的类别划分标准有如下几种。

（一）以收入来源为分类标准

目前国际上常见的也是最基本的是以收入来源为分类标准。如美国就从收入来源角度出发，将中间业务划分成五类。

1. 信托业务。其收入是信托部门产生的交易和服务收入。

2. 投资银行和交易业务。其业务收入是证券承销、从事金融交易活动所产生的收入，如期货、外汇、利率、证券、指数交易。

3. 存款账户服务业务。其收入来源是账户维护费、最低金额罚款、无效支票罚款等。

4. 手续费收入类业务。其收入包括信用卡收费、贷款证券化、抵押贷款再融资服务收费、共同基金和年金的销售、自动提款机提款收费等。

5. 其他非手续费收入类业务。其收入包括数据处理服务费、各种资产出售收益等。

（二）以是否构成商业银行或有资产和或有负债为分类标准

巴塞尔银行监管委员会按照是否构成商业银行或有资产和或有负债的要求，制定了国际银行业通用的分类方法，将中间业务分为两大类。

一类是或有债权/债务类中间业务，即在一定条件下会转化为现实资产和负债的业务，这类业务主要包括贷款承诺、担保类和各种金融衍生类中间业务等。即狭义的表外业务。

另一类是金融服务类中间业务，指商业银行通过对客户提供金融服务，以收取手续费为目的、不承担任何风险、不构成商业银行或有债权/债务的业务，即只能为银行带来各种服务性收入，但不会影响银行表内业务质量的业务。这类业务主要包括支付结算、代理、基金托管、咨询顾问类等。

（三）以是否含有期权性质为分类标准

按照是否含有期权性质可分为两类。

一类是含有期权的中间业务。银行保证在一定期限内，应承诺购买方的要求，按照事先约定的条件履行承诺。客户拥有一个期权，可以决定是否要求银行履行承诺，银行在售出承诺时通常获得一定的收入，相当于期权费。这类业务包括贷款承诺、金融期权和备用信用证等。

另一类是不含期权的中间业务。银行和客户承担对等的义务，客户没有决定是否履行合同的权利。例如互换、期货、远期、无追索权的证券化和贷款出售，以及金融服务类中间业务。

（四）以业务功能和形式为标准

1. 支付结算类中间业务。支付结算类业务是指由商业银行为客户办理因债权债务关系引起的与货币支付、资金划拨有关的收费业务。借助的主要结算工具包括银行汇票、商业汇票、银行本票和支票。结算方式主要包括汇款业务、托收业务、信用证业务等。

2. 银行卡业务。银行卡是由经授权的金融机构（主要指商业银行）向社会发行的具有消费信用、转账结算、存取现金等全部或部分功能的信用支付工具。

3. 代理类中间业务。代理类中间业务指商业银行接受客户委托、代为办理客户指定的经济事务、提供金融服务并收取一定费用的业务，包括代理政策性银行业务、代理中国人民银行业务、代理商业银行业务、代收代付业务、代理证券业务、代理保险业务、代理其他银行银行卡收单业务等。

4. 担保类中间业务。担保类中间业务指商业银行为客户债务清偿能力提供担保，承担客户违约风险的业务。主要包括银行承兑汇票、备用信用证、各类保函等。

5. 承诺类中间业务。承诺类中间业务是指商业银行在未来某一日期按照事前约定的条件向客户提供约定信用的业务，主要指贷款承诺，包括可撤销承诺和不可撤销承诺两种。可撤销承诺附有客户在取得贷款前必须履行的特定条款，在银行承诺期内，客户如没有履行条款，则银行可撤销该项承诺。可撤销承诺包括透支额度等。不可撤销承诺是银行不经客户允许不得随意取消的贷款承诺，具有法律约束力，包括备用信用额度、回购协议、票据发行便利等。

6. 交易类中间业务。交易类中间业务指商业银行为满足客户保值或自身风险管理等方面的需要，利用各种金融工具进行的资金交易活动，主要包括金融衍生业务。

7. 基金托管业务。基金托管业务是指有托管资格的商业银行接受基金管理公司委托，安全保管所托管的基金的全部资产，为所托管的基金办理基金资金清算款项划拨、会计核算、基金估值、监督管理人投资运作。包括封闭式证券投资基金托管业务、开放式证券投资基金托管业务和其他基金的托管业务。

8. 咨询顾问类业务。咨询顾问类业务指商业银行依靠自身在信息、人才、信誉等方面的优势，收集和整理有关信息，并通过对这些信息以及银行和客户资金运动的记录和分析，形成系统的资料和方案，提供给客户，以满足其业务经营管理或发展的需要的服务活动。包括企业信息咨询业务、资产管理顾问业务、财务顾问业务、现金管理业务。

9. 其他类中间业务包括保管箱业务以及其他不能归入以上八类的业务。

本章对中间业务采用巴塞尔委员会以是否构成商业银行或有资产和或有负债为分类标准，将中间业务分为两大类：金融服务类中间业务和表外业务（狭义）。其中，金融服务类中间业务主要包括支付结算业务、银行卡业务、代理类中间业务、基金托管业务、咨询顾问类业务；表外业务主要包括担保业务、承诺业务和金融衍生业务。

三、中间业务的特点

（一） 提供资金与服务相分离， 充分利用非资金资源

商业银行在从事中间业务时，并不运用自身资金，而是通过运用自身的信誉、机构、设备及人员，依靠其特有的场地、人力、金融技术、经营技巧、金融工具，为客户提供服务、给予承诺、提供保证等，并收取一定的手续费，从而实现对自身非资金资源的充分利用。当然，为客户提供承诺与担保，会给银行带来潜在的义务，但这种义务是否会变成现实有赖于以后情况的发展，只有在一定条件下才会有贷款的发放或资金的收付。

（二） 成本低， 收益高

由于商业银行在办理中间业务时通常不运用或不直接运用自己的资金，这大大降低了商业银行的经营成本。中间业务的收入通常被称为非利息收入，即来自商业银行存贷款利息之差以外的收入。这部分收入不受存款和贷款规模的影响。因此积极开拓中间业务，是增加商业银行收入的巨大利益“蓝海”。

（三） 以接受客户委托的方式开展业务

商业银行办理中间业务，尤其是在办理信用性中间业务（如承兑、承诺、有价证券买卖等）时，是以接受客户委托的方式开展业务的。

（四） 透明度低， 不易监管

中间业务，特别是其中的表外业务，通常无法直接在资产负债表内进行反映，只有一部分在资产负债表外以脚注的形式列明，许多业务的规模和质量均不能真实地反映在财务报表中。因此，无论是股东、债权人还是监管人员、税务人员都很难充分了解银行的整体经营水平，难以评价其经营成果，降低了银行经营的透明度，从而给银行经营带来了很大的风险隐患。因此，中间业务的发展，对银行业的监管水平提出了更高的要求。

四、中间业务的发展趋势

随着社会和经济的发展，商业银行的中间业务在不断地发展、创新，其性质和内容也发生了一些新的变化。

（一）占用资金

有些中间业务在提供服务的同时，银行可能暂时占用客户的委托资金以扩大资金来源，而在安排贷款或调剂资金时也充分考虑到并利用这些资金来源，使得资产负债表的数值因这些业务的存在而发生变化，也使得这些中间业务带有信用业务的特征。如在结算业务中由先付后收形成的结算资金、某些结算业务需要向银行交纳的保证金、代理收款中收取的款项，它们在划给委托单位之前，实际上都被银行占用了。

（二）垫付资金

银行在提供有些中间业务服务时，可能要以某种形式垫付资金，从而形成了银行与客户

之间的另一种债权债务关系，也使这些业务带有信用业务的特征。这时，银行在资产负债表上要反映这种资金占用，也要为此筹集相应的资金来源。融资性中间业务通常都有这种情况。

（三）利用并出售信用

商业银行在办理信用鉴证、承兑等业务时，提供的是银行信用。信用是商业银行经营管理效益的价值表现，也是客户使用这一无形资产对银行的补偿。从这个角度看，银行在办理信用鉴证等中间业务时就类似于办理贷款等信用业务，银行向客户暂时让渡这笔无形资产，而客户必须为能在一定时期内使用这笔无形资产而付出一定的补偿。

（四）承担一定风险

在办理各类担保、承诺、代保管（需承担损失责任的）、承兑、押汇等业务时，商业银行就自然地承担了一定的风险，这时收取的手续费，往往带有风险补偿的性质。

（五）形成新的权利和义务关系

由于衍生金融工具的出现，商业银行开始从事交易类中间业务。因这种交易所形成的权利义务关系并不似传统的信用业务所形成的债权债务关系那样明确，往往是间接地反映，甚至不反映在资产负债表上，故也被列为中间业务，这就大大扩充了传统中间业务概念的外延。也使得中间业务突破了服务于人的传统，而出现了自我服务型的中间业务。

当然，尽管中间业务的性质出现了这些新变化，但它“不直接作为信用活动一方”的这一基本性质却没有变。

专栏 5－1

中间业务持续快速发展

随着社会财富的增加，居民和企业部门资金管理和金融交易的需求快速增长，衍生出越来越多的中间业务机会，加之利率市场化、互联网金融背景下商业银行存在向轻型银行转型的内在要求，中间业务继续保持较快增长。2015 年，我国商业银行中间业务较快增长，以 16 家上市银行为例，共实现手续费及佣金净收入 7 461 亿元，同比增长 15%。传统中间业务仍占据中间业务的主导地位，且各分项分化日益明显。银行卡类业务发展迅速，已经成为我国商业银行中间业务的主打业务，在传统中间业务收入的占比高达 27. 84%；结算、清算类业务收入大幅减少，占比下降，2015 年，16 家上市商业银行结算、清算类业务收入 876. 03 亿元，同比减少 95. 47 亿元，增速为 －9. 8%；代理类业务发展平稳，占比有所上升，2015 年 16 家上市商业银行代理类业务收入 1 272. 73 亿元，比 2014 年增加 365. 53 亿元，增速达 40%，主要是债券承销、代销基金等业务增长良好；担保承诺类业务收入占比略有下降。

2015 年，商业银行新型中间业务发展进一步加快，新型中间业务收入贡献度显著上升。其中，托管业务收入同比增长 26. 05%，理财业务收入同比增长 59. 05%。投行（咨询顾问）业务、托管业务、理财业务平均收入占比分别为 16. 36%、11. 57%、24. 15%，三者收入合计占中间业务收入的比重同比上升 5. 06 个百分点。2016 年，在信息科技高速发展和金融需求多样化的态势下，新型中间业务创新日新月异，“大投行”业务将继续快速发展，托管服务将逐步多元化，理财业务逐步向开放式净值型产品加快转换，新型中间业务创新持续加速。

资料来源：中国银行业协会发展研究委员会．中国银行业发展报告（2016）［M］．北京：中国金融出版社，2016：16－17.

第二节　金融服务类中间业务

金融服务类中间业务是指商业银行以代理人的身份为客户办理的各种业务，目的是获取手续费收入。主要包括支付结算类业务、银行卡业务、代理类中间业务、基金托管业务和咨询顾问类业务。

一、支付结算类中间业务

支付结算类中间业务是指由商业银行为客户办理因债权债务关系引起的与货币收付、资金划拨有关的收费业务。

支付结算类业务能充分体现商业银行的中介作用，具有风险低、收益高的特点。支付结算类业务在办理商业交易及资金清算过程中，可能派生融资行为，能带动商业银行其他业务的发展。其作用表现为：(1) 加速资金周转，促进商品流通，提高资金效益；(2) 节约现金，调节货币流通，降低社会流通费用；(3) 强化资金管理，增强票据意识，加强信用观念；(4) 巩固经济合同制和经济核算制；(5) 集聚闲散资金，扩大银行信贷资金的来源；(6) 反映结算信用，监督国民经济活动。

（一）银行汇票

汇票是出票人签发的，委托付款人在见票时或者在指定日期无条件支付确定的金额给收款人或者持票人的票据。汇票按照出票人不同分为银行汇票和商业汇票。

《英国票据法》对汇票(Bill of Exchange）的定义是：汇票是由出票人向另一人签发的要求即期、定期或在可以确定的将来时间向指定人或根据其指令向来人无条件支付一定金额的书面命令。

银行汇票是出票银行签发的，由其在见票时按照实际结算金额无条件支付给收款人或持票人的票据。

客户如需使用银行汇票，应向出票银行填写“银行汇票申请书”，出票银行受理业务并向申请人收取款项后，签发银行汇票。申请人应将银行汇票和解讫通知一并交付给汇票上记明的收款人，收款人应在出票金额以内，将结算金额准确、清晰地填入银行汇票和解讫通知的有关栏内。收款人也可以将银行汇票背书转让给被背书人。持票人向银行提示付款时，必须同时提交银行汇票和解讫通知；银行审核无误后，将款项收入持票人账户（或以持票人的姓名开立应解汇款及临时存款账户）。若银行汇票的实际结算金额低于出票金额，其多余金额由出票银行退交申请人。

银行汇票业务基本操作流程图如图 5－1 所示。

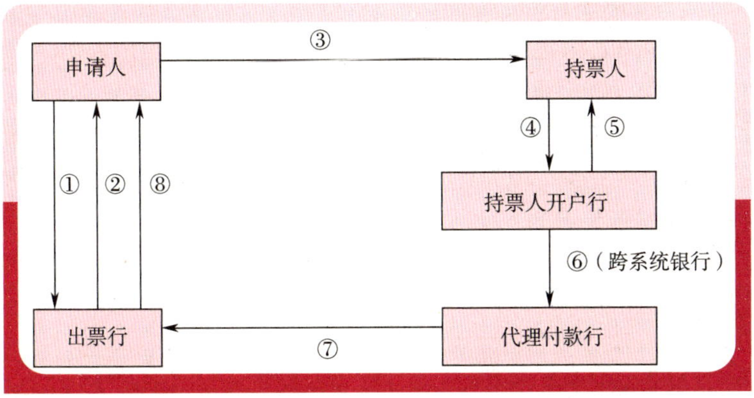

图 5－1　银行汇票业务基本操作流程

注：①申请签发银行汇票；②收妥款项后出票；③交收款人（持票人）；④提示付款；⑤持票人开户行收妥后入账；⑥提交代理付款行；⑦银行间清算资金；⑧多余款退原申请人。

（二）商业汇票

商业汇票是出票人签发的、委托付款人在指定日期无条件支付确定的金额给收款人或持票人的票据。商业汇票的付款人为承兑人。商业汇票分为银行承兑汇票和商业承兑汇票。商业承兑汇票由银行以外的付款人承兑，银行承兑汇票由银行承兑。

1. 商业承兑汇票。商业承兑汇票可以由付款人签发并承兑。也可以由收款人签发交由付款人承兑。付款人对汇票进行承兑后，交收款人收执。持票人应在提示付款期限内通过开户银行委托收款。付款人开户银行收到持票人开户行交来的商业承兑汇票和委托收款凭证后，应及时通知付款人。付款人收到付款通知后。应在当日通知银行付款，如未通知银行付款，视同付款人承诺付款。银行在办理划款时，如果付款人存款账户的余额不足以支付，应填制付款人未付票款通知书，连同商业承兑汇票邮寄持票人开户行，由其转交持票人。

商业承兑汇票业务基本操作流程图如图 5－2 所示。

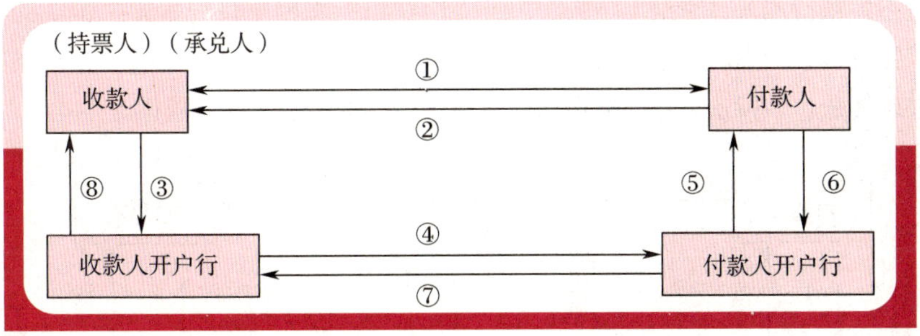

图 5－2　商业承兑汇票业务基本操作流程

注：①根据合同填制商业承兑汇票（由收款人出票的，应交付款人承兑）；②盖章承兑并交付票据；③到期委托银行收款；④发出票据及委托收款凭证；⑤通知付款并交付票据；⑥承付款项或退回票据及拒绝付款证明；⑦划回款项或退回票据及拒绝付款证明；⑧款项收妥或退回票据及拒绝付款证明。

2. 银行承兑汇票。银行承兑汇票的出票人或持票人向银行申请承兑时，银行对出票人的资格、资信、购销合同和汇票记载的内容进行审查，必要时可由出票人提供担保。经银行审查合格后，出票人与银行签订承兑协议。出票人应于汇票到期前将票款足额交存其开户银行，以备兑付。承兑银行应在汇票到期日或到期日后的见票当日支付票款。出票人于汇票到期日未能交足票款时，承兑银行须为其垫款，同时将出票人尚未支付的汇票金额作逾期贷款处理，并计收利息（见图5－3）。

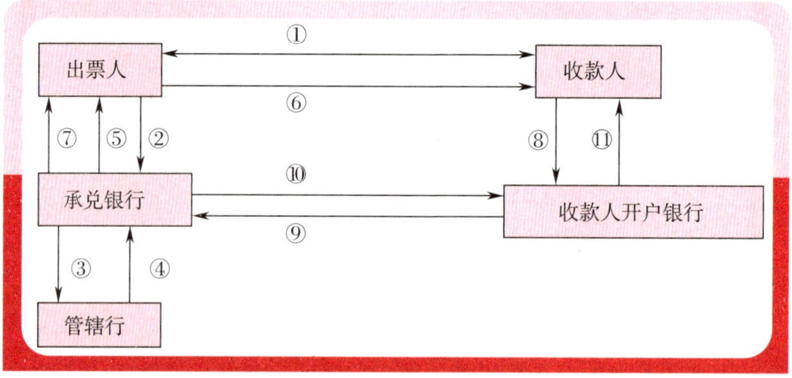

图5－3　银行承兑汇票业务基本流程

注：①签订合同；②送交资料申请承兑；③报送上级行审批；④同意办理或不同意办理；⑤签订承兑协议、盖章承兑并收费或退回有关资料；⑥交付票据；⑦到期收取票款；⑧到期委托银行收款；⑨发出票据及委托收款凭证；⑩划回票据或拒绝付款；⑪款项收妥或退回票据及拒绝证明。

（三）银行本票

本票是出票人签发的，承诺自己在见票时无条件支付确定的金额给收款人或者持票人的票据。本票按出票人分为商业本票和银行本票，这里所说的本票是指银行本票。单位和个人在同一票据交换区域需要支付各种款项，均可以申请使用银行本票。

申请人使用银行本票，应向银行填写“银行本票申请书”，出票银行受理银行本票申请书，收妥款项后签发银行本票，交给申请人。申请人应将银行本票交付给本票上记明的收款人。收款人可以将银行本票背书转让给被背书人。持票人将银行本票和进账单送交开户银行，银行审查无误后办理转账。若持票人凭票取现，银行审查后办理付现手续（见图5－4）。

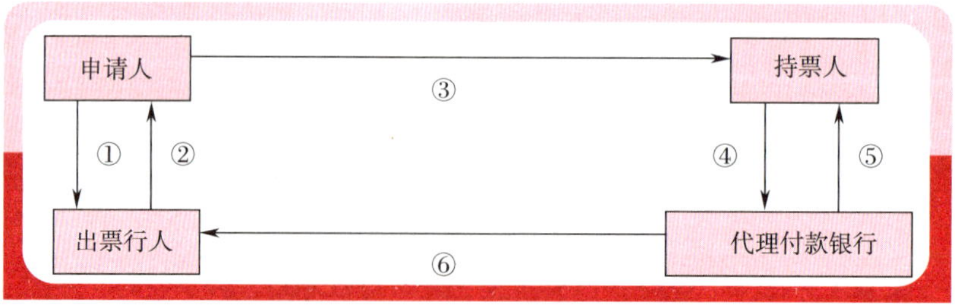

图5－4　银行本票业务基本流程

注：①申请办理银行本票；②出票行签发银行本票；③申请人将签发的银行本票交持票人；④持票人向开户银行提示付款；⑤银行兑付本票；⑥与出票行办理资金清算。

（四）支票

支票是出票人签发的，委托办理支票存款业务的银行在见票时无条件支付确定的金额给收款人或者持票人的票据。支票的出票人可以是在银行开立支票存款账户的单位和个人，付款人为支票上记载的出票人开户银行。现金支票只能用于支取现金，转账支票只能用于转账，普通支票可用于支取现金，也可用于转账。普通支票上画有两条平行线的为划线支票，只能用于转账，不得支取现金。

在发生交易时，付款方可开出转账支票，委托其开户行从自己的账户中将款项划转到指定的收款人账户。支票持票人通常将支票连同进账单送交开户行，委托开户行收款。持票人也可以直接向付款银行提示付款。出票人在付款行处的存款足以支付支票金额时，付款行应当在见票当日足额付款（见图5－5）。

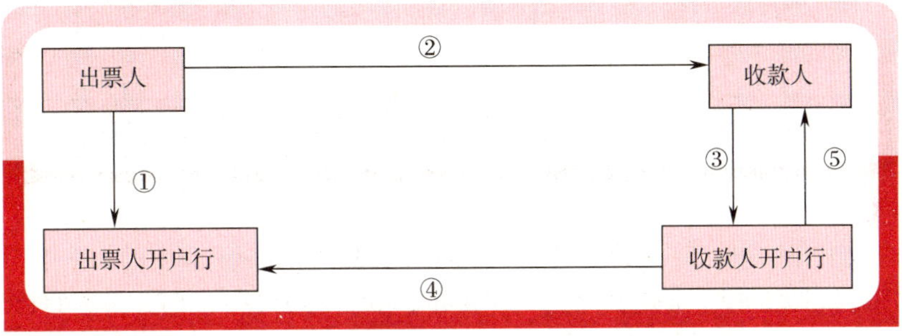

图5－5　支票业务基本流程

注：①足额存款；②出票；③送交支票；④交换支票并清算资金；⑤收妥后入账。

（五）汇兑

汇兑是汇款人委托银行将其款项支付给收款人的结算方式。单位和个人的各种款项的结算，均可使用汇兑结算方式。汇兑按凭证传递方式的不同分为信汇、电汇两种，由汇款人选择使用。

汇款人应签发汇兑凭证，并表明委托银行从自己账户中支付一笔款项汇给收款人。汇出银行受理汇款人签发的汇兑凭证，经审查无误后，应及时将信汇凭证连同联行报单邮寄给汇入银行，或依据电汇凭证向汇入行拍发电报，并向汇款人签发汇款回单。对于开立存款账户的收款人，汇入银行应将汇给收款人的款项直接转入其账户，并向其发出收账通知。未在银行开立存款账户的收款人，凭信汇、电汇的取款通知向汇入银行支取款项（见图5－6）。

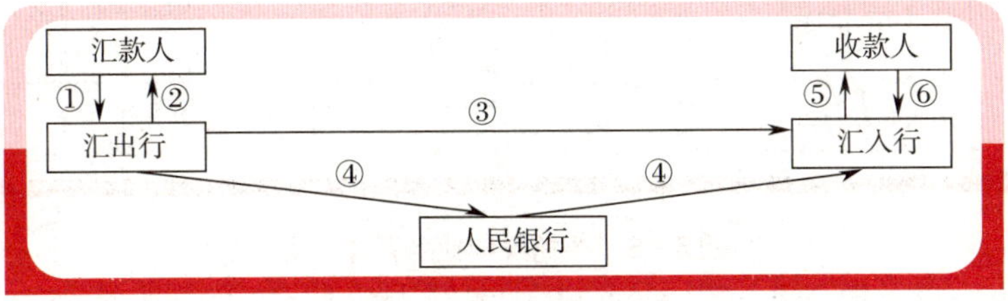

图5－6　汇兑业务基本流程

注：①提交汇兑凭证，交付款项；②款项收妥受理汇款；③④通过本行资金清算系统或人民银行转汇；⑤款项收妥入账，通知收款人；⑥收款人办理取款。

（六） 托收承付

托收承付是根据购销合同由收款人发货后委托银行向异地付款人收取款项，由付款人向银行承认付款的结算方式。

收款人办理托收时应将托收凭证和所附发运证件或其他符合托收承付结算的有关证明和交易单证送交银行。收款人开户银行审查无误后，将托收凭证及交易单证寄付款人开户银行。对方银行收到托收凭证及其附件后，通知付款人承付。付款人在承付期内未向银行表示拒绝付款，银行即视为承付，并在承付期满的次日将款项按照收款人指定的划款方式，划给收款人（见图5-7）。

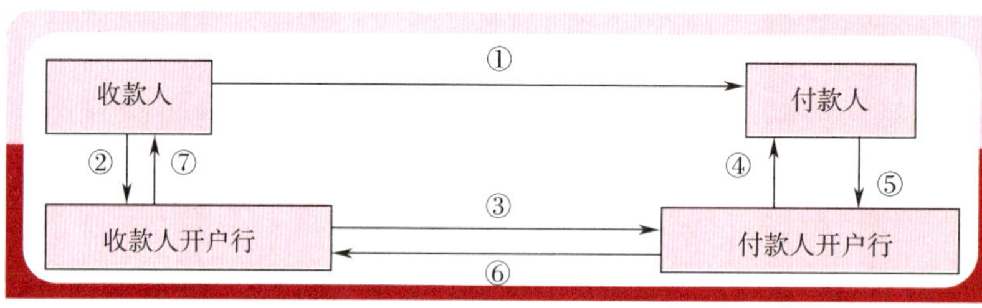

图5-7 托收承付业务基本流程

注：①根据合同发运商品；②提交托收凭证及其他单证；③邮寄托收凭证及单证；④通知付款人；⑤承付款项或拒绝付款；⑥划转款项或寄回有关凭证及单证；⑦通知款项已入账或被拒付。

（七） 委托收款

委托收款是收款人委托银行向付款人收取款项的结算方式。单位和个人凭已承兑商业汇票、债券、存单等付款人债务证明办理款项的结算，均可以使用委托收款结算方式。委托收款在同城、异地均可办理。收款人首先应签发委托收款凭证，载明委托收款金额、付款人和收款人名称、委托收款凭据名称及附寄单证张数等事项，并将凭证及有关收款依据提交开户行。开户行审查后，将凭证及有关收款依据寄交付款人开户行，后者审查无误后办理付款（见图5-8）。

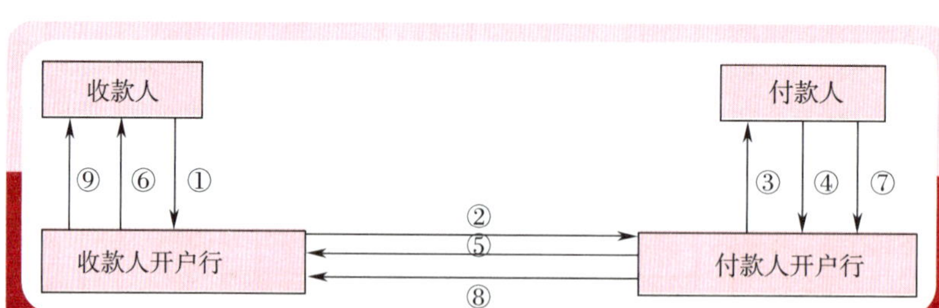

图5-8 委托收款业务基本流程

注：①收款单位提交委托收款凭证；②发出委托收款；③付款单位签收凭证、债务证明；④付款单位通知付款或票据到期付款；⑤划回款项；⑥入账后给收款单位；⑦付款单位无款或拒绝付款；⑧寄回付款单位无款或拒绝付款通知、凭证；⑨无款或拒绝付款通知、凭证退交委托收款单位。

二、银行卡业务

银行卡是由经授权的金融机构（主要指商业银行）向社会发行的具有消费信用、转账结算、存取现金等全部或部分功能的信用支付工具。

（一）银行卡业务的分类

银行卡业务的分类方式一般包括以下几类。

1. 依据清偿方式，银行卡业务可分为贷记卡业务、准贷记卡业务和借记卡业务。借记卡可进一步分为转账卡、专用卡和储值卡。

2. 依据结算的币种不同，银行卡业务可分为人民币卡业务和外币卡业务。

3. 按使用对象不同，银行卡可以分为单位卡和个人卡。

4. 按载体材料的不同，银行卡可以分为磁性卡和智能卡（IC 卡）。

5. 按使用对象的信誉等级不同，银行卡可分为金卡、普通卡等。

6. 按流通范围，银行卡还可分为国际卡和地区卡。

7. 其他分类方式，包括商业银行与营利性机构/非营利性机构合作发行联名卡/认同卡。

（二）银行卡业务运作的主要环节

1. 新卡推销。新卡推销，争取更多的持卡人，这是商业银行开展银行卡业务的重要基础。商业银行通过广告宣传等方式，在争取新客户的同时，积极保留原有持卡人，鼓励持卡人继续用卡。

2. 商户推广。商户推广是发展银行卡业务至关重要的工作环节。商户推广包括宣传与公共关系、商户营业市场的调查、吸引持卡人在会员商业场所用卡、商户签约以及商户服务等工作。为此，商业银行要制订市场推广计划，向商户宣传、介绍本行卡，发卡行须与商户签订办理银行卡协议，并培训商户人员，提供有关设备和单据，帮助和监督商户严格按照操作程序受理银行卡。

3. 指定和委托代办分行。首先，发卡行要有选择地指定本行具备条件的营业机构和储蓄网点为银行卡的代办机构。其次，要委托非发卡行或其他商业银行代办银行卡业务，实行各银行之间的银行卡业务联营。发卡行和代理行双方签订有关代理协议，明确代理范围、操作规定，以及承担的费用、义务和责任。最后，发卡行委托一个本行的营业机构作为开户行，办理银行卡的资金清算。

4. 办理发卡。办理发卡包括以下步骤：（1）寄发申请书，将申请书寄给有潜在可能成为持卡人的客户。（2）对收到的申请书，银行要对其项目、内容进行认真审查，确保真实、准确、完整。然后，银行须将客户的申请资料建立档案。（3）银行对符合发卡条件的客户办理发卡手续。

5. 客户服务与商户服务。客户服务就是对持卡人服务，发卡行对客户提供有效的查询服务、正确的财务调整。对于商户，发卡行同样要提供有效的查询、上门收单、及时送款服务，解决拒付退回问题，满足其检索要求，以建立良好的商户信誉。

6. 授权。授权是商户与发卡行的一种特殊约定，是控制超限额购物消费和取现，防止欺诈，向商户提供的一种有效的审批手续。一般的授权方式有：电话、电传、传真授权，通过授权终端机授权，直接与主机联系授权。

7. 资金清算。根据用卡范围不同分为国内清算和国际清算，这两种清算方式分别通过国内银行相互清算以及国际组织清算中心完成。

8. 信用控制。信用控制是发卡行对持卡人和特约商户的资金、信用、交易等情况进行监督和控制，以保证银行卡信誉和进行防伪反假而采取的一系列措施。

第三节　表外业务

表外业务虽然不列入银行资产负债表，但它们与表内资产项目和负债项目关系密切，在一定条件下会转化为表内业务，因此需要在资产负债表的脚注中加以记载反映，以便于银行和有关管理当局对这类交易进行必要的核算和管理。

表外业务是指商业银行从事的，不列入银行资产负债表内，不涉及资产负债表内金额的变动，但构成银行的或有资产和或有负债的交易活动。

一、担保类业务

担保类中间业务指商业银行为客户债务清偿能力提供担保，承担客户违约风险的业务。主要包括银行承兑汇票、备用信用证、各类保函等。

（一）银行承兑汇票

银行承兑汇票是由收款人或付款人（或承兑申请人）签发，并由承兑申请人向开户银行申请，经银行审查同意承兑的商业汇票。

票据承兑是商业银行的一种传统担保业务，银行在汇票上签章，承诺在汇票到期日支付汇票金额。向银行申请办理汇票承兑的是商业汇票的出票人，即签发汇票的企业或其他组织。经过银行承兑的商业汇票就成为银行承兑汇票，其付款人为承兑人。银行对汇票的付款责任以自己的名义进行担保，以银行信用取代了商业信用，故应向出票人（承兑申请人）按票面金额收取手续费。为防范风险，银行通常要求出票人资信状况良好，具有支付汇票金额的可靠资金来源，与承兑银行具有真实的委托付款关系，并在承兑银行开立账户。出票人向开户行提出承兑申请的同时，需提交交易合同等资料，并交纳承兑保证金。银行审查出票人资信后，与其签订银行承兑协议。承兑银行在汇票到期日前通知出票人按承兑票面值将金额存入该行，并于汇票到期日向出票人收取票款。即使出票人未能足额交存票款，承兑行仍负有到期凭票对持票人无条件付款的义务，但对出票人尚未支付的汇票金额计收利息。如果承兑行存在合法抗辩事由而拒绝支付，应在接到汇票后的法定期限内向持票人提交拒绝付款证明。

（二）备用信用证

备用信用证（Standby Credit Letter，SCL）是开证行应借款人要求，以放款人作为信用证的受益人而开具的一种特殊信用证，以保证在借款人破产或不能及时履行义务的情况下，由开证行向受益人及时支付本利。

备用信用证在性质上与银行保函类同，在形式上与商业信用证相似。它可以用于保证贸易支付或工程招标，但更多的是为债务人的融资提供担保。企业发行商业票据或债券时，若自身资信状况不为大众了解，可以请求信誉好的大银行开立备用信用证作为还款保证。虽然开证行会收取一定数额的手续费，但分担了受益人承受的风险，企业因而能够在市场上以较低的价格筹资。虽然绝大部分信用证不会被要求偿还欠款，开证行客观上仍面临较大的风险暴露，一旦借款人丧失偿债能力而所欠本息金额巨大，开证行可能会陷入流动性危机。因此，银行对备用信用证十分谨慎。

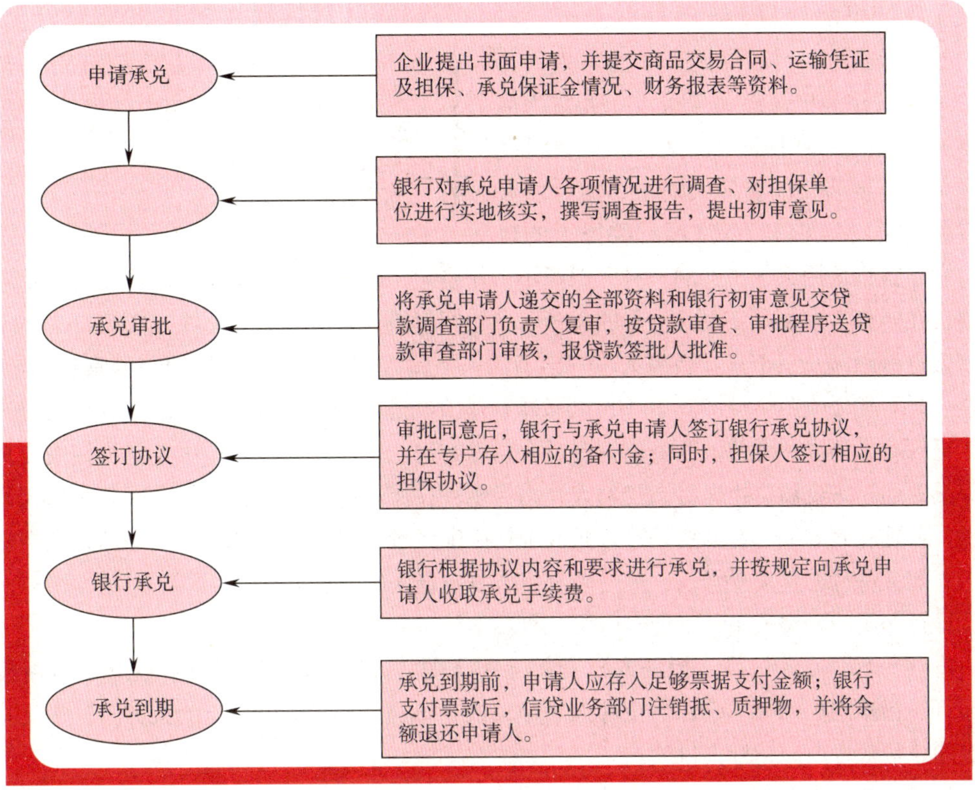

图 5-9　银行承兑汇票业务基本流程

备用信用证业务的简要操作流程如下。

1. 订立合同。借贷双方先就交易条件进行磋商，订立合同，明确以备用信用证方式提供担保，规定备用信用证的开证行、种类、金额、到期日、开证日等要素。

2. 申请开证。借款人向开证行递交开证申请书，开证申请书明确开立备用信用证的要求，以及受益人的详细情况、备用信用证种类、到期日等要素。开证人申请开立备用信用证时，开证行有时会要求缴纳一定比例的押金，押金的有无或多少取决于开证行对开证申请人资历、信誉的判断。

3. 开证与通知。开证行经过信用评估，接受开证申请后，必须按申请书规定的内容向指定的受益人开立备用信用证，并将备用信用证直接或间接传递给受益人。

4. 审核与修改。受益人在收到备用信用证后，要审核备用信用证中所列条款是否与信贷合同中有关条款一致，如有差错，应立即通知开证行进行修改。

5. 执行合同。受益人在收到备用信用证经审核无误后，根据借款合同的规定向借款人提供贷款。受益人履行合同后，如果未在合同规定的时间内得到借款人的偿还，则要编制并取得备用信用证规定的全部单据，开立汇票，连同备用信用证正本提交开证行请求付款。

6. 支付和求偿。开证行收到受益人寄来的汇票和借款人未履约证明后，经审核认为符合备用信用证规定，则要按票款对受益人进行支付。此时开证行随即取代受益人，成为借款人的债权人，获得要求赔偿所垫付资金的权利。

（三） 银行保函业务

银行保函是银行应委托人（通常为债务人）的要求作为担保人向受益人（通常为债权人）作出的一种书面保证文件。如果对受益人负有首要责任的委托人违约、拒付债务或发生失误，担保银行保证履行委托人的责任。它是银行信用保证文件的一种。保函不占用资金，但一经银行开出，就产生了一笔或有负债。在申请人未及时完成其应尽的义务时，银行就得无条件地承担付款的责任。

申请人（委托人）是向银行提出申请，要求出具保函的一方。担保人是指开立保函的银行。受益人是接受保函，并有权按保函规定的条款向担保人提出索赔的一方。

银行保函涉及三个基本当事人——申请人、担保人和受益人。办理程序通常包括申请、审查、开立和修改四个环节。申请人填写开立保函申请书，连同有关合同副本等材料提交银行；银行对申请人、受益人的资信情况及合同内容进行全面审查，以便决定是否接受委托开立保函；通过审查后，担保行向受益人开出保函；在保函有效期内，可能会因各种原因修改保函，如延长有效期、金额变动等，修改项目必须经各方当事人同意，并由申请人向担保行提出，如担保行愿意接受修改，便可向受益人发出修改电（函）。

银行保函的种类很多，主要有以下几种。

1. 投标保函。指银行（担保人）向招标人（受益人）承诺，或按照担保申请人所授权的银行的指示向招标人承诺：当投标人（申请人）不履行其投标所产生的义务时，银行将在规定的金额限度内向招标人付款。

2. 承包保函。是银行接受承包人的请求，向发包方保证，如果承包人在规定的期限内不履行承包合同约定的义务，银行将根据发包方的索赔要求，按照保函约定承担保证责任。

3. 还款保函。即银行保证在申请人不履行其与受益人订立的合同中所载明的义务时，将受益人预付、已付的款项退还或还款给受益人。

4. 借款保函。在国际借贷活动中，贷款人往往要求借款人提供一份银行借款保函作为还款保证。银行承诺，若借款人未能按合同规定按时偿还借款并支付利息，则由银行代为还本付息。

此外，银行保函还有履约保函、来料加工保函、补偿贸易保函、预收（付）款退款保函、付款保函、延期付款保函、投资保函等具体业务品。

二、承诺类业务

承诺类中间业务是指商业银行在未来某一日期按照事前约定的条件向客户提供约定信用的业务，主要指贷款承诺，包括可撤销承诺和不可撤销承诺两种。可撤销承诺附有客户在取得贷款前必须履行的特定条款，在银行承诺期内，客户如没有履行条款，则银行可撤销该项承诺。可撤销承诺包括透支额度等。不可撤销承诺是银行不经客户允许不得随意取消的贷款承诺，具有法律约束力，包括备用信用额度、回购协议、票据发行便利等。

专栏 5－2

银行开办的典型承诺业务

1. 透支额度。银行预先对客户确定一个透支额度，客户就可以按照自己的需要随时支取贷款。银行既然已经作出透支限额的承诺，就必须预留相应的资金头寸以备客户支用，因此，透支的利息一般较高，其中包含了银行的承诺费。信用卡和活期存款的透支额度最具代表性。

2. 备用信用额度。备用信用额度是银行和客户之间达成的不可撤销的正式协议，协议详细规定了银行提供信贷便利的额度、时间、贷款利率及贷款的清算等。在备用信用额度下，客户可以在协议期限内多次提用贷款，一次提用贷款并不失去对剩余承诺在剩余有效期内的使用权利，只要历次贷款的总和不超过信用额度即可。然而，一旦借款人开始偿还贷款，即使偿还发生在承诺到期之前，已偿还的部分也不能被再次提用。备用信用额度的期限一般也不超过1年。

3. 回购协议。回购协议是指交易一方出售某种资产并承诺在未来特定日期按约定价格向另一方购回的一种交易方式。银行在回购协议交易中可以两种身份出现：一是以解决头寸不足而暂时售出持有的证券并在以后购回；二是银行购入其他机构持有的证券并在以后回售给该机构，这相当于对该机构发放了一笔以证券作抵押的短期贷款。

4. 票据发行便利。票据发行便利是银行提供的一种中期周转性票据发行融资承诺。借款人事先和商业银行签订票据发行便利协议，在一定期限内借款人以自己的名义发行短期票据，取得周转性融资，协议的商业银行依照约定对发行人未出售完毕的票据承担购买责任或者向借款人提供等额银行贷款。具体又有循环包销便利、可转让的循环包销便利、多元票据发行便利、无包销票据发行便利等。

贷款承诺是典型的含有期权的表外业务。在客户需要资金融通时，如果市场利率高于贷款承诺中规定的利率，客户就会要求银行履行贷款承诺；如果市场利率低于贷款承诺中规定的利率，客户就会放弃使用贷款承诺，而直接以市场利率借入所需资金。因此，客户拥有一个选择权。对银行来说，贷款承诺在贷款被正式提出之前属于表外业务，一旦履行了贷款承诺，这笔业务即转化为表内业务。

贷款承诺的程序包括：（1）借款人提出贷款承诺申请，同时提交详细的财务资料和生产经营状况资料，以供银行进行信贷审查；（2）银行和借款人就贷款承诺的细节进行协商，并在此基础上签订合同；（3）借款人在协议规定的时间内通知银行提取资金，银行在合同规定的时间内把这笔资金划入借款人的存款账户；（4）借款人按协议规定按时偿还承诺金额的本息。

三、交易类中间业务

交易类中间业务指商业银行为满足客户保值或自身风险管理等方面的需要，利用各种金融工具进行的资金交易活动，主要包括金融衍生业务。

（一）远期合约

远期合约是指交易双方约定在未来某个特定时间以约定价格买卖约定数量的资产，包括远期利率合约和远期外汇合约。

名义本金是指它并不是在合约到期时要付出或收到的实际金额，而只是用它来计算要支付或者收到的现金流。结算日是指名义借贷开始的日期，也是交易一方向另一方交付结算金的日期。

1. 远期利率合约（Forward Rate Agreements，FRA）。远期利率合约是买卖双方同意从未来某一商定的时期开始在某一特定时期内按协议利率借贷一笔数额确定、以具体货币表示的名义本金的合约。远期利率合约的买方是名义借款人，其订立远期利率合约的主要目的是规避利率上升的风险。远期利率合约的卖方则是名义贷款人，其订立远期利率协议的主要目的是规避利率下降的风险。之所以称为“名义”，是因为借贷双方不必交换本金，只是在结算日根据协议利率和参考利率之间的差额乘以名义本金额，由交易一方付给另一方结算金额。

案例 5－1

远期利率合约的交易过程

A 银行 6 个月后需要一笔 3 个月的资金，金额为 1000 万美元，该银行预计不久利率将会上升，为避免利率上升增加利息支出负担，A 银行以 8.09% 的价格向 B 银行买入 1 000 万美元的远期利率协议合约，期限是 6×9。6 个月后，在远期利率协议结算日，3 月期的 Libor 上升到 8.35%（年息）的水平。则 A 银行实际承担的利率成本计算如下：

A 银行轧平头寸，由 B 银行以贴现方式向该 A 银行支付 8.35% 与 8.09% 的差额。

$$贴现金额 = \frac{(8.35 - 8.09) \times 90 \times 10\ 000\ 000}{36\ 000 + (8.35) \times 90} = 6\ 367.09(美元)$$

注：分母本为（1＋8.35%÷360×90），分子分母同时剔除% 和 360 的计息基数后即为 36 000。

A 银行实际筹资金额＝10 000 000－6367.09＝9 993 632.91（美元）

A 银行 3 个月到期支付利息为：

9 993 632.91×8.35%×0.25＝208 617.087（美元）

A 银行支付本息和为：

9 993 632.91＋208 617.087＝10 202 250（美元）

A 银行实际承担利率为：

（202 250/10 000 000）×（360/90）＝8.09%

这样，就将该银行的贷款利率固定在年息 8.09% 的水平上，从而避免了利率上升带来的损失。当然，这也使得该银行无法获得利率下降可能带来的收益。

2. 远期外汇合约（Forward Exchange Contracts）。远期外汇合约是指双方约定在将来某一时间按约定的远期汇率买卖一定金额的某种外汇的合约。在交割的时候，合约表示的金额并不交割，而只是交割合同中规定的远期汇率与到期日即期汇率之间的差额（即国际金融市场的升贴水）。

远期外汇交易的目的主要是避免汇率变动的风险。为达到这一目的，最基本的交易策略是套期保值，交易者根据已有的一项外币资产或负债，卖出或买进与之数额相同、期限一致、币种相同的一笔远期外汇，使这项资产或负债的价值不受汇率变动的影响。从事国际贸易的企业都以外汇银行为交易对手，利用远期外汇交易固定进口成本，或对出口收汇进行保值。当银行应客户的要求进行远期外汇买卖，实际上承担了本来由客户承担的汇率风险。如果银行不欲承担这一外汇暴露风险，可以在同业间进行远期交易，在远期外汇超买时抛出这部分期汇，在远期外汇超卖时则补进等额期汇，以轧平外汇头寸。同时，银行在即期外汇交易中同样会出现头寸不平衡的情况，为此，银行相互间也需要进行远期外汇交易，以平衡各自的外汇头寸。

金融期货（Financial Futures）是指以金融工具或金融指标为标的的期货合约。是指在特定的交易所通过竞价方式成交，承诺在未来的某一日或期间内，以事先约定的价格买进或卖出某种金融商品的契约。

（二）　金融期货

金融市场有现货市场和期货市场。现货市场上金融资产在买家和卖家之间交易，卖家从资产负债表上减去资产，在收益表上记录损失或者利得，买家把购置项目加到资产负债表上，双方在确定价格时就以现金交割金融资产。而在期货市场上，买家和卖家订立合同确定在未来某个时点交割一项金融资产，在合同签订时，双方都不是真正的买或卖。

金融期货合约都是标准化的，合约中金融商品的品种、数量、交割的时间与方式全部都是统一规定的，唯一变化的只是价格。合约持有人可以在合约到期前，通过反向交易进行对冲，因此，期货合约并不意味着金融商品真实的转让。

金融期货按照交易品种进行分类有外汇期货、利率期货和股票指数期货三种类型。

1. 外汇期货，是指在外汇交易所内，交易双方通过公开竞价确定汇率，在未来的某一时期买入或卖出某种货币。外汇期货合约具有标准化的外币金额、交易月、交割日期和最低的价格波动幅度。

2. 利率期货，是指在交易所公开竞价买入或卖出某种价格的有息资产，而在未来的一定时间按合约交割。利率期货合约统一规定了有价证券的质量、等级、合同金额、交易地点、交易月份、最低价格波动幅度、每日波动幅度以及交易日期。利率期货合约具有高度的流动性。

3. 股票指数期货，以股指这种没有实物形式的金融商品为交易对象，买卖双方通过交易所竞价确定成交价格，合约的金额为股票指数乘以统一的约定乘数，到期时以现金交割。

案例 5－2

金融期货交易的原理

若某银行预计 3 个月后有 110 万元的收入，且希望用这笔资金在 110 元（目前国债价格）时购入国债期货进行短期投资，同时该银行预期利率下降，国债价格上升。为确保能在 110 元时购入国债，该银行以 110 元的价格购入 1 万份国债期货。对该银行来讲，3 个月后：（1）利率果真下跌，国债价格上升为 120 元，则该银行在现货市场上购买 1 万份国债需支出 120 万元，在期货市场上卖出 1 万份国债期货可获利 10 万元，购买国债的实际成本为 110 万元；（2）利率未下降反而上升，国债价格下跌到 100 元，则该银行在现货市场购买 1 万份国债需支出 100 万元，在期货市上卖出 l 万份国债期货可要损失 10 万元，购买国债的实际成本仍为 110 万元。可见，无论未来利率怎样变动，该银行都可以通过期货交易达到其目的。

（三） 互换业务

互换是指交易双方基于自己的比较利益，对各自的现金流量进行交换。互换业务由 20 世纪 80 年代初平行贷款及后来的背对背贷款的基础上发展而来。它具有以下优点：一是互换给双方带来利润增加或筹资成本减少，但不改变双方资产负债额；二是互换交易只需签一份合同即可成交，在一定程度上避免平行贷款中可能发生的信贷险，正是基于以上两大优点，互换业务在 20 世纪 80 年代中期得到迅速发展，并促进互换二级市场的发展，现已成为国际金融业中十分重要的业务。其中较典型的互换业务有货币互换和利率互换。

1. 货币互换。互换双方按约定的汇率和时间交换不同货币的本金，并在合约规定的时间内以即期汇率支付利息，到期按最初约定的汇率换回原来的货币本金，或在规定的时间内分期摊还本金。货币互换有利于互换双方避免汇率风险和资产负债管理，同时增加中介银行的手续费收入。

专栏 5－3

世界上第一笔货币互换

世界上第一笔正式的货币互换是 1981 年所罗门兄弟公司为美国国际商用机器公司（IBM）和世界银行安排的第一次互换。IBM 公司在发行瑞士法郎债券筹资方面比世界银行有低成本优势，而世界银行在发行欧洲美元债券筹资方面比 IBM 公司有低成本优势。IBM 公司希望拥有美元，而世界银行希望获得瑞士法郎或马克。所以在所罗门兄弟公司撮合下，IBM 公司将相当于 2. 9 亿欧洲美元的马克、瑞士法郎与世界银行交换，获得 2. 9 亿美元资金使用。在这笔业务中 IBM 公司把利率为 10% 的马克债券转换为利率为 8. 15% 的欧洲美元债券，世界银行将利率为 16% 的欧洲美元债券转换为利率为 10. 13% 的马克债券，双方大大降低了成本。

2. 利率互换。互换双方在约定的期间内根据签订的合同在一笔象征性本金数额的基础上互换具有不同性质的利率（主要是浮动利率和固定利率），并计算利息款项。

利率互换交易双方不涉及本金互换，仅交换利息，本金起计息基础作用。它有三种形式：息票利率互换（固定利率对浮动利率互换）；基础利率互换（以某种参考利率的浮动利率来交换另一种参考利率的浮动利率）；交叉货币利率互换（某种货币的固定利率对另外一种货币的浮动利率互换）。其中主要业务是息票利率互换，又称固定利率—浮动利率互换，互换的一方支付固定利率的利息，收取浮动利率的利息，它的交换伙伴则正相反，支付浮动利率的利息，收取固定利率的利息。

（四）期权

期权是指期权的买方支付给卖方一笔权利金，获得一种权利，可于期权的存续期内或到期日当天，以执行价格与期权卖方进行约定数量的特定标的的交易。按交易标的分，期权可分为股票指数期权、外汇期权、利率期权、期货期权、债券期权等。

商业银行主要从三个层次参与期权交易。

1. 场外期权交易。商业银行通过电话或路透交易系统直接与客户进行交易，这种交易既包括面向非银行客户的零售市场，也可包括面向金融机构的批发市场。场外期权交易保密性好、交易成本低，可以根据客户的特别需要制定期权。

2. 交易所期权交易。商业银行通常以获得交易席位的方式来成为交易所的做市者。参与标准化程度较高的交易所期权交易，可以使商业银行从忙于交易中解脱出来。

3. 隐含型期权交易。主要是期权经营思想与商业银行日常业务融合而产生的创新，如可转换债券、货币保证书和包销协议等。这些由期权与其他金融工具相融合创新出的金融产品大大拓宽了商业银行的期权经营领域。

案例 5 -3

金融期权交易的原理

假设甲银行与乙银行签订了一份合约，甲银行在 3 个月内随时有权向乙银行购买某种股票 1000 股，每股价格 90 元，每股的期权费 0.5 元。若在 3 个月内股价一直低于 90 元，则甲银行将损失 500 元；若在 3 个月内；股价最高达到 90.5 元，则甲银行行使其权利后，既未盈利也未亏损；若在 3 个月内，股价超过 90.5 元，则甲银行行使其权利后，剔除期权费，仍可获利。

第四节　商业银行非利息收支管理

一、非利息收入和非利息支出

净非利息收入是指非利息收入与非利息支出相减。因为大部分银行的非利息支出超过非利息收入，所以，净非利息收入一般为负，从而成为银行的负担（Burden）。

非利息收入（Non - interest Income，NII）是西方银行业在实践中总结出的概念，用来与传统的利息收入相对应。非利息收入是银行在核心业务活动（吸收存款、发放贷款）和债券投资活动之外获得的收入，包括信托收入、存款账户服务费、投资收益、其他非利息收入。在我国，非利息收入这一表达方式并不多见，通常将利息收入和利息支出以外的营业收入统称为中间业务收入。从我国上市银行的信息披露中，可以归入中间业务收入（非利息收入）的项目主要包括手续费及佣金收入、投资净收益、公允价值变动收益、汇兑收益和其他营业收入。

美国银行监管机构将银行的非利息收入分为四大类：存款账户服务；信托服务；交易账

户活动（利率、外汇、股权和商品交易利得和收费）；其他非利息收入（投资银行收费/佣金、风险资本收入、证券化收入、服务收费、贷款出售利得、保险销售佣金等。）

非利息费用也称非利息支出。银行费用可以分为利息费用和非利息费用。利息费用随着利率的周期性变化而变化，而非利息费用占银行总资产的比率较为稳定。它包括员工薪金与福利、固定资产与房地产折旧、其他非利息费用。以上三项费用之和也就是营业费用。对大部分银行而言，员工薪金和福利是银行的主要非利息支出项目，反映银行对人力资本的依赖程度。

二、主要衡量指标

银行管理者通常会通过追踪一系列财务指标来了解银行控制费用、获取非利息收入的能力。最常用的有三类指标：非利息收入率、效益比率和生产率指标。

（一）非利息收入率

$$\text{非利息收入率}=\frac{\text{非利息收入}-\text{非利息支出}}{\text{资产总额}}$$

非利息收入率（Non－Interest Income Ratio，NIIR）不仅反映银行多元化经营的能力，同时也反映银行的经营管理效率。由于银行非利息收入的获得通常不需要扩大相应的资产规模，因此会明显提高银行的资产收益率。其中的非利息支出包括员工薪酬、折旧等间接费用，同银行管理效率密切相关。总体上看，非利息收入率的提高，是银行盈利能力和管理效率良好的表现，但有时也意味着经营中潜在风险的提高。主要是因为非利息收入中如果表外业务收入来源过高，常常会伴随着一定的或有负债和其他风险，并且这些风险不会在财务报表中反映。

（二）效益比率

效益比率（Efficiency Ratio）是最常用的评价银行业绩的指标，银行通常将其与 ROA（资产收益率）、ROE（权益报酬率）、NIM（净息差）一起作为盈利能力和利润增长潜在能力的衡量指标。很多银行会在年初时公布本银行的目标值，并将员工福利与是否“达标”挂钩。效益比率等于银行非利息支出在营业收入中的占比，而营业收入为净利息收入和非利息收入之和。

$$\text{效益比率}=\frac{\text{非利息支出}}{\text{净利息收入}+\text{非利息收入}}$$

通常效率较高的银行效益比率较低。上述公式直观地表示了银行获得每单位（每元）营业收入所支付的非利息费用数额，该比率越低越好。

有时候银行管理者也使用经营风险比率（Operating Risk Ratio）来区别成本控制和手续费佣金收入对绩效的贡献程度。经营风险比率越低，银行的经营业绩越好，因为较低的比率说明银行的收入更多地来自稳定性更好的手续费佣金收入。

$$\text{经营风险比率}=\frac{\text{非利息支出}-\text{手续费佣金收入}}{\text{净利差率}}$$

（三）生产率指标

很多银行管理者会通过追踪一系列生产率指标（Productivity Ratio）来评估他们是否最大限度地利用了人力和资本，典型的指标包括人均资产（Assets per Employee）和人均薪酬支出

(Average Personnel Expense)。较高的人均资产意味着较少的员工处理更大规模资产相对应的业务。所以，该比率作为资产效率的指标越高越好；但是该比率忽视了银行经营的表外业务。而人均薪酬支出用薪酬和福利衡量人均成本。两个指标的表达公式如下：

$$人均资产=\frac{平均资产}{全职员工人数}$$

$$人均薪酬支出=\frac{员工薪酬}{全职员工人数}$$

关于这两个指标的最优值尚未有统一标准，事实上，很多业绩较好的银行全职员工并不多，但支付的平均薪酬却较其他银行高。而且，人均薪酬支出会受到支付给银行高管的高额薪酬的影响。例如，一家员工人数较少的中小银行支付给其高管高额的薪酬，其计算出的人均薪酬与同业其他银行相互比较就没有什么意义。所以，对于中小银行而言，人均贷款额(Loans per Employee）和人均利润率（Net Income per Employee）能够提供与生产率相关有用信息。因为贷款通常是银行持有的最大的资产，计算人均贷款额来衡量生产率更有意义。人均利润率则从整体上反映了银行员工的生产效率和盈利能力。

$$人均贷款额=\frac{平均贷款总额}{全职员工人数}$$

$$人均利润率=\frac{净利润}{全职员工人数}$$

本章小结

1. 金融业竞争的日益加剧，迫使国际银行业寻找新的利润来源。中间业务是指不构成商业银行表内资产、表内负债，形成银行非利息收入的业务。中间业务为商业银行开辟出新的利润空间。

2. 中间业务虽然处于不断创新发展的过程中，但其基本的特征未变，包括资金与服务的分离、低成本、高收益、交叉性和透明度低。

3. 按不同的标准，中间业务有不同的分类。一般将中间业务分为金融服务类中间业务和表外业务。金融服务类中间业务主要包括了支付结算业务、银行卡业务、代理类中间业务、基金托管业务、咨询顾问类业务。

4. 表外业务是指商业银行从事的，不列入银行资产负债表内，不涉及资产负债表内金额的变动，但构成银行的或有资产和或有负债的交易活动。主要包括担保类、承诺类和金融衍生交易类。

5. 非利息收入与非利息支出相减得到银行的净非利息收入，美国银行监管机构将银行的非利息收入分为四大类：存款账户服务、信托服务、交易账户活动、其他非利息收入。非利息费用也称非利息支出，包括员工薪金与福利、固定资产与房地产折旧、其他非利息费用。

6. 银行管理者通常会通过追踪一系列财务指标来了解银行控制费用、获取非利息收入的能力。最常用的有三类指标：非利息收入率、效益比率和生产率指标。

本章重要概念

中间业务　表外业务　支付结算　银行卡　银行承兑汇票　备用信用证　银行保函　贷款承诺　远期合约　金融期货　金融期权　净非利息收入　非利息支出　非利息收入率　效益比率　人均薪酬

思考与练习

1. 利率市场化和互联网金融的蓬勃发展给传统的商业银行中间业务带来了怎样的影响和发展机遇？

2. 银行如何通过远期利率协议规避利率风险？

3. 我国商业银行的非利息收入规模与其盈利能力和承担的风险是什么关系？

4. 中间业务有哪些特点？

5. 金融服务类中间业务主要包括哪些品种？各业务的基本业务流程如何？

6. 期权交易与期货交易有什么区别？

7. 衡量商业银行非利息收支业务发展状况的主要指标有哪些？

8. 银行非利息支出的构成包括哪几项？

9. 根据以下资料计算两家银行的效益比率和经营风险比率，并据此分析 B 银行、R 银行的收入结构和经营状况。

比率	B 银行	R 银行
资产收益率 （ROA）	1.40%	1.40%
净息差 （NIM）	4.00%	4.5%
手续费及佣金收入/非利息收入	1.25%	0.75%
营业收入	5.25%	5.25%
非利息支出	3.25%	3.25%

第六章 商业银行投资银行业务

2014 年 8 月 8 日，浦发银行发布了并购金融服务方案 2.0，横跨并购顾问、并购融资两大领域，打造融“设计、推动、实施、服务”于一体的并购金融全产业链服务模式。在并购过程中，浦发银行致力于多层面、多角度满足客户金融服务需求，不仅可以帮助企业直接发行债券融得资金，或为企业设计股权融资结构、引入 PE 基金提供股权融资，还可为企业设计并购结构化融资、信托及资产管理计划等夹层融资模式。浦发银行还可在并购交易完成后，帮助企业设计以商业银行及投资银行融资产品为主、其他融资产品为辅的再融资方案并推动实施，以提升并购交易的价值。投资银行业务是浦发银行五大战略业务之一，定位于提供“股债贷”一体化一站式金融服务。

这是我国商业银行重点拓展投资银行业务的一个缩影。随着利率市场化以及互联网金融的强势介入，商业银行传统存贷款业务空间大幅收窄，包括城市商业银行在内的我国银行业纷纷调整传统业务，将投资银行业务作为重点发展板块。不仅是浦发银行，民生银行于 2014 年初也将投资银行部从公司银行部独立出来作为一级部门，专门经营投资银行业务。而平安银行继 2016 年 8 月启动零售战略转型后，又提出公司业务发展将坚持“一体两翼”，打造以“投资银行 +”和“交易银行 +”为两翼的一体化综合金融；走“商行 + 投行 + 投资”道路，重塑银行资金板块，打造一个“轻型”商业银行。上海银行、徽商银行等城商行也都成立投资银行部，大力发展投资银行业务。①

通过本章的学习，你将能够：

- 明确商业银行和投资银行在主营业务上存在的差异；
- 了解商业银行积极介入投资银行业务领域的动因和发展现状；
- 掌握商业银行开展的主要投行业务种类；
- 掌握商业银行资产管理业务的主要类型；
- 了解商业银行在企业兼并收购中发挥的作用；
- 了解商业银行资产证券化原理和流程。

① 新华网、人民网等新闻报道。

第一节　商业银行投资银行业务概述

一、投资银行与投资银行业务

（一）投资银行的定义

投资银行（Investment Banking）是最典型的投资性金融机构。一般认为，投资银行是在资本市场上为企业发行债券、股票，筹集长期资金提供中介服务的金融机构，主要从事证券承销、公司购并与资产重组、公司理财、基金管理等业务。其基本特征是综合经营资本市场业务。

美国著名金融专家罗伯特·库恩（Robert Kuhun）依照业务经营范围大小，对投资银行给出了四个层次的不同定义，即广义投资银行、较广义投资银行、较狭义投资银行、狭义投资银行。[①] 广义投资银行是指任何经营华尔街金融业务的金融机构，业务包括证券、国际海上保险以及不动产投资等几乎全部金融活动。较广义投资银行是指经营全部资本市场业务的金融机构，业务包括证券承销与经纪、企业融资、兼并收购、咨询服务、资产管理、创业资本等，与第一个定义相比，不包括不动产经纪、保险和抵押业务。较狭义投资银行是指经营部分资本市场业务的金融机构，业务包括证券承销与经纪、企业融资、兼并收购等，与第二个定义相比，不包括创业资本、基金管理和风险管理工具等创新业务。狭义投资银行则仅限于从事一级市场证券承销和资本筹措、二级市场证券交易和经纪业务的金融机构。

投资银行在各国的称谓不尽相同。在美国称投资银行，在英国称商人银行，在日本称证券公司，在法国称实业银行。

（二）投资银行的类型

当前世界的投资银行主要有四种类型。

1. 独立的专业性投资银行。这种形式的投资银行以美国的高盛公司、美林公司、摩根士丹利公司，日本的野村证券、大和证券、日兴证券、山一证券，英国的华宝公司、宝源公司等为代表。但随着次贷危机的蔓延，2008 年美国五大投资银行先后被收购、申请破产或向银行控股公司转型，正式宣告了独立的专业性投资银行暂时终结。

2. 商业银行拥有的投资银行（商人银行）。这种形式的投资银行主要是商业银行对现存的投资银行通过兼并、收购、参股或建立自己的附属公司形式从事商人银行及投资银行业务。这种形式的投资银行在英、德等国非常典型。

3. 全能性银行直接经营投资银行业务。这种形式目前已成为投资银行业务发展的主流，大型全能银行在从事一般的商业银行业务的同时，也着力发展投资银行业务。

4. 一些大型跨国公司兴办的财务公司。

（三）商业银行与投资银行的区别

尽管在名称上都冠有“银行”字样，但实质上投资银行与商业银行之间存在着明显差异：

---

① 胡援成．货币银行学（第四版）［M］．北京：中国财政经济出版社，2011.

从市场定位上看，银行是货币市场的核心，而投资银行是资本市场的核心；从服务功能上看，商业银行服务于间接融资，而投资银行服务于直接融资；从业务内容上看，商业银行的业务重心是吸收存款和发放贷款，而投资银行既不吸收各种存款，也不向企业发放贷款，业务重心是证券承销、公司并购与资产重组等；从收益来源上看，商业银行的收益主要来源于存贷利差，而投资银行的收益主要来源于证券承销、公司并购与资产重组业务中的手续费或佣金。

（四） 投资银行业务

投资银行业是一个持续发展的行业，但投资银行业务却并不完全依托于该行业而发展，实际上，投资银行业务的领域正在不断拓宽，业务的经营主体也日益多元化，这也反映出金融各行业相互渗透、融合的发展趋势。

通常认为狭义的投资银行业务只限于某些资本市场业务，着重指一级市场上的承销、并购和融资业务的财务顾问。而广义的投资银行业务包括众多的资本市场活动，即包括公司融资、兼并收购顾问、股票的销售和交易、资产管理、投资研究和风险投资业务等。

二、商业银行投资银行业务的起源与发展

（一） 商业银行开展投资银行业务的背景

在职能分工背景下发展起来的传统商业银行最初并不开展投资银行业务，尤其是1929—1933年席卷资本主义世界的经济大危机爆发后，导致美国大量银行倒闭（仅1930—1933年美国就有7 763家银行倒闭），金融体系严重混乱，为此，美国越来越深刻地认识到投资银行与商业银行混业经营的弊端与危害。并于1933年美国国会通过了《格拉斯—斯蒂格尔法》（*Glass – Steagall Act*），在投资银行和商业银行之间筑起了一道“防火墙”。该法案规定任何以吸收存款为主要资金来源的商业银行除了可以进行投资代理、交易指定的政府债券、用自有资本有限制地购买某些股票和债券三类证券业务以及从事中短期贷款、存款等银行业务外，不能从事发行、买卖有价证券等投资银行业务；而投资银行不得从事经营吸收存款等商业银行业务。同时该法案还规定商业银行也不能设立从事证券投资的子公司，而投资银行不能设立吸收公众存款的分公司。《格拉斯—斯蒂格尔法》实施后，许多大银行将两种业务分离开来，成立了专门的投资银行和商业银行，例如，摩根银行便分裂为摩根士丹利（Morgan Stanley）和J. P. 摩根；有些银行则根据自身的情况选择经营方向，例如，花旗银行和美洲银行成为专门的商业银行，而所罗门兄弟公司（Solomon Brother）、美里尔·林奇（Merrill Lynch）和高盛（Gold – man Sachs）等则选择了投资银行业务。

由于20世纪六七十年代以来，伴随着金融自由化浪潮和金融创新的层出不穷，商业银行面临巨大的竞争压力。鉴于此，商业银行为规避风险、规避监管，提升其市场竞争能力，大量采用一系列创新金融工具，这些创新工具的运用使得商业银行和投资银行的业务界限逐渐模糊，于是在1999年美国国会通过了《金融服务现代化法》，废止了《格拉斯—斯蒂格尔法》，使得美国混业经营模式从法律上得以确认，自此结束了商业银行与投资银行分业经营的局面，世界银行业步入混业经营的时代。在这样的国际背景下，越来越多的商业银行顺应时代变化，为提高业务覆盖领域、提供更多样化服务，以及为提高混业经营能力，选择在开展传统商业银行业务的同时，大力开发和尝试投资银行业务，从而形成了投资银行业务市场的竞争新格局。

（二） 商业银行发展投资银行业务的动因

从供需理论的角度，按照资本市场提供产品→企业需求产品→银行为满足企业需求进行转型→成立投资银行部门为企业提供产品→参与资本市场业务这一逻辑，能很好地解释商业银行开展投资银行业务的必要性。

1. 资本市场的发展激发了企业对资产管理产品的需求。资本市场的发展为企业融资方式的多样化搭建了平台，也由此激发了企业对融资产品的需求，企业融资可以通过股票、债券、短期融资券、票据等方式进行融资，降低融资成本；同时，资本市场的发展也为企业寻求资金保值增值渠道搭建了平台，从而激发了企业对资产管理产品的需求。随着企业不断发展壮大，企业更加重视资金的保值、增值，更加重视资金效率性、流动性、收益性、安全性的统一。因此，对以闲置资金运作为主要内容的资产管理业务的需求日益增加。而资本市场的规范与繁荣、投资渠道的不断扩展及金融产品创新的日新月异，为企业资金提供了运作场所和平台。依托资本市场，金融机构可以创新出一大批具有保值增值、对冲风险、提高资金使用效率的金融工具，并由此而引发了大量的新兴业务，如证券投资、资产证券化、企业并购、投资理财顾问、金融衍生业、各种代理业务等。这些产品，为企业经营过程中闲置的资金提供了多种使用渠道。以资本市场中的债券市场为例，我国的银行间债券市场，可以为企业的短期、周期性的闲置资金提供多种债券投资组合，通过银行市场结算代理业务的开展，企业可以买卖各种期限不一、收益不同、风险各异的债券产品，从而为企业提供了多种安全性高、流动性强、收益稳定、运作成本较低的投理财模式，使企业的闲置资金有了最佳出口，既保持了企业资产的流动性，又相应地增加了企业的收益。

2. 企业对直接融资和资产管理双重需求的压力激发了银行对企业需求产品的供给。资本市场的发展带动了客户需求层次的提高，银行仅仅依靠传统业务已很难满足其需求，传统业务对客户尤其是大客户逐渐失去了吸引力。因为对于扮演筹资者身份的大公司客户而言，更喜欢采取多元化的融资方式，通过直接融资方式募集资金，降低融资成本。同时，大客户还扮演着投资者的身份，更加重视自身资金管理，希望通过多样化的金融工具，实现资金盈利性、流动性、安全性的高度统一，实现资金使用效率和效益更好地结合。

3. 面对外部市场环境的变化和客户需求的变化，银行急需实施业务转型。业务转型应在做好传统业务的基础上更加关注客户的需求和利益，从原来以存贷款、结算等传统业务为主，逐渐向融资安排、企业财务顾问、投资咨询和理财等投资银行业务转变。在转型中，银行需要利用投资银行技术开发设计出更加个性化的期限不一、功能多样的新型金融工具、产品和服务。通过更多的产品供给，来与客户的产品需求进行匹配，从而实现传统业务与投资银行业务双轮驱动、互动发展的模式。一方面，开展投资银行业务有利于巩固和提高传统信贷业务的“红海市场”，保持和增强商业银行的竞争优势。另一方面，投资银行业务有利于开拓与资本市场相连接业务的“蓝海市场”，解决产品供给与客户需求不匹配的矛盾，培育新的盈利增长点。①

4. 投资银行业务成为连接资本市场与企业的纽带，帮助银行实现金融中介功能的回归。

① ［韩］W. 钱金，［美］勒妮·莫博涅，吉宓译. 蓝海战略［M］. 北京：商务印书馆，2005.

投资银行的各种便捷工具成为投资者和筹资者直接融资的媒介和桥梁，它以最短的时间、较低的成本把投资者手中的闲置资金转移到筹资者手中，实现资金和资源的优化配置。开展投资银行业务也使银行真正完善金融中介和风险管理职能，并能在相对高的技术层面上发展业务、参与竞争。

三、商业银行投资银行业务的种类

与传统商业银行业务相比，投资银行业务是一个动态发展的概念。从国际上来看，各大投资银行早期业务主要是承销、交易和经纪业务，随后逐渐扩展到重组并购、财务顾问、结构化融资、资产证券化、资产管理、衍生产品交易、股权直接投资等业务。目前发达国家商业银行的投资银行业务基本上覆盖了所有投资银行业务。2007 年美国次贷危机引起的国际金融危机，使美国投资银行业遭受了很大的打击，雷曼兄弟破产，美林证券和贝尔斯登分别被美国银行和摩根大通银行收购，高盛和摩根士丹利转型为银行持股公司，同时经营商业银行业务。商业银行和投资银行的混业经营是一种趋势。

按照中国人民银行和中国银保监会的规定，我国商业银行可以从事的投资银行业务分为咨询顾问类、交易类、代理类、托管类和其他中间业务类。具体地讲，我国商业银行从事的投资银行业务主要包括债务融资工具的承销发行、银团贷款、财务顾问、资产管理、私募股权投资、结构融资等。

专栏 6 – 1
委外业务

所谓委外，是指委托人将资金委托给外部机构管理人，由外部管理人按照约定的范围进行主动管理的投资业务模式。自 2014 年开始，以工商银行为代表的大型银行已经尝试委外投资，并探索采用 FOF（基金的基金）和 MOM（管理人的管理人）的管理模式。从 2015 年开始，伴随着银行理财规模的膨胀，委外市场加速扩大。2016 年以来，城商行和农商行成为市场各类专业投资机构争相抢夺的委托客户。

就委外市场的规模，很难有准确的统计数字。2016 年上半年，根据不同券商的测算，规模在 3 万亿元到逼近 20 万亿元不等。测算的方法，一是大机构调研，一头从委托方，即银行，另一头从受托管理机构来进行统计，只能统计大机构；二是从投资标的债券来进行估算，比如，银行理财投向债市的，大概有多少比例为委外，但银行自营资金很难作出这个统计。

2016 年以来，委外市场在投资策略、委托人和受托人类型，以及合作模式上都呈现出一些特点，也出现一些新的变化。在投资策略上，“债券 +”策略明显增多，具体表现为“债券 + 打新”“债券 + 定增”等。截至 2016 年 6 月末，招商银行债券委外规模为 2300 亿元，占债券投资的 25%。从市场主体来看，蓝海市场存在于城商行和农商行。从受托管理机构来看，无疑是券商和公募基金的“好时候”。作为管理人，受托资金“管不过来”的现象值得关注。对于委托人而言，如何选择投顾仍然是个难题，私募机构和投后管理系统市场都存在较大发展空间。

资料来源：杨志锦，辛继召，等. 2017 中国银行业发展趋势报告［N］. 21 世纪经济报道，2016 – 12 – 19.

专栏6－2

投贷联动

投贷联动主要指商业银行采用信贷手段，投资机构采用VC（风险投资）或PE（私募股权投资）的权益融资，以“股权＋债权”的模式，为创业期的小微企业尤其是科技型企业融资的一种方式。商业银行开展“投贷联动”有助于提升服务实体经济的效率，也有助于提高自身的金融创新和竞争力。

借助投资机构的隔离式投贷联动，一方面，商业银行以自身的客户资源，为投资机构推荐优质企业，并为投资机构提供财务顾问和托管等服务；另一方面，商业银行通过与投资机构合作，在投资机构对企业已进行评估和投资的基础上，以“股权＋债权”模式形成股权投资和银行信贷联动。商业银行依托创投机构的专业知识和投资能力，甄别筛选客户，控制风险，有助于提高客户服务能力，并不断拓展商业银行新的业务机会。

商业银行通过设立控股或参股的信托公司、基金公司、境外子公司等建立投贷联动的平台，实现对科创企业的投贷联动服务。开展投贷联动的试点商业银行可在境内设立具有投资功能的子公司，由其子公司开展股权投资进行投贷联动。试点银行还可设立科技金融专营机构及其分支机构，开展与科创企业股权投资相结合的信贷投放。

投贷联动实现商业可持续的关键是“投”与“贷”风险的有效管控。商业银行可选择投资经验较丰富的投资机构，同时在其选择投资企业或项目上拥有否决权，对投资企业或项目进行实时的风险穿透检测，协商合作的风险投资机构或引入担保机构提供担保。商业银行针对自身需要完善内控制度和风控措施，特别是通过银行集团内部投资子公司平台实施的投贷联动，必须建立严格的防火墙制度，坚持各自的业务边界和风险底线，实现母银行与下属投资公司在财务、人事、经营、风险等方面的有效隔离。

资料来源：中国银行业协会行业发展研究委员会．中国银行业发展报告（2016）［M］．北京：中国金融出版社，2016：154－158.

第二节　项目融资与财务顾问

项目建设是市场经济扩大再生产的必由途径，特别是大型项目的建设实施，然而项目所需的巨额资金常常是项目投资者掣肘的因素。如何有效安排项目融资，促进项目建设，成为各个经济主体最为关注的问题。商业银行可以利用其在金融市场的专业优势，在顺应经济发展需求的同时，实现自身业务的发展。

一、项目融资

（一）项目融资的含义

美国财务会计标准委员会（Financial Accounting Standards Board，FASB）认为，项目融资是指对需要大规模资金的项目采取的融资活动。借款人原则上将项目本身拥有的资金及其收益作为还款资金来源，而且将其项目资产作为抵押条件来处理。对已在经营的企业来说，利用项目融资，可以避免因筹集新项目所需资金而影响该公司在市场上已建立的信用和公司债券的信用等级；对新设立的公司来说，利用项目融资为新项目筹资是因为新公司还未形成良好的经营业绩或充裕的资产作担保获得其他融资来源。

项目融资（Project Financing）是为项目公司融资，它是一种利用项目未来的现金流量作为担保条件的无追索权或有限追索权的融资方式。

与企业融资方式不同，在项目融资形式中，用来偿还贷款的仅限于被融资项目本身的经济强度，包括项目未来的可用于偿还贷款的净现金流量和项目本身的资产价值，项目借款人的其他资产不承担该项目融资的偿还义务。传统的融资是企业融资，即以企业本身的资信能力为基础，以借鉴企业承担项目风险并为贷款提供担保。从这个意义上说，这种融资方式把一部分项目风险从项目借款人身上转移到了项目贷款人的身上，从而实现风险共担，利益共享。

（二）项目融资的分类

项目融资分为无追索权的项目融资与有限追索权的项目融资。前者是指贷款人把资金贷给项目公司，以该项目产生的收益作为还本付息的唯一来源，并得到在该项目资产上设定担保权益以保障自身利益。除此之外，项目的主办人不再提供任何担保，贷款人对项目主办人没有任何追索权。这种方式对贷款人的风险太大，一般较少采用。

有限追索权的项目融资是较为普遍的一种方式，贷款人除了要求以贷款项目的收益作为还本付息的来源，还要求项目公司以外的其他与项目有利害关系的第三方提供各种担保。当项目不能完工或经营失败，项目本身的资金或收益不足以清偿债务时，贷款人有权向上述各个担保人求偿，各担保人对项目债务所负的责任仅以他们各自所提供的金额或按有关协议所承担的义务为限，通常所说的项目融资都是指这种有限追索权的项目融资。

（三）商业银行在项目融资业务中的定位

项目融资的一大特点是参与机构较多，主要有政府、项目公司、承建商、设备和原材料供应商、融资顾问、贷款银行、担保代理人和保险公司。由于项目融资技术性强，需要运用国际资本市场操作、项目评估、财务分析和融资项目“推荐”技术，一般项目发起方的专业知识、经验和精力都有限，难以胜任项目融资的财务工作，因此，需要一个在国际资本市场有着良好信誉、本身具有融资和结算功能的金融机构协助项目发起人在国际资本市场上筹集资金，并提供部分资金，这就决定了银行在众多的参与机构中是一个重要而又必要的角色。即根据银行自身具有的功能和优势，可在项目融资中担当融资顾问、担保代理人或贷款银行的角色。

作为项目公司的融资顾问，其主要职责是：（1）项目建设前期，协助项目公司选择项目，进行可行性研究；（2）项目选定后，协助项目公司起草项目报批文件，并协助项目公司与政府有关职能部门的沟通和联系；（3）协助项目公司同参与各方进行谈判，并帮助审查有关合同条款；（4）帮助项目公司选择贷款人，参与融资协议条款谈判，并审查融资协议条款；（5）在整个项目融资期间，就项目公司提出的有关问题提供咨询服务。

作为贷款银行的担保抵押代理人，其主要职责是：（1）按照有关协议规定，设置账户系统，对账户现金流量流向进行连续监控，保证贷款资金按工程建设进度拨付到位，不被挪作他用。同时建立完善的资金结算、外汇兑换、资金管理等一系列操作程序，促使项目公司营运收支按担保抵押协议进行，保证贷款的还本付息资金来源。（2）协助贷款银行和项目公司选择保险公司，进行保险协议条款的谈判，并协助项目公司和贷款银行办理保险权益的转让手续。（3）根据项目抵押协议，协助贷款银行从项目公司取得产权的证明文件；配合项目公司和贷款银行到有关部门办理有关抵押登记手续；帮助项目公司和贷款银行保管产权证明文件，定期审查文件的合法性和有效性，一旦发现有损于贷款银行权益的事项，要及时通报贷款银行，并按贷款银行的指令进行处置。

作为项目银团贷款的牵头人，要接受项目公司贷款申请，认定银团贷款总额及贷款种类；向有关国内外金融机构发送组团邀请、借款申请书和有关材料；负责贷款协议条款的谈判、起草、签署等工作；负责办理贷款担保及登记手续；按照同项目公司签订的贷款协议中的约定，向项目公司拨付资金，并按期催收贷款本息。

作为银团贷款的成员行，按照银团贷款协议中约定的时间、金额提供贷款资金，承担应尽的义务，享受应享受的各项权益。

二、财务顾问

（一） 财务顾问的含义

财务顾问（Financial Advisor）是指商业银行为政府、企业等客户的投融资、理财、重组购并等经济活动提供金融咨询、经济分析和财务方案设计等有偿收费性顾问服务。对于商业银行来讲，财务顾问属于中间业务类投资银行业务，银行只收取顾问费，不为客户垫付资金，只承担协议约定的义务和责任，不承担其他任何风险。

（二） 财务顾问业务的分类

1. 按对象划分。财务顾问业务按照对象可以分为政府财务顾问、机构财务顾问、企业财务顾问和项目财务顾问。

（1）政府财务顾问。政府财务顾问业务是为各级政府及其所属部门的投资环境分析、投融资政策设计、税收政策设计以及为政府主导的招商引资等各种经济活动提供的顾问服务。银行为政府提供的财务顾问服务包括：

①协助委托方分析区域经济产业结构与行业分布特点，以形成产业结构调整与行业重组的具体操作方案；

②协助委托方分析与总结区域资本市场的发育状况，并提供相关的主体培育、环境塑造、监督管理等政策咨询或建议；

③立足于资本市场，对区域内企业发展提出合理化建议，协助区域内企业进行产权整合、股权设计、公司改制、资本运作、战略投资等方面的策划；

④对委托方区域内的公司上市前和上市后的重组提出政策建议，并对区域内资产重组，特别是政府主导型资产重组提供决策咨询和操作思路；

⑤为委托方区域内的国有企业改制、民营企业成长、区域内基础设施及重点项目建设中的直接融资提供策划服务；

⑥为委托方提供宏观经济动态及政策趋向（包括金融政策、财政政策、产业政策等）的

研究报告；

⑦为委托方提供上市公司行业板块、地区板块的追踪性资讯服务及相关的研究报告；

⑧为委托方提供资本市场运作及金融产品、金融制度创新的研究报告；

⑨为委托方地方政府各级官员、相关企业的中高层管理人员开设有关专题讲座，如宏观政策、行业规划、资本市场、金融工程、公司改造、资产重组、资本经营等；

⑩为委托方通过相关媒体进行宣传服务，多方位报道区域经济发展进程与业绩。

（2）机构财务顾问。机构财务顾问业务是帮助机构客户分析收入与支出结构，优化资金汇划渠道，降低融资成本，设计资产增值与保值方案。这里的机构客户并不等同于金融机构，而是指除政府和企业外的事业法人或单位，包括学校、医院等事业单位，券商、保险等金融机构。

金融机构首先是企业，具有企业财务顾问的需求。其次，金融机构往往不可能擅长各类金融工具，例如保险公司对银行产品、银行对证券、证券公司对信贷就不如对自身业务的认识清晰，而客户的金融需求往往涉及多种金融服务。以某一金融机构为总协调人，其他金融机构提供财务顾问服务构成横向合作联盟，逐渐成为市场竞争的一种重要手段。

一般的事业单位，虽然不存在投资活动，但是其大量资金存在沉淀。事业单位对综合的资产管理和理财服务有大量需求。

（3）企业财务顾问。企业财务顾问包括企业理财顾问、企业改制顾问、企业上市顾问、企业发债顾问和企业贷款融资顾问等。企业财务顾问是指银行利用自身在客户、网络、资金、信息和人才等方面的优势，根据客户的需求，为客户的投融资、资本运作、财务管理等活动提供的咨询、分析和方案设计等服务。银行开展的企业财务顾问业务范围包括投融资顾问、改制上市顾问、并购顾问、债券及票据发行顾问、资产重组顾问、资产管理顾问、企业诊断、企业常年财务顾问等。

（4）项目财务顾问。项目财务顾问包括建设项目财务顾问、项目融资顾问、项目投资决策咨询顾问、项目资本预算顾问等。项目客户主要是指国家重点项目和工程、外国直接投资而新设立的项目法人。项目法人也是企业，因此项目财务顾问是企业财务顾问的一种特例。

2. 按服务内容划分。财务顾问业务按服务内容分为投融资顾问、重组并购顾问、资产管理顾问和理财顾问。

（1）投融资顾问。投融资顾问包括投资顾问和融资顾问。其中：投资顾问按对象可划分为实产投资顾问和证券投资顾问，服务内容包括投资组合选择、资本预算、投资决策等；融资顾问按照融资性质可划分为股权融资顾问和债务融资顾问。

（2）重组购并顾问。重组购并顾问是为资产重组和转让、债务重组和置换、企业联合、企业合并、企业分立、股权转让以及企业收购等涉及企业产权变动和企业资源优化整合等提供的财务顾问服务。

（3）资产管理顾问。资产管理顾问包括资产组合设计、风险识别与评价、收益估算、资产定价等服务，目前主要适用于机构客户的委托资产管理。

（4）理财顾问。理财顾问包括红利政策设计、税收方案设计、财务制度设计、营运资本理财（包括应收账款管理、流动资产理财、现金预算和短期融资管理等）、外汇理财、财务比率分析、财务战略制定等服务。

（三） 企业财务顾问的主要类型

1. 企业IPO财务顾问。聘请优秀的财务顾问是成功上市的重要一步。财务顾问将协助企业完成如下的工作：制定股份制改组方案；对股份公司的设立、股本总额和股权结构、招股筹资、配售新股和股票上市等制定方案，并进行操作指导和业务服务；推荐具有执业资格的会计师事务所、资产评估事务所、律师事务所；协调各方业务关系、工作步骤和工作结果；中介境内外企业投资认股，推荐证券承销机构、登记机构和上市机构；按照法定程序，协助编制必要的文件，协助企业申请公司设立和证券发行；就有价证券的发行种类、发行数量、发行价格、发行方式、发行费用、发行时机等事项提供咨询意见；为客户申请有价证券发行与上市；协助客户开展以争取客户有价证券公开发行及上市为目的的公关工作；就客户募集资金项目提供咨询意见；评估股份公司的资信等级和证券发行资格；提供有关法规、信息、方法，组织业务培训。

2. 企业发债财务顾问。基于企业发债的业务流程，商业银行可以在各阶段提供相应的顾问服务。

（1）计划决策阶段。财务顾问可以完成以下工作：进行债券发行可行性研究；协助发行人确定债券融资工作计划；确定债券初步方案；准备额度申请报告；掌握上报申请的时机；与国家发展改革委进行前期沟通；提供相关研究资料；提前与潜在投资者沟通。

（2）额度审批阶段。财务顾问可以完成以下工作：提供额度审批进展信息；制作主管部门要求的修改与回复材料；协助发行人与国家发展改革委经济协调司等相关司局及领导的沟通；协助发行人与国务院相关部门及领导的沟通，获得额度特批；及时提供利率市场的最新动态；及时提供新发行企业债券的综合信息。

（3）发行准备阶段。财务顾问可以完成以下工作：制定发行工作计划和发行方案；协助发行人确定其他中介机构；负责协调律师、会计师和评级等各中介机构的工作；确定合理的债券利率询价区间；负责制作整套发行申请材料；协助发行人对相关发行申请材料质量把关；签署承销协议和承销团协议；提供发行方案的相关论证；提供潜在投资者的初步反馈；与相关政府部门沟通，提供政策面的最新情况。

（4）发行审批阶段。该阶段主要工作由承销商完成。

（5）推介销售阶段。本阶段的主要工作包括协助确定发行时机、确定推介宣传工作计划、路演、簿记、定价、向机构投资者分配债券和零售、券款归集。财务顾问可以提供债券代销服务。

（6）上市交易和后市服务阶段。该阶段的主要工作由相关券商完成。

3. 企业买壳上市财务顾问。买壳上市的财务顾问具体工作包括四部分。

（1）协助企业完成本次收购工作的谈判进程。具体包括：对企业进行尽职调查；提供目标壳公司；提交买壳上市方案；制定买壳上市工作时间表；协助企业与目标壳公司原控股股东洽商，促使双方达成股权转让协议；作为买壳上市工作企业聘请的中介机构的总协调人，协调律师、会计师、资产评估师的工作。

（2）收购股权工作。具体包括：协助企业编制《上市公司收购报告书》；协助企业履行

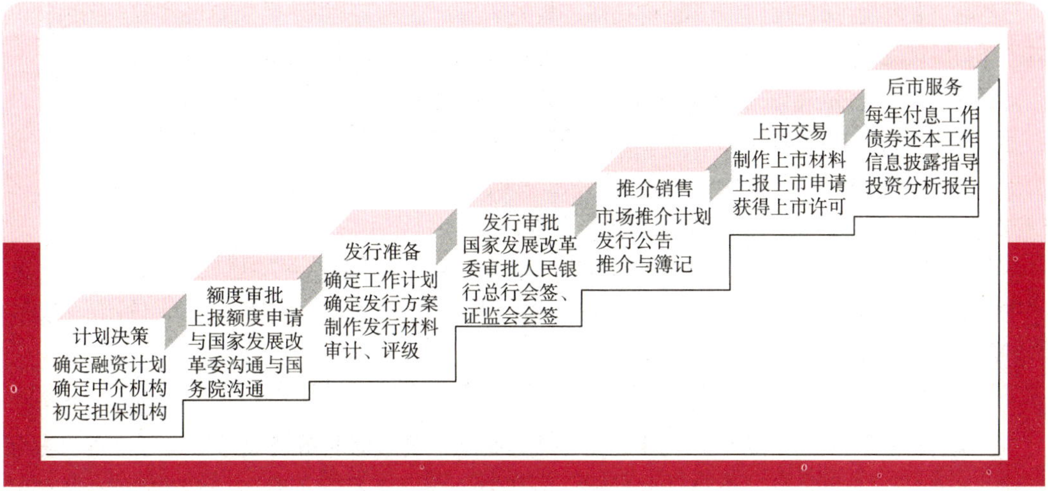

图6-1 企业发债的业务流程

向中国证监会、目标壳公司所在地证管办、证券交易所的文件报送程序；协助企业准备向财政部或其他审批部门报送的股权转让申请文件；协助企业获得财政部对股权转让的批复；协助企业编制《豁免要约收购申请文件》；协助企业尽快获得中国证监会对豁免要约收购义务的批复；协助企业完成股权过户手续；协助企业履行相关的系列信息披露工作。

（3）资产置换工作。具体包括：协助企业制定资产置换工作方案及资产置换的谈判及资产置换协议的签署工作；协助企业履行向中国证监会、目标壳公司所在地证管办的资产置换文件报送程序；协助企业资产置换资产的审计、评估工作；出具资产置换的独立财务顾问报告。

（4）为企业买壳上市提供并购融资安排。具体包括：协助企业制定并购融资安排方案，包括融资工具选择、融资期限设计、担保结构设计、资金支付计划、资金偿还计划；协助企业选择资金安排的金融机构；协助企业完成融资安排涉及的担保、回购等；协助企业完成资金安排金融机构的审批工作，落实并购融资安排。

4. 企业常年财务顾问。企业常年财务顾问是一种企业的综合服务，是针对企业日常的金融需求提供常规顾问服务，或为企业的日常金融活动提供初步服务方案。

专栏6-3
中国工商银行常年财务顾问服务

常年财务顾问业务是工商银行充分利用人才、信息、科技等优势，为客户提供的持续性财务顾问服务。本业务根据不同客户的不同需求提供不同服务组合，并实行分类定价。常年财务顾问业务可根据客户需求提供专属咨询服务和研究咨询服务。

专属咨询服务是工商银行的客户经理、中级企业理财师、高级企业理财师为客户提供的财务诊断咨询和金融产品咨询服务。财务诊断咨询主要利用工商银行信息和客户提供的相关情况，对企业的财务管理、税收规划和投融资安排等方面的问题进行简单的诊断并提出初步的建议。金融产品咨询主要利用工商银行信息和客户提供的相关情况，为客户提供银行或其他金融机构所提供的各类投资或融资产品的概况、使用方法等方面的信息，并就相关问题解答客户提出的疑问。

研究咨询服务分为研究报告服务和论坛咨询服务。研究报告服务主要为常财客户发送以工商银行投资银行研究中心为主开发的关于宏观经济、金融市场、行业发展和企业管理等方面的研究报告。论坛咨询服务是在客户自愿的前提下，工商银行以"工行投资银行论坛"或"投资银行客户沙龙"等形式为客户提供的专题性的研究咨询服务。

工商银行常年财务顾问业务的适用对象主要是有日常持续性财务咨询需求的企事业法人。服务主要由工商银行当地分行的投资银行业务主管部门提供。双方协商后，签订常年财务顾问协议。按约定的收费标准收取相应的财务顾问费。

---

5. 融资顾问业务。在金融市场中，资金需求者可以通过多种筹资渠道来满足自身的资金需求，但由于资金筹集是一个复杂的过程，一般资金需求者往往不具备协调整个运行复杂、牵涉面广的融资工作的专业技能和经验，即缺少融资方面的专业人员，而且即使有这方面的人才，出于实现融资目标的成本方面的考虑，资金需求者往往会选择一家中介机构来协助融资目标的实现，这样就需要有专门的机构为资金需求者提供融资顾问服务。一般来讲，提供融资顾问的工作往往由金融市场中的投资银行或商业银行的投资信贷部门来完成。

融资顾问就是金融服务机构围绕客户或项目的实际情况，根据客户的要求，为客户或项目提供融资方面的个性化、差别化的顾问服务。具体包括：甄别客户日常运营中的财务问题，协助实现最优资本结构；针对客户近期投资的资金需求，提供融资方案设计服务，并协助客户实现既定的融资方案；针对企业的突发性困难，协助企业重新制定发展战略，重建财务体系；为企业兼并、收购及股份制改造提供咨询、策划并协助筹集资金等内容。

任何一个客户雇佣一家机构担任融资顾问的目的在于能够建立一个合理的融资结构，并以较低的成本及时实现融资目标，满足自身投资的要求。因此，担任此项工作的机构必须能够准确地了解客户融资的目标和具体要求，熟悉融资所在国的政治经济结构、投资环境、法律和税务制度，对客户本身以及客户所属行业的技术发展趋势、成本结构、投资费用有清楚的认识和分析，掌握当前金融市场的变化动向和各种新的融资手段，与主要银行和金融机构有长期稳定的良好合作关系，具备丰富的谈判经验和技巧等。

在融资的谈判过程中，提供融资服务的机构要周旋于各个有关利益主体之间，通过对融资方案的反复设计、分析、比较和谈判，最后形成一个既能在最大程度上保护客户利益，又能为资金提供者所接受的融资方案。

具体地说，融资顾问在融资过程中主要从事以下工作。

（1）资金用途的可行性评价。资金用途的可行性评价是前期准备工作，在此阶段，融资顾问着重从财务、风险、技术等方面判断投资的可行性。财务评价工作包括衡量投资的效益与全面合理性，投资与所在国家的各项政策、发展计划衔接的程度，对潜在市场进行充分详尽的分析，还包括盈亏平衡分析、灵敏性分析、投资回报率分析，并从回收期、年收益率、净现值、内部收益率几方面来衡量投资的经济效益。风险分析则包括对信用风险、完工风险、生产风险、市场风险、金融风险、政治风险、环境保护风险进行分析。技术论证则是从生产技术、原材料供应、市场分布、管理经验等方面判断投资在技术上的可行性。

（2）投资结构设计。所谓投资结构设计，是指在所在国家法律、法规、会计、税务等外在客观因素下，寻求一种能够最大限度地实现客户投资目标的资产所有权结构。融资顾问需要根据客户和资金运用的特点、各投资方的发展战略、利益追求、融资方式、资金来源以及其他限制条件决定选择何种投资结构，以最大限度地满足各投资方的要求，有时融资顾问还要发挥想象力，为某一项目设定一种待定的灵活性投资结构。

（3）融资方案设计。设计融资方案是融资顾问工作的核心部分，设计融资方案需要与投资结构的设计同步考虑，并在投资结构确定下来之后，进一步细化、完成融资方案的设计工作。融资顾问在这一阶段的工作主要包括决定融资总额、制定资金到位的时间表、确定资金构成、协助落实资金来源。

（4）帮助制定融资的担保结构。多数情况下，为规避风险，资金提供方希望借款人能提供担保，因此担保是否合理有效，能否得到资金提供方的认可在很大程度上也决定了融资能否成功，融资顾问在设计融资方案时，就要考虑担保的问题，通过与客户协商确定拟采用的担保形式和担保范围。

（5）参与融资谈判。在初步确定了融资方案后，如果采用间接融资的方式筹集资金，融资顾问将有选择地向商业银行或其他一些金融机构发出参加融资的建议书，组织贷款银团；如果决定采取直接融资，融资顾问将协助客户联系有资质的投资银行，协助客户与投资银行就拟发行证券的价格、发行方式、发行对象等问题进行协商。在与银行或投资银行的谈判中，融资顾问可以帮助加强客户的谈判地位，保护投资方的利益，并在谈判陷入僵局时，及时、灵活地找出适当的变通办法，绕过难点解决问题。

融资顾问的工作目标应该是根据客户的实际情况，设计出几种合理可行的融资方案，并协助客户实现既定的融资方案。具体地讲，就是融资顾问接受客户的委托，测算其总资金需求，根据资金需求，在综合考虑行业性质、产品性质和技术水平、评估达产后经营效益、目前的融资环境等因素的基础上，设计出几个合理可行的融资方案，融资方案至少要包括资金筹集方式、定价、币种结构、期限结构、担保结构等内容，根据比较各融资方案的资金成本、可行性、合理性的结果，判断各融资方案的优劣，提出倾向性意见，协助客户确定融资方案。一旦确定了融资方案，融资顾问还会帮助客户联系各有关机构，协助客户按既定融资方案取得融资。同时，如果涉及外币融资，融资顾问一般还会提供汇率风险规避方案。

第三节　资产管理业务

资产管理市场诞生于基金业之后，银行理财与信托业的快速发展使整个资管行业在短时间内取得了长足的发展。

> *资产管理（Asset Management）是指对动产、不动产、股权、债权、其他财产权和资产组合进行委托管理、运用和处分，以达到保存、创造财富等目的的综合金融服务。*

一、资产管理业务概述

商业银行资产管理业务又称银行理财业务，

是商业银行发售理财产品筹集资金并按照产品约定进行投资运作、组合管理、信息披露、损益分配并提供其他理财咨询、受托投资、全权委托资产运作管理等服务的新兴业务，资产管理业务是目前商业银行核心业务之一，是商业银行将资金管理、投资组合管理和客户关系管理等融合后形成的综合化金融服务。

商业银行资产管理业务具有以下特点。

1. 不占用银行资本。商业银行资产管理业务表外运作和核算，不计入银行风险资产，银行除了承担声誉风险外，不承担包括信用风险和市场风险在内的其他风险。对于银行来说，该业务属低风险业务，无须进行资本配置。

2. 依赖专业化的风险管理技术。资产管理业务依赖商业银行专业化的风险管理技术为客户创造收益，具有知识、技术密集、创新水平高的突出特点。从业务风险源上来看，商业银行资产管理业务面临多源自利率、汇率、商品、股票、信用、另类投资等价格变动的不确定性，投资品市场价值的波动、市场指数变化及由选择权带来资产价值的不确定性、理财客户申赎产品导致的资金流动性风险、员工操作中的道德风险、风险信用类产品资金投资客户可能违约的信用风险等。从专业技术需求上看，商业银行资产管理业务需要量化投资技术、价值投资方法、衍生产品定价技术、套利交易技术等。

3. 多市场多工具运作。商业银行资产管理业务投资范围广泛，包括直接投资、信托计划及 QDII 等多种投资模式，从投资工具看，涵盖了利率、汇率、商品、股票、信用类产品及另类产品，具有多市场运作、多工具投资、多交易方式协同的典型特点。

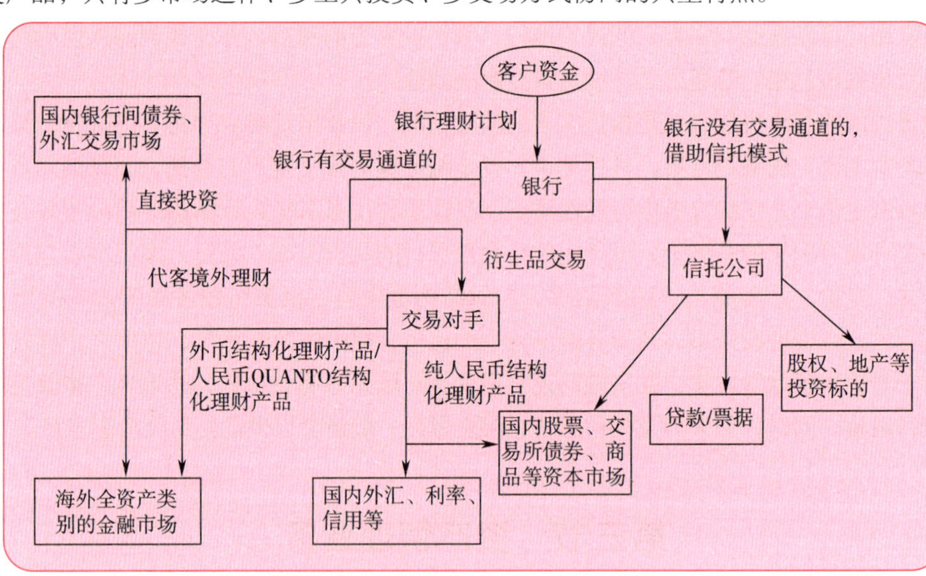

图 6－2　商业银行资产管理运作模式

4. 综合化分层服务。一是提供代客理财、投资咨询、代为推荐信托计划、PE 投资顾问、融资顾问、受托投资、全权委托资产管理等各类服务。二是服务对象层次化，为私人银行客户、中高端客户、普通客户提供相应的理财服务及理财产品，享受不同层次的咨询及相关服务，相应形成了传统型、服务后跟踪型、结构多样型产品等资产配置体系。

5. 财富驱动。财富驱动是银行资产管理业务发展的基本动力。往往当一国经济及居民财富规模不断增长，出现了数量庞大并快速增长的高净值客户时，则会推动银行资产管理业务的快速发展。2013 年 10 月，商业银行资产管理计划先后在工行、建行、交行等 14 家银行开始试点，标志着商业银行资产管理业务发展步入新时代。银行资产管理将与其他行业资产管理业务在监管限制方面更趋平等，有望更加顺应市场竞争的趋势，成为商业银行业务转型的先导性业务。从我国目前实践来看，理财服务、财富管理和私人银行是商业银行资产管理业务的主体。

二、理财服务

> **理财服务是指商业银行为客户提供的财务分析、财务规划、投资顾问、资产管理等专业化服务活动。**

商业银行理财的专业化服务活动表现为两种性质：一种是顾问性，此时商业银行充当理财顾问，向客户提供咨询；另一种是受托性质，此时商业银行将按照与客户事先约定的投资计划和方式进行投资与资产管理的业务活动。

当前我国商业银行发行的理财产品名目繁多，从不同的角度出发有着完全不同的分类方法。例如，按发行方式可分为期次发行产品和滚动发行产品。期次发行产品有确定的发行期，产品只在特定的时间销售，比如发行期限为 3 天或 1 周的产品；滚动发行产品采取循环的方式滚动定期发行，投资者可以进行连续投资，拥有更多的选择机会。在滚动发行的理财产品中，为方便客户，也有通过一次性签约形式自动实现产品的滚动投资。按产品存续形态可分为开放式产品和封闭式产品。开放式理财产品是总体规模可变，投资者可以在产品的存续期间随时或定期进行申购或赎回的理财；封闭式理财产品是指理财产品规模、期限确定，并且产品存续期间一般不可以进行申购或赎回。

银行理财产品也可以按照投资方向不同划分为固定收益类理财产品、现金管理类理财产品、国内资本市场类理财产品、代客境外理财类产品以及结构性理财产品。

1. 固定收益类理财产品。固定收益类理财产品主要投资于银行间市场、交易所以及其他金融市场的固定收益投资品种，主要包括央行票据、金融债、企业债、短期融资券、贷款类信托、商业票据等。按照具体投资对象又分为债券型产品、信托贷款型产品、票据型产品等。这类产品有固定的投资期限，并能够根据投资收益和费率准确算出客户预期收益，因而称为固定收益类产品。一般情况下，如产品到期投资品能够正常变现，客户即可获得约定的预期收益。

2. 现金管理类理财产品。现金管理类理财产品近似于货币市场基金，其最大的特点是具有很高的流动性，大部分产品的流动性甚至好于货币市场基金。这类产品主要投资于央行票据、金融债、高信用等级企业债等银行间市场信用级别较高、流动性较好的金融工具。这类产品期限短、变现快，申购和赎回非常便利，多用于配置闲置资金。

3. 国内资本市场类理财产品。国内资本市场类理财产品主要投资于在上海、深圳证券交易所上市交易的投资品种，包括交易所股票、开放式基金、封闭式基金以及交易所债券等。产品多采用基金形态，投资收益情况以产品净值形式反映，存续期内一般可以进行申购赎回。

4. 代客境外理财类（QDII）产品。代客境外理财类产品主要投资于与中国银保监会签署合作谅解备忘录的国家和地区的金融市场，投资对象主要包括境外股票、基金、结构性票据、债券以及其他投资品种。目前已有美国、英国、日本、韩国、新加坡、澳大利亚、卢森堡、德国、加拿大、马来西亚和中国香港 11 个国家和地区与中国银保监会签署了合作谅解备忘录。为规避投资风险，中国银保监会明确要求，银行代客境外理财产品不得投资于商品类衍生产品、对冲基金以及国际对公评级机构 BBB 级以下的债券。

5. 结构性理财产品。结构性理财产品又称 QUANTO 产品或双币理财产品，其本金在境内市场投资，借助掉期、期权等金融衍生工具，挂钩利率、汇率、股票、基金、商品以及相关指数等国际金融市场标的，从而使客户有机会间接参与国际金融市场投资，间接分享境外投资收益。

根据银监会 2016 年 7 月发布的《商业银行理财业务监督管理办法》（征求意见稿），商业银行理财业务分为基础类理财业务和综合类理财业务。基础类理财业务是指商业银行发行的理财产品可以投资于银行存款、大额存单、国债、地方政府债券、中央银行票据、政府机构债券、金融债券、公司信用类债券、信贷资产支持证券、货币市场基金、债券型基金等资产。综合类理财业务是指在基础类业务范围基础上，商业银行理财产品还可以投资于非标准化债权资产、权益类资产和银监会认可的其他资产。具备衍生产品交易资格的商业银行可以发行挂钩衍生工具的结构性理财产品，结构性理财产品的基础资产应当与衍生产品交易部分相分离。我国商业银行目前暂不允许发行分级理财产品。所谓分级理财产品是指商业银行按照本金和收益受偿顺序的不同，将理财产品划分为不同等级的份额，不同等级份额的收益分配不按份额比例计算，而是由合同另行约定、按照优先与劣后份额安排进行收益分配的理财产品。

表 6－1　按照资产标的分类的银行理财产品

产品类型	产品介绍	产品特点	适合投资人群
债券与货币市场内产品	主要投资于国债、央行票据、政策性金融债等非信用类工具，也投资于企业债、企业短期融资券、资产支持证券等信用工具	投资标的风险较低，收益比较固定	一种是投资风格较保守的投资者，可以降低风险获得较定期储蓄高的收益；另一种是做了投资组合的投资者可用此类产品降低投资组合的风险
信托类产品	投资于商业银行或其他信用等级较高的金融机构担保、回购的信托产品或商业银行优良信贷资产收益权信托产品	虽然产品不保本，但产品收益较为稳定，风险相对较小	适合追求高收益、有较强风险承受力的投资者
结构性产品	以拆散或组合衍生性金融产品如股票、利率指数等，或搭配零息债券的方式组合而成的各类不同回报形态的金融产品	一般不以理财本金做投资，仅用利息部分，大多为 100% 保本，产品收益与挂钩标的有某种关系，通过公式等反映在合同上	适合追求高收益，有较强风险承受能力的投资者

续表

产品类型	产品介绍	产品特点	适合投资人群
新股申购类产品	集合投资者资金，通过机构投资者参与网下申购，提高中签率	产品不保本，直接和新股申购获利有关，风险中等	适合想参与股票市场，但又不具备投资资本市场知识或时间，或是厌恶炒股风险的投资者
QDⅡ类产品	取得代客境外理财业务资格的商业银行接受投资者的委托将人民币兑换成外币，投资于海外资本市场，到期后将本金及收益结汇后返还投资者	产品一般不保本，多为投资港股、欧美股票、商品基金，资金全额投资该类标的，风险相对较大	对直接参与海外市场有信心，能够承受本金损失风险的投资人

资料来源：根据国内某银行内部资料整理。

三、财富管理

（一）财富管理的特征

财富管理（Wealth Management）是计划运用各种不同的理财工具，以期能有效地持有资产，并形成稳固缜密的架构，使资产不受风险的侵蚀，并同时能作多元化的投资组合，提供丰厚的报酬，令资产得到可观的增值。

财富管理不仅是存款管理，是在对客户资产、负债等数据进行分析整理的基础上，根据客户对风险的偏好和承受能力，结合预定目标，运用诸如储蓄、保险、证券、外汇、收藏、住房投资等多种手段管理资产和负债，合理安排资金，从而在客户风险可以接受范围内实现资产增值的最大化的过程。其主要特征有：服务的全面性与整体性；隐私性和深入性；财富规划及服务咨询的专业性；财产管理及投资操作目标的特定性。

1. 财富管理与私人银行。一般意义上的理财业务属于早期的理财概念，它的营销模式是以产品为中心，是商业银行通过客户分层、差别化服务培养优质客户的忠诚度，从而更好地销售自己的产品；而财富管理业务则是以客户为中心，商业银行根据客户不同人生阶段的财务需求，设计相应的产品与服务，以满足客户财富管理需要，这些金融机构成为客户长期的财富管理顾问。财富管理业务属于成熟的理财业务。

私人银行（Private Banking），是高端财富管理服务的一种，专门面向社会上的富裕人士，或称为高净资产(High Net Worth，HNW)客户，为他们提供个人财产投资与管理。

财富管理起源于美国，过去称为私人银行，但20世纪80、90年代信息科技快速发展，造就出了一批高资产的富裕人士，这些人手上拥有10万美元至100万美元不等。为了抢攻这个有钱的新贵市场，美林和汇丰银行曾合资成立公司，瑞士两大私人银行（瑞士银行及瑞士信贷第一波士顿银行）都放弃传统的“私人银行”（Private Banking）的名称，改用“财富管理”（Wealth Management）。有的金融机构为了有别于同业，又在前面加上Private，例如摩根士丹利就有私人财富管理部（Private Wealth Management）。发展至今，对于国外私人财富管理银行的客户，各家银行制定的门槛有所不同，分别有100万美元、500万美元、1 000万美元不等。

财富管理与一般意义上理财业务的区别主要有三点。

其一，从本质上看，财富管理业务是以客户为中心，目的是为客户设计一套全面的财务规划，以满足客户的财务需求；而一般意义上的理财业务是以产品为中心，目的是更好地销售自己的理财产品。

其二，从提供服务的主体来看，财富管理业务属于成熟意义上的理财业务，它的主体众多，不仅限于银行业，各类非银行金融机构都在推出财富管理业务。一般意义的理财业务多局限于商业银行所提供的传统业务和中间业务。

其三，从服务对象上说，财富管理业务不仅限于对个人的财富管理，还包括对企业、机构的资产管理，服务对象较广；而一般意义的理财业务处于理财业务发展的较早阶段，是银行个人理财业务产品的打包，服务对象多为私人。

财富管理的三个鲜明特征：以客户为中心、服务主体众多、服务对象较广，使其区别于一般意义的理财业务，成为理财服务的成熟阶段。

财富管理意味着向客户提供全面的个人理财产品，满足客户需求以期争取每个优质客户的所有金融消费。一般而言，财富管理包括投资建议、税务规划、风险管理等，而这些项目涉及保险人员、银行或投资、信托人员等不同的专业人士，甚至需要律师及会计师的专业服务。

财富管理从客户的角度出发筛选商品，同时重视延续性服务，并与客户保持密切的合作，除了提供国内外最新资讯，还需要对投资理财提出合作方案及建议。过去大多数银行单纯针对可投资资产所做的市场细分策略，如今已不再适用。银行开始深入了解个别客户背后的推力，包括他们的人生历练、行为、实际与潜在收入等种种可能因为客户本身忽略而造成影响的事件。唯有了解客户的一切，银行才能逐渐提出具说服力的提案，赢得客户的全心赞赏和信赖。

财富管理业务收入以手续费为主，在增加银行盈利的同时，无须提取损失准备，这有助于银行转变以往主要以存放款利差为主的盈利模式，从而备受银行重视。另外，在存款利率维持在较低水平上时，低利息收入难以满足客户需求，而理财产品的相对高收益则是留住存款客户的有效途径。为此，银行业适时推出了财富管理平台，并调整其组织架构。

财富管理是私人银行的另一延伸，私人银行是金融机构的资深人员提供给高资产净值客户的一系列财务方面的服务，目的是保值、增值及节税规划。财富管理则是就资产规模较小的投资人，设立获利目标，提供最合适的投资组合，两者差异主要体现在金额大小与交易形态上。

表6－2　私人银行业务与财富管理业务的比较

私人银行业务	财富管理业务
高门槛	低门槛
产品种类少	产品种类多
贵族化收费	经济型收费
服务以人为主	服务以科技来增强
理财经理拥有关于顾客的知识	银行拥有关于顾客的知识

2. 财富管理业务的类别。财富管理业务按照财富管理目标的不同，可以细分为生活理财和投资理财。生活理财是指帮助客户设计整个生命周期内生活的财务规划。投资理财是指在客户的生活目标得到满足以后，投资股票、债券、金融衍生工具、黄金、外汇、房地产以及艺术品等，以追求客户资产增长，进而提高客户的生活水平和质量。

按照管理运作方式不同，商业银行财富管理可以分为理财顾问服务和综合理财服务。其中，理财顾问服务是指银行向客户提供的财务分析与规划、投资建议、个人投资产品推介等专业化服务（见图6－3）。在理财顾问服务活动中，接受客户的委托和授权，按照与客户事先约定的投资计划和方式进行投资和资产管理的业务活动。在综合理财服务活动中，客户授权银行，代表客户按照合同约定的投资方向和方式进行投资和资产管理，投资收益与风险由客户或客户与银行按照约定方式分享与承担。

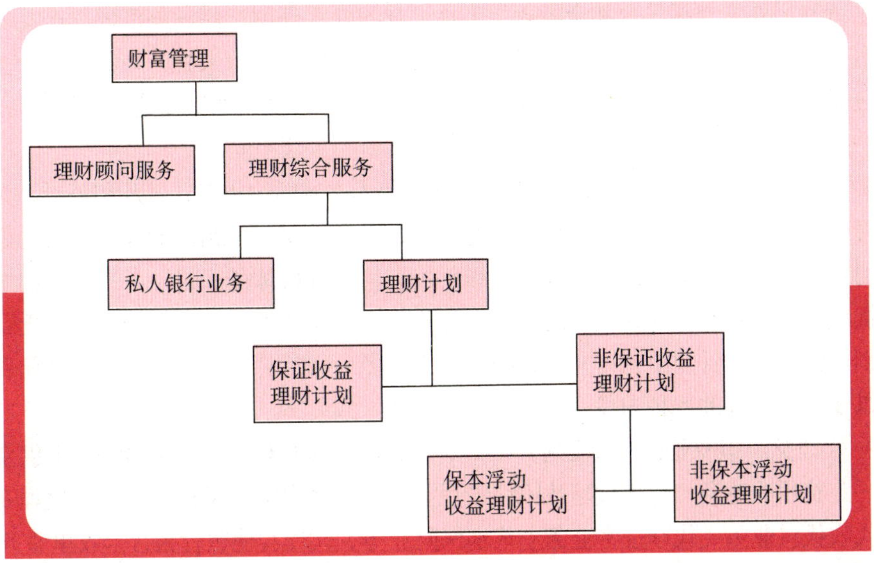

图6－3 中国商业银行财富管理业务分类体系

按照客户获取收益方式的不同，财富管理可以分为保证收益理财计划和浮动收益理财计划。保证收益理财计划，是指商业银行按照约定条件向客户承诺支付固定收益，银行承担由此产生的投资风险，或者银行按照约定条件向客户承诺支付最低收益并承担相关风险，其他投资收益由银行和客户按照合同约定分配，并共同承担相关投资风险的理财计划。浮动收益理财计划是指商业银行根据约定条件和实际投资收益情况向客户支付收益。这种理财计划的收益是浮动的，可分为保本浮动收益理财计划和非保本浮动收益理财计划。前者是银行按照约定条件向客户保证本金支付，本金以外的投资风险由客户承担，并依据实际投资收益情况确定客户实际收益的理财计划；后者是指商业银行根据约定条件和实际投资收益情况向客户支付收益，并不保证客户本金安全的理财计划。

（二）财富管理的主要内容

商业银行的财富管理业务品种丰富，品牌各具特色，但服务内容大多类似，据《2013—2017年中国财富管理行业市场前瞻与投资战略规划分析报告》统计分析，中国银行业财富管理的内容主要集中在以下几方面。

1. 账户管理服务。利用银行便利的短期融资条件和先进的清算系统，为客户提供存取款、投资、贷款、结算、智能转账等服务。这是财富管理服务中最基本、最简单的内容。对于银行的财富管理客户，这些服务大多免收服务费用。

2. 交易类服务。这是银行用来吸引客户的财富管理业务，也是银行财富管理业务中的核心内容，包括人民币理财业务和外汇理财业务。其中，人民币理财是指银行用散户集合的大基数本金购买收益高于普通凭证式国债的记账式国债、政策性银行金融债券、央行票据等收益更高的产品。由于银行在操作上涉及了一些普通投资者无法投资的业务，像银行间债券市场产品等，其预期收益率一般高于传统的短期储蓄存款。中行、工行、建行推出的人民币理财产品起点金额都是5万元，收益各有所不同，但利率都高于相应期限的储蓄存款。外汇理财则是银行利用外汇交易平台和金融衍生工具设计的外汇理财产品。外汇理财产品实质是银行利用衍生产品交易帮助客户提高资产的收益率。对于商业银行来说，外汇理财业务一方面有利于在激烈的同业竞争中留住外汇存款客户；另一方面银行可以充分利用已有技术、人力、客户资源，通过开发外汇理财业务潜力，拓展新的盈利空间。

3. 财富管理顾问服务。银行依靠自身在资讯和人才方面的优势，以及和证券、保险、基金等金融机构的广泛合作，为客户提供理财规划、投资建议、金融咨询等一系列的理财顾问服务。财富管理顾问服务是财富管理的高级阶段。其实施载体是一对一、一站式的客户经理服务。提供的是针对客户的预期收益率和自身的风险承受能力量身定做的、独一无二的财富管理计划。财富管理计划中为客户设计的投资产品多为银行特有的金融产品，如储蓄、外汇买卖，以及银行代理的各种国债、基金、保险产品。

（1）代理类。指商业银行接受客户委托、代为办理客户指定的经济事务、提供金融服务并收取一定费用的业务，包括代理政策性银行业务、代理中国人民银行业务、代理商业银行业务、代收代付业务、代理证券业务、代理保险业务、代理其他银行银行卡收单业务等。

代理政策性银行业务是指商业银行接受政策性银行委托，代为办理政策性银行因服务功能和网点设置等方面的限制而无法办理的业务，包括代理贷款项目管理等。

代理中国人民银行业务，指根据政策、法规应由人民银行承担，但由于机构设置、专业优势等方面的原因，由人民银行指定或委托商业银行承担的业务，主要包括财政性存款代理业务、国库代理业务、发行库代理业务、金银代理业务。

代理商业银行业务是指商业银行之间相互代理的业务，例如为委托行办理支票托收等业务。

代收代付业务是商业银行利用自身的结算便利，接受客户的委托代为办理指定款项的收付事宜的业务，例如代理各项公用事业收费、代理行政事业性收费和财政性收费、代发工资、代扣住房按揭消费贷款还款等。

代理证券业务是指银行接受委托办理的代理发行、兑付、买卖各类有价证券的业务，还包括接受委托代办债券还本付息、代发股票红利、代理证券资金清算等业务。此处有价证券主要包括国债、公司债券、金融债券、股票等。

代理保险业务是指商业银行接受保险公司委托代其办理保险业务。商业银行代理保险业务，可以受托代个人或法人投保各险种的保险事宜，也可以作为保险公司的代表，与保险公司签订代理协议，代保险公司承接有关的保险业务。代理保险业务一般包括代售保单业务和代付保险金业务。

其他代理业务包括代理财政委托业务、代理其他银行卡收单业务等。

（2）基金托管业务。指有托管资格的商业银行接受基金管理公司委托，安全保管所托管的基金的全部资产，为所托管的基金办理基金资金清算款项划拨、会计核算、基金估值、监督管理人投资运作。包括封闭式证券投资基金托管业务、开放式证券投资基金托管业务和其他基金的托管业务。

4. 各种优先优惠措施。这是银行为稳定财富管理客户资源、争取更多的客户而设计的附带服务，均为免费提供。财富管理客户，一般可以享受到优先办理各项业务，优先投资各种紧俏理财产品（如预留国债额度），享受多项业务费用减免等服务。银行的财富管理客户多属于社会中高级收入阶层，这些彰显身份的优惠服务和贵宾待遇对其具有相当吸引力。

5. 企业资产管理业务。目前我国商业银行的企业资产管理业务还处于初级阶段，主要集中在为企业提供日常财务监理、资金调拨等账户管理服务，以及为企业兼并收购、债券及票据发行、基金托管、工程造价咨询等提供顾问服务。其中，较为常见的业务有以下几种。

（1）企业信息咨询业务，包括项目评估、企业信用等级评估、验证企业注册资金、资信证明、企业管理咨询等。

（2）资产管理顾问业务，是指为机构投资者或个人投资者提供全面的资产管理服务，包括投资组合建议、投资分析、税务服务、信息提供、风险控制等。

（3）财务顾问业务，包括大型建设项目财务顾问业务和企业并购顾问业务。大型建设项目财务顾问业务指商业银行为大型建设项目的融资结构、融资安排提出专业性方案。企业并购顾问业务指商业银行为企业的兼并和收购双方提供的财务顾问业务，银行不仅参与企业兼并与收购的过程，而且作为企业的持续发展顾问，参与公司结构调整、资本充实和重新核定、破产和困境公司的重组等策划和操作过程。

（4）现金管理业务，指商业银行协助企业，科学合理地管理现金账户头寸及活期存款余额，以达到提高资金流动性和使用效益的目的。

专栏 6－4

理财业务回归资产管理本质

随着监管层引导商业银行理财业务回归“代客理财”本质的不断深入，2014 年商业银行理财市场的变化主要体现在三个方面：一是从产品结构来看，各家商业银行对理财产品系列做了不同程度的梳理，使开放式产品逐渐增多，封闭式产品逐渐减少，净值型逐步取代预期收益率型产品；二是从产品类型来看，部分商业银行推出了挂钩各类指数、黄金、外汇等的结构性产品，该类产品旨在满足对市场有一定认知、具备投资经验的高端客户，为个人客户提供更多参与市场的机会；三是从产品收益率来看，受市场资金面持续宽松、产品资产运作规则进一步规范等因素的影响，商业银行理财产品收益率将逐步小幅下行。商业银行理财市场正进一步规范，结构性产品和净值型产品将成为商业银行理财产品转型的两个方向。

资料来源：中国银行业协会行业发展研究委员会．中国银行业发展报告（2015）［M］．北京：中国金融出版社，2015：119.

第四节　并购业务

并购（Merger and Acquisition）包括兼并和收购两层含义、两种方式，即企业之间的兼并与收购行为，是企业法人在平等自愿、等价有偿基础上，以一定的经济方式取得其他法人产权的行为，是企业进行资本运作和经营的一种主要形式。

企业的兼并、合并和收购都属于企业的扩张性行为，其直接后果是企业规模及经营范围扩大。兼并（Merger）是指一家企业吸收另外一家或几家企业的行为，被吸收企业的法人地位消失，吸收的企业则存续，通常用公式表示为 A + B = A。兼并经常发生在实力比较悬殊的企业之间，兼并公司通常是优势公司。而合并（Consolidation）则是指两家或两家以上企业结合后全部都不存在，而是在原来企业资产的基础上创立一家新企业，通常用公式表示为 A + B = C。收购（Acquisition）是指一家企业通过某种方式主动购买另一家企业的股权或资产的行为，其目的是获得该公司的控制权。

商业银行可以通过多种方式参与企业的并购活动，诸如寻找兼并与收购的对象、向收购公司和被收购公司提供有关买卖价格或非价格条款的咨询、帮助收购公司制订并购计划或帮助被收购公司针对恶意的收购制订反收购计划、帮助安排融资方案和过桥贷款等。

一、商业银行在企业并购中的作用

商业银行出现在重组并购市场起因于处置银行不良资产。商业银行的不良贷款中有许多是以股权质押、企业担保的形式发放的。在借款企业不能还款时，银行则控制或过户了这些资产，并采取通过重组并购市场出让的方法实现贷款抵偿回收。另一方面，少数借款企业借改制或重组并购的机会，恶意逃废银行债务，迫使银行必须走向重组并购市场，维护银行债权。

随着商业银行经营的逐渐转型，商业银行从被动参与重组并购活动到主动出击，在市场上扮演重要角色；从保护商业银行贷款利益到发展增值服务业务。众多商业银行已经认识到并购市场的重大商业机会，充分发挥商业银行的品牌、客户、资金和网络等优势，积极开拓企业并购市场。

（一）充当并购中介

商业银行拥有广泛的客户，能够从广泛渠道了解企业并购信息，可以灵活主动地为并购方寻找收购目标，或者为主动要求并购的企业寻找投资方。由于有银行作中介，信誉有保证，有利于并购企业双方的进一步沟通和了解。此外，银行还可以财务顾问的角色参与包括企业改制与上市、重大资产重组和转让、债务重组和置换、企业联合、经营机制转换、企业合并、企业分立、股权转让以及企业收购等涉及企业产权变动、组织架构调整、管理制度创新和企业资源优化整合等一系列重组并购行为。

（二）提供并购融资

重组并购离不开融资安排。银行拥有大量资金，可以发挥融资优势。如可以提供债务重组再融资、过桥贷款、并购贷款和融资担保等业务，在风险控制的前提下满足企业并购的融资需求。同股票、债券、信托计划等融资方式比，银行融资具有隐蔽性强、安排快速灵活、利率低等优势，成为企业并购融资的首选方式。

二、并购中的中介顾问服务

投资银行作为中介顾问机构，在企业并购中的角色内容依其服务客户在并购中所处的地位不同（或买方或卖方或目标企业）而不同。

（一） 商业银行作为买方企业顾问

当商业银行充当并购业务中的买方企业顾问时，其扮演的角色和承担的责任主要有以下几个。

1. 策划收购方的经营战略和发展规划，帮助收购方明确收购目的，拟订收购标准。

2. 搜寻、调查和审计目标企业，分析并购目标企业的可行性、必要性和可能性。

3. 设计并购方式和交易结构。

4. 评估并购对买方的影响——基于预测审定对兼并后之公司的影响、评估财务及经营上的协同作用，分析可能出现的摊薄之影响，明了并购后实体的财务需求。

5. 组织和安排谈判——制订谈判之策略技巧、拟订明确的收购建议。

6. 设计一套保障买方权益的机制——决定适当的“锁定协议”、悔约费、期权或换股交易协议，以保障议定的交易得以完成。

7. 帮助确定公平价格或合理价格，拟定可接受的最高出价，向买方董事会提供关于价格的公平意见书。

8. 游说目标企业所有者及目标企业管理层、职工接受买方收购。

9. 做好公关活动和舆论宣传，争取有关当局和社会公众的支持。

10. 调查、防范和粉碎目标企业的反并购措施和行动。

11. 策划并购融资方案，承销发行并购融资证券或提供收购资金。

12. 在善意并购情况下与律师一起拟订合约条款，协助买卖双方签订并购合约，办理产权转移手段。

13. 在公开股市上收购上市公司的情况下，帮助买方分析市场情势，策划并实施二级市场操作方案，与交易所、管理层及各有关当事人进行沟通和协调，发出收购要约，完成标购。

14. 改组目标企业董事会和经理层、实现买方对目标企业的真正控制和接管。

15. 就接管后的企业整组、一体化和经营发展等问题提出咨询意见，帮助买方最终实现并购目标。其中包括接管后帮助买方清理资产与债项、控制财务支出、安排财务计划，确定临时性财务困难的应急措施，避免可能出现的财务危机。

商业银行以上所有角色内容都旨在帮助客户（买方企业）达到以下效果：以最优的交易结构和并购方式用最低的成本（含支付对价、融资成本、时间成本、劳动量等）购得最合适的目标企业，从而获得最大的企业发展。

（二） 商业银行作为卖方企业顾问

当商业银行充当并购业务中的卖方企业顾问时，其角色内容主要有以下几个。

1. 分析潜在买主的范围，寻找最合适的买方企业。

2. 帮助卖方明确销售之目的。

3. 策划出售方案和销售策略。

4. 评估标的企业，制订合理售价，拟订销售底价，向卖方企业董事会提出关于售价的公平意见。

5. 制订招标文件，组织招标或谈判，争取最高售价。

6. 积极推销标的企业，游说潜在买方接受卖方企业的出售条件。

7. 帮助编制合适的销售文件，包括公司说明备忘录和并购协议等。

8. 与有关各方签署保密协议。

9. 做好有关方面的公关和说服工作。

10. 监督协议之执行直至交易完成。

作为卖方的顾问，商业银行的工作宗旨是：帮助卖方以最优的条件（含价格及其他条件）将标的企业卖给最合适的买主。

（三） 商业银行作为并购目标企业顾问

商业银行在敌意并购中作为目标企业及其控股股东顾问的角色内容主要有以下几个。

1. 帮助发现潜在收购方，调查、分析和估测收购方的行动目的和方案，监视其行动过程。

2. 评价敌方企业的收购条件是否公平，抨击其不合理之处。

3. 针对敌我双方的具体情况确定拟用的反并购策略，分析各种拟用之反并购措施的优劣利弊及其后续影响，帮助企业采取最有效的反并购措施。譬如帮助寻找“白马骑士”，帮助实施焦土战术等。

4. 策划反并购融资。

5. 以“公正判别者”的身份分析和评价本次收购对双方企业、双方企业股东和职工、地方经济和社会的影响，争取有关当局、股东、职工、社会公众支持反并购。

6. 安排目标企业在反并购期间的财务活动，控制财务支出，保证反并购活动顺利进行。

7. 为目标企业策划和制订“一揽子”防御计划，防止下次再遭袭击。

在敌意并购中，投资银行作为目标企业及其控股股东顾问的工作宗旨是：帮助目标企业及其控股股东以尽可能小的代价实现反并购成功。当然亦不排斥在个别情况下，投资银行认为接受收购更为上算从而说服目标企业及其控股股东放弃反收购。

值得指出的是，并非每一单并购业务，商业银行都要担当上述全部角色。究竟担当哪些角色，这要视具体情况而定。譬如在收购企业的经营战略和收购目的已经相当明确的情况下，银行就无须再作出这方面的策划；在目标企业为私人企业的情况下，商业银行就无须策划二级市场操作和标购方案，亦不存在防范反收购的问题；在买主已经确定的情况下，投资银行无须帮助卖方分析和寻找买主；在目标企业资金充裕的情况下，反并购融资方案的策划也可省略；等等。

（四） 中介服务式并购业务流程

就商业银行作为中介服务者来说，其并购业务的典型形态流程图如图 6－4 所示，它展示了商业银行从寻找收购方和搜寻目标企业开始完成一宗并购业务的大体过程。

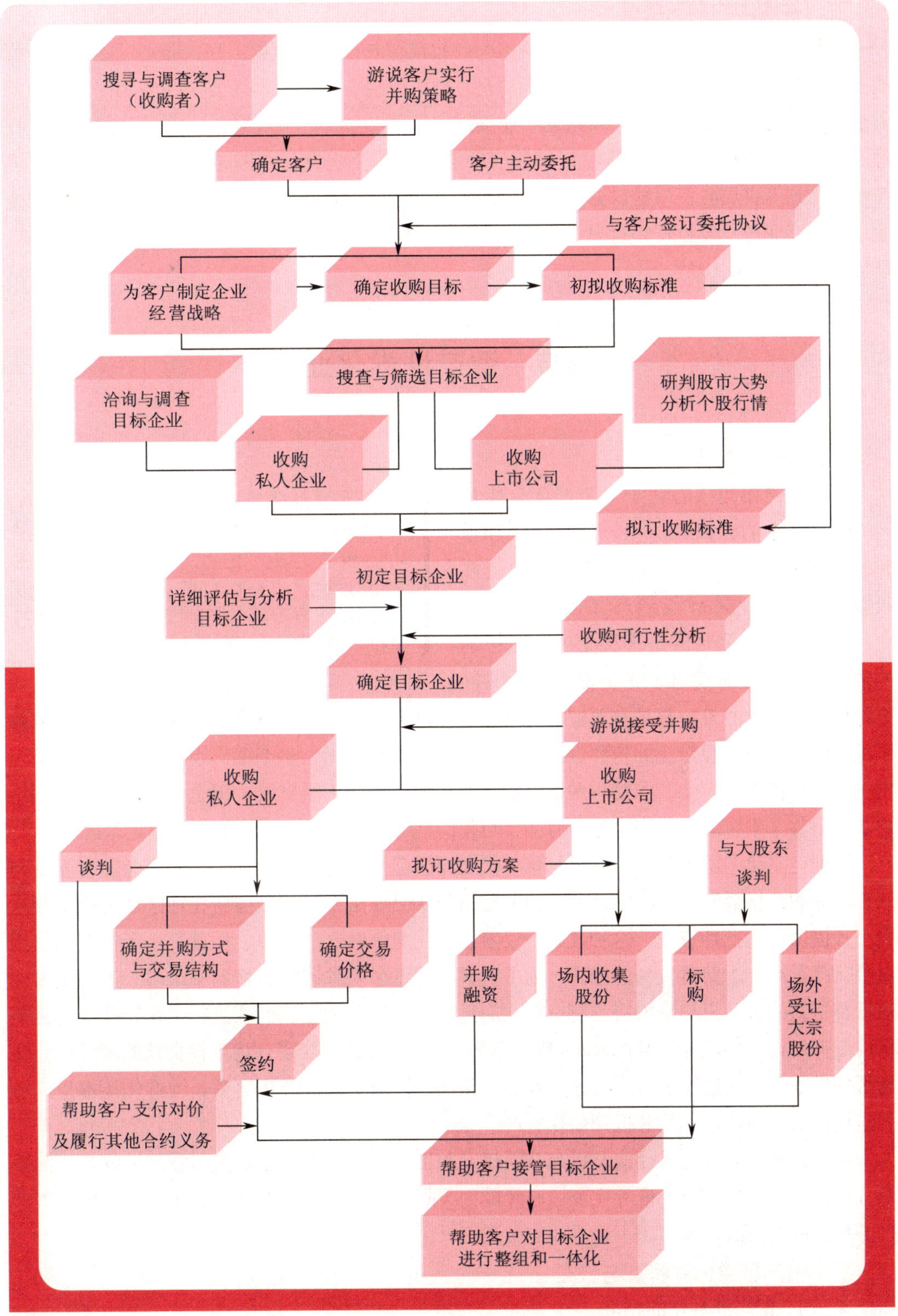

图 6-4　商业银行中介服务式并购业务流程图

三、并购中的融资服务

并购融资服务则不局限于并购贷款这一商业银行最擅长的融资工具，而是广泛运用并购债券、并购基金、并购夹层融资和并购后整合融资等组合融资，满足客户的多元化并购融资需求。在并购过程中，银行可以帮助企业直接发行债券融得资金，也可以帮助企业设计股权融资结构、引入私募基金（PE）提供股权融资，还为企业设计并购结构化融资、信托及资产管理计划等夹层融资模式以融得资金。此外，商业银行还可以在并购交易完成后，帮助企业设计以商业银行及投资银行融资产品为主、其他融资产品为辅的再融资方案并推动实施，以提升并购交易的价值。

第五节　资产证券化业务

一、资产证券化含义

资产证券化的核心在于对资产组合中风险与收益要素的分离和重组，使其定价和重新配置更为有效，从而使参与者各方共同收益。

资产证券化（Asset Securitization）是指将缺乏流动性，但具有未来现金流收入的资产进行组合，对组合产生的现金流进行结构性重组，并依托该现金流发行可以在金融市场上流通的债券的资金融通过程。

单个资产的现金流是不稳定的，在极端的情况下完全按时偿付、完全提前偿付，甚至无任何现金流的发生都是有可能的。对于一组资产而言，尽管整个组合在很大程度上依赖于组合中每一资产现金流的特性，但是由于大数定律的作用，整个资产组合的现金流却呈现出一定的规律性。因此，尽管预测单个资产的可能结果是不现实的，但是人们却可以根据历史数据对整个组合的现金流平均数有一个可信的估计，这就是资产证券化的理论基础。

资产证券化起源于美国20世纪70年代末的住房抵押证券，当时美国住房金融制度受到联邦法律的严格限制，只能由地区性储蓄和信贷协会等储蓄机构依靠所在地区居民储蓄存款向个人提供住房抵押贷款，这种政策不仅限制了住房金融业的发展，而且产生了很大的信用风险，严重影响了储蓄机构的经营。为了获取新的资金来源同时转嫁利率风险，美国从事住房抵押贷款的金融机构纷纷将其持有的住房抵押贷款按照期限、利率进行组合，并以此为担保或抵押发行抵押证券（Mortgage－Backed Security，MBS），实现住房抵押贷款的证券化。住房抵押贷款一经问世即获得了迅速的发展。在住房抵押贷款证券化之后，证券化技术也广泛地应用到抵押债权以外的非抵押债权资产。

目前，资产证券化已经遍及租金、版权专利费、信用卡应收款、汽车贷款应收款、消费品分期付款等领域。资产证券化市场已经成为美国仅次于联邦政府债券的第二大市场，资产证券化也成为美国资本市场上最重要的融资工具之一。

二、资产证券化的特征与分类

（一）资产证券化的特征

资产证券化是一种新的融资方式，与传统的融资方式相比，具有以下特征。

第一，资产证券化是一种结构融资。资产证券化的核心是设计一种严谨有效的交易机构，这一交易结构在资产证券化运作过程中起着重要的作用。它通过资产出售者将资产向特定机构转移，形成一个破产隔离实体，把资产池中的资产偿付能力与原始权益人的资信能力分割开来。

第二，资产证券化是资产融资而非产权融资，其信用基础是一组特定的资产，而非发行人的整个资产，而贷款、企业债券等融资方式都是以发行人全部的资产和信用作为支持的，因此资产证券的持有人只对发行人有有限的追索权甚至没有追索权。

第三，资产证券化一般都需要实现对证券化资产进行集合和打包，并对其进行信用增级，因此这种证券多为利率固定、流动性强的高等级证券，其票面利率也比较低。

第四，资产证券化后，被证券化的资产在资产负债表上消失，资产负债表上的资产经过组合后成为市场化的投资产品，有关资产成为所发行的资产支撑证券抵押品，原始权益人的资产负债率得到了改善，使风险更小、成本更低。

第五，资产证券化是出售资产的预期收入，并不构成负债，出售主体获得了所需的融资而并未增加负债率。

第六，资产证券化的应用范围广泛，凡有可预见收入支撑和持续现金流收入的资产经过适当的结构重组均可进行证券化。

（二）资产证券化的分类

资产证券化可以按照不同的标准进行分类，如果按照证券化的资产进行分类可以划分为住房抵押贷款的证券化、汽车贷款的证券化、应收账款的证券化、信用卡贷款的证券化、基础设施收费的证券化以及商业银行不良贷款的证券化等。

三、资产证券化的融资结构与基本流程

（一）资产证券化的融资结构

资产证券化的基本结构可以简述为：（1）组建特殊目的机构（Special Purpose Vehicle，SPV）；（2）原始权益人向 SPV 销售或转让资产；（3）SPV 直接请其他机构在资本市场发行证券募集资金并用于项目建设；（4）SPV 将项目资产所产生的现金流用于清偿债权人的本息；（5）担保公司提供本息担保（见图 6－5）。

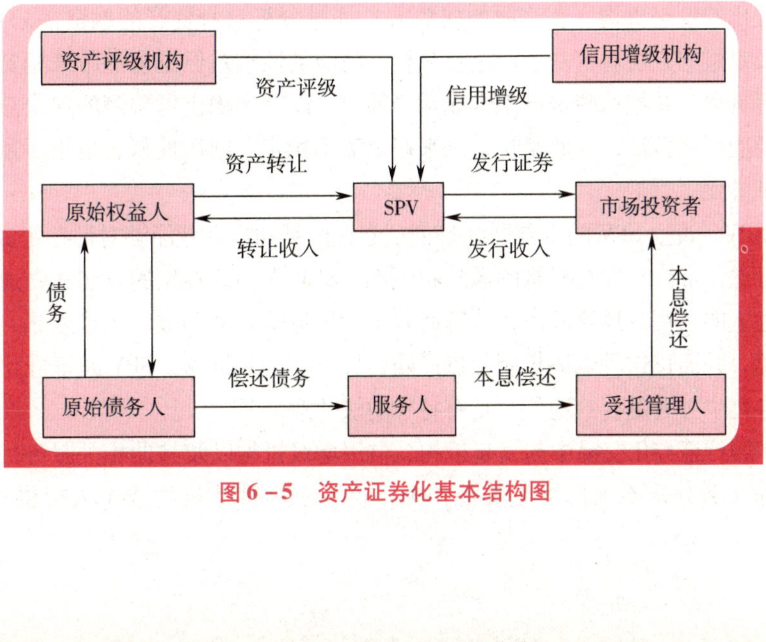

图 6－5　资产证券化基本结构图

从图6－5可知，一个完整的资产证券化融资机构包括以下几个要素：原始权益人、发行人、发行者、投资者、投资银行、资信评级机构、信用增级机构、管理机构、受托管理机构及律师。原始权益人将其所有的可证券化资产在真实销售的条件下转让给SPV，SPV作为发行人通过承销商在资本市场上向投资者发行债券，并用发行所得的收入支付资产购买价款。投资者在资产支撑证券到期之前，委托服务商根据交易契约的规定向原始权益人收取由证券化资产所产生的现金流，将其支付给SPV。SPV用收到的新现金流支付发行债券的本息和专业服务费用，还要在储蓄账户上保有一定的现金存款以应付流动性等风险，保证SPV能够正常履行规定义务。

由于证券化交易极其复杂，原始权益人通常聘用专业的服务机构参与交易，专业的服务机构包括财务顾问、交易安排人、信用评级机构、金融担保机构、承销商、会计师事务所和律师事务所等。

（二） 资产证券化的基本操作流程

资产证券化的基本操作流程如图6－6所示。

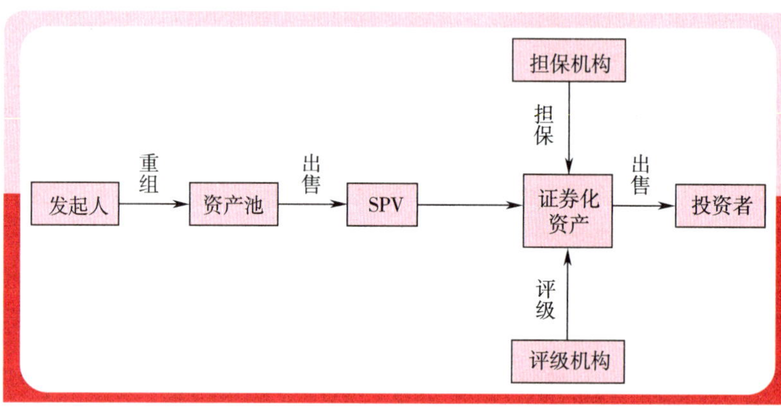

图6－6 资产证券化基本流程

1. 构建资产池。要进行资产证券化首先必须有可预期的现金流来源，因此证券化流程的第一步是证券化的发起机构（资产原始权益人）通过分析自身资产的融资需求和融资目标，然后用定性及定量的方法对自身资产进行分析，将流动性较差但是能够带来稳定现金流的资产或项目进行剥离，并把这些资产组合成资产池。可以产生稳定可预测的现金流收入是证券化资产最重要的经济特征，一般来说，未来现金流不稳定、同质性低、信用质量较差的资产不宜被直接证券化。

2. 设立SPV。设立SPV的主要原因是使证券化产品的投资者能够对证券化资产有完全的主张权，使证券化资产与发起机构的风险相隔离。SPV作为证券化的发起人，通过将证券化资产与原权益人的信用及风险隔离，能够有效地实现风险阻隔和破产隔离效果，使投资人获得较大的保障，并通过这种隔离机制使资产获得较高的信用评级。SPV是证券化交易的中心枢纽，在证券化中占有重要的地位，具有特殊的法律意义。

SPV除了履行证券化交易中与发起机构、信用增级机构以及其他相关服务机构之间形成的债务及担保义务外，不应再发生其他债务，也不应为其他机构或个人提供担保。此外，

SPV 在董事会中设立独立董事，并在章程中规定在资不抵债的情况下经全体董事或至少包括一名独立董事的通过才能提出自愿破产申请。最后 SPV 的业务内容受到严格的限制，一般仅限于资产的购入和资产支撑证券的发行，因此 SPV 在实际的运作过程中只拥有名义的资产和权益，实际管理与控制都依赖相关的服务机构进行，近似于一个空壳公司。

3. 真实出售。只有保证抵押贷款的转让是真实出售，才能实现证券化资产与原始权益人之间的风险隔离，因此真实出售是证券化过程中的一个核心技术也是核心过程。在资产的真实出售时，对于证券化资产的原始权益人来讲应当确认一项销售业务作为表外业务，而不是作为融资业务在表内处理。真实销售的实现形式一般由债务更新、从属参与以及真实出售。

债务更新是指终止资产证券化的发起人与债务人之间的原有债权债务关系，并由 SPV 与债务人按照原合约的主要条款重新签署协议，这种方式的步骤烦琐且成本较高。

从属参与是指由 SPV 先发行证券并将发行收入转贷给发起人，发起人用资产池产生的现金流偿还贷款的一种方式。在这种方式下，SPV 承担发起人的破产风险，中介机构与借款人之间没有合同关系，贷款人与借款人之间的债务合约继续有效，支撑证券的抵押贷款并不转移给中介机构，而是由中介机构先发行抵押贷款证券，然后把发行款转贷给发起人，转贷金额等同于抵押贷款组合的金额，并且贷款附有追索权，其偿付资金来自资产组合的现金流收入。

真实出售是最为理想的选择，因为真实出售既能隔离发起人的破产风险，又能控制成本和提高效率。真实出售是指 SPV 成立后与发起人签订买卖合同，以真实出售的方式购买发起人手中的基础资产组成资产池。这种方式下，SPV 对基础资产拥有完全的所有权，从而实现资产与原始权益人的破产隔离，即基础资产原始所有人将所有的风险和收益转让给 SPV，不再享有对资产的追索权，在其破产时也不能再将该资产参与清算，从而最大限度地降低了发起机构的破产风险对证券化交易的影响。真实出售保证了证券交易的安全性，增大了证券化产品对投资者的吸引力，为资产支撑证券的发行奠定了良好的基础。

4. 信用增级。为了吸引投资者，发行证券时往往需要提高所发行证券的信用等级，这就需要对所发行证券进行信用增级。信用增级的方式包括内部信用增级和外部信用增级，内部信用增级一般通过超额担保等方式进行，外部增级主要依赖于第三方的担保。

（1）优先/次级结构。优先/次级结构通常是内部信用增级的手段，它将资产支撑证券分为不同的信用等级，优先受益人承担较小的风险并获得较低的收益，而次级受益人通常承担较大的风险并获得较大的收益。一般情况下，首先将收益分配给优先受益人，而将损失先分配给次级受益人，从而将风险从优先受益人转移到次级受益人，如果次级档次的证券由发行人自己认购或通过第三者对其提供足够的担保，那么优先收益人的利益就得到了充分的保障，从而提高了其信用级别。

（2）利差账户。利差账户是利用超额利差储备一定的资金用来防范资产证券化业务中可能发生的风险，弥补其可能带来的损失。所谓超额利差是指信贷资产利息收入减去资产支撑证券的利息支出等其他支出后形成的超额收益，作为应对以后可能发生损失的现金准备，在利差账户中积累起来的现金可以用来进行短期投资。

超额抵押是一种与利差账户类似的内部增级方式，是指在资产证券化交易中将资产池价值超过资产支持证券票面价值的差额作为信用保护，用该差额弥补资产证券化活动中可能发生的损失。超额担保通常有两种方式：一是超额权益价值，是指在抵押贷款一级市场中，发起人将价值比所担保的抵押贷款大得多的财产设定抵押，这样就可以从某种程度上降低投资者的风险；二是超额现金流量，是指发行人在向发起人购买抵押贷款时不支付全额价款，而是按照一定的比例支付，其余部分则作为担保。

（3）发行人提供信用强化。在美国，资产证券化的发起人通常都是依赖政府提供的支持而加强所发行证券的信用的。政府之所以提供担保是因为住房抵押贷款证券化是一种金融衍生工具，是一种高风险的金融创新，政府的参与有利于降低风险，从而可以促进私人机构的参与和资产证券化市场的发展。

（4）外部信用增级。在美国，对抵押贷款证券化的担保存在着政府机构担保与私营抵押担保相结合的形态，贷款一旦出现违约或其他风险时，贷款人可以从政府担保机构得到100%的赔偿，或通过房屋拍卖和保险公司得到赔偿，这种混合抵押担保机制的建立降低了一级信贷市场的风险，从而达到信用增加的目的。

5. 信用评级。资产证券化是一个复杂的融资过程，存在着诸多不确定的因素，那么信用评级的作用就是通过给投资者提供一个客观的指标，更好地帮助其选择资产支撑证券产品，消除发行人与投资者之间的信息不对称，因此信用评级是资产证券化过程中的一个重要环节。从宏观层面上来讲，完善的信用评级体系有助于提高市场透明度和运行效率，对资产证券化市场的健康发展有着积极的促进作用。

信用评级包括初步评级和发行评级两个步骤。在信用增级之前，SPV 要聘请专业的信用评级机构进行初步评级，SPV 根据评级结果通过采用相应的措施对其进行信用增级。信用增级完成后，再次聘请专业的信用评级机构进行发行评级，并将评级结果对外公布。此外，信用评级后，评级机构还要进行跟踪监督，根据资产池中资产的特征、信用风险与发行日的变化对比情况作出分析与说明，并把监督报告及时公告和披露。

在美国，发行抵押贷款证券需要接受全国公认的信用评级公司和资格审查，经过不断的发展已经形成了对各类抵押贷款以及其他资产担保证券完善的评估体系，信息技术的发展使得评估更加科学，更能准确把握各种潜在的风险。严格的信用评级制度从根本上减少了证券发行的风险，保护了广大投资者的利益。

6. 证券发售。在确定了资产支撑证券的发行计划和方案，并经过有关监管部门的审查和批准后，即可开展资产支撑证券的发行工作。在资产证券化过程中，资产支撑证券的设计是一个核心步骤，证券的设计与发行需要根据市场的需求、发起人的融资目标以及融资成本，选择最适合的债券种类、期限、利率、发行方式、发行对象以及支付方式等。SPV 一般采用包销或代销的市场将具体的发行工作交给证券承销商，由承销商根据评级结果和当时的市场情况安排证券的发行，投资者通过对风险和收益的判断作出是否购买的决策。

资产支撑证券的市场需求者可以为个人投资者或机构投资者，但是由于资产支撑证券的复杂性，个人投资者不能很好地把握风险，因此机构投资者是最主要的投资者，比如保险公司、养老基金、共同基金、银行等机构。

7. 向发起人支付资产购买款。SPV 从证券承销商那里获得证券发行收入，再按资产买卖合同的约定价格把发行收入中的大部分支付给资产的原始所有人，并向聘用的机构付费，从而完成发行机构的融资。

8. 资产池管理。发行机构的融资目标完成以后并不意味着资产证券化程序的完成，资产支撑证券发行结束后，在存续期内 SPV 委托专门的服务机构作为资产管理人对资产池进行管理。由于发起人对证券化资产及其债权债务的情况很熟悉并且具备资产管理经验，也愿意继续与客户保持委托管理关系，而同时剩余收益的分配权使他们也具有积极管理的动力，因此在大多数情况下资产池的管理人是由发起人担任的。

SPV 与资产管理人签订信托合同，委托管理人对资产池中的资产进行管理。资产管理人依据合同规定在资产存续期内对信托资产进行经营管理，负责收取记录资产池中的现金收入，并将现金流收入存入专用的存款账户。到了约定的付款期，由托管机构将积累的资金划入付款账户并对投资者还本付息。同时资产管理人还要对 SPV 的债务偿还情况进行监督，在债务人违约或无力履约的情况下要及时地采取补救措施予以解决。

9. 债券清偿。证券化产品到期时，SPV 清算支持资产，向聘用的各类服务机构支付专业服务费用。若资产池中产生的收益在清偿证券本息和支付费用后还有剩余，则应按照事先约定的方式在发起机构和 SPV 之间进行分配。在资产支撑债券得到完全的偿付和清算完毕，SPV 向投资者提交证券交易终结报告后，一个完整的资产证券化流程宣告结束。

专栏 6－5
美国次贷危机与资产证券化

次贷危机是指 2007 年在美国爆发的一场由次级住房抵押贷款大量违约引起金融市场流动性不足，导致大量投资银行、基金公司、保险公司等金融机构破产，进而席卷全球金融市场的金融危机。目前全球经济仍然没有完全摆脱次贷危机带来的影响。美国次贷危机的爆发，不仅使美国经济遭受到二战以来最大程度的重创，也使多米诺骨牌的连锁反应效应波及了全世界。对信用度低的贷款人的住房贷款（即次级别贷款或简称次贷）进行证券化处理被称作次贷资产证券化，次贷资产证券化是美国资产证券化的主要品种之一，在美国被资产证券化处理的次贷占次贷总额的比率达到 76% 以上，次贷危机主要通过资产证券化方式得以传播，因此次贷危机也被称作资产证券化危机。

次贷危机虽然又被称为资产证券化危机，但是如果仔细分析美国抵押贷款和次级抵押贷款债券市场的问题就会发现，资产证券化本身并非“罪魁祸首”，祸根在于在房地产市场持续繁荣的背景下，放贷机构为了追求高收益向那些风险很高、还款能力比较差的人发放了高利率的“次级抵押贷款”，正如美联储格林斯潘所说：“真正应当怪罪的不是资产证券化本身，而是将大量不良次级贷款资产证券化。”银行作为发起人把信用度低的房贷借款人的贷款打包出售给投资机构并进行证券化处理，如果借款人无法偿还贷款，这种被证券化处理的银行资产证券化产品的现金流就会中断，从而引发次贷危机。银行等债权机构在通过资产证券化将风险分散和转嫁给广大投资者的同时，也把风险扩散到整个经济体系当中，并且不断地深化，因此从某种程度上看，资产证券化既是一种规避风险的控制机制，同时又是一种风险扩散和深化机制，通过资产证券化过程中的系列“高杠杆化”撬动，使得风险的广度和深度不断加强，这正是此次次贷危机的重要根源之一。

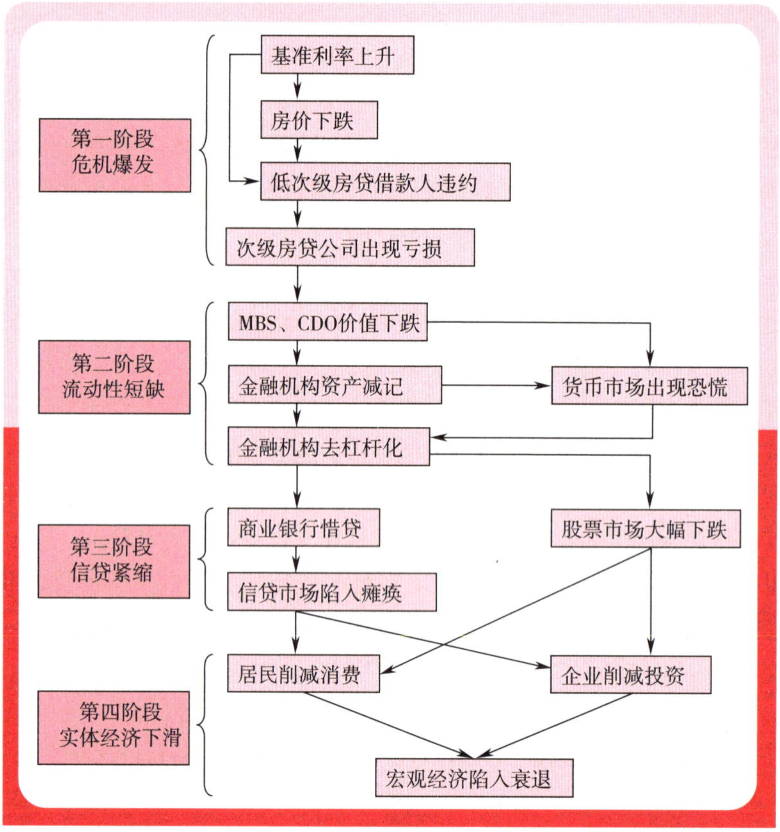

图 6－7　美国次贷危机传导图

四、我国资产证券化实践

我国早期的资产证券化实践始于企业资产证券化，1992 年出现的“三亚地产投资券”是我国对资产证券化业务的首次尝试，在之后的十多年时间里一些企业或资产管理公司也陆续发行过类似于资产支持证券的产品。直到 2005 年国家开发银行和建设银行获准作为试点单位，分别进行信贷资产证券化和住房抵押贷款证券化的试点，才真正意义上开辟了我国商业银行资产证券化发展纪元。截至 2008 年底，国家开发银行、中国建设银行、浦发银行等 11 家金融机构共计发行 17 单总计 667.83 亿元的信贷资产证券化产品；2008 年受美国次贷危机的影响，我国信贷资产证券化试点工作一度停滞。直到 2012 年 6 月，银行信贷资产证券化试点工作才再度重启。2015 年 1 月，银监会下发文件批准 27 家商业银行获得开办信贷资产证券化产品的业务资格，标志着信贷资产证券化业务备案制的实质性启动。2015 年 5 月，国务院常务会议确定 5 000 亿元信贷资产证券化试点规模，同时继续完善制度、简化程序，鼓励一次注册、自主分期发行，并提出规范信息披露，资产支持证券（ABS）在交易所上市交易。

本章小结

1. 商业银行与投资银行在市场定位、服务功能、业务内容、业务重点、收益来源等多方面存在差异。但20世纪六七十年代以来，伴随着金融自由化浪潮和金融创新的层出不穷，越来越多的商业银行顺应时代变化，选择在开展传统商业银行业务的同时，大力开发和尝试投资银行业务。这种趋势在2007年美国次贷危机导致华尔街投资银行业受到重创之后得到进一步强化。

2. 商业银行开展投资银行业务既是满足客户资产管理多样性、市场投融资多元化发展的需要，也是商业银行进行业务结构转型、拓宽盈利来源、拓展“蓝海战略”的必然结果。我国商业银行除不能开展交易所市场的证券承销、经纪和交易业务之外，可开展大多数投资银行业务，包括银行间市场承销经纪与交易，以及重组并购、财务顾问、结构化融资、资产证券化、资产管理、衍生品交易等。

3. 项目融资是指对需要大规模资金的项目采取的融资活动。商业银行可在项目融资中担当融资顾问、担保代理人或贷款银行的角色。

4. 商业银行财务顾问的服务对象包括政府、机构、企业、项目与个人等，服务内容包括财政、金融、理财、投融资、财务等。其中为企业提供财务顾问服务是银行的重要业务，具体包括为企业提供投融资顾问、改制上市顾问、并购顾问、债券及票据发行顾问、资产重组顾问、资产管理顾问、企业诊断、企业常年财务顾问等。

5. 资产管理业务是商业银行将资金管理、投资组合管理和客户关系管理等融合后形成的综合化金融服务，具有其自身特点。我国目前实践来看，理财服务、财富管理和私人银行是业务中的主体。

6. 商业银行是市场并购活动中的重要参与者，可充当并购中介或者提供并购融资等服务促成并购活动的顺利进行。

7. 资产证券化是20世纪90年代以来的重要金融创新之一，商业银行利用资产证券化操作，可有效管理信贷风险和优化融资结构。资产证券化的基本流程包括构建资产池、设立特殊目的机构、真实出售、信用增级、信用评级、证券发售、向发起人支付资产购买款、资产池管理、债券清偿等环节。

本章重要概念

投资银行　投资银行业务　项目融资　财务顾问　理财产品　财富管理　私人银行
企业并购　并购融资　资产证券化　次级债　特殊目的机构

思考与练习

1. 商业银行为什么要介入投资银行业务领域？
2. 商业银行开展的投资银行业务主要有哪些？
3. 商业银行在项目融资活动中扮演什么角色？可提供哪些金融服务？
4. 列举银行开展的财务顾问业务的主要种类。
5. 比较银行理财产品、财富管理和私人银行业务的异同。
6. 商业银行在企业并购过程中可以开展哪些金融业务？
7. 简述银行资产证券化的基本原理和操作流程。
8. 结合我国经济和金融发展状况，运用 SWOT 研究框架，分析我国商业银行开展投资银行业务的优势和劣势、面临的机遇和挑战。
9. 分析影响商业银行资产管理绩效的因素。
10. 以银行资产证券化的操作流程为例，说明我国当前资产证券化管理中应注意哪些问题。

第七章
商业银行资产负债管理

始于2008年的国际金融危机给银行业带来前所未有的冲击。据统计，仅2008—2009年间，美国有近160家商业银行破产或被收购。在因危机影响而倒闭的金融机构中，英国北岩银行（Northern Rock）尤为引人注目。虽然北岩银行直接持有的与美国次级债相关产品不足总资产的1%，但由于资产负债管理策略过于激进、资产负债存在严重的期限错配和资金来源主要依赖短期货币市场，在危机导致市场流动性急剧下降的情况下，该行因融资困难而出现流动性不足，引发了英国140年来的首次银行挤兑危机，并最终破产倒闭。与北岩银行形成鲜明对比的是，美国富国银行（Wells Fargo & Company）在危机期间不断加强资产负债管理，在负债端通过稳固资金来源确保负债成本优势，在资产端通过优化业务结构确保贷款收益走高，在危机背景下实现了逆势增长。2008年，富国银行净收入27亿美元，同期花旗银行净收入为-277亿美元。危机之后，富国银行已经跻身与摩根大通、美国银行、花旗银行比肩的美国银行业“第一阵营”，成为此次金融危机中的大赢家。

通过北岩银行和富国银行在金融危机过程中的迥异表现，我们不难看出资产负债管理在商业银行经营管理中的重要性。资产负债管理是现代商业银行经营管理的核心组成部分。

通过本章的学习，你将能够：

- 掌握商业银行资产负债管理的基本概念和理论；
- 了解商业银行资产负债总量的确定与组合管理方法；
- 了解商业银行经济资本的含义与功能，熟悉经济资本预算、配置、监测、评价的方法，以及经济资本的实践应用；
- 熟悉商业银行存款、贷款和中间业务产品定价的基本理论和方法，了解内部资金转移定价（FTP）的含义与功能，熟悉FTP的价格体系与管理机制；
- 了解商业银行流动性的含义与管理内容，熟悉流动性风险管理的识别、评估、监测与控制。

第一节　商业银行资产负债管理概述

资产负债管理是商业银行重要的价值创造、风险管理和战略规划工具，是商业银行生存发展的根基和生命线。充分掌握资产负债管理基础理论和业务知识，对于加强资产负债管理，防控业务风险，提升价值创造能力，促进商业银行健康可持续发展具有重要意义。

一、资产负债管理的含义、目标与原则

（一）资产负债管理的含义

资产负债管理是一种企业管理活动，用来协调企业的资产与负债决策，即在给定的风险承受能力和约束下，为实现企业财务目标而制定、实施、监督和修正企业资产和负债相关决策的过程。

随着商业银行管理体制、业务范畴、经营模式等的发展，资产负债管理的内涵不断丰富。资产负债管理的含义可概括为：根据外部形势变化及银行发展战略要求，以表内外资产负债为管理对象，以资本约束为核心，以价值创造为导向，以流动性、利率和汇率风险管理为主要内容，以资产负债组合管理为基本工具，对银行资产、负债和资本的总量、结构及组合配置进行全面、动态和前瞻性的规划、监测、调控的全过程。

（二）资产负债管理的目标

资产负债管理目标总体上遵循于商业银行的整体经营目标。根据资本市场估值理论，银行市场价值主要取决于净现金流量、获取现金流量的时间以及与现金流量相关的风险三个因素。短期内，银行现金流量可预测性较强、风险相对可控，获取现金流量的时间对价值影响也不大，因此，影响银行价值的变量主要是净现金流量。由于构成银行净现金流量的主要是资产收入扣除负债成本后的净利息收入，因而，目前银行业通常以净利息收入与生息资产平均余额之比，即净息差（NIM）作为资产负债管理的短期目标。以 NIM 为核心的短期管理目标突出了对利润最大化的追求，从收入和成本匹配的角度强调了对银行资本的有效利用，但忽视了风险和时间价值两个重要因素，容易导致银行决策具有“短视”倾向，为了追求利润增长而忽视风险，侵蚀长期发展潜力。

利润最大化不等同于价值最大化，银行不应只片面追求短期利益，必须立足长远，实现长期可持续发展。因此，从长期看，银行应充分考虑资金的时间价值与风险和收益之间的关系，在有效控制风险的基础上，以实现公司价值最大化为根本目标。在实践中，经济资本回报率（RAROC）将未来可预计的风险损失量化为当期成本，衡量了经风险调整后的收益率，并考虑为非预期损失提供资本储备，衡量了资本的使用效率，使银行收益与承担的风险挂钩，成为银行普遍采用的一种新型的以风险为基础的价值创造能力考察指标。结合管理内涵和职能，资产负债管理长期目标可概括为：从银行整体战略出发，建立符合现代商业银行要求的资产负债管理体系，强化资本约束，提高风险控制水平，加强业务经营引导和调控能力，统筹把握资产负债的总量和结构，促进流动性、安全性和效益性的协调统一，实现RAROC最大化，持续提升股东价值回报。

（三）资产负债管理原则

1. 战略导向原则。作为银行战略管理的核心环节之一，资产负债管理必须重宏观、谋全局，以实现银行发展战略为导向，加强业务经营的引导和调控能力，确保银行战略目标的顺利实现。

2. 资本约束原则。资本是银行规模增长的主要边界和制约因素，资产负债管理需要依据资本总量，确定资产增长速度与结构，促进增长模式由规模扩张型向资本约束型转变，保障银行可持续发展。

3. 综合平衡原则。资产负债管理要坚持“量、本、利”平衡和“短、中、长”兼顾的原则，

统筹平衡资本约束与业务发展、风险控制与业绩回报、短期目标与长期战略、当期收益与长远价值之间的关系，确保规模与速度、质量与效益等的协调统一，促进业务经营稳健协调发展。

4. 价值回报原则。资产负债管理要以实现银行价值最大化为目标，建立以经济资本为核心的价值管理体系，统筹兼顾“三性”统一，持续提升银行价值创造能力。

二、资产负债管理的政策与原理

（一） 资产负债管理政策

资产负债管理政策是指银行为了实现一定时期（通常为一年）的资产负债管理目标，根据内外部形势变化，通过明确相应的政策方针、管理措施和管理流程，在流动性、安全性和效益性之间进行的组合管理和优化抉择。管理政策是一定时期内银行资产负债管理的行动纲领，是实现管理目标的制度保障。资产负债管理政策主要包括以下内容：宏观经济形势、监管政策、同业竞争状况等的研判；资产负债管理总体目标与指导思想；资产负债管理策略及制定依据；资产负债管理重点工作内容和管理流程；资产负债管理方法和措施；等等。

商业银行是经营风险的特殊企业，因此，资产负债管理政策通常需要坚持稳健性原则。在管理政策实施的过程中，商业银行还要坚持前瞻性管理和持续性发展要求，需要遵守监管部门的监管政策，综合考虑外部经济环境和政策变化、同业竞争态势、经营战略、风险偏好和业务特点等因素。

（二） 资产负债管理原理

资产负债管理原理是指银行在资产负债管理过程中，应当遵循的一些具有普遍意义的原则和关系。

1. 规模对称原理。银行资产运用的规模应与负债来源的规模相对称、相平衡；但这种对称并非是简单的对等，而是一种建立在合理增长基础上的动态平衡。

2. 结构对称原理。与规模对称类似，银行要保持资产结构与负债结构动态的相互对称和统一平衡，并根据经营环境变化及时调整资产负债结构，确保实现“三性”统一。

3. 速度对称原理。银行的资产配置应根据资金来源的流转速度来决定，资产与负债偿还期应保持一定的对称关系，也称为偿还期对称原理。该原理还提供了一个计算方法：用资产与负债的平均到期日相比，得出平均流动率，如果平均流动率大于1，表示资产运用过度，反之表示资产运用不足。

4. 目标互补原理。银行经营目标中的“三性”统一的均衡不是绝对的平衡，而是可以互相补充的。例如，在一定的经营环境中，流动性和安全性的降低，可通过提高效益性来补偿。因此，资产负债管理不能固守某一个目标，单纯根据某个目标来决定资产与负债配置，而应将安全性、流动性和效益性综合考虑，以全面保证银行目标的实现。

三、资产负债管理的组织与实施

（一） 资产负债管理的组织架构

科学、高效的资产负债管理组织架构是完善治理结构、健全决策机制和提高管理效率的基础和保证。从国内外商业银行管理实践看，资产负债管理的组织架构通常由决策系统、执行系统和监督系统三部分组成。其中，决策系统包括董事会、高级管理层及其下设的资产负债管理委员会；执行系统包括资产负债管理部等相关业务部门及分支机构；监督系统包括监事会以及内控合规和审计等部门。

（二）资产负债管理委员会

资产负债管理委员会是现代商业银行公司治理的重要组成部分，是高级管理层研究制定银行重大经营策略、实施资产负债管理的最高审议、决策机构，是建立现代商业银行公司治理机制、提高银行经营管理水平的重要的决策机构。资产负债管理委员会的组织架构如图7－1所示。资产负债管理委员会主任一般由银行行长担任，副主任委员由副行长担任；资产负债管理部、战略规划部、财务会计部、风险管理部等部门负责人是常任委员。资产负债管理委员会会议通常可分为按固定时段（如按周、月度、季度等）召开的例会和根据管理需要召开的临时会议。凡属于资产负债管理委员会审议范围内的事项必须提交资产负债管理委员会进行审议表决。

（三）资产负债管理部门

资产负债管理部是银行资产负债管理的牵头部门，也是资产负债管理委员会日常工作的具体办事机构，主要承担以下管理职责：根据银行总体发展战略要求，提出资产负债管理的总体规划草案；拟订银行资产负债管理基本政策制度和相关管理办法，并对其执行情况进行检查、评价；根据外部形势和银行发展战略，拟订年度资产负债政策和资产负债计划及相关管理政策，对执行情况进行监控、分析和报告；研究建立银行资本管理体系，协调监管资本、账面资本和经济资本管理；拟定银行利率、汇率和内部资金转移价格的政策、制度、办法并组织实施，建立相关管理体系，识别、计量、监测、控制、报告银行账户利率风险和汇率风险；实施银行流动性管理，管理和控制流动性风险；承担总行资产负债管理委员会办公室的日常工作。

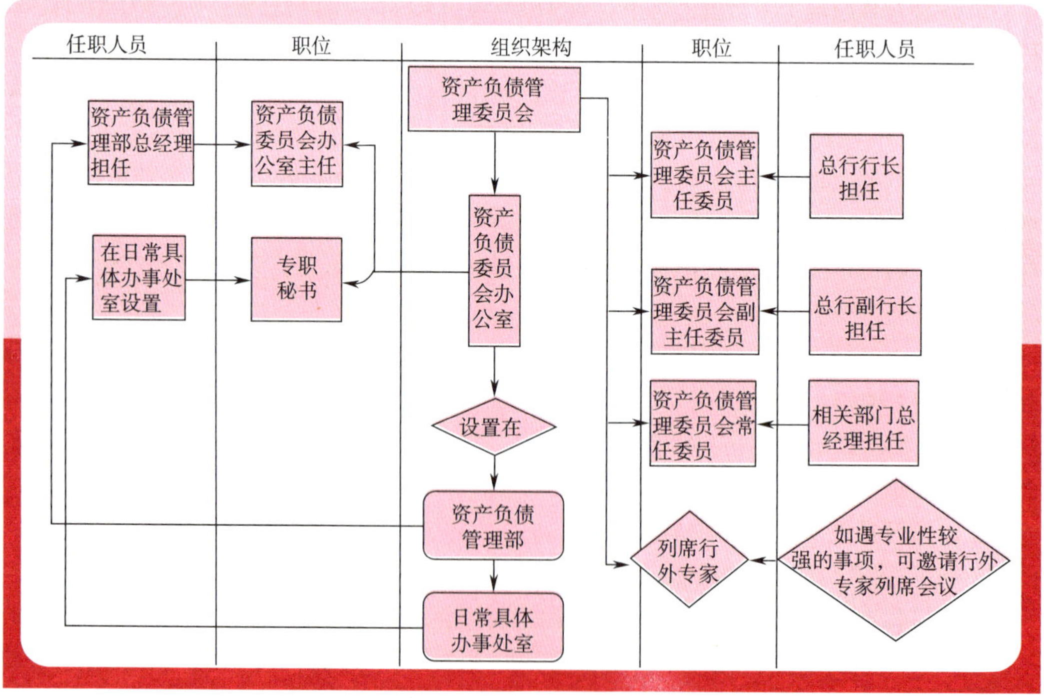

图7－1 资产负债管理委员会的组织架构

四、商业银行资产负债管理理论

在适应经济环境和社会变革、寻求自身发展模式和有效路径的实践中，商业银行资产负债管理理论主要经历了资产管理理论、负债管理理论、资产负债一体化管理理论以及全面、动态和前瞻的综合平衡管理理论四个发展阶段。

（一）资产管理理论

1. 发展背景。资产管理理论产生于现代商业银行经营初期，以银行资产的安全性和流动性为重点。20 世纪 60 年代以前，市场上投资机会和品种较少，社会闲散资金运用渠道单一，多选择存放银行，因此，银行不必担心资金来源问题。同时，银行存款的种类、利率以及多数其他负债的利率都受到严格管制，银行开展主动负债管理的意愿不强。在这种情况下，银行重点关注如何使资金获得最大收益，资产组合管理成为当时银行界普遍重视的问题，为资产管理理论的产生与发展奠定了基础。

2. 理论观点。资产管理理论认为银行利润来源主要是资产业务，能够主动管理的也是资产业务，负债状况取决于外部政策和客户意愿，在管理上是被动的，因此，银行应着重通过资产业务的经营管理来实现“三性”统一。在资产管理理论的发展过程中，先后出现了商业贷款理论、可转换理论、预期收入理论和超货币供给理论四种代表性理论。

商业贷款理论认为银行资金来源于需要经常提取的客户存款。如果存款人在需要资金时无法从银行提取存款，那么就会造成挤兑，导致银行倒闭。因此，为应付难以预料的提款行为，银行只能将资金短期使用，不能发放长期贷款或进行长期投资。银行一般采用票据贴现或票据抵押贷款方式，因为票据本身是购买商品和流通商品的证据，具有自偿性。

可转换理论认为银行保持流动性的关键在于资产变现能力，因而，银行不应将资产业务局限于短期贷款，可将一部分资金投资于具有转让条件的债券，在需要时将证券兑换成现金，保持资产的流动性。显然，该理论以金融工具和市场的发展为背景，这使银行资产范围扩大，业务经营更加灵活多样。

预期收入理论认为贷款偿还或证券变现能力取决于未来的预期收入，只要预期收入有保证，资产的流动性就有保障，因而银行不仅可以发放短期商业性贷款，还可以发放中长期贷款和非生产性消费贷款。基于该理论，银行可以发放中长期设备贷款、个人消费贷款、房屋抵押贷款、设备租赁贷款等，贷款结构发生了积极的变化，成为支持经济增长的重要因素。

超货币供给理论认为随着货币形式趋于多样化，除了银行以贷款方式提供货币以外，其他非银行金融机构也可以提供货币。这要求银行要改变观念，不能只单纯地提供贷款，还应提供其他金融服务。根据该理论，银行在发放贷款和购买证券的同时，还应积极开展投资咨询、项目评估等多种服务，银行资产管理的内容更加丰富。

（二）负债管理理论

1. 发展背景。负债管理理论以负债为经营重点来保证银行流动性和盈利性，其兴起与20 世纪 60 年代前后的经济金融环境密切相关。首先，第二次世界大战后经济飞速发展使客户贷款需求超过存款自然增长，这导致银行普遍缺乏可贷资金，寻找新资金来源成为银行经营重点。其次，各国加强金融管制，尤其是存款利率上限规定导致银行很难用利率手段吸收更多存款。再次，金融创新为银行扩大资金来源提供了可能性。1961 年，花旗银行发行了大额可转让定期存单，随后又出现了回购协议等新型融资工具，这丰富了银行资金来源，为开展主动负债创造了条件。最后，存款保险制度的建立激发了西方银行的冒险精神和进取意识。在上述背景下，负债管理理论在当时盛行一时。

2. 理论观点。负债管理理论认为银行应以负债业务为经营重心，根据经营目标，开发新资金来源，对不同的资金来源进行适当组合，以适度的成本筹集更多资金。与传统理论相比，负债管理理论更强调进取和鼓励创新，对银行业传统的稳健保守作风形成挑战，促进了金融创新活动。负债管理理论主要包括存款理论、购买理论和销售理论等。

存款理论认为存款是银行最主要的资金来源和各项业务经营的基础，没有存款，银行经营就成了无源之水、无本之木。尽管银行可采用许多办法去争取存款，但这最终取决于存款人的意志，银行处于被动地位，因而，存款负债也被称为被动型负债。存款理论具有稳健性、保守性倾向，其局限性在于没有认识到银行在扩大存款或其他负债方面的能动性，以及负债结构、资产结构和资产负债综合关系的改善在提高资产流动性、盈利性等方面的作用。

购买理论出现于西方国家经济滞胀背景下，是银行负债管理理念的重大转变。与存款理论完全相反，该理论认为银行可以发展主动负债，主动购买外部资金，且购买对象可以十分广泛。在存款利率管制条件下，通过抬高资金价格来吸收存款，是购买资金的有效手段。银行购买资金的适宜环境是通货膨胀条件下的实际利率水平较低甚至为负。该理论的局限性在于可能促使银行片面扩大负债，加深债务危机，导致行业恶性竞争。

销售理论认为银行是金融产品的创造者，负债管理的核心任务是迎合顾客需要，开发和营销金融产品，扩大资金来源和收益水平。该理论为负债管理注入了现代企业营销观念，即围绕客户需要来设计产品及提供金融服务，并通过不断改善金融产品的销售方式来完善服务。该理论反映了 20 世纪 80 年代以来金融业和非金融业相互竞争和渗透的情况，标志着金融机构正朝着多元化和综合化发展，其局限性在于未能很好地解决银行“三性”统一的问题。

（三） 资产负债一体化管理理论

1. 发展背景。20 世纪 70 年代中期以来，随着布雷顿森林体系瓦解以及各国央行放松利率管制，市场利率大幅上升，负债管理在成本及风险方面的压力增大，银行意识到单靠资产管理或负债管理难以实现“三性”统一。因此，以资产与负债间的协调平衡为主的资产负债一体化管理理论应运而生。实际上，该理论并不是对资产管理理论和负债管理理论的否定，而是吸收了这两种理论的科学内涵，并对其进行了发展和深化。

2. 理论观点。该理论认为，银行在经营管理中不能偏重资产和负债的某一方，而应资产和负债管理双方并重。银行应通过资产和负债的共同调整，协调资产和负债项目在期限、利率、风险和流动性等方面的匹配，尽可能使资产与负债达到规模对称、结构对称、偿还期对称，从而实现“三性”统一。在该理论下，银行常用的资产负债管理方法是差额管理法（又称敏感性缺口管理法）和比例管理法。

资产负债一体化管理理论从资产与负债之间相互联系、相互制约的角度，把资产负债作为一个整体进行研究，并通过平衡资产与负债来协调银行安全性、流动性、盈利性之间的矛盾，使银行经营管理更为科学和有效。该理论的局限性在于管理范畴集中于资产负债表内、采用的差额管理法和比例管理法本质上仍属于静态指标管理，以及资产和负债之间的平衡表现为一种简单的比例平衡。

（四）全面、动态和前瞻的综合平衡管理理论

1. 发展背景。20 世纪 90 年代以来，随着金融全球化和金融自由化进程加快，商业银行资产负债面临的环境趋于复杂化，主要体现在：一是金融创新浪潮不断涌现，商业银行表外业务加快创新与发展，资产负债表内外管理的边界日益模糊，资产负债管理的内涵和外延不断拓展。二是随着经济发展面临的复杂性和不确定性因素增多、金融市场变革的加速推进，商业银行亟待加强资产负债管理的主动性和前瞻性。三是 1997 年亚洲金融危机和 2008 年国际金融危机的发生使银行愈加重视综合风险防范，而危机后更为激烈的市场竞争也令资产负债管理更加注重价值创造导向，因此，如何有效平衡风险与收益，实现经风险调整的收益率最大化成为银行面临的重要课题。在此背景下，银行资产负债管理进入了全面、动态和前瞻性综合平衡管理的新阶段。

2. 理论观点。全面、动态和前瞻性综合平衡管理理论认为现代商业银行资产负债管理是一种全方位的管理方法，具有以下三方面的特征：一是对资产和负债的全面管理。资产负债管理既管资金来源，又管资金运用；既管表内项目，又管表外项目；而且要同时对表内外资产和负债的数量、结构、收益、成本进行规划和控制，使资产和负债在规模、期限、利率、币种等要素上相互匹配。二是动态的前瞻性管理。资产负债管理要基于对宏观经济与市场走势的预测，合理规划资产负债存量和增量的规模和结构，同时考虑资产与负债间的相互影响，动态调整管理策略。三是综合平衡管理。资产负债管理要综合平衡资本约束与业务发展、风险控制与业绩回报、短期目标与长期战略、当期收益与长远价值等方面之间的关系，实现“量、本、利”的平衡和“短、中、长”的兼顾，促进各项业务经营稳健协调发展。

与资产负债一体化管理理论相比，全面、动态和前瞻性综合平衡管理理论更具科学性和适用性，主要表现在：一是从管理对象看，前者主要局限于对资产负债表的管理，重点围绕存贷款业务进行管理；后者将管理对象延展到表内外资产负债统筹管理，重视加强对中间业务、国际业务和表外业务等的管理，具有更加丰富和深厚的内涵。二是从管理工具看，前者运用的差额和比例管理法本质上属于静态指标管理，大都按事先制定的指标体系进行业务规划和日常管理，当外部环境发生剧烈变化时，银行难以适时调整这些指标进行应对；后者基于实现经风险调整的收益率最大化的管理目标，广泛运用风险计量和对冲模型、市值分析、情景模拟、经济资本管理等先进的管理思想和技术，具有更高的管理效率。三是从管理目标看，前者主要通过资产与负债之间在规模、结构等方面的匹配来实现“三性”统一，表现为在资金约束下追求简单的数量平衡；后者把实现“三性”统一作为管理的基本目标之一，更多的则是转向资本约束下围绕速度、风险、收益平衡的价值最大化管理。

第二节　商业银行资产负债总量与组合管理

一、资产负债总量管理

（一）资产负债总量的构成

资产负债总量管理是指商业银行根据外部经济金融形势、市场竞争态势、内部经营发展战略和规划等，制定全行资产负债增长的总量目标和结构配置，并根据内外部环境变化及时进行滚动调整的行为。从管理内容看，资产负债总量可分为资产总量和负债总量。

资产总量是指银行在一定时期内各项资产余额的总和，是银行资金占用规模和营运的综合反映。近年来，银行表外业务的快速创新与发展使资产总量的内涵和外延不断拓展，目前商业银行的资产总量主要由贷款、债券投资、现金资产和表外资产构成。其中，贷款是商业银行最主要的资产，是其最主要的资金运用，也是资产总量管理的重点。资产总量管理不仅要合理规划资产业务的总体规模和增长速度，而且要科学、均衡地摆布各类资产的比重，保持各类资产项目之间合理的比例关系。同时，银行资产总量管理必须根据负债总量来进行平衡，单纯进行资产总量的平衡，虽然可以保持资产的总量和结构的合理性，但容易脱离资产负债平衡的原则和对应关系，产生流动性风险。

负债总量是指银行在一定时期内各项负债余额的总和，是资金供应实力的反映，是银行业务经营的“压舱石”。负债总量是银行开展资产业务和中间业务的经营基础，负债总量主要由存款、同业融入、理财产品、发行债券、向央行借款、同业存单、大额存款及其他负债构成。其中，存款、同业融入和理财产品是日常负债总量管理的重点。与资产总量管理一样，除了合理规划负债业务的总体规模和增长速度以外，负债总量管理也要科学安排各类负债业务的比重，确保商业银行具有稳定和低成本的资金来源组织能力，满足生息资产和中间业务的发展需要。

专栏 7－1

商业银行为什么要控制资产负债总量规模

规模经济是商业银行竞争力的基础，通常银行资产负债总量越大，在市场中的地位越高，市场竞争力也越强，因此，长期以来，商业银行一直具有过度追求存款规模或者资产规模的“规模冲动”和“速度情结”。但是，理论与实践都证明，商业银行资产负债规模并非越大越好，超过了一定规模不仅表现为规模无效率，而且容易产生风险。因此，科学合理地控制资产负债规模是银行稳健发展的基础，具体来看，商业银行控制资产负债总量的原因包括：

第一，满足资本充足率达标要求。资本充足率是保证银行经营安全性和稳健性的一项制度安排，它是制约商业银行资产负债规模扩张的界限。理论上，没有资本充足率的约束，商业银行几乎可以无限制地扩张。鉴于银行风险的隐蔽性、滞后性和长期性，如果任由商业银行无限制地扩张，那么就会给商业银行带来巨大的风险，甚至导致银行破产，诱发“多米诺骨牌效应”，引发金融体系不稳定，爆发金融危机。基于该原因，各国监管部门均对商业银行实施严格的资本充足率管理，以限制其资产负债增长速度，降低风险资产规模等。

第二，满足杠杆率达标要求。杠杆率是指商业银行一级资本与调整后的表内外资产余额的比率。杠杆率水平越高，表明商业银行资本越充足，抵御风险的能力越强。2015 年 2 月，银监会正式颁布《商业银行杠杆率管理办法（修订）》，确立了我国银行业杠杆率监管政策的总体框架，并提出商业银行杠杆率均不得低于 4%。杠杆率监管要求能够有效防止商业银行资产负债表过度扩张和承担风险，控制金融体系的杠杆化程度，也是银行资产负债规模扩张的主要约束力量。

第三，落实国家宏观调控的要求。在目前利率市场化尚未完全实现、投融资体制不够完善、间接融资仍然占主导地位的情况下，银行特别是大型银行的资产负债总量和结构一直是国家调控经济的重要工具。资产负债总量管理要贯彻国家宏观调控政策要求，合理运用各种调控手段，有效协调宏观调控要求与商业银行股东的回报要求，这不但是确保实现国家赋予大型银行参与调节经济的责任，同时也是对经济增长与银行发展之间关系的最好诠释。

（二） 资产负债计划管理

资产负债计划是银行统一调控各项业务经营活动、合理配置经营资源的重要手段，也是考核评价各分行和条线经营管理绩效的重要依据。随着银行经营管理的加强和信息系统的完善，资产负债计划的内涵日益丰富，从早期简单的存贷款计划，发展到了包括总量结构、资源配置、风险控制、资本管理等一系列资产负债管理目标的综合性计划，涵盖了商业银行经营管理的主要方面。

1. 资产负债计划的制订原则。资产负债计划是商业银行在一定时期内（通常为一年）开展各项资产负债管理活动的指引和依据。计划制订需要以资产负债管理政策为依据，在综合考虑市场环境、竞争状况、可用资源等因素的基础上，统筹规划和确定银行资产负债的总量结构、资源配置、风险控制、资本管理等各项年度计划目标。

资产负债计划的制订通常需坚持以下原则：一是资本约束。资产负债计划要以银行资本支撑能力为上限，确保资产总量及结构与资本承受能力相适应，强化资本刚性约束。二是战略导向。资产负债计划要紧密围绕银行发展战略，突出业务发展战略重点，促进业务经营目标向产品、板块、部门、机构的有效传导。三是政策对接。资产负债计划要与宏观调控政策与监管要求对接，既要考虑自身发展的可持续性，又要符合宏观政策变化及监管机构的管理要求。四是价值核心。资产负债计划要以支撑银行净利润可持续增长为目标，以风险调整后价值回报最优为核心，合理安排资产负债总量及结构，促进资源向风险相对较低、综合效益高的产品、区域流动，提升银行盈利能力。五是综合平衡。资产负债计划要充分考虑宏观经济形势、存贷比等因素，统筹平衡资产负债总量与结构，确保信贷资源配置与负债业务支撑能力相适应，确保发展规模与速度、质量与效益协调统一。六是严控风险。资产负债计划要以稳健的风险偏好为前提，业务增长要与风险控制能力相适应，注重发展质量。

2. 资产负债计划的项目体系。商业银行资产负债计划编制项目体系包括资产类、负债类、表外类、资本类和综合类五大类。

资产项目主要包括各项贷款（含公司贷款、个人贷款、票据贴现）、投资业务（含债券投资和理财投资业务）、同业融资（含买入返售资产、存放同业业务、拆放同业业务和投资业务）和其他资产（含固定资产和在建工程、应收款项）。

负债项目主要包括核心负债和主动负债。其中核心负债主要是指个人存款和对公存款；主动负债主要是指同业存款、同业拆借款项和卖出回购款项。

表外项目主要包括表外资产和表外负债。其中，表外资产包括应收承兑汇票、信用证保兑应收款、开出保函应收款、承诺及授信、有追索权的资产销售、资产证券化和其他表外资产；表外负债包括应付承兑汇票、信用证保兑应付款、开出保函应付款、非保本理财产品和其他表外负债。

资本项目主要由经济资本占用（包括信用风险经济资本占用、市场风险经济资本占用、操作风险经济资本占用和经济资本占用）、经济资本系数和经济资本计划（包括信用风险经济资本计划、市场风险经济资本计划、操作风险经济资本计划和经济资本计划）构成。

综合类项目可分为流动性指标（存贷比、备付金计划）、结构类指标。

3. 资产负债计划的组织实施。银行资产负债计划通常由资产负债管理部门负责牵头编制。其他相关业务部门根据职责分工分别编制本部门职责范围内的各项资产负债计划，资产负债管理部门汇总平衡后编制银行资产负债计划草案，经资产负债管理委员会会议审定后，形成有关机构、部门和业务单元的资产负债计划，作为编制银行预算的依据，并予以下达。商业银行的各级机构、部门、业务单元必须认真组织实施资产负债计划，将各项资产负债计划目标分解落实到辖属机构、部门、岗位和人员，引导其围绕计划目标开展资产负债管理活动，及时纠正执行偏差。

（三）信贷资源配置管理

信贷业务是我国商业银行最主要的业务，存贷利差是银行最主要的收入来源。在这种情况下，如何确定银行信贷总量和优化信贷资源配置，是银行经营决策和资产负债管理中的一个重要课题。

1. 信贷规模控制机制的演变。我国商业银行的信贷总量控制经历了从规模控制、比例管理到经济资本管理的发展过程。从本质上说，规模管理是一种行政约束，存贷比例管理是一种资金约束，而经济资本管理是一种资本约束。从调控效果看，规模管理最直接，操作最简单，而经济资本管理对信贷总量调控是间接的，作用方式相对复杂。这三种管理方式的演进是与我国银行业改革相适应的。目前，我国大型银行基本都已完成股改上市，股东回报最大化成为银行最主要经营目标，贷款总量决策的顺序和依据也发生了很大变化。传统上，银行主要依据当年的信贷计划指标或存贷比例确定信贷总量，然后确定利润目标；现在，银行需要根据股东回报目标和资本约束确定贷款增加量，即从需要和可能两方面来确定贷款增长总量。因此，股东回报要求和资本约束成为银行贷款增长的最主要影响因素。这种决策顺序和依据的改变反映了我国银行经营理念和经营方式的根本性变革，是一种历史性进步。

2. 商业银行信贷总量的确定方法。合意贷款管理是银行信贷总量管理中面临的最主要外部要求。合意贷款实际是一种差别准备金动态调整机制，是指符合人民银行经济信贷政策意图的贷款，是对金融机构在一个时期内贷款总额进行排放节奏与排放规模的安排。合意贷款核心内容是指金融机构适当的信贷投放应与其自身的资本水平以及经济增长的合理需要相匹配。其中，资本约束不仅包含过去8%的最低资本要求，还包含逆周期资本、系统重要性附加资本、储备资本等基于宏观审慎的资本要求；经济增长的合理需要意味着整体信贷增速不应过多偏离经济预期增长目标。合意贷款是建立在资本约束基础上的一种透明、规则化的宏观审慎政策工具，商业银行可根据既定公式和相关参数自行测算合意贷款增速，并了解宏观政策取向和导向。这在最大程度上限制了人为的自由裁量权，也体现出其与传统贷款规模分配的根本区别。合意贷款也是动态调整的，能够适时反映宏观形势以及金融机构自身经营状况的变动情况。一方面，商业银行自身资本充足水平等因素的动态变化，会引起合意贷款变化；另一方面，人民银行根据宏观形势等变动也会适时调整宏观审慎政策参数。

专栏7－2
中国人民银行如何运用合意贷款管理机制

中国人民银行自2011年起借鉴《巴塞尔协议Ⅲ》的宏观审慎框架，针对商业银行建立了资本充足率、信贷投放和差别准备金率三者挂钩的联动调控机制，即合意贷款管理机制，也称作差别准备金动态调整方案。管理机制综合考虑商业银行的信贷增速、资本充足率、银行系统重要性和稳健性、宏观经济状况等因素，并与差别准备金率相关联，旨在建立一种较为市场化的宏观调控框架，引导、督促银行建立一种自我把握信贷投放行为的自我约束机制。

差别准备金率计算公式：

$$R_i = \alpha_i C_i^* - C_i$$

其中，C_i^* =最低资本要求8％＋系统重要性附加资本＋β_i×（某行贷款增速－预期GDP增速－预期CPI）。

R_i：各银行执行的差别准备金率（特种存款），结果越小越好。

α_i：稳健性调整参数。每季末根据人民银行金融稳定局对各行业务运行的稳健性评价及信贷政策与监管指标的执行情况进行动态调整。由各行运行的稳健性（大案要案、重大IT事故）、信贷政策执行情况（涉农及小企业贷款增速、存贷款波动、理财产品及委托贷款等）、监管指标执行（不良率、逾期贷款率、杠杆率、流动性覆盖率、净稳定融资比率）加权确定。参数越高，信贷增速越低。

系统重要性附加资本：由人民银行赋值，越小越好，一般为2％～2.5％。

β_i：为各行对整体信贷顺周期贡献度参数，按各行重要性附加资本的50％与宏观经济热度指数之乘积确定。

某行贷款增速：为商业银行某一时间点的贷款同比年增速。

C_i：某银行的实际资本充足率，为商业银行前两个季度末法人口径资本充足率。

2016年初，人民银行将合意贷款管理机制（差别准备金动态调整机制）“升级”为宏观审慎评估体系（Macro Prudential Assessment，MPA），从资本和杠杆、资产负债、流动性、定价行为、资产质量、跨境融资风险、信贷政策执行情况等七个方面引导银行业金融机构加强自我约束和自律管理，以此来完善宏观审慎政策框架，使之更有弹性、更加全面、更有效地发挥逆周期调节和防范系统性风险的作用。过去，人民银行在货币信贷调控中主要关注贷款，因为当时贷款占据了货币信用创造的绝大部分。但随着金融创新和金融市场快速发展，金融机构资产负债类型趋于多元化，仅盯住贷款越来越难以有效实现宏观审慎政策目标。因此，有必要将关注点延伸至广义信贷，以更全面有效地反映银行体系的信用投放和货币派生情况，防范系统性风险。为此，在宏观审慎评估体系下，广义信贷成为人民银行控制商业银行信贷增长的主要目标。实际上，广义信贷是与贷款相对而言的，意指更大范围的信贷，但并不是严格意义上的统计指标。目前，存款类金融机构广义信贷的界定范围包括贷款、债券投资、股权及其他投资、买入返售资产以及存放非存款类金融机构款项等资金运用类别，基本上比较全面地囊括了银行体系的信用投放渠道。

专栏7－3
宏观审慎评估体系如何对商业银行实施贷款规模管理

宏观审慎评估体系要求商业银行的信贷扩张应当符合经济增长的合理需要及其自身的资本水平，这并非单纯的贷款规模管理。换言之，商业银行想放多少贷款、做到多大规模，主动权在其自身，但必须有一个前提，就是坚持以资本约束为核心，确保资本水平足以支撑其大展宏图。如果商业银行的资本水平不足，无法支撑其期望达到的业务规模，却不抓紧从补充资本入手，反而不管不顾继续扩张，那就不符合审慎经营的要求，早晚要吃大亏。国际金融危机中一些知名商业银行的教训仍历历在目。商业银行尤其是银行本身就具有高杠杆特征，更应当严格遵守资本约束要求，把好风险这道关口，这也是可持续地支持实体经济所需要的。

实际上，宏观审慎评估体系从关注贷款转为关注广义信贷，能够有效缓解商业银行在表内通过腾挪资产等手段规避调控要求，使商业银行表内资产扩张更加平稳有序。

从商业银行内部看，信贷总量的确定需要综合考虑宏观形势、监管要求和发展战略等多个因素。在实践中，我国商业银行信贷总量的确定依据主要包括七个方面：一是根据银行资本支撑能力测算贷款增量，确保核心资本充足率不低于监管要求；二是根据监管要求测算贷款增量，包括人民银行合意贷款管理对银行信贷总体增速的要求以及对“三农”贷款、小企业贷款的监管要求，保证信贷计划总量、结构均符合监管要求；三是根据宏观形势测算贷款增量，即由M_2增速预测市场信贷投放总量，再根据银行信贷投放量的历史平均市场份额测算银行信贷计划；四是根据资金来源与运用的平衡约束测算贷款增量，保证余额与增量存贷比适度，符合监管要求；五是根据市场竞争力稳中有升测算贷款增量，保证银行存量市场份额及排名不下降，增量市场份额平稳增长、排名基本稳定；六是通过部门预报信贷计划及分行预报信贷需求验算，检验测算计划能否满足分行及条线信贷投放的需求；七是通过历史数据验算，检验信贷投放总量与结构占比与历史平均水平的差异度。

3. 信贷资源的配置机制。我国商业银行信贷资源配置机制可以分为两个发展阶段。2011年以前，银行信贷资源配置机制主要沿袭计划经济体制，依据信贷历史增量占比和市场份额，结合分行上报计划以及总行部门条线意见予以确定。这种配置模式具有与贷款历史增长情况承接性强、分行对配置结果易于接受等优点，但该模式主要采用基数法，默认历史增量的合理性，资本约束和价值创造因素对资源配置的影响小，不利于银行价值创造能力的可持续提升。

不论是合意贷款管理制度还是宏观审慎评估体系，都要求商业银行以资本支撑能力为前提，合理控制信贷规模增长。基于该监管要求，商业银行逐步建立起以“资本约束、价值回报”为核心的信贷资源配置机制。其中，资本约束是指银行必须将资本约束和资本回报作为资源配置的主要依据，一方面建立资本约束机制，确保银行信贷投放总量及结构与资本承受能力相适应，强化资本刚性约束，确保业务增长向资本约束模式转变；另一方面建立资本回报机制，建立以经济资本为核心的价值管理体系，通过经济资本回报率和经济增加值等指标，建立风险控制和可持续发展基础上的信贷资源配置机制，提高资本利用效率。价值回报是指信贷资源配置要以价值管理理念为指导，协调短期盈利和长期价值目标，以经风险调整后价值回报最优为核心，促进信贷资源向风险相对较低、综合效益高的产品、地区倾斜，提升银行可持续盈利能力，满足提升股东回报和长期可持续发展的要求。

案例 7－1

商业银行信贷资源配置的分行分解计划

某商业银行依据信贷类资产经济增加值占比情况对各一级分行进行信贷资源配置，具体配置过程如下：

首先，计算一级分行上一年度信贷类资产经济增加值占比情况；其次，用市场竞争力调节因子对经济增加值占比情况进行调节，得到各行可获取的信贷计划占比；最后，将可分配的信贷计划总数与各行可获取的信贷计划占比相乘得到各行配置的计划数。公式如下：

$$\text{某分行信贷计划}=\text{可分配信贷计划总数}\times(\text{某行上一年度信贷类资产经济增加值占比}\times\text{市场竞争力调节因子})$$

其中，

$$\text{某行上一年度信贷类资产经济增加值占比}=\text{某行上一年度信贷类资产经济增加值}\div(\sum\text{各行上一年度信贷类资产经济增加值合计})\times 100\%$$

$$\text{某行上一年度信贷类资产经济增加值}=[(\text{某行贷款收息率}-\text{某行存款付息率}-\text{某行财务成本率}-\text{某行信贷成本率})\times(1-\text{税务成本率}25\%)-\text{某行信贷经济资本成本率}]\times\text{某行人民币信贷类资产余额}$$

市场竞争力调节因子：根据上年末某行贷款存量市场份额排名对市场竞争力因子进行赋值，促使各分行在当地银行中的市场份额稳中有升。

二、资产负债组合管理

资产负债组合管理是对银行资产负债表进行积极的管理，即在满足风险性、流动性、效益性协调平衡的基础上，通过优化资产负债表的组合配置结构，谋求收益水平的持续提高。资产负债组合管理是商业银行资本管理、市值管理与风险管理理论的完美统一，是平衡资本配置与风险补偿、提高整体盈利能力的策略手段，是推动资产负债表结构优化、促进银行稳健发展的重要保证。资产负债组合管理主要包括资产组合管理、负债组合管理和资产负债匹配管理三个方面。

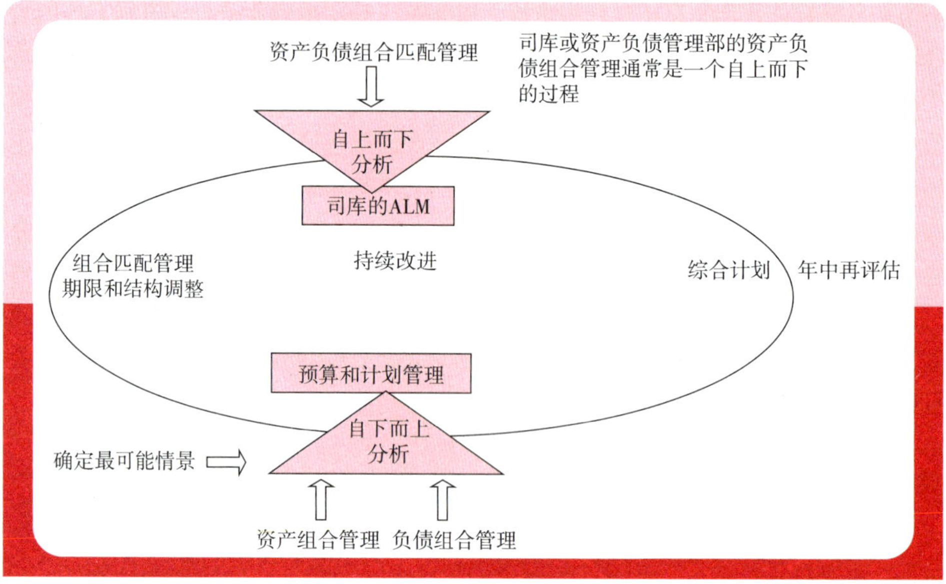

图 7－2　商业银行对资产负债表的组合管理示意图

（一）资产组合管理

1. 资产组合管理的内涵与原则。资产组合管理是以资本约束为前提，在测算资产组合风险回报与优化资本配比结构的基础上，综合运用量价工具，规划、调控实业银行资产总量和结构，构建以经济资本和贷款收息率为中心的价值传导机制，确保经风险调整后的资产收益率最大化。

资产组合管理的原则主要包括：一是分散风险原则。银行通过资产组合的分析及管理，避免出现风险过分集中的情况。二是预警性原则。在组合管理中进行的分析能够提供预警性行动的指导作用，让有关管理部门能够根据分析结果修订组合策略，降低银行未来的信贷风险。三是实现经风险调整后的收益率最大化的原则。通过对各组合风险与收益及资本占用的分析，在可利用的资本及可承受的风险范围内，实现收益最大化的目的。

2. 资产组合管理的框架与思路。资产组合管理的框架设计应立足于以下几方面：建立模型与系统；主动管理资产组合；了解各资产组合的风险回报与占用资本之间的关系，并据此制定组合限额；制定资产组合调整政策，优化贷款结构，在不提高风险的前提下提高组合收益率。商业银行可以将资产组合管理的概念与工具应用于各分支机构，并导入限额管理、组合优化及绩效监控的流程，以落实组合管理的目标。

实施资产组合管理的基本思路如下：（1）商业银行应当建立资产数据库、财务数据库，按照行业、地区、产品、客户等维度，积累历史数据；（2）从财务数据库提取信息，测算资产组合收入、相关的营运费用、内部资金价格，进而测算资产组合的收益情况；（3）从资产数据库提取信息，按照监管机构确定的风险资产权重系数，测算资产组合占用的资本，测算资产组合历史违约率；（4）根据收益和资本占用情况，测算资产组合的资本回报率；(5）引入历史违约率，测算资产组合的风险成本，进而测算资产组合风险调整后的资本回报率；（6）以整体资产组合经风险调整后的资本回报率最大化为目标，以整体资产组合及各资产子组合的资产增长上限、资本增长限额、最低收益目标为约束条件，通过线性规划的方法，测算出最优化目标下各资产组合的限额，据此提出组合优化建议。

在上述管理过程中，风险调整的资本回报率反映了风险调整后信贷盈利以及资本回报情况；限额管理可用来考核各业务单位是否严格遵照各组合限额进行业务管控；通过监控组合目标限额与实际业务差异值，可以了解业务单位是否实际落实组合管理并配合调整业务发展方向。

资产组合管理的流程包括评估目前信贷组合情况，分析各组合的风险收益及资本需求情形，参考业务前景及银行整体信贷战略进行组合优化分析，根据优化结果制定各组合的限额及具体的资产发展指引，以及通过定期的监控，了解业务单位的实际执行成效，调整资产组合配置，最终达到改善银行整体信贷风险的目的。

（二）负债组合管理

1. 负债组合管理的内涵与原则。负债组合管理以平衡资金来源和运用为前提，通过加强主动负债管理，优化负债的品种、期限及利率结构，降低负债成本，保持负债成本与流动性的平衡，确保负债总量适度，提高市场竞争力，有效支撑资产业务的发展。

负债组合管理的原则主要包括：一是稳定性原则。银行应积极拓展负债来源的渠道，实现资金来源多元化，确保资金来源的稳定性。二是低成本原则。通过积极优化负债的品种、期限和利率结构，有效降低负债成本。三是差异化管理原则。核心负债的管理以降低负债成本和提升市场竞争力为主要目标，主动负债的管理以自主控制资金来源、获取利差收益和平衡流动性为主要目标。

2. 负债组合管理策略。负债组合管理策略的重点是对核心负债与主动负债实施差异化的管理策略，以此促进负债业务成本、规模及结构、稳定性三者间协调增长，提升负债业务竞争力，确保负债业务稳定可持续发展。

核心负债主要是指银行长期稳定的负债，主要包括各项存款中的个人存款和公司存款，以及结算性同业存款。核心负债是银行资产业务可持续增长的基础，是降低资金成本的关键，是金融同业竞争的焦点。因此，商业银行对核心负债采取的策略通常是，在稳固成本的前提下，采取有效措施，确保核心负债总量持续、稳定增长，强化市场竞争力。

主动负债主要是指银行在价格、流动性等方面能够主动、灵活管理的负债，主要包括同业拆放、应付债券、结构性存款、同业存单及大额存单等。主动负债对于缓解银行流动性压力，确保资产业务平稳运行意义重大。尤其是在利率市场化条件下，主动负债逐步成为银行自主控制资金来源，获取利差收益，平衡流动性需要的重要手段。目前，商业银行主要根据成本、期限和流动性管理需要，将主动负债作为核心负债的补充，在总量控制的前提下，采取管理策略。一是坚持成本收益匹配原则。主动负债利率完全市场化，成本总体高于核心负债，日常经营中应突出效益性原则，在资金来源能有效运用，资产收益能覆盖资金成本、管理成本、资本成本等各类成本的前提下，积极开展；在资金富余、成本收益倒挂的情况下，如无战略性合作需要则采取严格控制的策略。二是坚持期限匹配原则。银行核心负债以短期为主，而资产期限相对较长，需要兼顾期限错配的收益和风险，可以根据经营形势和发展需要，适度开展期限较长的主动负债，以支撑中长期资产业务，动态调整资产负债期限结构，保持稳定的错配结构。三是坚持保流动性原则。主动负债市场可得性较强，可以较快补充资金头寸，在流动性出现阶段性困难的情况下，可以适度开展期限较短的主动负债，从市场融入资金，由于银行间市场资金具有较大同向性，资金紧张则普遍很紧张，融资成本也较高，采取短期融入能保持成本相对可控。四是坚持分品种、分客户的差异化策略原则。主动负债因业务品种和客户的不同，对银行经营的影响也不同，应根据经营形势和发展需要，实施差异化管理策略。

（三） 资产负债匹配管理

资产负债匹配管理立足资产负债表管理，以流动性指标、资本充足率和资产负债相关项目的关联关系等为约束条件，进行资产负债匹配管理分析和计划预测，确保资产负债组合配置的成本收益结构和期限结构持续优化。

具体而言，商业银行资产负债匹配管理应坚持以下原则：（1） 规模匹配。商业银行资产运用的规模应与负债来源的规模相对称、相平衡，但这种匹配并非是简单的对等，而是一种建立在合理增长基础上的动态平衡。（2） 结构匹配。商业银行要保持资产结构与负债结构动态的相互对称和统一平衡，并及时根据经济状况和经营环境变化来调整资产与负债结构，确保实现流动性、安全性和效益性的统一。（3） 期限匹配。商业银行要以化解期限错配隐患为核心，资产配置应根据资金来源的流转速度来决定，银行资产与负债的偿还期应保持一定程度的匹配关系。（4） 利率匹配。商业银行应积极优化资产负债利率结构，加强利率定价管理，及时匹配资产负债利率浮动结构和种类结构，保持银行净利差空间。

第三节 商业银行经济资本管理

一、经济资本管理概述

（一） 经济资本的起源与含义

1. 经济资本起源。经济资本管理首创于20世纪70年代的美国信孚银行，该行提出了经风险调整的资本收益率（Risk Adjusted Return of Capital，RAROC）方法来进行风险度量与绩效管理，并取得了良好的成效。但这一方法并没有立即得到国际银行业的普遍关注，因为当时欧美商业银行基本上没有资本配置压力①，这种情况在进入20世纪80年代之后才开始转变。

随着《巴塞尔协议》的出台，资本约束成为商业银行发展面临的挑战，经济资本管理开始被欧美大型商业银行广泛应用。这些银行以巴塞尔协议为基本依据，将经济资本与账面资本、监管资本结合起来，统筹进行资本管理，成为国际上先进商业银行的普遍做法。例如，德意志银行在欧洲较早地引入了经济资本管理的理念和方法，计算各交易部门的风险量，据

① 有人戏称当时美国的银行和储贷机构存在一个“3-6-3法则”，即储蓄利率3%，贷款利率6%，下午3点关门去打高尔夫球。

以配置资本，并收取资本占用费。英国劳埃德银行把经济资本管理作为战略转型的重要推手，在给定资本水平的条件下，坚持让资本投入能够产生高额回报的业务，并尽可能避免风险损失，从而选择了以无风险费用收入为基础的零售商业银行业务作为发展方向，该银行“不求最大但求最好”的战略定位取得了一定的成功。

目前，经济资本已经被全球大型商业银行广泛应用，同时也被列入《巴塞尔新资本协议》建议推广实施的范畴。作为现代商业银行经营管理的“核心技术”，经济资本广泛运用于商业银行资本监管、贷款定价、绩效考核、风险控制和经营理念等方面，是现代商业银行经营管理的科学标准和依据。

2. 经济资本的含义。经济资本又称风险资本，是指商业银行在一定的置信度水平下（如99%），为了应对未来一定期限（如一年）内资产的非预期损失而应该持有的资本金。其中，置信度水平由银行风险偏好决定。经济资本是银行内部管理人员根据银行所承担的风险计算的、银行需要保有的最低资本量，用于衡量和防御银行实际承担的超出预计损失的那部分损失，是防止银行倒闭的最后防线。

在理解经济资本的含义时，要注意三个方面：一是经济资本的计量并非针对预期损失，而是针对非预期损失；二是经济资本是针对一定容忍度而言的，在该容忍度之下的非预期损失由经济资本来吸收，而超过该容忍水平的损失便成为极端损失或灾难性损失，这些损失不能被经济资本吸收；三是经济资本是一种“虚拟”资本，它并不存在于资产负债表的某一个或某几个科目当中。因此，经济资本是一种取决于商业银行实际风险水平的资本，其重要意义在于强调资本的有偿占用，即占用资本来防范风险是需要付出成本的。

（二）经济资本管理的目标与作用

1. 经济资本管理的目标。商业银行经济资本管理的目标是通过建立有效的经济资本管理体系，将资本约束和回报要求贯彻落实到各项经营管理活动中，推动业务增长方式由规模扩张型向资本约束型转变，促进业务又好又快发展，提高股东回报水平。

2. 经济资本管理的作用。第一，经济资本管理是银行实现资本约束的需要。当经济资本总量接近或超过银行实际资本时，银行可通过资本金补充渠道迅速补充资本，或通过经济资本对业务结构进行调整以满足资本约束，控制或收缩其风险承担行为。

第二，经济资本管理是全面风险管理的一个重要环节。全面风险管理的关键之一在于对风险的量化、分配以及对应策略。经济资本通过对非预期损失的计量直接反映银行的风险状况，通过对经济资本进行配置，能够实现风险与资本的匹配，形成真正意义上以资本为基础的风险防范体系。

第三，经济资本管理是成本管理和绩效考核的重要依据。在经济资本分配的基础上，通过 RAROC 等指标对各部门、各业务的评价，既考察了风险条件下的盈利能力，又可以体现资本的回报要求，同时也可以作为绩效考核和激励机制的重要指标。

第四，经济资本管理是国内商业银行实现战略转型的重要推动。在传统信贷经营模式下，我国商业银行在过度追求规模扩张的同时，发展了大量高资本占用的资产。利用经济资本的合理配置，大力拓展低资本损耗的银行业务，实现风险资产增长的总量约束、业务与产品的取舍以及调整优化资产结构等，实现业务转型和增长方式转变。

二、经济资本管理的内容

（一）经济资本计量

目前，我国商业银行经济资本计量范围涵盖信用风险、市场风险和操作风险，包括境内外分行及金融市场部等总行内设部门。

1. 信用风险经济资本计量。信用风险经济资本是指商业银行在一定的置信水平下，为了应对未来一定期限内信用风险资产的非预期损失而应该持有的资本金，其在数值上等于信用风险资产可能带来的非预期损失。

信用风险经济资本计量公式为

$$经济资本占用=经济资本计量基数\times经济资本系数$$

其中，对不同的资产及业务，采取不同的经济资本计量基数；经济资本占用系数充分考虑客户违约概率、贷款违约损失率和剩余期限三个因素予以确定。在同等条件下，客户信用等级越高、贷款剩余期限越短、抵（质）押物的风险缓释效果越好，经济资本占用系数越低。

信用风险经济资本取决于以下几个方面：一是资产组合的损失分布，体现银行资产组合的潜在损失水平，潜在损失水平高，经济资本数额大；二是置信水平，体现对非预期损失的反映程度，置信水平高，经济资本的数额大；三是银行风险计量水平，体现为银行拟合的损失分布是否准确反映了银行资产的风险状况，比如计量时是否考虑资产组合间相关性、相关性如何度量等。

2. 市场风险经济资本计量。市场风险经济资本是指商业银行在一定的置信水平下，为了应对未来一定期限内市场风险资产的非预期损失而应该持有的资本金，其在数值上等于市场风险资产可能带来的非预期损失。

市场风险经济资本的计量通常采用风险价值（VAR）方法，VAR是指在给定置信水平下，银行资产组合在未来一定期限内的最大可能损失值。常用的VAR计量方法有方差—协方差法、历史模拟法和蒙特卡罗法等。《巴塞尔新资本协议》市场风险标准法也可用于计量市场风险经济资本。

目前，我国商业银行市场风险经济资本计量主要由交易账户利率风险经济资本的计量、银行汇率风险经济资本的计量和股票价格风险经济资本的计量三部分组成。

3. 操作风险经济资本计量。操作风险经济资本是指商业银行在一定的置信水平下，为了应对未来一定期限内操作风险资产的非预期损失而应该持有的资本金，其在数值上等于操作风险资产可能带来的非预期损失。

《巴塞尔新资本协议》提出了三种计量操作风险监管资本的方法，分别为基本指标法、标准法/标准替代法、高级计量法。这三种方法在复杂性和风险敏感度方面渐次加强。基本指标法的计算思路是前三年中各年正的总收入乘上一个固定比例加总后的平均值；标准法的计算思路是将银行的总体操作风险细分为9类业务条线的操作风险，各业务条线对应不同的系数，各业务条线的操作风险经济资本等于各业务条线的总收入乘以该业务条线对应的系数；高级计量法是通过建立操作风险计量模型来估计操作风险经济资本的方法，如内部衡量法（IMA）、损失分布法（LDA）等。

4. 经济资本总量计量。由于各类风险的最大损失情况通常不会同时发生，因此，经济资本总量并不等于个别风险经济资本占用的简单相加，而是要考虑风险间的相关性。考虑风险相关性后，经济资本占用会有所减少，减少的部分是风险分散性效应。

（二）经济资本预算与配置

1. 经济资本预算。经济资本预算是指商业银行建立经济资本预算管理体系，根据资本总量和结构目标，衔接资本充足率计划，统筹编制经济资本计划，约束风险资产增长，落实资本约束的过程。经济资本计划包括经济资本供给总量、经济资本配置总量、经济资本缓冲量、最低经济资本回报率要求和分解下达的经济资本限额。

经济资本供给总量是指银行可用于覆盖非预期损失的资本来源。经济资本供给总量（可用资本总量）来源于银行账面资本（所有者权益），并按照风险配比原则进行一定调整后形成，包括股本、资本公积、盈余公积、一般风险准备、未分配利润等项目。经济资本配置总量是指根据经济资本供给总量和资本充足率目标，按照保持适度经济资本缓冲的要求，合理确定可分配的经济资本，以全面覆盖信用风险、市场风险、操作风险以及银行账户利率风险、流动性风险、贷款集中风险等经评估对商业银行有实质影响的风险。

商业银行经济资本供给总量与配置总量应保持动态平衡。经济资本供给总量高于配置总量的差额为经济资本缓冲量，主要用于资本性投资支出、战略性资本储备和抵御剩余风险（经济资本尚未覆盖的风险）。经济资本供给总量少于经济资本配置总量的差额为经济资本缺口。商业银行需要保留一定比例经济资本作为经济资本缓冲量。在预计经济资本将出现缺口时，应立即向高级管理层报送经济资本紧急预案，采取必要措施，及时补充资本或者压缩风险资产规模。

商业银行要根据经济资本配置总量科学制订经济资本配置方案，通过分解下达经济资本限额，有效落实资本达标和资本回报要求，并由总行统筹考虑股东回报要求和银行发展战略，确定最低经济资本回报率要求。

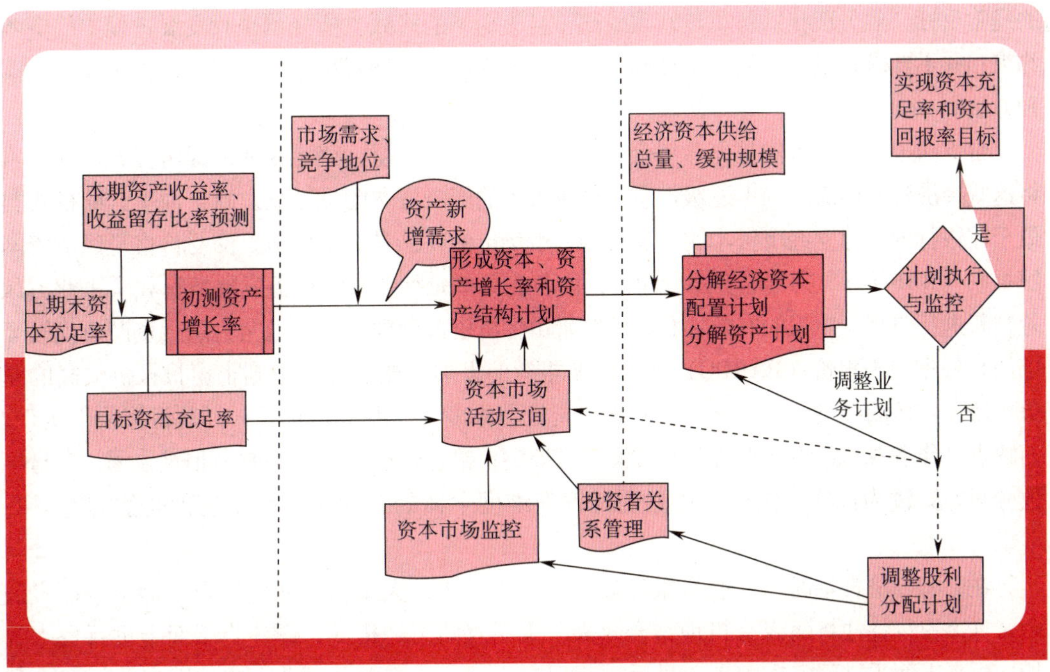

图 7－3　商业银行经济资本预算管理的基本思路

2. 经济资本配置。对于商业银行而言，资本是昂贵和稀缺的，必须通过科学的机制安排来合理分配经济资本，使稀缺的资本资源得到高效利用。经济资本配置是指银行以限额形式将经济资本分解到各分支机构、部门、产品、客户等对象，并进行动态监控和适时调整的过程。

（1）经济资本配置方式。银行难以通过单一方法完全实现对经济资本的分配。在实践中，银行通常采用以下三种方式实现经济资本配置：一是单独经济资本配置。银行根据独立业务单元的收益，单独计算、分配其经济资本，不包含任何的分散化效应。该方式适用于评估业务单元的工作绩效，但由于缺少对银行内部各业务单元相互影响关系的评估，可能存在业务单独考察获利但却不利于提升银行总体价值的“悖论”。二是边际经济资本配置。这是指一个单元业务量的增加导致的银行整体经济资本的增量，或出售一个单元的业务能为银行释放的经济资本数量。银行核算该单元业务量增加或减少情况下的整体银行经济资本数量，其差额即为边际经济资本。该方式适用于并购决策评估，但不适用于绩效评估。三是分散化经济资本配置。这是指用单一业务单元的资本乘以该单元与整个银行之间的相关系数得到该单元的实际经济资本。由于分散化效应的存在，具有更多低相关性业务的银行在资本的使用方面更加集约化，该方式目前在商业银行经济资本配置中使用较广泛。

（2）经济资本配置的路线。一般而言，经济资本配置路线可分为自上而下和自下而上两种类型。自上而下的分配模式是指基于确定的资本总量，综合考虑各管理维度经济资本和RAROC的变化，结合银行发展战略，在遵循一定原则例如目标资本回报要求和业务准入标准的基础上，将有限的经济资本按照不同的管理维度进行层层分解，形成完整的经济资本配置方案。其优点是，能有效贯彻银行的战略意图和管理思想，使整个银行业务发展和承担的风险可控。实施自上而下资本配置的关键，是制订一个总体经营计划。该计划应描述银行总的经营目标、业务现状以及风险管理战略。自上而下的路线主要强调银行发展过程中的资本约束，并不要求计量结果的完全准确。因此，即使风险管理基础不强的银行，也可以采用这种方法。

自下而上的分配模式是先对每个业务单元进行风险计量，确定相应的经济资本需求，再将这些经济资本由底层向上逐级汇总，形成银行的经济资本配置方案。自下而上分配模式类似于在银行内部建立经济资本的交易市场，市场上的商品是经济资本，交易价格是经济资本回报率（RAROC）。具体的资本分配量，由各业务单元综合过去业务发展情况和未来业务风险判断进行申报，申报的有效性和具体数量由经济资本管理部门（通常为总行资产负债管理部门）根据申报报价（RAROC）高低以及银行的发展战略决定。原则上申报报价较高的业务可获得较多的经济资本。该方法的优点是管理维度主体距离市场近，经营目标易于实现，而缺点是经济资本价格在形成分配方案前已确定，银行管理层对其控制力相对较弱，容易导致分配方案较为保守。因此，该方法对管理维度主体的专业素质和市场判断能力有较高要求。

在分配经济资本时，一般小银行倾向于自上而下，大型银行倾向于自下而上。在实践中，许多银行往往将两者有机地结合起来，采用双向组合模式，即先自下而上进行资本计量，再自上而下进行资本配置，最后进行双向调试。一方面通过账面方式确定可用资本数量；另一方面，根据标准方法计算各类风险的非预期损失，并将其进行有效汇总，再结合发展战略和风险偏好，调整容忍度参数，使非预期损失小于可供分配的实际资本。

（三）经济资本监测与评价

1. 经济资本监测。经济资本监测是指银行通过监测经济资本变动情况，及时掌握各类业务的资本占用和消耗情况，针对预算执行过程中的偏差提出改进建议，为客观衡量和评价各级机构经济价值创造能力提供依据，促进各项经济资本预算目标的完成。经济资本监测的形式包括非现场监测和现场检查。非现场监测是指通过调阅数据、报表或资料，对经济资本监测指标和其他相关指标进行监测；现场检查是指到分支机构或部门，通过资料调阅、报表审查、访谈等方式，分析、掌握、核实有关情况。

经济资本监测的核心是设定各类监测指标。目前，我国商业银行在经济资本监测工作中主要关注以下六类指标：一是经济资本总量类指标。主要包括经济资本计划占用率、信用风险经济资本计划占用率、市场风险经济资本计划占用率、操作风险经济资本计划占用率、三大风险经济资本占用占比。二是经济资本效率效益类指标。主要包括经济资本杠杆率、经济资本回报率、经济增加值（EVA）。三是信用风险经济资本结构类指标。主要包括信贷类经济资本占比、非信贷类经济资本占比、表外类经济资本占比、贷款经济资本系数、AA级及以上评级贷款占比、公司类中长期贷款占比、保证和抵质押贷款占比、买入返售经济资本占比、固定资产经济资本占比、三大表外类资产（承兑汇票、信用证、保函）平均经济资本系数。四是操作风险经济资本结构类指标。主要包括操作风险经济资本平均风险度、各条产品线操作风险经济资本基数占比。五是市场风险经济资本结构类指标。主要包括结售汇敞口、外汇营运资金、汇率风险敞口、利率风险经济资本占用。六是其他相关监测指标。主要包括承诺类贷款、无形资产、递延所得税等。

2. 经济资本评价。经济资本评价管理是指对被评价对象资本运行的效益和效率、资本总量和结构、资本的协调管理和基础管理能力等情况进行定性和定量的综合评价，并将评价结果用于调整经济资本占用、绩效管理以及下一年度经济资本配置的工作过程。

在经济资本评价方面，目前我国商业银行主要采用经济资本回报率指标，该指标克服了资产收益率（ROA）、净资产收益率（ROE）等传统评价指标未充分反映风险成本的缺陷，有利于银行管理者综合权衡经营风险及其回报，改变银行忽视风险、盲目追求利润的经营方式，已经成为国内外先进银行的常用指标。RAROC的计算公式如下：

$$RAROC = (NI - EL)/UL$$

其中，NI为税后净利润，EL为预期损失，UL为非预期损失或经济资本。

在RAROC计算公式的分子项中，风险所造成的预期损失被量化为当期成本，直接对当期收益进行扣减，以此衡量经风险调整后的收益；在分母项中，则以经济资本或非预期损失代替传统股本收益率指标中的所有者权益，意即商业银行应为不可预期的风险准备相应的资本。该公式衡量的是经济资本的使用效益，正常情况下其结果应当大于商业银行的资本成本。

目前，国内外大型银行已经广泛采用RAROC指标，并在商业银行经营管理活动中发挥着重要作用：（1）在单笔业务层面上，RAROC可用于衡量一笔业务的风险与收益是否匹配，为商业银行决定是否开展该笔业务以及如何进行定价提供依据。（2）在资产组合层面上，商业银行在考虑单笔业务的风险和资产组合效应之后，可依据RAROC衡量资产组合的风险与收益是否匹配，及时对 RAROC 指标出现明显不利变化趋势的资产组合进行处理，为效益更好的业务配置更多资源。（3）在商业银行总体层面上，RAROC 指标可用于目标设定、业务决策、资本配置和绩效考核等。董事会和高级管理层确定自身所能承担的总体风险水平（或风险偏好）之后，计算所需的总体经济资本，以此评价自身的资本充足状况；然后将经济资本在各类风险、各个业务部门和各类业务之间进行分配（资本配置），以有效控制商业银行的总体风险水平，并通过分配经济资本优化资源配置；最后将股东回报要求转化为银行、各业务部门和各个业务条线的经营目标，并直接应用于绩效考核，促使商业银行实现在可承受风险水平之下的收益最大化及股东价值最大化。

（四）经济资本的实践应用

经济资本管理的意义在于使银行从管理风险的角度实现对资源的有效配置，达到风险与收益最优平衡。在实践中，商业银行不断深化经济资本应用，提高经济资本使用效率，促进业务快速协调发展。具体而言，经济资本被广泛应用于商业银行的下列领域：

一是绩效管理。商业银行采用经风险调整的业绩评估方法（Risk Adjusted Performance Measurement，RAPM）来综合考量商业银行的盈利能力和风险水平，并应用于对分支机构和部门的绩效考核。例如，我国许多商业银行推出了以经济增加值为核心指标的综合绩效考核制度，突出考核经营收益在弥补资金成本、经营成本、拨备成本（预期损失）和经济资本成本后的剩余价值，有利于在商业银行树立科学的发展观和正确的业绩观，促进经营理念和发展模式的转变。

二是资源配置。为提高资本使用效率，提高资本回报水平，商业银行确立了以经济资本回报率为核心和导向的资源配置机制，将 EVA 和 RAROC 等经济资本指标应用于信贷规模配置、经营费用分配、固定资产分配、人力费用分配等资源配置领域，在控制风险资产增长的同时，提高了各项业务和银行整体的资本回报水平。

三是风险控制。商业银行将经济资本限额等经济资本指标应用于控制风险总量，调整风险结构，实现收益与风险的优化组合。例如，商业银行的行业限额管理可将经济资本作为计量、分配和调整的基础和依据，综合考虑银行可用资本、资本充足率管理要求以及资产组合现状，根据行业 RAROC、经济资本占用情况，按照收益覆盖风险的原则，确定可供分配的行业限额总量；同时，将经济资本限额作为辅助监测指标，通过持续监测分析设限行业经济资本占用情况，提高限额管控对风险变动的敏感性、准确性。

四是贷款定价。商业银行把经济资本管理引入贷款定价，制定了贷款风险定价管理办法，要求贷款定价要能够弥补资金成本、经营成本、拨备成本和资本成本，其收益要覆盖预期损失和非预期损失，贷款经济增加值要实现正值，经济资本回报率要满足最低经济资本回报要求。

第四节 商业银行产品定价管理

定价是指商业银行在某个时刻将其产品对于顾客的价值及时地用货币表现出来。在我国利率市场化加速推进的背景下，定价能力的提升可有效提高商业银行生息资产的收益率，降低付息负债的付息率，扩大息差水平，增强盈利能力。因此，定价能力已经成为一家商业银行的核心竞争力。

一、存款定价管理

（一） 存款定价的一般规定

存款是银行对存款人的负债，是银行最主要的资金来源。我国商业银行主要根据人民银行规定的存款基准利率，结合自身经营目标，具体制定本机构的存款利率。2004 年 10 月 29 日，人民银行决定放开人民币存款利率的下限，允许金融机构下浮存款利率，但对存款利率仍实行较为严格的上限管理。直到 2012 年 6 月 8 日，人民银行才对金融机构存贷款利率浮动区间进行调整，将存款利率浮动区间的上限从基准利率调整为基准利率的 1.1 倍。2015 年 2 月 28 日，人民银行将金融机构存款利率浮动区间的上限进一步扩大到基准利率的 1.3 倍。2015 年 10 月 23 日，人民银行决定对商业银行和农村合作金融机构等不再设置存款利率浮动上限，这标志着利率管制基本放开，我国的利率市场化改革基本完成。这将促进商业银行采取差异化的存款利率定价，对存款利率定价提出新的要求。

（二） 存款定价的目标与原则

1. 存款定价的目标。商业银行存款定价需要在以下三个目标之间权衡：一是降低存款成本。商业银行需要通过优化存款的品种、期限及利率结构，确定能够实现成本最小化目标的存款价格。二是提升市场竞争力。出于战略竞争的需要，商业银行需要在存款目标市场中获得、保持和提高市场占有率，为此，银行经常通过调整定价来抢占市场份额，树立其市场地位。三是加强风险管理。存款是银行最主要的资金来源，是银行流动性风险管理的重要内容。在有些情况下，商业银行存款定价的目的是优化客户结构、产品结构和期限结构，增加现金流量，将流动性风险控制在可接受的范围内。因此，银行存款定价需要在成本、规模和流动性之间进行权衡，这也与商业银行追求的效益性、安全性、流动性相协调目标是一致的。

2. 存款定价的原则。存款是银行的生命之源，离开存款，商业银行就无法生存和发展。在实践中，银行存款定价面临两难选择：一方面，如果存款定价较低，则可能筹集不到的足够存款，从而影响银行资产业务的拓展和流动性管理；如果存款定价较高，虽然有利于吸收存款，但是需要支付的对价也较多，会直接增加银行的经营成本。因此，银行必须常常在业务发展和盈利增长之间作出选择。在实践中，银行存款定价通常遵循以下原则：在明确银行阶段经营目标的前提下，综合分析价格对存款人的吸引力、银行的承受能力、资金用途、盈利能力、资金价格走势等因素后，制定出最有利自己的价格标准。

（三） 存款定价模型及运用

1. 成本加成定价法。成本加成定价法是一种在保证银行自身利润基础上的定价方法，即银行按存款资金运用可得到的平均价格，减去银行经营成本和期望的利润后得出可以接受的存款成本，以此作为存款价格。这种定价模型的优点是简单易行，有助于保证银行的目标利润，缺点是主要适用于客户对存款价格不敏感、银行的品牌和信誉较好和社会资金整体较为宽裕的情况。

在实践中，商业银行成本加成定价法的公式如下：

存款控制利率 = 存款无风险收益率 − 费用率 − 目标利润率 + 存款利率相关调节系数

其中：(1) 存款无风险收益率。一般将国债等信用程度极高的金融产品的收益率视为无风险收益率。同时，商业银行吸收的存款不能全额运用，必须缴纳法定存款准备金和留存一定比例的超额存款准备金。据此：存款无风险收益率 = 金融市场资金无风险收益率 ×（1 – 存款准备金比例 – 备付金率）+法定存款准备金利率×法定存款准备金率 + 超额存款备付金利率×超额存款备付金率。在实践中，通常可将不同期限的大额存单收益率（或国债收益率）近似作为金融市场资金无风险收益率代入上述公式得到相应期限的存款无风险收益率。

（2）费用率。商业银行不同期限存款所应承担的相关费用率。目前，我国商业银行可通过管理会计系统计算出费用率，并可将费用率细化到机构和客户层级以进行更精确的定价。

（3）目标利润率。由商业银行根据市场竞争、资金形势、客户结构、经营目标等因素确定并不定期予以调整。

（4）存款利率相关调节系数。存款利率相关调节系数包括存款规模调节系数、客户资质调节系数、机构存款付息率或存贷利差（同业排名）调节系数、客户贷款及中收调节系数等，各个付息率调节系数均设定调节上限限制。

2. 边际成本定价法。边际成本定价法通过比较存款的边际成本与边际资产回报来决定是否吸引新的存款，只有当边际成本小于边际回报时，才应吸引新资金来支持资产增长。

在实践中，商业银行边际成本定价法的公式如下：

边际成本 = 新利率 × 新利率下筹集的资金额 – 旧利率 × 旧利率下筹集的资金额

其中，边际成本率 = 边际成本/新增资金，当边际成本率 = 边际收益率时，银行的利润达到最大化。

该方法较为适合用来确定银行存款整体的边际成本率，不太适合用来确定不同期限的存款利率。此外，公式中新利率下预计筹集的资金额较难确定。

3. 参照基准利率定价法。该模式以基准利率作为定价的核心利率，根据市场竞争、经营成本等因素确定一定的加减百分比。在人民银行仍公布存款基准利率的情况下，参考基准就是人民银行的存款基准利率。如人民银行简并存款期限档次，直至取消存款基准利率，则中短期限存款的参考利率基准可以是同期限的同业存单和大额存单的收益率，长期限存款利率的参考基准可以是同期限的国债收益率。

4. 综合贡献定价法。该模式将存款利率的确定与存款客户给银行带来的综合收益结合起来确定存款价格。该方法适用于确定单个客户的存款价格，不适合用来确定挂牌利率。

目前，我国的存款利率只允许在人民银行基准利率的基础上最高上浮 30%，此外，存款期限、计结息方式、定价方式等也受到人民银行较为严格的管控。由于存款竞争激烈，考核压力重，在面对一些议价能力强的公司、机构客户及个人高端客户时，银行不得不通过将存款利率上浮到顶这一价格方式来争夺存款，进行精细化定价的动力及约束较弱。而在存款利率市场化较为成熟的美国，存款利率只是在产品定价时考虑的诸多要素之一。

二、贷款定价管理

（一）贷款定价的一般规定

贷款定价是指商业银行根据人民银行规定的贷款基准利率，综合考虑贷款成本、收益、风险和同业竞争因素等各项相关条件，具体制定本机构贷款利率的行为。2004 年 10 月 29 日，中国人民银行决定金融机构（城乡信用社除外）贷款利率不再设定上限；2012 年 6 月 8 日，人民银行将金融机构贷款利率浮动区间的下限调整为基准利率的 0.8 倍；2012 年 7 月 5 日，中国人民银行决定将贷款利率浮动区间的下限进一步扩大至基准利率的 0.7 倍；2013 年 7 月 20 日，人民银行全面放开金融机构贷款利率管制，取消金融机构贷款利率 0.7 倍的下限，由金融机构根据商业原则自主确定贷款利率水平，至此，人民币贷款利率已经实现了完全的市场化定价。利率市场化将给商业银行贷款定价带来诸多挑战，在利率市场化的条件下，掌握并正确运用贷款定价方法、技巧和策略，合理地进行贷款定价，对提高商业银行市场竞争力、盈利能力和资源配置效率，具有重大的现实意义。

为了促进商业银行有效服务实体经济，中国银保监会要求银行业金融机构认真遵守信贷管理各项规定和业务流程，按照国家利率管理相关规定进行贷款定价，并出台了“七不准”的规定：一是不得以贷转存。银行信贷业务要坚持实贷实付和受托支付原则，将贷款资金足额直接支付给借款人的交易对手，不得强制设定条款或协商约定将部分贷款转为存款。二是不得存贷挂钩。银行业金融机构贷款业务和存款业务应严格分离，不得以存款作为审批和发放贷款的前提条件。三是不得以贷收费。银行业金融机构不得借发放贷款或以其他方式提供融资之机，要求客户接受不合理中间业务或其他金融服务而收取费用。四是不得浮利分费。银行业金融机构要遵循利费分离原则，严格区分收息和收费业务，不得将利息分解为费用收取，严禁变相提高利率。五是不得借贷搭售。银行业金融机构不得在发放贷款或以其他方式提供融资时强制捆绑、搭售理财、保险、基金等金融产品。六是不得一浮到顶。银行业金融机构的贷款定价应充分反映资金成本、风险成本和管理成本，不得笼统将贷款利率上浮至最高限额。七是不得转嫁成本。银行业金融机构应依法承担贷款业务及其他服务中产生的尽职调查、押品评估等相关成本，不得将经营成本以费用形式转嫁给客户。

（二） 贷款定价的目标与原则

1. 贷款定价的目标。商业银行需要通过建立科学、合理的贷款定价体系，来实现以下管理目标：一是拓展信贷市场和实现盈利最大化目标。贷款定价既应考虑银行经营所承担的风险、资金成本和资本的预期回报等因素，又要兼顾客户的承受能力和货币市场资金供求及价格波动等因素，从而增强银行贷款定价的灵活性和竞争力，增强对客户的吸引力，最终有利于商业银行盈利最大化目标的实现。二是提高资金配置效率和经营管理水平。商业银行贷款价格的确定，对外是银行与客户商定借出资金价格的行为，对内是对资金运作风险和预期收益的控制性活动，是一个复杂的系统工程，必须注重成本管理、市场研究、风险规避及客户贡献度测量等，促进银行提高资金配置效率和经营管理水平。三是实现资本约束下的可持续发展。银行经济资本管理的核心指标是经济资本回报率。银行要获得合理的经济资本回报率，必须从贷款收益中提取足够的呆账准备以冲减预期损失，而且维持充足的资本以应付非预期损失。通过合理的贷款定价，把“风险补偿”这一理念贯穿到整个信贷审批和管理过程，能够确保贷款收益弥补呆账准备的提取，同时建立稳定有效的资本补充机制，从而提升银行的核心竞争力。

2. 贷款定价的原则。商业银行贷款定价应该遵循以下四条原则：一是战略导向原则。贷款定价应严格以银行经营战略为导向，确保实现银行经营战略目标。二是成本效益原则。银行贷款定价以成本为基础，以效益为中心，以实现银行期望的盈利水平为目标，价格的确定要与经营管理贷款所付出的成本、承担的风险和期望的资本回报相匹配。三是面向市场原则。贷款定价应贴近市场，根据市场资金供求状况，综合金融机构同类贷款定价水平，适时采取积极主动的定价策略。四是差别定价原则。银行应根据不同贷款对象、贷款品种、贷款期限、风险种类，实行差异化定价。

（三） 贷款定价模型及运用

1. 成本加成定价法。

（1）定价模型原理。目前，我国商业银行主要采用成本加成法进行贷款定价，现以法人贷款定价为例，说明该模型的基本原理。成本加成定价法本质上是将一笔贷款各项成本因素加总，从保本的角度来计算法人贷款定价的底线，即贷款保本利率。贷款保本利率是银行全面覆盖资金成本、管理成本、风险成本（预期损失）、经济资本成本（非预期损失）、税负成本和其他成本（调节系数项）之后的底线水平，以该水平进行贷款定价将保证该笔贷款在覆盖各项成本的前提下，获得最低经济资本回报要求的收益水平。

在保证保本收益的基础上，商业银行通过设置经济资本回报率调节系数和市场环境调节系数，可满足各分行差异化定价测算要求，以此来指导客户经理积极与客户议价，合理提高定价水平与收益。

（2）模型计算公式。在实践中，商业银行在贷款定价过程中需要分别计算贷款保本利率、预期经济资本回报率（RAROC）和预期经济增加值（EVA），其计算公式分别如下：

$$贷款保本利率 = [(资金成本 + 管理成本 + 风险成本 + 各项贷款定价调节系数之和) \times (1 - 所得税) + 经济资本成本]/[(1 - 营业税) \times (1 - 所得税)]$$

其中，

$$各项贷款定价调节系数之和 = 再定价方式调节系数 + 结息周期调节系数 - 中间业务收入调节系数 - 吸存收益调节系数 + 市场环境调节系数$$

考虑所得税因素，当税前利润为正时，预期经济资本回报率（RAROC） = ［申请利率×（1－营业税）＋中间业务收入贡献率＋吸存收益率－资金成本－管理成本－风险成本－再定价方式调节系数－结息周期调节系数］×（1－所得税）/经济资本系数。

其中，市场环境调节系数不作为真实的成本项，不在预期 RAROC 的计算公式内。

考虑所得税因素，当税前利润为正时，

$$预期经济增加值(EVA) = 新增贷款金额 \times 贷款期限 \times \{[申请利率 \times (1 - 营业税) + 中间业务收入贡献率 + 吸存收益率 - 资金成本 - 管理成本 - 风险成本 - 再定价方式调节系数 - 结息周期调节系数] \times (1 - 所得税) - 经济资本成本\}$$

其中，EVA 是指整个贷款期内的 EVA，考虑了期限因素。在计算 EVA 时，最低经济资本回报率通常统一设定为某个固定值，例如 15%。市场环境调节系数不作为真实的成本项，不在预期 EVA 的计算公式内。

案例 7 - 2
某银行贷款保本利率的测算

某法人客户向某银行申请 1 年期信用方式下借款 1000 万元。假定 1 年期基准利率为 6%，客户在某银行的评级为 AA 级，对应的 PD 值为 1.5%，信用方式下的违约损失率为 45%，1 年期对应的贷款 FTP 为 3.5%，该笔贷款的经济资本系数和经济资本回报率要求分别为 7% 和 15%，管理成本率、营业税和所得税分别为 0.5%、5.6% 和 25%，该客户没有其他派生类收益，要求该笔贷款的经济资本回报率为 15%。

计算该客户本笔贷款的保本利率及浮动幅度：

$$测定贷款指导利率 = \frac{(3.5\% + 0.5\% + 0.675\%) \times (1 - 0.25) + 7\% \times 15\%}{(1 - 5.6\%) \times (1 - 25\%)} = 6.44\%$$

其中，3.5% 为资金成本，0.5% 为管理成本，0.675% 为风险成本（1.5% ×45%），5.6% 和 25% 分别为营业税和所得税税率，7% ×15% 为经济资本成本，本例中各项贷款定价调节系数为 0。

相对于央行基准利率的浮动幅度为

$$(6.44\% - 6\%) \div 6\% = 7.33\%$$

其中，6% 为一年期央行基准利率。

案例 7 - 3
某银行贷款预期经济资本回报率（RAROC）的测算

某法人客户向某银行申请 1 年期信用方式下借款 1000 万元，执行利率为 1 年期人民银行基准利率。假定 1 年期基准利率为 6%，客户在某银行的评级为 AA 级，对应的 PD 值为 1.5%，信用方式下的违约损失率为 45%，1 年期对应的贷款 FTP 为 3.5%，该笔贷款的经济资本系数和经济资本回报率要求分别为 7% 和 15%，管理成本率、营业税和所得税分别为 0.5%、5% 和 25%，该客户没有其他派生类收益。

计算该客户本笔贷款的预期经济资本回报率（RAROC）：

预期经济资本回报率（*RAROC*）=

$$\frac{[6\% \times (1 - 56\%) - 3.5\% - 0.5\% - 1.5\% \times 45\%] \times (1 - 0.25)}{7\%} = 10.725\%$$

其中，6% 为申请利率，5.6% 为营业税税率，3.5% 为资金成本，0.5% 为管理成本，1.5% × 45% 为风险成本，0.25% 为所得税税率，7% 为经济资本系数，本例中，中间业务收入贡献率和吸存收益率为 0。

2. 贷款基础利率（LPR）定价法。

（1）贷款基础利率的含义与报价机制。贷款基础利率（Loan Prime Rate，LPR）是指商业银行对其最优质客户执行的贷款利率，其他贷款利率可根据借款人的信用情况，考虑抵押、期限、利率浮动方式和类型等要素，在贷款基础利率基础上加减点确定。贷款基础利率推出后，将逐步取代人民银行的贷款基准利率。

贷款基础利率的集中报价和发布机制是在报价行自主报出银行贷款基础利率的基础上，由指定发布人剔除最高、最低各1家报价，以上季度末人民币贷款余额占比为权重，对其余报价进行加权平均计算，形成报价行的贷款基础利率报价平均利率，并于每天11：30通过上海银行间同业拆放利率网（www. shibor. org）对外公布。运行初期向社会公布1年期贷款基础利率。全国银行间同业拆借中心为贷款基础利率的指定发布人。首批报价行共9家，分别为工商银行、农业银行、中国银行、建设银行、交通银行、中信银行、浦发银行、兴业银行和招商银行。LPR平均报价可每日11：30后登录上海银行间同业拆借中心网站查询。

贷款基础利率集中报价和发布机制的建立有利于强化金融市场基准利率体系建设，促进定价基准由人民银行确定向市场确定的平稳过渡；有利于提高金融机构信贷产品定价效率和透明度，增强自主定价能力；有利于减少非理性定价行为，维护信贷市场公平的定价秩序；有利于完善人民银行利率调控机制，为进一步推动市场化改革奠定制度基础。

（2）商业银行贷款基础利率的定价方法。商业银行LPR报价水平根据成本加成模型确定，并根据银行最优客户贷款实际定价水平适时调整。对最优客户的定价要符合银行贷款定价测算模型的要求，全面覆盖最优客户贷款的资金成本、信用风险成本、管理成本、资本成本和税收成本。同时，为了保证报价的真实性、有效性，LPR报价水平应根据银行的经营策略和战略导向、贷款实际定价水平适时调整，与最优客户1年期（含）及以内新发放贷款实际执行利率的偏离度保持在一定范围内，并且在保持相对稳定性下，合理体现市场利率的波动。

三、中间业务产品定价管理

（一）中间业务产品定价的一般规定

中间业务产品定价是指商业银行对向客户提供的结算、银行卡、代理、担保及承诺、投资银行、资产托管、理财、电子银行、外汇业务、现金管理、债券承销等各类本外币银行产品及服务实施有偿服务，按标准收取一定费用。为整治和规范金融机构收费，2012年银监会对商业银行中间业务定价出台了“四公开”的规定。一是合规收费（收费项目公开）。银行业金融机构应制定收费价目名录，同一收费项目必须使用统一收费项目名称、内容描述、客户界定等要素，并由法人机构统一制定价格，任何分支机构不得自行制定和调整收费项目名称等要素。二是以质定价（服务质价公开）。不得对未给客户提供实质性服务、未给客户带来实质性收益、未给客户提升实质性效率的产品和服务收取费用。三是公开透明（效用功能公开）。各项服务必须“明码标价”，充分履行告知义务，使客户明确了解服务内容、方式、功能、效果，以及对应的收费标准，确保客户了解充分信息，自主选择。四是减费让利（优惠政策公开）。对特定对象坚持服务优惠和减费让利原则，明确界定小微企业、“三农”、弱势群体、社会公益等领域相关金融服务的优惠对象范围，公布优惠政策、优惠方式和具体优惠额度。

（二）商业银行中间业务收费价格种类及标准

中间业务收费价格按规定分别实行政府指导价和市场调节价。其中，实行政府指导价的中间业务范围为：一是人民币基本结算类业务，包括银行汇票、银行承兑汇票、本票、支票、汇兑、委托收款、托收承付；二是中国银行业监督管理委员会、国家发展和改革委员会根据对个人、企事业的影响程度以及市场竞争状况确定的商业银行服务项目。除此之外，其他中间业务均实行市场调节价。

实行市场调节价的商业银行中间业务价格，应当由商业银行总行制定和调整，分支机构不得自行制定和调整服务价格。通常，商业银行制定和调整中间业务市场调节价，按照以下程序执行：制定相关服务价格的定价策略和定价原则；综合测算相关服务项目的成本和收入情况；进行价格决策；形成统一的业务说明和宣传材料；在各类相关营业场所的醒目位置公示，设有商业银行网站的，应当在网站主页醒目位置公示。

（三） 中间业务产品的定价方法

商业银行中间业务产品的定价和收费通常以市场性原则和成本效益原则为核心，对不同类型的中间业务使用不同的定价方法。在实践中，商业银行中间业务产品定价主要采用以下四种方法：

一是随行就市法（竞争导向法）。将同类产品中比较合理、比较成功的价格作为自己产品的价格，适用于支付结算类、银行卡类、担保承诺类产品。这些产品银行与银行之间功能差异性不大。因此，定价时在考虑保本基础上，采用随行就市法。

二是成本加成法。在产品成本的基础上考虑一定的盈利要求计算得出产品价格，适用于代理类、托管类产品。这些产品具有同质性，但随着委托方、委托业务以及托管人的不同，占用的银行系统资源、网点资源各不相同。因此，定价时应在保本基础上，考虑上述资源使用情况，即采用成本加成法。

三是成本风险加权法（加点法）。在产品成本的基础上考虑产品的风险损失以及一定的盈利要求计算得出产品价格，适用于交易类产品（期权、金融期货、金融远期、金融互换等）。这些产品的定价较复杂。如果是代理国外银行报价的产品，应采用在国外报价基础上的加点法；如果为自身产品，则应采用成本风险加权法定价。

四是客户导向法。以客户本身的特性及客户对产品的感受价值而非产品的成本来决定产品价格，适用于咨询评估类产品。该类产品价格应一事一定，根据银行的经营优势、客户需求的复杂程度以及客户带给银行的综合效益等确定价格。

第五节 商业银行内部资金转移定价管理

一、内部资金转移定价概述

（一） 内部资金转移定价的定义与功能

内部资金转移定价（Funds Transfer Pricing，FTP）最早诞生于生产企业，目的是核算生产流程每个环节所耗费的成本，以确定企业的最终利润来自哪个产品。20 世纪 80 年代，美洲银行首次在银行业引入 FTP，用于核算资金的成本或收益，识别银行利差的真正来源。目前，FTP 已经被国内外商业银行普遍使用，并在银行绩效考核、利率风险管理、资源配置以及产品定价方面日益发挥着重要作用。

1. FTP的定义。内部资金转移定价FTP是指商业银行内部资金中心（又称司库）与业务经营单位按照一定规则、全额有偿转移资金，达到核算业务资金成本或收益、分离利率风险等目的的一种内部定价方式。其中，所谓"内部"，是指资金中心与业务单位之间发生的资金价格转移，而不是外部的、银行与客户之间的价格。所谓"资金中心"，是指虚拟的资金计价中心，不是我们日常所见的实体资金交易部门。所谓"一定规则"，是指根据资金的期限及利率属性确定的定价方法。所谓"全额"，是指对每一笔提供或占用资金的业务，在其发生的当天，根据期限及利率属性进行逐笔计价。所谓"核算资金收益或成本"，是指FTP价格对负债而言是收益，对资产而言是成本；实施FTP的目的之一，就是要核算清楚负债带来了多少收益，资产占用了多少成本。

在FTP体系的管理模式下，银行资金中心负责管理全行的营运资金，业务经营单位每办理一笔业务（涉及资金的业务）均需通过FTP价格与资金中心进行全额资金转移。具体地讲，业务经营单位每笔负债业务所筹集的资金，均以该业务的FTP价格全额转移给资金中心；每笔资产业务所需要的资金，均以该业务的FTP价格全额向资金管理部门购买。对于资产业务，FTP价格代表其资金成本，业务经营单位需要支付FTP利息；对于负债业务，FTP代表其资金收益，业务经营单位从中获取FTP利息收入。

2. FTP的功能。FTP拥有诸多功能，主要包括公平绩效考核、剥离利率风险、优化资源配置和引导产品合理定价。

（1）公平绩效考核。通过推行FTP，商业银行可以计算出每笔业务的利润贡献，由于FTP细化到了最底层的逐个账户，银行仅需按照不同的维度进行分类，就可以实现按照产品、条线、分支机构、个人等维度进行的绩效考核。此外，对同一类业务，资金中心均按照相同的定价规则确定其FTP价格，这样无论这类业务来自哪个分支机构、哪个客户经理，均可在同一价格水平下公平地衡量其利差贡献的大小。

（2）剥离利率风险。FTP定价最为直接的作用就是通过金额、币种、期限、计结息、浮动方式等相互对应的资金转移过程，分离业务经营中的利率风险，将业务部门的利率风险集中到资金中心统一管理。

（3）优化资源配置。FTP可实现对不同业务和产品的边际收益的客观分析，并在此基础上进行业务组合的优化，即通过合理的FTP定价，银行可引导资金流向产生最大效益的产品、客户和地区。FTP的实行为银行制定科学的业务组合策略提供依据。FTP定价与外部定价之间的差额即是业务部门的利润，对于不同的产品该差额是不同的，由于FTP纳入银行绩效评价体系，业务部门在利益驱动之下必然倾向于营销利润大的业务，这样银行资源就会自动流向利润最大的产品。

（4）引导产品合理定价。当各业务条线给某种产品定价的时候，必须考虑到银行资金的成本。FTP在实现分离风险的过程中，生成了包含利率风险的资金价格，在此基础上再加上客户信用风险溢价、必要的成本费用分摊、预期损失率和资本要求回报等，即可确定产品价格的底线，任何定价策略都建立在此基础之上。

案例 7－4

商业银行如何利用 FTP 管理来剥离利率风险

2013 年 1 月 1 日，某银行发生了两笔业务：一是贷款部门投放了一笔 2 年期的固定利率贷款，利率 6.3%；二是存款部门吸收了一笔 1 年期的固定利率存款，利率 2.5%。总行资金中心采用原始期限匹配法定价，对应 1 年期存款的 FTP 价格是 3.5%，2 年期贷款的 FTP 价格是 4.3%。

此时，贷款部门的利差收入为 2%（6.3% －4.3%），存款部门的利差收入为 1%（3.5% －2.5%），两部门合计的利差收入为 3%（贷款利差收入 2% ＋存款利差收入 1%）。可是，对于银行整体来说，存贷款的利差收入应为 3.8%（贷款利息收入 6.3% －存款利息支出 2.5%）。通过 FTP 定价，存款部门和贷款部门的收益被锁定，存贷款由于期限错配而存在的利率风险由总行资金中心管理和承担，相应地，该利率风险收入 0.8%（3.8% －3%）也由资金中心用于抵补因管理或对冲利率风险而产生的成本。

2014 年 1 月 1 日，上述 1 年期存款到期被客户支取，贷款保持不变，存款部门需要继续吸收一笔存款来支持全行的贷款投放业务。但此时市场利率发生了变化，再次吸收 1 年期固定利率存款时，利率较去年同期上升了 130BPs，即利率为 3.8%，相应地，资金中心给出的 1 年期存款 FTP 价格也向上平移了 130 BPs，等于存款利率上升的幅度，现为 4.8%。

此时，我们发现，存款部门的利差收入仍为 1%（4.8% －3.8%），而贷款由于在 2013 年 1 月 1 日发生时便锁定了利差，因而贷款部门的利差收入保持不变，相应地，存款和贷款部门的利差收入保持 3% 不变。可是，对银行整体来说，存贷款的利差收入此时只有 2.5%（贷款利息收入 6.3% －存款利息支出 3.8%），其中的差额 －0.5%（2.5% －3%）由资金中心承担，而存贷款部门的收益被成功锁定，期限错配的风险被成功分离。

在本案例中，FTP 分离利率风险的作用是显而易见的。首先，经营单位每一笔业务的利差被锁定，其不因利率风险获取收益或承担损失，可以更加专注于业务发展，无须考虑利率波动带来的影响。其次，利率风险集中于总行资金中心，在规模效应的作用下，经营单位之间的利率风险可以在银行内部对冲，大大降低风险管理成本。最后，利率风险交由总行资金中心统一集中管理，有利于打造专业化的利率风险管理团队，提升管理效率和专业水平，将银行作为一个整体在市场上对冲利率风险。

（二）FTP 的定价原则与方法

1. FTP 的定价原则。目前银行业通行的 FTP 定价原则是期限匹配原则，即根据 FTP 定价曲线，按照业务的期限特性、利率类型和支付方式逐笔确定存贷款等相关业务的 FTP 价格。其中，FTP 定价曲线是一条反映不同期限资金价格的曲线，它是按照期限匹配原则确定产品 FTP 价格的基础。商业银行通常采用机会成本法确定其 FTP 定价曲线，即：根据银行当前的机会筹资成本和机会投资收益计算各期限档次资金的价格。市场收益率曲线是商业银行确定其 FTP 定价曲线的基础。现举例说明如下：

假设某分行于 2015 年 1 月 21 日叙做了如下两笔业务。

一笔业务是期限1年、利率1%的存款，其FTP价格（不含其他调整因素）等于FTP定价曲线上1年期的收益率1.5%，该存款的净利差为0.5%（存款的净利差 = FTP价格 − 存款利率 = 1.5% − 1% = 0.5%）；

另外一笔业务是期限2年、利率4%的贷款，其FTP价格（不含其他调整因素）等于FTP定价曲线上2年期的收益率2.5%，该贷款的净利差为1.5%（贷款的净利差 = 贷款利率 − FTP价格 = 4% − 2.5% = 1.5%）。

以上是最基本的定价原则，在实践中，资金中心在确定每笔业务的FTP价格时，还要根据业务的具体特性选择不同的定价方法。通常，一笔业务的FTP价格包括两部分，即基础FTP价格和FTP调整项。其中，基础FTP价格根据业务特性，采用通行的FTP定价方法确定，FTP调整项则根据银行管理需要设置。当FTP调整项用百分点表示时，产品最终的FTP价格为：产品最终的FTP价格 = 基础FTP价格 +/− FTP调整项；当FTP调整项用百分比表示时，产品最终的FTP价格为：产品最终的FTP价格 = 基础FTP价格 ×（1 +/− FTP调整项）。

2. FTP的定价方法。目前，我国商业银行FTP定价主要采用期限匹配法。常用的FTP期限匹配定价方法包括以下四种：原始期限匹配法、重定价期限匹配法、现金流定价法、指定利率法。

（1）原始期限匹配法。原始期限匹配法是指针对具有明确期限的业务，根据其期限确定其FTP价格的一种方法。即在业务发生的当天，将该业务原始期限所对应的FTP收益率曲线上的利率作为该业务的FTP价格，且在业务到期前，FTP价格保持不变。

（2）重定价期限匹配法。重定价期限匹配法是指针对浮动利率业务，根据重定价期限确定其FTP价格的一种方法。即在业务发生的当天，将业务的重定价期限所对应的FTP收益率曲线上的利率作为该业务的FTP转移价格，此价格在重定价周期内保持不变，在下次重定价时，重新根据上述原则确定下一个重定价周期的FTP价格。

（3）现金流定价法。现金流定价法是专门针对本金分期偿付业务的一种定价方法，是把本金分成若干份，针对每一份采用原始期限匹配法进行定价，获得每一份本金的FTP价格，再将每一份本金的FTP价格加权平均得到最终的FTP价格，这个价格在重定价周期内（浮动利率业务）或者原始期限内（固定利率业务）保持不变。用公式表示如下：

$$FTP\text{价格} = \frac{\sum(\text{每一份本金} \times \text{对应期限} \times \text{对应期限的}FTP\text{价格})}{\sum(\text{每一份本金} \times \text{对应期限})}$$

案例7-5

商业银行如何运用现金流定价法确定FTP价格

某银行某分行有一笔1年期按揭贷款，固定利率，按月等额本金还款，分12次还清本金，起息日是2013年1月1日，贷款利率5%，本金1200万元。采用固定利率定价法确定FTP价格的具体步骤如下。

第一步，把本金平均分成12份，每份100万元，第一份在1月末还清，其原始期限看作是

1 个月，第 2 份在 2 月末还清，其原始期限看作是 2 个月，依此类推，第 12 份在年末还清，其原始期限看作是 12 个月。

第二步，查找该业务所跟踪的 FTP 收益率曲线，根据收益率曲线分别对这 12 份本金按原始期限匹配法对其进行 FTP 定价。

第三步，对每一份本金的 FTP 价格进行加权，获得最终的 FTP 价格为 2.8%，这样最终的 FTP 利差为 5% −2.8% =2.2%，此利差一年内保持不变。

对于浮动利率的按揭业务，计算过程与固定利率基本相似，不同之处是在每一个重定价周期内，将剩余本金看作是下一个重定价周期的初始本金，计算过程同上。

(4) 指定利率法。指定利率法是对某类业务直接指定一个利率作为 FTP 价格，这个价格可以是一段时间内固定不变的，也可以是根据一定规则（比如跟踪市场收益率曲线上的某个点）而发生变化的。目前，该方法主要用于利率或现金流情况不明确的业务。

结合上述四种 FTP 定价方法，可以看出对于一项具体业务，其所适用的 FTP 定价方法与业务的本金属性和利率属性密切相关。本金属性是指本金的偿还方式，主要分为到期一次性还本、分期还本以及不确定还本。利率属性是指业务的利率形态，分为固定利率和浮动利率，其中浮动利率又细分为按固定周期浮动和不确定周期浮动。

二、内部资金转移定价管理实践

（一） FTP 的价格体系

商业银行 FTP 价格体系主要以各项资金来源和资金运用产品的期限特征为基础分类设置。具体分类依据管理需要，以资产负债表和损益表各项产品的科目分类为基础进行动态调整。按照产品利率属性，FTP 价格体系可划分为利率管制产品 FTP 价格、利率市场化产品 FTP 价格和其他产品 FTP 价格三大类。其中，利率管制产品是指以人民银行基准利率为基础进行定价的各类产品，主要包括各项存款和除贴现（转贴现）、买入票据以外的各项贷款；利率市场化产品是指按照利率授权管理要求、结合市场资金供求情况进行自主定价的产品，主要包括同业存放、存放同业、同业拆借、拆借同业、卖出回购、买入回售、贴现（转贴现）、买入票据、投资等；其他产品是指各类非生息资产、非付息负债以及所有者权益类、损益类产品，主要包括现金及银行存款、贵金属、应收（付）款项、固定类资产、财政性存款、向央行借款、所有者权益、各项收入、各项支出等。

不同利率属性的产品应用不同的 FTP 定价方法。其中，利率管制产品的 FTP 价格主要以法定利率为基准，采用成本基准法①确定；对市场利率化产品的 FTP 价格主要以外部资金的市场利率为基准，采用边际成本法②确定；其他产品的 FTP 价格采用指定价格法③确定。

---

① 成本基准法，即以一段时间内资金的平均成本作为内部资金的成本价格，并在此基础上确定内部资金转移价格的方法。内部资金平均成本 = 利息总支出 ÷ 资金总额。成本基准法主要体现资金的历史成本，不能反映新的资金运用所需的真实成本。

② 边际成本法，也称市场基准法，主要是以外部资金市场利率为参照，根据当前市场上资金的机会筹资成本和机会投资收益确定资金转移价格的方法。市场基准法体现机会成本原则，可以较好地反映资金的真实价值。内部资金边际成本 = 资金市场短期拆借利率（如 LIBOR、Shibor）或利率组合等。

③ 指定价格法，根据产品的特性直接指定某个收益率作为其基础 FTP 价格的定价方法。

（二） FTP的价格形成与调整机制

1. FTP的价格形成公式。各项产品FTP价格以内部收益率曲线对应的收益率为基础价格，适当调整生成。FTP价格形成用公式表示为

$$FTP价格 = FTP基准价格 + 调整系数 = 内部收益率曲线关键期限点对应收益率 + 定价规则 + 调整系数$$

其中，内部收益率曲线是反映银行某一时点（或时期内）不同期限的资金与其对应的内部平均成本或收益指标的曲线。内部收益率曲线包括利率管制产品内部收益率曲线和利率市场化产品内部收益率曲线。

产品定价规则是指以各类资金来源和资金运用产品的成本收益特点为参考，在内部收益率曲线关键期限点对应收益率基础上的加减点幅度，主要依据利差收益在资金来源部门和资金运用部门之间的分配比例、全行资产负债结构、资金调控需要等因素综合确定并动态调整。

调整系数是指根据银行资金摆布情况和业务发展战略的要求，通过上下浮点方式对FTP基准价格进行相应调整，达到鼓励或限制相关产品发展的目的。价格调整系数主要应用于全行战略重点产品和有限额管理要求的产品，具体调节品种和浮点水平由银行根据全行业务发展战略和资金调控要求确定并不定期调整。

2. 银行内部收益率曲线的构建。

（1）利率管制产品内部收益率曲线的构建。在现行利率政策下，各项存贷款业务定价以人民银行公布的存贷款基准利率为基础，因此存贷款基准利率是制定FTP价格的定价基准。为降低存贷款期限错配影响，平衡不同期限产品的转移收益，构建利率管制产品内部收益率曲线并采用实际期限匹配法。主要思路是通过对各种名义期限的存款按其稳定程度进行实际期限归档，按归档后实际期限存款的利率求出实际期限的存款利率曲线，然后在实际期限存款利率曲线上取点与相应期限的贷款进行匹配。

第一步，构建存款实际期限成本曲线。根据各项存款在不同期限的沉淀率对名义存款利率进行金额加权平均，得到各项存款在沉淀期间的实际利率。按照存款不同沉淀期限对应的实际利率绘制散点图，得到实际存款利率曲线。在各个关键期限点上增加商业银行人民币存款分摊的平均费用率，得到存款业务成本曲线。存款成本曲线调整的主要依据：法定存款利率调整；存款稳定率更新；存款费用率更新。

第二步，构建贷款收益曲线。以一定时期内各个期限新发放贷款的加权平均利率作为贷款的名义收益，在此基础上剔除贷款平均操作成本率、税率、经济资本成本率、平均损失率后，确定贷款业务收益曲线。贷款收益率曲线调整的主要依据：法定贷款利率调整；新发放贷款加权利率更新；贷款平均操作成本率更新；经济资本成本率、平均损失率更新。

第三步，构建内部收益率曲线。以存款实际成本曲线和贷款收益曲线为基础，根据利差相当原则，确定各个期限存款成本和贷款收益的中值（即默认利差在存贷款产品间按5:5比例分配），得到一条位于存款成本和贷款收益之间的曲线，熨平短端波动变化，理顺中长端期限溢价比例，使其成为一条向右上方倾斜的平滑曲线，用趋势方程拟合，即可得到内部收益率曲线以及相应的静态收益率表。

（2）利率市场化产品内部收益率曲线的构建。在利率完全市场化的环境里，内部收益率曲线主要依据公允的市场收益率曲线构建。在目前我国尚缺乏统一的市场基准收益率曲线的情况下，构建内部收益率曲线的基本前提是首先构建市场的收益率曲线，在此基础上通过对市场收益率曲线进行合理修正和平滑得到利率市场化产品的内部收益率曲线。

第一步，构建市场收益率曲线。首先，确定关键期限点市场收益率。按照“交易量孰大、影响力孰强、市场基准性孰准”的标准，选择一揽子交易活跃，风险溢价低，能够真实反映市场资金供求及未来利率走势的交易品种来绘制市场收益率曲线。其中，以 Shibor、回购利率为基础构建 1 天、7 天、14 天、21 天和 1 个月期限的市场收益率，央票作为参考指标；以央票和 Shibor 利率为基础，构建 1 ~ 12 个月期限的市场收益率；以国债收益率为基础，构建 1 年、2 年、3 年、5 年、7 年和 10 年等关键期限点市场收益率。其次，利用插值法得到其他期限点市场收益率，形成完整的市场收益率曲线。

第二步，构建内部收益率曲线。市场收益率曲线虽然能够反映一段时间内市场真实的交易情况和利率水平，但是该交易可能受到诸多外部因素的影响，脱离了资金按照期限溢价进行定价的内在要求，不是真正意义上的无风险收益水平。因此，要对影响其真实收益水平的外部因素进行过滤和剔除，最大限度地还原曲线的原本走势。外部影响因素包括经济周期、宏观调控要求、法定存贷款利率调整、存款准备金率调整、重大节假日现金支取高峰、新股上市、资本市场重大政策出台、重大社会政治经济事件等。通过分析单个关键期限点上市场收益率的时间序列数据，发掘并修正突发因素对市场收益率水平的影响，结合现实经济因素对当期市场收益率水平进行动态调整，剔除短期影响事件对不同期限收益率散点的影响，保留长期因素对收益率曲线的趋势性变化，并根据曲线拟合程度 R（$R\in[90\%, 100\%]$）动态调整收益率散点，确定最终的样本数据。最后，通过加权平均得到不同品种各关键期限点最新时间段内的收益率水平，并结合样本权重，构建一条期限完整、相对平滑、能够合理反映期限溢价水平的平滑的内部收益率曲线。

3. FTP 价格调整机制。商业银行要根据人民银行存贷款基准利率、市场利率的变动情况，同时关注新发生业务的价格变动趋势，参考新发放贷款利率和利率上浮存款占比等利率监测预警指标的变动情况，定期评估现行 FTP 价格的适用性，实施动态调整，提高 FTP 政策传导的灵敏度，引导经营行及时关注市场利率走势，合理调整本行经营策略和业务结构。

第六节　商业银行流动性管理

一、流动性管理概述

（一）流动性管理的含义与目标

1. 商业银行资金管理的含义。商业银行的流动性是衡量商业银行在一定时间内、以合理的成本获取资金用于偿还债务或增加资产的能力，其基本要素包括时间、成本和资金数量。商业银行的流动性状况直接反映了其从宏观到微观的所有层面的运营状况及市场声誉。保持良好的流动性状况对商业银行的安全、稳健运营具有积极作用：（1）增进市场信心，向外界表明银行有能力偿还借款，是值得信赖的；（2）确保银行有能力履行贷款承诺，稳固客户关系；（3）避免银行资产廉价出售，损害股东利益；（4）降低银行借入资金时所需支付的风险溢价。同时，流动性管理业是商业银行优化资金配置，引导资金合理流动，促进资金营运安全性、流动性和效益性的协调统一的重要途径。

2. 商业银行流动性管理的目标。商业银行流动性管理以实现银行价值最大化为核心，围绕银行业务发展战略和安全性、流动性和效益性“三性”协调要求组织开展，并致力于实现以下三个目标：一是确保支付，即银行要保证正常的支付能力，保持合理的备付头寸，防止账户透支；二是防范风险，即各类资金管理活动要以合规管理为基础，严格遵守各项规章制度，加强资金流动情况的监管，严控各类风险；三是提高效益，即在保证支付能力的前提下，流动性管理部门要尽可能降低无息和低息资金头寸，对资金头寸进行灵活调度，提高资金效益。

（二） 银行流动性供给与需求

1. 流动性供给与需求的来源。商业银行在资产和负债两个方面都存在着对流动性的需求，而流动性需求的大小又与银行的资产负债结构具有密切的关系。在资产方面，流动性需求的来源包括借款人的新增贷款需求、向同业拆放资金、购买证券、向中央银行交存准备金等。在负债方面，流动性需求的来源包括存款人的提取需求、偿还同业或中央银行借款、纳税以及股东分红等。

相应地，银行也可以从资产和负债两个方面获得流动性供给。在负债方面，最主要的流动性供给来自存款，另外还包括从其他银行拆入资金、发行证券等。在资产方面，流动性供给最主要的来源是借款人偿还贷款本息。此外，银行向客户提供各种中间业务或服务所获取的手续费收入，也可成为流动性供给的来源之一。

2. 流动性缺口与剩余。商业银行流动性需求大于供给，则出现流动性缺口；反之，商业银行流动性需求小于供给，则出现流动性剩余。在大多数时间内，商业银行流动性需求与供给不可能相等，因此，商业银行必须合理平衡流动性缺口与剩余问题。在实践中，为了弥补流动性缺口，商业银行通常都会持有很大一部分流动性很强的资产；为了应对流动性剩余，商业银行通常需要为这些剩余资金寻找高效的使用途径。

二、流动性管理实践

（一） 流动性管理模式

在流动性管理模式上，我国商业银行一直沿袭传统的差额资金管理模式。近年来，随着利率市场化进程的加快、内部资金转移定价（FTP）在商业银行的普遍应用以及其内部流动性管理要求的不断提高，我国商业银行正经历从差额资金管理模式向全额资金管理模式的变革。

1. 差额资金管理模式。商业银行差额资金管理模式是指下级行的资金来源和资金运用首先在下级行内部进行安排和匹配，即分支行根据自身资金来源自主安排资金运用，自求平衡，只有当资金剩余或短缺时，才通过上存或下借与上级行发生资金往来。在差额资金管理模式下，分行资金管理部门独自负责辖区备付金、联行汇差清算、存款准备金、系统内拆借资金、同业拆借等资金运作。

随着我国利率市场化进程快速推进和流动性风险监管要求的日益严格，差额资金管理模式的缺陷也日益凸显，主要表现在三个方面。

（1）资金配置的决策层次低，不利于实现银行整体利益最大化。在该模式下，支行是筹集资金和配置资金的主体，组织的资金在上缴少量准备金后，大部分可自主支配，这容易导致各行从自身利益出发进行相关资产负债管理决策，资金配置的决策层次低，决策相对分散，导致全行负债成本和风险成本提高，资产收益降低，难以实现全行整体利益最大化。

（2）资金配置主体多元化，难以实现统一的价值导向。在该模式下，由于部门分工不同，资金运用部门只管运用，不考虑资金数量、成本及期限结构，负债业务部门只抓来源，而不关注资金能否及时得到运用，效益如何，资金管理部门只负责头寸调度及差额资金的上存下借，因此，资金管理部门难以全面发挥资金配置中心的作用，无法对全行资金进行系统、全面、全局的管理，使全行资产负债管理落不到实处，难以达到现代化商业银行的管理要求。

（3）差额利率体系不完善，计价覆盖面窄，对全行业务经营的引导和调控作用有限。差额利率体系表现为上下级行间纵向的系统内资金往来利率，仅对差额资金部分进行计价，缺少对资产、负债等业务管理部门横向的资金往来计价，无法对资产、负债及中间业务部门的真实业绩作出准确评价，不利于调动资产、负债及中间业务部门的工作积极性，进而不利于推进和完善事业部制核算。

2. 全额资金管理模式。全额资金管理是指商业银行上级行对下级行（至最基层网点）的所有资金来源（收）和资金运用（支），通过专门的业务管理系统实行“收支两条线”管理，分类计价，即业务经营单位每笔资金来源均以内部资金转移价格之集中价格出售给资金集中行；每笔资金运用均以 FTP 之配置价格向集中行购买，买卖资金形成的利息收支由集中行按季（月）入账核算。其最终目标是建成以总行为中心，自下而上集中资金和自上而下配置资金，全额计价、集中调控、实时监测和控制全行资金流的现代商业银行司库体系。

与差额资金管理模式相比，全额资金管理的优越性主要体现在以下几方面。

（1）资金调控量大，调控作用明显。首先，全额资金管理的是所有资金来源和运用，资金调控量大；其次，由于全额资金管理计息品种精细化，直接针对资产负债品种，针对性强，调控的品种较多，调控作用更有效。

（2）资金集中度高，调拨工作量小。全额资金管理改变以往资金层层平衡后，差额头寸集中的资金集中模式，将辖内各分支机构资金全额集中到省行，省行对辖内各分支机构资金全额配置。除向人民银行缴（退）超额准备金的调拨工作外，分支机构再无须其他调拨工作。通过全额资金清算账户实现资金调拨。

（3）集中处置风险，降低管理难度。实施全额资金管理后，利率风险通过期限匹配的 FTP 价格从分支机构分离，利率风险管理由层层分散管理集中至省行进行统一管理。辖内分支机构可以集中精力应对客户信用风险和操作风险。

表7－1　商业银行资金管理体制比较

项目	差额	全额
主要运作机制	分行资金来源和运用的富余部分上存到资金中心，如不足需要向上级行申请借款	分行所有的资金来源全部集中到资金中心 分行所有的资金运用全部由总行配置
风险管理	流动性风险、利率风险分散在各分行	流动性风险、利率风险集中在总行统一处置
优点	1. 分行资金需要自求平衡，吸收存款的积极性相对更高 2. 分行只有吸收稳定的资金才能在资金中心上存为高利率的长期资金，有利于引导分行吸收更稳定的资金来源	1. 管理更精细化每一项资金来源和运用均有相应的FTP价格，可以有针对性地调控资产负债结构 2. 无论资金来源还是资金运用，均可以计算FTP利差，公允评价各业务条线的利润和贡献。无论资金来源还是资金运用，均可以计算FTP利差，公允评价各业务条线的利润和贡献 3. 利率风险和流动性风险集中处置，分支机构可以把风险管理的精力主要集中在信用风险，让专业的人处理专业的事情
缺点	1. 分支机构不仅要管理信用风险，还要管理辖内的流动性风险和利率风险 2. 总行调控资金范围仅限于存贷差部分，管理精细化程度低 3. 无法分别评价存款业务部门和贷款业务部门的利润贡献度	1. 分行吸收的每笔资金无论是否稳定均可以按照积数获得FTP利差收入，因此对分行资金来源的稳定性引导相对较差 2. 资金来源和资金运用分别能获得收益，分行以资金来源支持资产增长的动力不强
案例	2009年初，市场流动性季度宽松，1年期央票利率1.34%，基准利率2.25%；在差额体系下，由于某行总行调控难以精细化，分行从信用社吸收同业存款上存至总行，总行头寸长期高企，个别时点甚至达3400亿元。实施全额管理则可以通过调整同业资金FTP控制该部分套利资金	在全额资金体制下，某行分行某日吸收900亿元活期存款（次日流出）和吸收30亿元活期存款（1个月后流出）获得的FTP利差相同；在差额资金体制下，由于分行可以上存的期限不同，故吸收30亿元稳定资金的收益会更大，可见全额资金体制在引导分行吸收稳定存款方面效果更弱些

全额资金管理作为一种先进的流动性管理模式，代表了现代商业银行经营管理发展方向，其对银行经营管理的影响具体体现在四个方面。(1) 完善公司治理结构。能够充分体现一级法人经营意志，引导分行贯彻总行战略导向，推动全行业务经营转型，是国内外领先同业的普遍做法，与新会计准则实施、财务集中、信贷审批集中、风险管理集中、机构扁平化、经营集约化等现代商业银行改革趋势一致。(2) 提高资产负债管理水平。实施全额资金管理并实施全行统一的价格引导后，资产负债管理政策传导将更加及时、灵活和有力，有效加强资产负债政策的控制力和执行力，提高资金营运效益，并为实施精细化管理夯实了基础。(3) 提升风险管理水平。以资金全额集中配置管理为载体，将利率风险和流动性风险从基层经营机构剥离，集中到一级分行管理，实现流动性风险、利率风险分类归口管理，切实提升全行风险管理的层次。(4) 统一的、公允的FTP计价，可以客观地比较不同产品、客户、区域的利差情况，准确核算经营业绩，为优化资金及相关资源的配置机制提供决策依据。

（二） 备付金管理

1. 备付金的概念。备付金是指商业银行为保证支付和资金清算的清偿资金，包括各级行的现金（库存现金和运送中现金）和存放人民银行的超额准备金。其中，超额存款准备金指商业银行存放人民银行的存款准备金中高于法定存款准备金的部分和各级行在当地人民银行的存款准备金，具有日常支付功能。

2. 备付金管理的原则和方法。商业银行备付金管理应坚持保证支付、控制风险、限额管理、提高效益的原则。即在控制流动性风险和确保银行支付需求的前提下，通过加强预测，灵活调度等方式，减少无息和低息资金占用，提高资金营运效益，实现资金营运安全性、流动性和盈利性的统一。

商业银行对备付金实行限额管理，以此来保持合理备付金水平，在防范支付风险的基础上提高资金营运效益。备付金限额分为日均限额和时点限额。其中，日均限额分为备付金限额和现金限额，用于监测和评价分行备付金和现金占用情况，防止分行备付金的过度占用；时点限额分备付金时点低限和现金时点高限，备付金时点低限是为防止分行备付金过低而引发流动性风险。商业银行在核定的备付金日均高限范围内，核定分行现金日均限额，分为全辖现金限额和县域现金限额；根据日均现金限额核定分支机构现金时点高限，分支机构超过时点现金高限应及时向人民银行或上级行缴存现金。商业银行总行资产负债管理部门要定期核定并下达一级分行备付金计划，监测和通报计划执行情况，并根据业务管理需要适时调整。

案例 7 -6

商业银行如何确定备付金限额

商业银行总行核定一级分行备付金限额要综合考虑以下因素：（1）区域经济环境及经济政策；（2）业务经营状况，包括业务量大小，分行机构、网点及 ATM 自助设备数量及增长情况等；（3）资金营运状况，包括分行存款（含同业存款）规模、结构及增长计划、同业往来情况和现金投放和回笼情况；（4）分行管理状况包括资金清算速度、近年的备付金实际占用状况；（5）节假日、地理环境、守押社会化、人民银行撤并发行库等影响备付金的特殊因素，备付金限额按照以下方法确定：

$$\text{备付金日均高限} = R_0 + R_1 \times W_1 \times \omega + C_2 \times W_2 + R_3 \times W_3$$

其中，R_0 为前一年同期备付金平均值；R_1 为前一年同期分行备付金率；W_1 为存款增长计划；C_2 为辖内 ATM 装箱量；W_2 为 ATM 增长计划；R_3 为网点平均备付金占用；W_3 为网点增长计划；ω 为资金松紧程度修正因子，当银行体系流动性宽松，或出现因特殊原因（如不可抗力因素）导致资金调拨出现重大问题时，该修正因子赋值为［1，1.5］；当银行体系流动性适中时赋值为 1，当银行体系流动性较为紧张或县域城市化速度加快时赋值为［0.8，1］；具体赋值根据前述影响因素综合确定。

$$\text{备付金时点低限} = \min(\text{前一年同季度内备付金})$$

现金限额按照以下方法确定：

$$\text{现金日均高限} = C_0 + C_1 \times W_1 \times \omega + C_2 \times W_2 + C_3 \times W_3$$

其中，C_0 为前一年同期现金平均值；C_1 为前一年同期分行现金备付金率；W_1 为存款增长计划；C_2 为辖内 ATM 装箱量；W_2 为 ATM 增长计划；C_3 为网点平均现金占用；W_3 为网点增长计划。

$$\text{现金时点高限} = \text{现金日均高限} + \sqrt{\sigma^2} \times \mu(\text{置信概率度})$$

假设每日现金占用服从正态分布，μ 为置信水平的乘数因子，σ 表示前一年同期现金日均占用标准差。置信概率度设置在 85% ~100%，各金库管理行根据业务状况核定具体数值。

（三） 资金头寸管理

商业银行通常可将资金头寸分为基础头寸、可控头寸和不可控头寸。基础头寸与可控头寸之和为储备头寸。其中，人民币基础头寸指超额准备金；可控头寸包括有明确到期日的债券、同业往来等商业银行可以主动控制现金流的投融资业务；不可控头寸主要包括个人存款、单位存款、同业活期存款、贷款、缴存准备金、分红、缴存代理财政性款项、表外承诺、表内外理财等商业银行难以主动控制现金流的业务。

在实践中，商业银行一般对可控头寸按日计算各个设定时间窗口的现金流入和流出；对不可控头寸的未来现金流按照审慎原则，以历史数据为基础，开展客户行为分析，计算出正常和压力情景下在一定时间窗口内一定的置信区间下的现金流出，每日头寸摆布要满足储备头寸（基础头寸和可控头寸之和）能覆盖不可控头寸流出的原则，一旦出现不能覆盖情形，要及时融入资金，防范风险。

（四） 日间流动性管理

所谓日间流动性管理是指商业银行通过确保具有充足的日间流动性头寸和相关融资安排，及时满足正常和压力情景下的日间支付需求。

商业银行日间流动性管理的内容主要包括：（1）建立大额资金走回款预测预报、评价和成本分摊机制，每日日初根据日初头寸和总分行预测走回款情况匡算当日可用头寸，在确保安全的基础上，确定当日融资交易规模、期限等策略；（2）日间实时监测全行资金头寸变动情况，动态调整融资策略，确保支付安全；（3）建立跨行资金流的管控机制。对关键时点可能对银行资金头寸安全产生较大威胁的跨行支付业务进行资金授权管理，及时融入资金再放行以确保支付安全。

（五） 融资管理

所谓融资管理是指商业银行通过建立并完善融资策略，提高融资来源的多元化和稳定程度，并以此提高银行流动性紧张情况下的流动性风险管理水平。

商业银行主要的融资管理要求包括：（1）分析正常和压力情景下未来不同时间段的融资需求和来源；（2）加强负债品种、期限、交易对手、币种、融资抵（质）押品和融资市场等的集中度管理，适当设置集中度限额，重点监测同业市场负债比例、最大十户存款比例和最大十家同业融入比例等指标；（3）加强融资渠道管理，积极维护与主要融资交易对手的关系，保持在市场上的适当活跃程度，并定期评估市场融资和资产变现能力；（4）密切监测主要金融市场的交易量和价格等变动情况，评估市场流动性对商业银行融资能力的影响；（5）关注人民银行货币政策变化及公开市场操作情况，熟悉相关货币政策工具业务流程，积极建立与人民银行的融资机制，拓宽融资渠道；（6）加强主动负债管理，扩大资金来源，提高稳定资金占比，做好对同业存单、大额可转让定期存单等业务的统筹管理，增强中期票据、商业票据等主动负债筹集能力。

本章小结

1. 资产负债管理是商业银行重要的价值创造、风险管理和战略规划工具，是商业银行生存发展的根基和生命线。资产负债管理以实现银行价值最大化为根本目标，通常遵循战略导向、资本约束、综合平衡和价值回报四项管理原则。资产负债管理委员会是高级管理层实施资产负债管理的最高审议、决策机构。

2. 在适应经济环境和社会变革、寻求自身发展模式和有效路径的实践中，商业银行资产负债管理理论主要经历了资产管理理论、负债管理理论、资产负债一体化管理理论以及全面、动态和前瞻的综合平衡管理理论四个发展阶段。

3. 资产负债计划是银行统一调控各项业务经营活动、合理配置经营资源的重要手段，也是考核评价各分行和条线经营管理绩效的重要依据。资产负债计划包括总量结构、资源配置、风险控制、资本管理等一系列资产负债管理目标的综合性计划，涵盖了商业银行经营管理的主要方面。

4. 资产负债组合管理是在满足风险性、流动性、效益性协调平衡的基础上，通过优化资产负债表的组合配置结构，谋求收益水平的持续提高。资产负债组合管理是商业银行资本管理、市值管理与风险管理理论的完美统一，是平衡资本配置与风险补偿、提高整体盈利能力的策略手段，是推动资产负债表结构优化、促进银行稳健发展的重要保证。资产负债组合管理主要包括资产组合管理、负债组合管理和资产负债匹配管理三个方面。

5. 经济资本又称风险资本，是一个经济学概念，是指商业银行在一定的置信度水平下（如99%），为了应对未来一定期限（如一年）内资产的非预期损失而应该持有的资本金。经济资本管理包括经济资本计量、预算与配置、监测与评价、实践应用等内容。

6. 商业银行产品定价管理是指在某个时刻将银行产品对于顾客的价值及时地用货币表现出来。在利率市场化背景下，产品定价能力已经成为一家商业银行的核心竞争力。商业银行定价管理主要包括存款定价、贷款定价和中间业务定价等内容。

7. 内部资金转移定价（FTP）是指商业银行内部资金中心与业务经营单位按照一定规则、全额有偿转移资金，达到核算业务资金成本或收益、分离利率风险等目的的一种内部定价方式。内部资金转移定价具有公平绩效考核、剥离利率风险、优化资源配置和引导产品合理定价等多种功能，是商业银行重要的内部管理工具。

8. 流动性用于衡量商业银行在一定时间内、以合理的成本获取资金用于偿还债务或增加资产的能力。保持良好的流动性状况能够对商业银行的安全、稳健运营具有积极作用。商业银行流动性管理以实现银行价值最大化为核心，围绕银行业务发展战略和安全性、流动性和效益性“三性”协调要求组织开展，并致力于实现确保支付、防范风险和提高效益三大目标。在实践中，银行流动性管理包括差额资金管理和全额资金管理两种模式。

本章重要概念

资产负债　管理　净息差　经济资本回报率　资产负债管理委员会　资产管理理论　负债管理理论　资产负债一体化管理理论　全面、动态和前瞻的综合平衡管理理论　资产负债总量管理　资产负债计划管理　信贷资源配置　资产负债组合管理　资产负债匹配　核心负债　主动负债　非预期损失　存款定价　贷款定价　成本加成定价法　边际成本定价法　参照基准利率定价法　综合贡献定价法　贷款基础利率定价法　中间业务产品定价　内部资金转移定价　内部收益率曲线　流动性管理　差额资金管理模式　全额资金管理模式　备付金　资金头寸

思考与练习

1. 为什么说资产负债管理是商业银行生存发展的根基和生命线？
2. 商业银行资产负债管理的短期目标与长期目标之间有什么联系与区别？
3. 商业银行资产负债管理理论的四个发展阶段分别有何历史背景？
4. 商业银行资产负债计划的制订需要考虑哪些因素？包括哪些流程？
5. 商业银行为什么要控制资产负债总量规模？
6. 商业银行经济资本与其他银行资本之间有什么联系与区别？
7. 商业银行经济资本预算管理的基本思路是什么？
8. 商业银行存款定价的模型有哪些？
9. 商业银行如何利用内部资金转移定价（FTP）管理来剥离利率风险？
10. 商业银行采取全额资金管理模式后利率风险管理有哪些变化？
11. 商业银行如何确定备付金限额？
12. 什么是商业银行资产负债管理？资产负债管理应坚持哪些基本原则？
13. 资产管理理论、负债管理理论、资产负债一体化管理理论以及全面、动态和前瞻的综合平衡管理理论各自的基本观点是什么？
14. 商业银行制订资产负债计划应坚持哪些原则？我国商业银行在确定年度信贷总量时参照的依据有哪些？
15. 商业银行资产负债组合管理包括哪些内容？
16. 什么是经济资本？商业银行经济资本管理包括哪些内容？
17. 在经济资本评价方面，经济资本回报率（RAROC）指标具有哪些优势？在商业银行

经营管理活动中具有哪些作用?

18. 商业银行存款、贷款和中间业务产品定价管理应分别坚持哪些原则? 有哪些定价方法?

19. 什么是内部资金转移定价（FTP）? 商业银行 FTP 有哪些功能? FTP 的价格形成与调整机制包括哪些内容?

20. 商业银行流动性管理包括哪些内容? 与差额资金管理模式相比，全额资金管理的优越性有哪些?

案例分析

我国资金市场的“钱荒”事件

自 2013 年 5 月下旬起，受多种因素影响，我国人民币市场资金异常紧张，进入 6 月后市场利率大幅飙升，部分银行出现了不同程度的流动性风险。6 月 20 日，隔夜 Shibor 达到 13.44%，为 2006 年以来最高；7 天 Shibor 达到 11%；2 周 Shibor 达到 9.70%。隔夜回购实际成交利率一度达到 15%，创 2007 年以来历史新高。为缓解市场流动性紧张局面，2013 年 6 月初以来，人民银行大幅减少了正回购操作和央票发行额度，在公开市场净投放资金 3050 亿元。同时，人民银行加大了窗口指导力度，对商业银行流动性管理、信贷投放等工作提出了工作要求。此外，为保证部分银行筹措资金满足支付需求，人民银行大额支付系统连续几天出现延时关闭情况。

思考题：

1. 请结合当时的宏观经济形势和银行经营行为，分析造成 2013 年 6 月我国资金市场“钱荒”事件的原因。

2. 面对资金市场的“钱荒”背景，商业银行应如何应对?

第八章
商业银行风险管理

沃尔特·瑞斯顿（1919—2005）

银行业是一个高风险行业。花旗银行前总裁沃尔特·瑞斯顿（Walter Wriston）曾说过："事实上银行家们正陷入风险管理的事务之中。"① 风险管理是商业银行经营管理的重要内容，风险管理能力已经成为商业银行核心竞争力的重要组成部分。商业银行风险管理包括两个方面的内容：一是商业银行自身的风险管理，二是商业银行为其客户提供的风险管理。前者是指商业银行对其自身面临的各种风险进行识别、计量和管理活动的总称；后者是商业银行为满足其客户风险管理的需要而提供的服务，是商业银行日益重要的一项功能。本章探讨的是前者，即商业银行自身的风险管理，主要包括风险识别、风险度量和风险管理三个步骤。

通过本章的学习，你将能够：

- 了解商业银行面临的各种风险；
- 掌握商业银行风险管理的组织架构；
- 熟悉信用风险的识别、度量和管理；
- 熟悉市场风险的识别、度量和管理；
- 熟悉操作风险的识别、度量和管理；
- 熟悉流动性风险的识别、度量和管理。

第一节　商业银行风险管理概述

一、商业银行风险的种类

对商业银行而言，风险不仅多种多样，而且无处不在，无时不有，风险与商业银行"如

---

① "The fact is that bankers are in the business of managing risk."（Walter Wriston, former CEO of Citibank; The Economist, 10 April 1993. 转引自 Shelagh Heffernan, Modern Banking, Wiley, 2005, p. 101。

影随形”。Bessis（2002）指出，银行都是“风险机器”（Risk Machines），它们承担风险、转移风险，并将风险“嵌入”（Embed）它们的产品和服务中。[①] 按照风险的来源，可将商业银行面临的风险分为信用风险、市场风险、操作风险、流动性风险、国家风险、法律风险、声誉风险、战略风险、环境风险等九大类。其中，信用风险、市场风险和操作风险是商业银行面临的三大主要风险。

（一）信用风险

只要有信用活动，就必然有信用风险；只要有债权债务关系（包括或有债权债务关系），也必然有信用风险。

信用风险（Credit Risk）又称违约风险（Default Risk），是指债务人不能或不愿履行债务而给债权人造成损失的可能性，或是由于交易一方违约或不履行义务而给交易对方带来不利影响的可能性。

信用风险是金融市场中最古老的也是最重要的金融风险形态之一，是现代市场经济主体（尤其是金融机构）所面临的重大问题，甚至影响一个国家的宏观决策和经济发展，乃至影响全球经济的稳定和发展。信用风险是商业银行经营中最常见的一种风险，也一直是商业银行面临的最主要的风险。信用风险主要存在于商业银行的贷款业务中，随着现代金融的发展，商业银行的许多非贷款业务同样存在信用风险。

（二）市场风险

市场风险（Market Risk）是指因市场价格（利率、汇率、证券价格和商品价格）的不利变动而使银行表内和表外业务发生损失的可能性。

市场风险既存在于银行账户中，也存在于交易账户中，其中在银行的交易活动中最明显，不论其是与债务和股本工具有关，还是与外汇或商品头寸有关。

市场风险包括利率风险、汇率风险、证券价格风险、商品价格风险等。由于金融市场的发展越来越快，金融资产价格波动日趋频繁，商业银行的金融市场参与度越来越高，因此，商业银行面临的市场风险越来越突出，市场风险甚至有可能替代信用风险，成为商业银行面临的最主要风险。

（三）操作风险

巴塞尔委员会在其制定的《巴塞尔新资本协议》中将操作风险与信用风险、市场风险并列，要求商业银行对操作风险计提相应的资本。该协议将操作风险具体分为七种表现形式：内部欺诈，外部欺诈，聘用员工做法和工作场所安全性，客户、产品及业务做法，实物资产损坏，业务中断和系统失灵，交割及流程管理。

操作风险（Operational Risk）是指由于不健全或失效的内部控制、人为错误、系统缺陷或是不利的外部事件给银行造成损失的可能性。

银行案件频繁发生是操作风险的一种具体表现。在国际银行发展史上，因操作风险酿成的风险事件屡见不鲜。随着金融技术的日趋复杂化和金融服务业的全球化，操作风险已引起国际银行业的关注和重视。

---

① Joël Bessis, Risk Management in Banking, Second edition, John Wiley & Sons Ltd., 2002. pp. ix - x.

（四） 流动性风险

流动性风险是银行面临的主要风险之一，一些银行，包括大型银行，就是因为流动性风险控制欠佳而倒闭。从这个意义上讲，流动性风险是威胁银行生存的最直接风险，它可以置银行于死地，同时会损害存款人的利益，甚至会引发社会动乱，因此，商业银行必须高度重视流动性风险管理。

流动性风险（Liquidity Risk）是指商业银行无力为负债的减少或资产的增加提供融资而造成损失或破产的可能性。

商业银行流动性风险的主要特征或表现有：（1）不能及时、足额地支付到期的存款等债务，如限额或拖延支付到期存款、冻结存款等。正因为这个缘故，流动性风险又称支付性风险。（2）因资金短缺而无法满足正常、合理的贷款需求。（3）为满足到期支付的需要而不惜代价筹集短期资金。（4）流动性资产不足、超额准备金比例低，被迫变现资产，导致损失发生。

（五） 国家风险

国家风险存在于国际信贷、国际直接投资、国际证券投资以及国际贸易等领域，而非国内经济活动中的风险。国家风险通常是由债务人所在国家的行为引起的，它超出了债权人的控制范围。世界经济论坛在《2007 全球风险——全球风险网络报告》中明确提出设立国家风险官（Country Risk Officer），负责协调不同利益组织，评定风险级别，保证政府开展事前的风险控制。①

国家风险（Country Risk），又称国别风险，是指经济主体在与非本国居民进行国际经贸与金融往来中，由于别国经济、政治和社会等方面的变化而遭受损失的可能性。

国家风险的性质或特征有：第一，主权风险（Sovereign Risk）是指国家的主权行为所引起的风险，国家风险并不都是由国家的主权行为所引起的，一国的社会变动或其他政治、经济变动也有可能使债权银行或投资者遭受损失。也就是说，国家风险包括主权风险和非主权风险。第二，政治风险（Political Risk）是指一国投资者在另一国的资产因该国政权、领土、法律及政策的变化而可能蒙受的损失，这个概念最初是西方国家针对发展中国家国有化运动提出来的。国家风险既包括政治风险，还包括经济风险、社会风险。第三，转移风险（Transfer Risk）是指借款国的外汇管制等导致银行的外国客户无法按期偿还外汇债务的可能性，转移风险是国家风险的一种表现形式。

（六） 法律风险

商业银行在其经营活动中会面临多种形式的法律风险。根据巴塞尔委员会 1997 年颁布的《有效银行监管核心原则》的规定，银行承受的法律风险包括：（1）因不完善、不正确的法律意见、文件而造成同预计情况相比资产价值下降或负债加大的风险；（2）现有

法律风险（Legal Risk）是指商业银行的日常经营活动或各类交易因无法满足或违反法律要求，不得不转变经营决策或发生法律纠纷而导致损失的可能性。

---

① World Economic Forum, Global Risks 2007——*A Global Risk Network Report*, January 2007, http://www.weforum.org/pdf/CSI/Global_Risks_2007.pdf.

法律可能无法解决与银行有关的法律问题；（3）有关某一银行的法庭案例可能对整个银行业务产生更广泛的影响，从而增加该行本身乃至其他或所有银行的成本；（4）影响银行和其他商业机构的法律有可能发生变化；（5）在开拓新业务或交易对象的法律权力未能界定时，银行尤其容易受法律风险的影响。

（七）声誉风险

银行业属于特殊行业，由于其自有资本占全部资产的比重相对较小，营运资金大部分通过对外负债获得，需要依靠信誉和公众信心维持运转。声誉风险产生于违反有关法规、操作上的失误或其他问题。随着通信设施的不断改进，若银行出现经营管理不善或违规经营事件，曝光的概率和范围将比过去增大，并且将以很快的速度传播开来，由此带来的负面影响必然影响到银行的客户开拓，极端情况下甚至会引发挤兑，威胁银行的生存。因此，声誉风险对银行损害极大。

声誉风险（Reputational Risk）是指银行经营管理不善、违反法规等导致存款人、投资者和银行监管机构对其失去信心而影响银行正常经营所带来的风险。

（八）战略风险

商业银行的董事会和高级管理层所制定的战略决策都会对商业银行的经营、风险规避等产生重要影响，在追求短期商业目的和长期发展目标的平衡管理过程中，如果商业银行战略决策的选择和执行出现偏离或失误；或是在科学技术迅速革新、同业竞争不断激烈的背景下，却对行业变化束手无策，都会使商业银行面临巨大的风险，对商业银行的资本形成现实和长远的影响。

战略风险（Strategic Risk）是指商业银行经营决策不当或失误而影响银行收益或长远发展的可能性。

（九）环境风险

商业银行都是在一定环境下开展其经营活动的。影响商业银行的环境因素很多，其中比较重要的有通货膨胀、经济波动、政策环境、自然环境等。通货膨胀影响银行无非两种情形：一是在通货膨胀条件下，银行可能被迫提高存款利率，增加银行的筹资成本；二是降低银行资产的实际收益率，甚至有可能使银行的资产实际收益率为负数。经济波动风险是指由于经济运行的周期性变化给银行带来的风险。经济政策如货币政策、财税政策、监管政策、产业政策、地区发展政策等发生变化，对银行也可能造成不利影响。自然灾害、意外事故、金融犯罪等环境因素的发生，会严重影响银行的经营活动，可能导致银行财产的损失和人员的伤亡。

环境风险(Environmental Risk)是指经营环境变化给商业银行造成不利影响的可能性。

二、商业银行风险管理的组织架构

商业银行应实行全面风险管理体制。全面风险管理是一种以先进的风险管理理念为指导，以全球的风险管理体系、全面的风险管理范围、全程风险管理、全员风险管理文化为核心的新型管理模式。商业银行风险管理的组织结构应包括以下内容。

（一）董事会对风险管理负最终责任

在商业银行的公司治理结构中，董事会是风险管理的最高决策机构，为风险管理负最终责任，确保商业银行有效地识别、度量、监测和控制各项业务所承担的各类风险。董事会下设风险管理（或风险控制、风险政策）委员会，其主要职责包括：（1）审议通过本行的风险管理战略和策略，并对全行的风险管理战略和策略定期进行回顾和修改，确保总行各部门和国内外各级分支机构能够识别、度量、监测及控制风险；（2）审议确定重大风险管理程序，确保风险管理政策与程序在本行内部能得到统一遵守；（3）检查和监督风险管理战略、方针、政策的贯彻和执行情况。

全面风险管理是指商业银行对整个机构内各个层次的业务单位以及各种形态风险的通盘管理，这种管理要求将信用风险、市场风险、操作风险和其他风险，以及包含这些风险的各种金融资产与资产组合、承担这些风险的各个业务单位纳入统一的风险管理体系中，要求将风险管理职责落实在每一个部门、每一个岗位、每一个人，要求将风险管理机制贯穿于银行经营管理活动的始终，银行的每一个环节、每一种业务都要实行风险管理。

（二） 高级管理层的风险管理职责

商业银行的高级管理层负责制定、审查和监督执行风险管理的政策、程序以及具体的操作规程，及时了解各类风险水平及其管理状况，确保银行具备足够的人力、物力以及恰当的组织结构、管理信息系统和技术水平来有效地识别、度量、监测和控制各项业务所承担的各类风险。在银行的执行层，通常也设有风险管理委员会，负责讨论重大风险事项和协调各部门工作，制定风险管理战略，确保风险措施的有效性。

国内外各大银行都比较普遍设有首席风险官（Chief Risk Officer，CRO）①。首席风险官是总行风险管理部门的领导，是全行风险管理的统帅人物，直接管理风险管理团队，定期向董事会汇报全行风险状况。这些银行通常都建立了以首席风险官为核心的专业化风险管理体制，如中国建设银行2006年建立了垂直的风险管理组织架构和报告线路，总行设首席风险官，一级分行设风险总监，二级分行设风险主管，向县级支行派出风险经理。风险总监由总行统一派出。②

（三） 风险管理部门负责日常风险管理工作

商业银行一般都成立有专门的风险管理部门，负责日常风险管理工作。风险管理部门的主要职责包括：（1）拟定风险管理政策和程序，提交高级管理层和董事会审查批准；（2）识别、计量和监测风险；（3）监测相关业务经营部门和分支机构对风险限额的遵守情况，报告超限额情况；（4）设计、实施事后检验和压力测试；（5）识别、评估新产品、新业务中所包含的风险，审核相应的操作和风险管理程序；（6）及时向董事会和高级管理层提供独立的风险报告；（7）其他有关职责。

（四） 其他部门的风险管理职责

除了风险管理部门之外，商业银行其他部门如审计、法律和IT等部门也需要履行相应的风险管理职责。内部审计的风险管理职责是：确保制定足够的风险管理政策；审视和

① 大银行除了设有首席执行官（CEO）、首席风险官（CRO）之外，还有可能设首席财务管理官（CFO）、首席信息官（CIO）、首席运营官（COO），他们共同构成银行的高级管理层。

② 2013年，中国建设银行从过去更多地强调垂直的风险管理体制转向强调各级经营机构对本层级经营风险管控负责转变，从过去更多地强调风险独立、管控向同时兼顾效率与风险转变，一级分行将不再设独立的风险总监，由分管副行长取而代之，取消二级分行的风险主管，保留风险经理。

评估风险管理流程是否适当和有效；评估风险管理信息的可靠性（完整、准确和全面）和及时性；评估风险管理系统的持续性和可靠性；评估风险管理职能的独立性和整体效果。通常审计部门每个月要开一次风险分析会议，审计委员会每季开会会诊风险情况，提出风险控制措施。法律部门要为业务经营管理提供法律、法规、监管方面的建议，并设法降低利润中心的法律风险和监管风险，要在体制上实现风险控制关口的前移。IT部门在风险控制方面可提供并测试紧急修复计划、备份处理中心和备用通信网络，推动风险管理升级、交易集中处理。其他每个部门也要找出各自在日常业务中面临的风险，并制定明确的控制指引和机制。

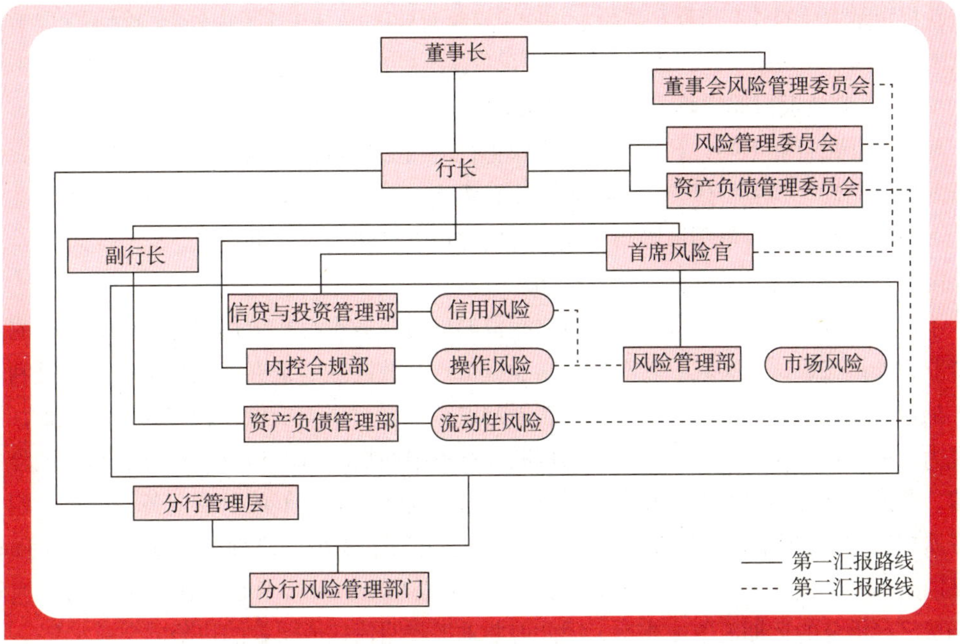

图8－1　中国工商银行风险管理组织架构图

（资料来源：中国工商银行2015年度报告）

第二节　商业银行信用风险管理

一、商业银行信用风险的识别

正确的信用资产评估，必须建立在对信用风险有效识别的基础之上。对信用风险的有效识别，应该从商业银行的以下业务中出发。

（一）商业银行贷款业务中的信用风险

贷款业务是商业银行传统的资产业务，也是商业银行最主要的资产业务，商业银行的信用风险主要存在于贷款业务中，贷款信用风险是商业银行面临的最主要的信用风险。对商业银行来说，贷款业务最主要的风险是信用风险，即借款人不能或不愿归还到期贷款本息而给银行造成损失的可能性，不良贷款率是衡量贷款信用风险大小的核心指标。除了信用风险外，商业银行在贷款业务中还面临利率风险、流动性风险、法律风险、通货膨胀风险等。

集中风险（Concentration Risk）是贷款信用风险的一种表现形式，对单个借款人或一组相关借款人的大额风险暴露反映了信用风险的集中，也是引发银行危机的常见原因之一，因此应引起注意和重视。贷款集中可能发生在特定的企业、行业、经济部门或地区。我国也存在信贷集中的现象，如贷款向大城市、大企业、大项目集中，贷款向上市公司或准上市公司集中，贷款向垄断行业集中等，贷款风险因此增大。

此外，对关系人①发放贷款，也是容易造成贷款失误、形成不良贷款的常见情形之一。外汇贷款特别是境外的外汇贷款和离岸贷款的风险相对要突出一些，因为外汇贷款不仅具有本币贷款所具有的一切风险，还可能面临一些本币贷款不具有的风险，如外汇风险、国家风险等。

（二） 商业银行非贷款业务中的信用风险

随着商业银行业务的日趋多样化，商业银行的信用风险越来越不限于贷款业务中，商业银行的票据贴现、同业拆借、证券投资、或有负债、衍生产品交易等非贷款业务也存在信用风险。因此，商业银行信用风险与商业银行贷款风险是两个不同的概念，它们之间相互交叉但不能相互包容，交叉部分即为贷款信用风险。

不仅贷款业务存在信用风险，与贷款相似的信贷业务也存在信用风险。商业银行的其他信贷业务如透支、票据贴现、转贴现、同业拆借、存放同业、证券回购、票据发行便利、保理、福费廷等也都有信用风险。透支和票据贴现在本质上属于贷款，透支为信用贷款，票据贴现为票据质押贷款，银行在透支和票据贴现业务中面临的风险与贷款业务面临的风险非常相似。票据转贴现、同业拆借和存放同业是在银行同业之间开展的信贷业务，证券回购实为证券质押贷款，它们的信用风险比一般贷款的信用风险要小。银行如果以保理商（Factor）名义以贴现方式买入出口商的债权，或者以包买商（Forfaiter）身份从出口商那里无追索权地购买已经承兑的远期汇票或本票，因此就要承担收回债权或票款的风险。

证券投资是各国商业银行仅次于贷款业务的资产业务，银行证券投资同样面临信用风险。银行债券投资的主要对象是国债，国债虽有"金边债券"之称，但历史上国债违约事件也偶有发生。银行通常也购买少量的企业债券（或公司债券），企业债券的收益率较高，但其违约风险较大。由于经营不善、财务状况不佳等，债券发行人也许不能按规定要求履约付款，甚至丧失偿债能力，投资者将因此而蒙受损失。

对商业银行来说，不仅资产业务存在信用风险，而且或有负债业务也存在信用风险。或有负债业务的信用风险往往更容易被忽视，但它同样可以置银行于死地。银行的或有负债业务主要有担保、票据承兑、信用证等业务。具体到票据承兑来说，如果票据债务人到期支付了票款，那么作为承兑人的银行没有任何风险，但如果票据债务人不能支付到期票款，那么银行作为承兑人负有无条件支付票款的义务，银行一旦代为支付票款后，就面临着票据债务人的信用风险。

---

① 根据《中华人民共和国商业银行法》的规定，关系人是指：（1）商业银行的董事、监事、管理人员、信贷业务人员及其近亲属；（2）前项所列人员投资或者担任高级管理职务的公司、企业和其他经济组织。

案例8－1
100亿美元备用信用证诈骗案

1993年3月底，美籍华人梅直方、李卓明由常景山、于芝来引荐来到中国农业银行河北省衡水中心支行，对副行长赵金荣、徐志国说，他们的“亚联集团”可以从国外引资到衡水，条件是农业银行开具备用信用证交“亚联集团”用于引资。4月1日、2日，赵金荣、徐志国与梅直方、李卓明签订了3份引资总额为100亿美元的协议书。4月5日，赵金荣越权在200张总金额为100亿美元、一年期、不可撤销、可转让的备用信用证上签字，外汇业务科副科长刘淑红也签了字，加盖公章。梅直方、李卓明次日将这些备用信用证寄往国外。

赵金荣、刘淑红在受到上级行负责人批评后，仍继续给境外公司、银行签发信用证的确认函。当赵金荣向梅直方、李卓明索要反担保文件时，梅、李二人以虚构的“联合国家共和银行”的名义，制作了一张金额为100亿美元的备用信用证作为反担保。5月26日，赵金荣参加农总行召开的会议。赵金荣将会议内容透露给徐志国，徐志国把写有审查梅、李诈骗内容的字条交给翻译赵永强，让其告知梅直方。

1994年4月26日，衡水地区中级人民法院一审判决：以诈骗罪、伪造公文印章罪判处梅直方有期徒刑20年，李卓明14年，驱逐出境；以玩忽职守罪、泄露国家秘密罪判处赵金荣11年；以玩忽职守罪、为境外人员非法提供国家秘密罪判处徐志国19年。同案赵永强、常景山、于芝来、刘淑红分别被判处14年、7年、2年、1年有期徒刑。7名被告不服，提出上诉。5月13日，河北省高级人民法院二审终结，维持原判。5月14日，《人民日报》评论员文章：《罕见的大案，深刻的教训》。

这是一起信用风险案例，同时也是一起操作风险案例。信用风险既存在贷款、贴现等业务中，还存在于或有负债中。或有负债等表外业务的信用风险更容易忽视，一旦发生，有可能是致命的。所幸的是衡水农行开出的200张、总金额100亿美元的备用信用证在其有效期内没有出现资金支付。1993年国家外汇储备只有211.99亿美元，如果犯罪分子得逞，将使我国当年的外汇储备流失一半。

商业银行越来越多地参与到外汇买卖、衍生产品的交易中，因此面临着外汇买卖、衍生产品交易的信用风险。外汇买卖不仅存在汇率风险，而且还面临结算风险。结算风险是指在结算过程中，一方已经支付了合同资金但另一方发生违约的可能性。1994年联邦德国赫斯塔特银行倒闭曾使其交易对手蒙受损失，因此结算风险又称为“赫斯塔特风险”。对于基础产品而言，如公司债券或银行贷款，信用风险所带来的损失就是债务的全部名义价值；对衍生产品来说，违约带来的潜在损失小于产品的名义价值损失，实际上它只是头寸价值的变化，因此银行参与衍生产品交易面临的主要风险是市场风险和操作风险。

传统的信用风险是跟违约联系在一起的，现代意义上的信用风险不仅包括违约风险，还应包括交易对手（或债务人）信用状况和履约能力上的变化导致债权人资产价值发生变动遭受损失的风险。过去，由于贷款流动性差，缺乏像一般有价证券那样活跃的二级市场，银行对贷款资产的价值通常是按历史成本而不是按市价的方法衡量，只有当违约实际发生后才在其资产负债表中作相应的调整。随着现代风险环境的变化、风险管理技术的发展以及信用衍生产品的出现，资产组合不仅会因为交易对手（包括贷款借款人、债券发行人等）的直接违约而发生损失，而且交易对手履约可能性的变动（如信用等级降低、盈利能力下降）也会给资产组合带来风险。在信用衍生品市场上，信用产品的市场价格是随着借款人还款能力的变化而不断变动的。

二、商业银行信用风险的度量

信用风险的度量是市场经济主体面临的共同问题，信用风险的度量方法或技术不断演进，从最初的专家制度、信用评级，到后来的日渐专业化、模型化。商业银行是信用风险度量技术创新的重要参与者和推动者，也是信用度量方法或模型的使用者。

（一） 专家制度与信用评级

专家制度是一种古老的信用风险度量方法，是商业银行在长期的信贷活动中所形成的一种有效的信用风险管理制度。商业银行对借款申请人进行信用分析，重点集中在借款人的“5C”上，即品德（Character）、能力（Capacity）、资金实力（Capital）、担保（Collateral）、经营条件（Condition）。后来又增加了事业的连续性（Continuity），成为“6C”分析法。[①]

具体来说，“6C”分析法就是银行的信用人员根据以下6个因素评定借款申请人的信用程度和综合还款能力，决定是否最终发放贷款：(1) 品德，主要是指借款人偿债的意愿及诚意，借款人过去的还款记录是银行判断借款人品德的主要依据；(2) 能力，指借款者归还贷款的能力，包括借款企业的经营状况、投资项目的前景等；(3) 资本，主要是指借款人资财的价值、性质、变现能力；(4) 担保，指借款人要提供一定的、合适的抵押品，或由第三者提供保证；(5) 经营环境，指借款人所在行业在整个经济中的经营环境及趋势；(6) 事业的连续性，指借款企业持续经营前景。

信用评级的目的就是要量化受评对象信用风险的大小。信用评级（Credit Rating）的概念1902年首次出现在穆迪公司的创始人约翰·穆迪（John Moody）的《铁路投资分析年刊》中。1916年，标准普尔公司开发出传统的信用评级产品。现在信用评级的对象延伸到各种金融产品及各种评估对象，世界著名的评估机构有穆迪（Moody's）、标准普尔（Standard & Poor's）和惠誉国际（Fitch Rating）、邓白氏公司（Dun & Bradstreet）等。商业银行可以利用专门的信用评级机构的评级结果，也可以自行对客户进行信用评级，一些商业银行开发或拥有专门的信用评级信息系统，提高了其信用评级的效率和科学性。商业银行根据信用评级的结果进行贷款和投资决策，并主要依据信用风险的大小对已发放的贷款进行风险分类。

约翰·穆迪

① 也有些银行将信用分析的内容归纳为“5W”或“5P”。“5W”系指借款人（Who）、借款用途（Why）、还款期限（When）、担保物（What）、如何还款（How）；“5P”系指个人因素（Personal）、目的因素（Purpose）、偿还因素（Payment）、保障因素（Protection）、前景因素（Perspective）。

（二）标准法与内部评级法

巴塞尔委员会2004年6月发布的《巴塞尔新资本协议》提出了两种信用风险的度量方法，即标准法和内部评级法。商业银行根据标准法或内部评级法计算信用风险的资本金要求。

标准法（Standardised Approach，SA）要求商业银行依据外部评级机构的评级，对信用风险水平不同的资产赋予不同的风险权数，即信用风险的权重依赖于外部评级结果，风险资产总量就是各类信用风险敞口分别乘以其风险权重然后求和。在标准法下，借款人根据其信用评级被分为离散的五类风险权重，即0、20%、50%、100%、150%。知道了风险权重，就能计算出风险加权资产，从而依据8%的资本充足率等计算信用风险资本准备金。标准法实质上是对1988年《巴塞尔协议》信用风险计量方法的细化和补充。

内部评级法（Internal Ratings－Based Approach，IRB法）是指利用银行内部信用评级体系确定信用风险最低资本要求的方法。内部评级法不仅可用于监测信用风险的构成、制定各类客户的总体风险水平和贷款限额、监测客户评级结果的变化情况，而且还可用于确定准备金规模、贷款定价、利润等。内部评级法有助于银行提高自身的内部风险管理水平以及以此为基础全面开展信用风险管理，使监管资本与信用风险及经济资本密切联系在一起，因此，内部评级法是新资本协议的核心，许多先进的商业银行都应用内部评级法进行信用风险计量和管理。

内部评级法主要包括划分风险敞口、划分风险要素、划分风险权重等三项内容。内部评级法将银行面临的信用风险分为六大敞口类别：公司风险、国家风险、银行风险、零售风险、项目融资风险和股权风险。各资产类别的资本要求取决于四个风险要素：（1）违约概率（Probability of Default，PD），借款人在债务到期时发生违约的概率；（2）违约损失率（Loss Given Default，LGD），借款人发生违约时给银行造成的损失部分占借款人风险暴露的百分比；（3）违约风险值（Exposure at Default，EAD），借款人发生违约时的风险暴露；（4）期限（Maturity，M），风险暴露的合同期限。风险权重（Risk Weight，RW_C）是由违约概率、违约损失率和期限这几个风险要素，根据银行给出的连续的风险函数而推导出来的。

内部评级法分为初级法（Foundation IRB）和高级法（Advanced IRB）。初级法则只要求银行提供PD的内部估计值，其他三个数据LGD、EAD和M则可以由监管当局设定，而高级法要求银行自行估计上述四个风险要素的全部数值。高级法和初级法的主要区别反映在对数据的要求上，信用风险的资本要求的计量最终要由初级法过渡到高级法。从国际上看，内部评级法并没有一个统一的模式，美国银行、花旗银行、瑞士联合银行等银行的内部评级法各有特点。

专栏8－1

银监会核准6家银行实施资本管理高级方法

2014年4月，银监会根据《商业银行资本管理办法（试行）》（以下简称《资本办法》），核准了工商银行、农业银行、中国银行、建设银行、交通银行、招商银行等6家银行实施资本管理高级方法，标志着我国银行业风险治理能力建设开始迈上新台阶。

《资本办法》整合了《巴塞尔协议Ⅱ》和《巴塞尔协议Ⅲ》，已于2013年1月1日起正式实施。《资本办法》对高级方法的内涵做了规范，它包括信用风险内部评级法、市场风险内部模型法和操作风险高级计量法，其中内部评级法又分为初级内部评级法、高级内部评级法；同时，《商业银行实施资本管理高级方法监管暂行细则》又进一步将第二支柱内部资本充足评估程序与第一支柱资本计量高级方法一道统称为资本管理高级方法。

6家银行历时10年左右，经过规划设计、开发建设、应用完善，不断优化，已建成了第一支柱资本计量高级方法体系。银监会经过多轮评估、验收等工作，反复论证、督导整改，经评审，核准6家银行在集团和法人层面实施资本管理高级方法，此轮核准的具体范围为第一支柱信用风险初级内部评级法、部分风险类别的市场风险内部模型法、操作风险标准法。核准实施后，6家银行将按照高级方法的要求计算风险加权资产和资本充足率。

资料来源：http：//www. cbrc. gov. cn/chinese/home/docView/4E68F2339C35494EACF280C42E8827FC. html。

（三） Z评分模型与ZETA模型

爱德华·奥特曼

美国纽约大学斯特恩商学院教授爱德华·奥特曼（Edward I. Altman）在1968年提出了著名的Z评分模型（Z－score Model）。1977年他与人合作对该模型进行了修正和扩展，建立了第二代模型ZETA模型（ZETA Credit Risk Model）。Z评分模型和ZETA模型均为以会计资料为基础的多变量信用评分模型，它们可以作为借款人经营前景好坏的早期预警系统。由于其具有较强的操作性、适应性以及较强的预测能力，故一经推出便在许多国家和地区得到推广和使用并取得了显著效果，成为当代预测企业违约或破产的核心分析方法之一。[①]

1. Z评分模型。奥特曼在1968年分析了美国破产企业和非破产企业的22个会计变量和22个非会计变量，从中选出了5个关键指标，并依据这5个关键指标建立了Z评分模型。奥特曼教授的Z评分模型如下：

$$Z = 1.2X_1 + 1.4X_2 + 3.3X_3 + 0.6X_4 + 0.999X_5$$

其中，$X_1 = \frac{营运资本}{总资产}$，$X_2 = \frac{留存收益}{总资产}$，$X_3 = \frac{息税前利润}{总资产}$，$X_4 = \frac{股权市值}{总负债账面价值}$，$X_5 = \frac{销售收入}{总资产}$。

奥特曼的Z评分模型是一种多变量的分辨模型，他根据数理统计中的辨别分析技术，对银行过去的贷款案例进行统计分析，选择一部分最能够反映借款人财务状况，对贷款质量影响最大、最具预测或分析价值的比率，设计出一个能最大限度地区分贷款风险度的数学模型（也称为判断函数），对贷款申请人进行信用风险及资信评估。

① 奥特曼与合作者后来又推出了Z－Metrics模型。

2. ZETA 模型。1977 年，奥特曼（Altman）、赫尔德门（Haldeman）和纳拉亚南（Narayanan）对原始的 Z 评分模型进行了重大修正和提升，推出了第二代信用评分模型——ZETA 信用风险模型，新模型的变量由原始模型的 5 个增加到了 7 个，它的适应范围更宽了，对不良借款人的辨认精度也大大提高了。

ZETA 模型的公式如下：

$$ZETA = aX_1 + bX_2 + cX_3 + dX_4 + eX_5 + fX_6 + gX_7$$

模型中的 a、b、c、d、e、f、g，分别表示 ZETA 模型中 7 个变量各自的系数，模型中的 7 个变量 X_1、X_2、X_3、X_4、X_5、X_6、X_7 分别为资产收益率、收益稳定性指标、债务偿付能力指标、累计盈利能力指标、流动性指标、资本化程度的指标以及规模指标。

ZETA 模型相比较原来的 Z 评分模型，无论在变量的选择、变量的稳定性方面，还是在样本的开发和统计技术方面都有了很大的改进，所以 ZETA 模型要比 Z 评分模型更加准确有效，特别是在破产前预测的年限越长，其预测的准确性相对也就越高。

（四）信用矩阵模型

1997 年 4 月，美国 JP 摩根①与美国银行、加拿大蒙特利尔银行、BZW、德意志摩根建富、KMV 公司、瑞士银行、瑞士联合银行共同研究，推出了评估信用风险的信用矩阵（CreditMetrics）模型。

信用矩阵模型以信用评级为基础，运用借款人的信用评级、次年评级发生变化的概率（评级转换矩阵，见表 8-2）、违约贷款的回收率、债券市场上的信用风险价差计算出贷款的市场价值及其波动性，进而计算出个别贷款和整个信用组合的 VaR② 值。作为一种专门用于对非交易性金融资产（如贷款、私募债券等）的价值和风险进行度量的模型，信用矩阵模型的目的就是要向人们提供一种计量方法来估算出信贷资产质量变化而导致的信用组合价值的波动以及价值的分布状况，并最终计算出信贷资产组合的 VaR 值。信用矩阵模型要解决的问题是："如果下一个年度是一个坏年头的话，我的贷款及贷款组合的价值将会遭受多大的损失呢？"③

信用矩阵模型首次将 VaR 即风险价值的方法运用在信用风险的量化度量和管理上，拓宽了"违约"的概念。它借助一个统一的综合架构来考虑信贷资产的信用质量转换、违约概率、违约回收率以及相关性等问题，它覆盖了几乎所有的信用产品，包括传统的商业贷款、信用证和承付书、固定收入证券、商业合同如贸易信贷和应收账款，以及由市场驱动的信用产品如掉期合同、期货合同和其他衍生产品等，因而该模型适用范围非常广泛。

信用矩阵模型的劣势或问题表现在：大量证据表明信用等级转移概率并不遵循马尔可夫过程，而是跨时自相关的；信用等级转移矩阵未必是稳定的，它受到行业、国家因素、周期因素等影响；贷款合约与债券在担保、合约条件方面有很大差异，评价贷款的损失存在一定困难；假设资产收益之间的相关系数等于净资产之间的相关系数，模型的结果对这一假设的敏感性很高。

---

① 1998 年，开发出信贷矩阵模型的 JP 摩根集团组建了一家独立的名为"信贷矩阵"集团的公司。

② 本章将在后面较详细地介绍 VaR。

③ Anthony Saunders, Credit Risk Measurement, John Wiley&Sons, Inc., 1999, p. 40.

（五） 信用组合观察模型

1998 年，麦肯锡（McKinsey）公司的 Saunders 和 Wilson 等人利用基本动力学的原理，从宏观经济环境的角度来分析借款人的信用等级迁移，建立了信用组合观察（CreditPortfolio-View）模型，也称“麦肯锡模型”。

信用组合观察模型是在信用矩阵模型的基础上，对周期性因素进行了处理，将评级转换矩阵与经济增长率、失业率、利率、汇率、政府支出等宏观经济变量之间的关系模型化，并通过蒙特卡罗模拟技术模拟周期性因素的“冲击”来测定评级转换概率的变化。信用组合观察模型可以看成是对信用矩阵模型的补充，它克服了信用矩阵模型中不同时期的评级转换矩阵固定不变的缺点。

信用组合观察模型是一个多因素、多时期离散时间序列模型，较为充分地考虑了宏观经济环境对信用等级转换的影响，提高了信用风险度量的准确性，它既可以适用于单个债务人，也可以适用于群体债务人。信用组合观察模型在利用信用矩阵模型的有关处理方法和 VaR 方法的基础上，可以求出债券/贷款及其组合的违约概率、预期损失、非预期损失和经济资本。它的不足之处在于该模型的数据依赖于一国宏观经济数据，因而数据处理与计算较为繁杂，而且不能处理非线性产品（如期权、外币掉期等）。

（六） 信用风险附加模型

信用风险附加（CreditRisk +）模型是瑞士波士顿第一银行产品部（Credit Suisse Financial Products，CSFP）在 1997 年源于保险精算学思想开发出来的。

信用风险附加模型与作为盯市模型（Market - to - Market，MTM）的信用矩阵模型不同，它是一个违约模型（DM），它不把信用评级的升降和与此相关的信用价差变化视为一笔贷款的 VaR（信用风险）的一部分，而只看作是市场风险，它在任何时期只考虑违约和不违约这两种事件状态，计量预期到和未预期到的损失，而信用矩阵模型度量的是预期到的和未预期到的价值变化。

在信用风险附加计量模型中，违约概率不再是离散的，而被模型化为具有一定概率分布的连续变量。每一笔贷款被视作小概率违约事件，并且每笔贷款的违约概率都独立于其他贷款，这样，贷款组合违约概率的分布接近泊松（Poisson）分布。信用风险附加模型考虑违约概率和损失大小的不确定性，并将损失的严重性和贷款的风险暴露数量划分频段，计量违约概率和损失大小，得出不同频段损失的分布，对所有频段的损失加总即为贷款组合的损失分布。

信用风险附加模型集中于违约分析，所需估计变量很少，因此具有计算速度快、比较简便、处理能力强等特点。但该模型只将违约风险纳入模型，忽视了利率的随机期限结构会在长期内影响信用风险头寸，没有考虑信用等级转移，不能处理非线性金融产品。

（七） 信用监测模型

1993 年，KMV 公司①利用布莱克—斯科尔斯—默顿模型（BSM Model）提出了信用监测（Credit Monitor）模型，并经进一步的发展，现已成为世界著名的信用风险度量模型之一。

① KMV 公司是由 Stephen Kealhofer、John McQuown 和 Oldrick Vasicek 三位著名教授于 1989 年在旧金山创立的，KMV 是他们三个人姓的第一个字母的组合，KMV 公司在 2002 年被穆迪投资者服务公司收购。

由于该模型由 KMV 公司开发，故又被称为“KMV 模型”。

信用监测模型是估计借款企业违约概率的一种方法。首先，它将公司股票当作其资产标的，以其债务价值为协议价格的看涨期权，利用布莱克—斯科尔斯期权定价公式，根据企业资产的市场价值、资产价值的波动性、到期时间、无风险借贷利率及负债的账面价值估计出企业股权的市场价值及其波动性。其次，根据公司的负债计算出公司的违约实施点（Default Exercise Point），违约实施点为企业 1 年以下短期债务的价值加上未清偿长期债务账面价值的一半。再次，计算借款人的违约距离。最后，根据企业的违约距离与预期违约率（Expected Default Frequency，EDF）之间的对应关系，求出企业的预期违约率。

信用监测模型是一种动态模型，可以及时反映受信企业信用风险水平的变化，具有前瞻性，可以用于任何一家上市公司。但该模型假设条件比较苛刻，资产收益分布实际上存在厚尾（Fat Tail）现象，而且该模型对长期债券不作区分，对企业的杠杆比率捕捉钝化，不能处理非线性产品，不太适用于非上市公司。

三、商业银行信用风险管理：传统方法

（一）信用风险的回避

在信用风险的识别和度量工作完成之后，若信用风险管理人员发现某些风险发生损失的可能性很大，或者一旦发生且损失的程度很严重时，可以放弃从事某项风险比较大的业务，这就是风险回避。风险回避是一项有意识不让银行面临信用风险损失的行为。例如，一家银行不对可能无法偿还贷款的借款申请人提供贷款。

风险回避使银行受损失的几率降到零，因而是防范和控制信用风险最彻底的方法。当损失风险大而又无法转移时采取回避风险的措施无疑是明智之举。但风险回避是对可能造成损失的活动采取规避的态度，这种不作为的态度无疑有它的局限性，虽然回避了信用风险，但同时也使银行失去了获利的机会。

（二）信用风险的分散

分散策略是信用风险管理的一种常用而且有效的策略。信用风险分散的实质是通过贷款或投资的分散化来达到降低信用风险的目的，即“不要把所有的鸡蛋放在一个篮子里”。常见的分散贷款信用风险的做法是规定单一客户授信比例，即规定银行对单个客户授信总额不得超过银行资本余额或净额的一定比例。美国《国民银行法》（*National Bank Act*）禁止银行对单一客户授信超过资本及盈余的 10%。中国银监会 2005 年 12 月发布的《商业银行风险监管核心指标（试行）》规定了单一集团客户授信集中度和单一客户贷款集中度两个指标，即对最大一家集团客户授信总额与银行资本净额之比不应高于 15%，对最大一家客户贷款总额与银行资本净额之比不应高于 10%。

贷款分散包括借款方的分散和贷款方的分散两种方式。单一客户授信比例属于借款方的分散，贷款风险还可以在贷款方之间进行分散，即一笔贷款由多家银行共同提供，则该笔贷款的风险也由多家银行共担。贷款方的分散方式主要有银团贷款、联合贷款、混合贷款等。

（三）信用风险的转嫁

信用风险的转嫁策略是指银行以某种特定的方式将信用风险转嫁给他人承担的一种策

略。风险转嫁策略在风险管理中运用得相当广泛，它包括保险转嫁和非保险转嫁两种方式。

1. 信用风险的保险转嫁。银行通过直接或间接投保的方式，将信用风险转嫁给保险人承担，这种通过保险公司开办信用保险转嫁风险的方式对银行来说极为有效。出口信用大都有出口信用保险机构提供的出口信用保险作支持，国际信贷、国际投资中的国家风险特别是其中的政治风险也可以由保险人承保。银行还可以要求其客户将其在生产经营过程中面临的各种可保风险都向保险公司投保，从而将银行面临的信用风险间接地转嫁给保险公司，因为银行信用风险是其客户面临的风险转嫁而来的。

2. 信用风险的非保险转嫁。贷款信用风险的非保险转嫁主要有以下几种方式：（1）保证。商业银行以保证贷款的方式发放贷款，可以将贷款风险转嫁给保证人。保证贷款的回收多了保证人这一道安全保障，而且保证人通常都是信用较好的单位或个人，所以保证贷款的安全性比信用贷款要高。（2）抵押与质押，即银行要求借款人以其财产或第三人的财产作为抵押物或质物作担保发放贷款，从而使银行面临的信用风险得到控制。（3）贷款出售与证券化。贷款出售就是银行在贷款二级市场上将贷款本金的回收权出售给对方，同时也将与贷款有关的信用风险转移给对方；贷款证券化同时伴随着贷款的真实销售，贷款信用风险转移给了特设机构。

（四） 信用风险的控制

银行加强信用风险的监督和控制，及时发现问题并及时处理，争取在损失发生之前阻止情况恶化或提前采取措施减少信用风险造成的损失。信用风险损失控制包括损失预防和损失减少。一般地，降低损失频率称为损失预防，减少损失程度称为损失减少，有的措施也兼具损失预防和损失减少的作用。贷款信用风险的控制措施有：（1）健全审贷分离制度，提高贷款决策水平；（2）推广抵押贷款和质押贷款，提高抵押贷款和质押贷款的有效性和安全性；（3）加强贷后检查工作，积极清收不良贷款。

（五） 信用风险的补偿

对银行来说，信用风险可以减少，但不可能消除，银行必须承担一定的信用风险损失。所谓风险补偿，亦称“风险自留”，就是指银行以自身的财力来承担未来可能发生的信用风险损失的一种方法，通常采用提取贷款呆账准备金、投资风险准备金、坏账风险准备金等方式来冲销信用风险损失。我国监管部门规定，商业银行信用风险资产实际计提准备与应提准备之比不应低于100%，其中贷款实际计提准备与应提准备之比也不应低于100%。

四、商业银行信用风险管理：信用衍生工具

在信用衍生产品交易中，一方当事人（信用保护的买方，亦即信用风险的卖方）向对方当事人（信用保护的卖方，亦即信用风险的买方）支付一定的费用（Premium），以换取信用保护卖方对基础资产（Underlying Assets）或参考资产（Reference Assets）的信用保护，当基础资产或参考资产发生双方约定的信用事件（Credit Events）时，信用保护卖方须向信用保护买方支付一定金额的补偿。因此

信用衍生工具（Credit Derivatives）亦称“信用衍生产品”或“信用衍生品”，是指当事人签订的，以转移贷款、债券等资产的信用风险为目的的交易合约。

信用衍生工具本质上是一种保险产品，买卖的是信用风险或信用保险。

基础资产或参考资产是信用衍生产品交易的基础，基础资产或参考资产可以是一笔贷款、一只债券或其他任何信贷资产，也可以是资产组合或“篮子”（Baskets of Assets）。而所谓信用事件，根据国际互换与衍生工具协会（ISDA）2003 年修订的《信用事件定义文件》（*ISDA Credit Derivatives Definitions*）的规定，它主要包括：（1）破产事件（Bankruptcy），指参考资产的债务人发生解散、资不抵债或无力偿还债务，或未能偿还到期债务等情形；（2）债务加速到期（Obligation Acceleration），指因债务人的违约导致相关债务在原约定的到期日之前到期；（3）债务人不履行债务（Obligation Default），指因债务人发生违约导致债务可被宣告提前到期而债务人未能履行债务；（4）债务到期未能支付（Failure to Pay），指债务人未能支付到期（包括展期后到期）债务；（5）拒绝清偿或延期还款（Repudiation/Moratorium），指债务人（包括政府机构）撤销债务或以其他方式拒绝清偿债务的行为；（6）重组（Restructuring），指因债务本金或利息下调、受偿顺序的变动、还款日期推延等原因导致参考资产的价值下降的情形。

信用衍生工具这一概念是 1992 年在巴黎召开的国际互换与衍生工具协会（ISDA）年会上提出。信用衍生工具市场起源于美国，J. P. 摩根银行为该市场的创始人——它在 1992 年完成第一笔信用衍生工具交易。2004 年 6 月，巴塞尔委员会正式发布的《巴塞尔新资本协议》已将信用衍生产品作为风险缓释工具之一，明确其在商业银行信用风险管理及银行最低资本金监管中的地位。美国美林公司、莱曼兄弟、花旗银行、信孚银行和摩根士丹利都是信用衍生工具市场的早期参与者和建设者。信用衍生工具虽然起步较晚，但发展迅速，1996 年全球信用衍生品交易的名义价值仅为 400 亿美元，至 2005 年已高达 51000 亿美元，信用衍生产品已经成为衍生工具市场的“新宠”。在 2008 年国际金融危机的传播中，信用违约互换（CDS）和债务担保凭证（CDO）扮演了重要的角色。

通过信用衍生产品交易，特定资产的信用风险可从其他风险剥离，并进行单独的交易，从而使信用风险的管理和定价更有效率。信用衍生产品的交易属于场外交易（OTC），具有较强的灵活性，交易双方可以自主设计交易结构，以达到各自的交易目的。如果银行既希望减少其客户的信用风险，又不至于因出售有关贷款损害其与客户的关系，银行则可通过信用衍生产品交易达到上述目的。信用衍生工具的使用者包括商业银行、投资银行、保险公司、投资基金等众多机构投资者以及非金融机构。其中，商业银行既是信用保护最大的买方，也是最大的卖方。信用衍生工具的出现使商业银行信用风险的管理方式从消极、被动的风险回避转为积极、主动的风险管理。

信用违约互换（Credit Default Swaps，CDSs）是指信用保护的买方（信用风险的卖方）向信用保护的卖方（信用风险的买方）支付一定费用，当双方约定的参考资产在规定的时间内发生特定信用事件时，信用保护卖方须向信用保护买方支付相应款项（信用违约支付）的互换交易结构。

信用衍生工具的品种主要有以下几种。

1. 信用违约互换。在未发生约定的信用事件时，信用保护卖方无须向信用保护买方支付任何对价（零支付），因此信用保护卖方向信用保护买方承担的支付义务属于“或有支付”（Contingent Payment）。通过信用违约互换，信用保护买方可以将参考资产相关的信用风险转移至信用保护卖方，但该参考资产的其他风险如利率风险等仍由信用保护买方承担。信用违约互换是最早出现的信用衍生工具，也是目前最常用的一种信用衍生产品。据国际互换与衍生工具协会（ISDA）估算，2007年底，信用违约互换市场规模已达62万亿美元。

2. 总收益互换。通过总收益互换，信用保护买方可在未转移参考资产的情况下，转移与参考资产有关的信用风险。总收益互换并不是一个纯粹的信用互换，因为影响信用资产总收益的并不仅仅只有信用风险，其他一些因素如利率、汇率等都会使收益发生波动，这样，信用保护买方通过总收益互换，不仅把信用风险转移出去了，而且其他一些风险，如市场风险、利率风险、汇率风险等也都随之被转移给信用保护卖方。

总收益互换（Total Return Swaps，TRS）亦称总收益率互换（Total Rate of Return Swaps，TRRS），是指信用保护买方（总收益的支付方，TR Payer）向信用保护卖方（总收益收受方，TR Receiver）交付参考资产的总收益（Total Return），总收益可包括本金、利息、预付费用以及因资产价格的有利变化带来的资本利得等；信用保护卖方则承诺向信用保护买方交付特定参考资产增值的特定比例（通常是Libor加上一个差额），以及因资产价格不利变化带来的资本亏损。

3. 信用违约期权。假定某银行对企业有一个信贷敞口，由于担心该企业所在国政局动荡，该银行可以在信用衍生工具市场上购买一份或几份与资产组合中的一笔贷款或多笔贷款面值相当、到期日相同的该国债券的违约期权。当信用事件发生时，该银行便可以要求期权出售者执行该期权，收取给定的或有偿付，以弥补它在贷款上的损失。反之，如果贷款得以清偿，那么银行也就只是损失了一笔购买信用违约期权的期权费。

信用违约期权（Credit Default Option，CDO）是专门针对违约风险的信用衍生工具，期权出售者是信用风险的购买者，期权购买者通过向期权出售者支付一定费用（期权费）以交换未来违约事件发生时，期权购买者要求期权出售者执行清偿支付的权利。

4. 信用价差期权。所谓信用价差（Credit Spread），是指信用敏感债券（如高收益债券）与无信用风险债券（如国库券）收益率的价差。假定市场利率变动时，信用敏感型债券与无信用风险债券的收益率同向变动，那么，利差变动的原因很大程度上可以归结为信用敏感性债券的信用风险的变化（通常表现为信用等级的变化）影响到债券收益率的变化。因此，信用价差期权能将信用风险从利率风险中分离出来进行管理。

信用价差期权（Credit Spread Options，CSO）是以信用价差为标的的期权，期权的购买者通过支付一定的期权费来转嫁信用价差波动的风险。

5. 信用关联票据。信用关联票据亦称“信用联系型票据”，它是一方（发行人）为了参考资产的本金而向另一方（投资者）发行内置信用衍生结构的票据，发行人的利息支付额与发行人和参考资产的信用等级相关联，发行票据通常是上市的。信用关联票据的发行人通常拥有高信用等级，用于提高债券的发行价格。如果信用关联票据存续期内发生信用事件，发行者则支付较高的债券利益；如果信用事件没有发生，信用关联票据将由发行者以参考债务价值为标准赎回。

信用关联票据（Credit-linked Note，CLN）是信用违约互换、总收益互换、信用价差期权的证券化形式，即包含信用衍生工具的固定收益证券。

第三节　商业银行市场风险管理

一、商业银行市场风险的识别

（一）利率风险的识别

利率风险存在的充分条件是市场利率在一定时间内发生变动，而必要条件则是银行经营与利率有关的业务，如吸收存款、发放贷款、同业拆借、购买债券等，即利率风险存在于银行与利率变动有关的交易和非交易业务中。利率风险是市场风险中的一种，但因其非常重要，而且有其特点，所以人们有时将利率风险从市场风险中独立出来，将利率风险与市场风险并列。

利率风险（Interest Rate Risk）是指因利率的不利变动而使银行表内和表外业务发生损失的风险。

利率风险按照来源的不同，可以分为以下四种。

1. 重新定价风险（Repricing Risk），亦称“成熟错配风险”（Maturity Mismatch Risk），是最主要和最常见的利率风险形式，来源于银行资产、负债和表外业务到期期限（就固定利率而言）或重新定价期限（就浮动利率而言）所存在的差异。这种重新定价的不对称性使银行的收益或内在经济价值会随着利率的变动而变化。例如，如果银行以短期存款作为长期固定利率贷款的融资来源，当利率上升时，贷款的利息收入是固定的，但存款的利息支出却会随着利率的上升而增加，从而使银行的未来收益减少和经济价值降低。

2. 收益率曲线风险（Yield Curve Risk）。收益率曲线是将各种期限债券的收益率连接起来得到的一条曲线。收益率曲线的斜率会随着经济周期的不同阶段发生变化，使收益率曲线呈现出不同的形状，并因此产生收益率曲线风险。正收益率曲线一般表示长期债券的收益率高于短期债券的收益率，而负收益率曲线则表示长期债券的收益率低于短期债券的收益率。在正常情况下，收益率曲线的斜率为正值，表示长期的收益率高于短期，但它也有可能在短期内表现为负斜率，亦即长期收益率低于短期，这是由预期未来利率将会下降引起的。收益率曲线的这种异常变化对银行的收益或内在经济价值会产生很不利的影响，因此收益率曲线风险又称为利率期限结构变化风险。例如，一个长期的 10 年期政府债券由一个短期的 5 年期政府债券来相配，在收益率曲线很陡峭时，表示人们预期未来利率会呈上升趋势，则长期固定利率的政府债券价值必然迅速下降，期限较短的受影响则相对小多了。银行在买卖这两种产品时就会引起市值的非预期变化形成收益率曲线风险。

3. 基准风险（Basis Risk），亦称“利率定价基础风险”，是另一种重要的利率风险来源。在利息收入和利息支出所依据的基准利率变动不一致的情况下，虽然资产、负债和表外业务的重新定价特征相似，但因其现金流和收益的利差发生了变化，也会对银行的收益或内在经济价值产生不利影响。例如，一家银行可能用一年期存款作为一年期贷款的融资来源，贷款按照美国国库券利率每月重新定价一次，而存款则按照伦敦同业拆借市场利率每月重新定价一次。虽然用一年期的存款为来源发放一年期的贷款，由于利率敏感性负债与利率敏感性资产的重新定价期限完全相同而不存在重新定价风险，但因为其基准利率的变化可能不完全相关，变化不同步，仍然会使该银行面临因基准利率的利差发生变化而带来的基准风险。

4. 期权性风险（Optionality Risk）。期权性风险是一种日益重要的利率风险，来源于银行资产、负债和表外业务中所隐含的期权。期权赋予其持有者买入、卖出或以某种方式改变某一金融工具或金融合同的现金流量的权利，而非义务。期权可以是单独的金融工具，如场内（交易所）交易期权和场外期权合同，也可以隐含于其他的标准化金融工具之中，如债券或存款的提前兑付、贷款的提前偿还等选择性条款。期权和期权性条款都是在对买方有利而对卖方不利时执行，因此，此类期权性工具因具有不对称的支付特征而会给卖方带来风险。比如，若利率变动对存款人或借款人有利，存款人就可能选择重新安排存款，借款人可能选择重新安排贷款，从而对银行产生不利影响。越来越多的期权品种因具有较高的杠杆效应，从而会进一步增大期权头寸可能对银行财务状况产生的不利影响。

（二）汇率风险的识别

1973 年 2 月以来，各主要国家纷纷实行浮动汇率制度，世界主要货币之间的汇率波动越来越频繁，波动幅度越来越大。而且随着世界经济日益朝着国际化、全球化的方向发展，国际贸易、国际投资和国际借贷等经济金融活动的规模大幅度增加，进一步加深了涉外经济主体的汇率风险。商业银行是国际经济金融活动的重要主体，其面临的汇率风险因而非常突出。

汇率风险又称外汇风险，是指经济主体在持有或运用外汇的经济活动中，因汇率波动而蒙受损失的可能性。

商业银行面临的汇率风险种类有以下几种。

1. 交易风险（Transaction Risk）。交易风险是指银行在计划中、进行中或已经完成的外币计价的业务交易中，汇率波动使交易者蒙受损失的可能性。交易风险又可以进一步分为买卖风险和交易结算风险。买卖风险是进行外币买卖产生的汇率风险。外汇买卖风险是以一度买进或卖出外汇，将来又必须反过来卖出或买进外汇作为前提而产生的。以外汇买卖为基本业务的外汇银行负担的主要是这种风险。交易结算风险是指银行以外币计价进行交易活动时，由于将来进行交易结算时所运用的汇率没有确定，因而产生的风险。

2. 经济风险（Economic Risk），亦称“经营风险”（Operating Risk），是指意料之外的汇率变动可能引起银行未来一定期间盈余能力与现金流量变化的一种潜在风险。具体地说，汇率的变动通过影响银行经营成本，使银行最终收益发生变化。因此，经济风险对银行经营业绩的影响要比交易风险及会计风险要大，因为这种影响是长期的。因此，就本质而言经济风险代表了银行未来竞争力的可能变化。意料之内的汇率变动不包括在经济风险的界定中，因为银行在经营决策时，已经把意料到的汇率变动对未来收益的影响考虑进去。

3. 会计风险（Accounting Risk），亦称“折算风险”或“转换风险”（Translation Risk），经济主体在对资产负债表和损益表进行会计处理中，在将功能货币（在具体经济业务中使用的货币）转换成记账货币（编制会计报表所使用的货币，通常为会计主体的本国货币）时，因汇率波动而呈现账面损失的风险。会计风险的内容在很大程度上取决于会计换算方法。虽然这种损益是会计性质的账面损益，是尚未实现的，不涉及实际的现金流量，但却会影响到银行向股东和社会公开营业报告的结果。

（三） 证券价格风险的识别

证券价格风险是指因证券价格的不利变动使银行发生损失的风险。

证券是一种风险性资产，证券投资是一种风险投资。证券投资的风险可能来源于信用风险、利率风险、流动性风险、通货膨胀风险、政治风险等，也有相当一部分来源于证券价格的变化。一般来说，证券资产所占的比重越大，商业银行面临的证券价格风险也越大；商业银行所持有的证券价格波动越大，商业银行的证券价格风险也越大。

证券价格变化还会影响到证券期货、期权的价格以及股票价格指数期货、期权的价格，商业银行面临的证券价格风险还存在于其与证券有关的期货、期权交易中。虽然股票期货、股票期权和股票价格指数期货等证券衍生工具可以被商业银行用于证券价格风险管理，进行证券保值，但这些交易本身也存在市场风险。此外，商业银行发行的股票或债券价格的变化对商业银行资本管理、声誉等也会产生不利影响。

（四） 商品价格风险的识别

商品价格风险是指因商品价格（包括商品期货、期权的价格）的不利变动而使银行表内和表外业务发生损失的风险。

房地产、农产品、矿产品（包括石油）、贵金属（包括黄金）等实物产品可以在二级市场上进行交易，有的还可以成为期货市场的交易对象。商业银行通常很少介入这些商品的现货和期货交易，但这些商品现货及期货价格的变化仍然会直接或间接影响到银行，如房地产价格变化与银行的房地产贷款风险之间有密切的关系。

二、VaR：商业银行市场风险的计量工具

商业银行应当根据本行的业务性质、规模和复杂程度，对银行账户和交易账户中不同类别的市场风险选择适当的计量方法，基于合理的假设前提和参数，计量承担的所有市场风险。商业银行市场风险的计量方法包括缺口分析（Gap Analysis）、久期分析（Duration Analysis）、外汇敞口分析（Foreign Currency Exposure Analysis）、敏感性分析（Sensitivity Analysis）、情景分析（Scenario Analysis）和 VaR 等。其中，VaR 因其具有表述简单、高度综合、便于比较等特点，在商业银行市场风险计量中被广泛应用。

（一） VaR 及其特点

VaR是指在给定的市场条件与置信水平下，某一金融资产、资产组合或某个机构在给定的时间区间内的最大损失，即它回答在概率给定情况下，该金融资产、资产组合或该机构在下一阶段最多可能损失多少。

所谓VaR，即“Value at Risk”或“Value - at - Risk”的英文缩写①，中文翻译为“风险价值”、“在险价值”、“受险价值”或“险值”。例如，某银行的资产组合在持有期为1天、置信水平为99%的情况下，所计算的VaR为1万美元，就是说该银行的资产组合在未来的1天中，有99%的可能其损失不会超过1万美元。当然，仍有1%的概率发生超过1万美元的实际损失。

VaR 的计算基于两个参数——持有期和置信水平。持有期是计算 VaR 的时间范围，可以

① 亦缩写为 VAR。不过，VAR 还有另外一种含义，指“向量自回归”（Vector Autoregressive）。

用 Δt 表示，由商业银行自行确定或选择，通常为一天或一个月。由于波动性与时间长度呈正相关，所以 VaR 随持有期的增加而增加。置信水平即概率，是 VaR 计算公式中表示测量精度的 c。它取决于对 VaR 验证的需要，以及内部风险资本需求、监管要求和在不同机构之间进行比较的需要。如果用 ΔP 表示资产或资产组合在持有期 Δt 内的损失，那么，VaR 可表示为

$$\text{Prob}\Delta t(\Delta P > VaR) = 1 - c$$

要计算可交易金融资产 VaR，需要已知变量：该项金融资产的市值（P）和它的市值变动率或标准差（σ）；在给定的风险时段和所要求的置信水平下（c，如 99%），一项金融资产的 VaR 便可以直接计算出来。在最简单的形式上，假设资产收益是正态分布的，α 为置信水平为 c 时所对应的分位数，则有

$$VaR = \alpha\sigma\sqrt{\Delta t}$$

VaR 是目前计量市场风险最成熟的手段，也是应用最广泛的手段。VaR 具有以下特点或优点：（1）将不同业务、不同类别的市场风险用一个数值（VaR 值）表示出来，简单明了，没有任何专业背景的投资者和管理者都可以通过 VaR 值对市场风险进行评判；（2）便于对不同业务、不同类别的市场风险进行比较和汇总；（3）不仅能计算单个金融工具的风险，还能计算由多个金融工具组成的投资组合风险，这是传统金融风险管理所不能做到的；（4）可以事前计算风险，而且将隐性风险显性化，有利于对市场风险进行监测、管理和控制。

VaR 也有其局限性。（1）VaR 计算的结果是对市场风险水平的高度概括，不能反映资产组合的构成及其对市场价格波动的敏感性，因此在市场风险管理过程中，需要辅之以敏感性分析、情景分析等非统计类方法。（2）VaR 值表明的是一定置信度内的最大损失，但并不能绝对排除高于 VaR 值的损失发生的可能性。例如假设一天的 99% 置信度下的 VaR 为 1 000 万美元，损失超过 1 000 万美元的可能性仍有 1%。这种情况一旦发生，给经营单位带来的后果就是灾难性的。对造成重大损失的突发性小概率事件，需要采用压力测试对其进行补充。（3）大多数 VaR 模型或方法只能计量交易业务中的市场风险，不能计量非交易业务中的市场风险。

（二） VaR 的常用模型技术

VaR 的常用模型技术主要有三种：历史模拟法（Historical Simulation Method）、方差—协方差法（Variance - covariance Method）和蒙特卡罗模拟法（Monte Carlo Simulation Method）。

历史模拟法是指回溯过去时间资产组合中各类资产的收益率，并将当前各类资产在资产组合中的权重运用到历史资产收益率上，利用当前头寸重新构造模拟投资组合的历史，再用模拟收益的分布计算 VaR。其核心在于根据市场因子的历史样本变化模拟资产组合的未来损益分布，利用分位数求出一定置信度下的 VaR。

方差—协方差法也称“参数分析法”，该方法假设资产组合中各类资产的收益率服从正态分布，由此就可用资产组合中各类资产收益率的方差及资产收益率之间的协方差来计算组合的 VaR 值。根据资产组合价值函数形式不同，方差—协方差法可以分为 Delta - 类模型和 Gamma - 类模型。

蒙特卡罗模拟法亦称“随机模拟方法”（Random Simulation Approach），通过产生不同的随机市场场景，并通过计算事先设置的价格波幅率和相关性来计算出每个场景的盈亏，最终计算出 VaR 值。蒙特卡罗模拟法的思想是建立一个概率模型或随机过程，使它的参数等于问题的解，然后通过对模型或过程的观察计算所求参数的统计特征，最后给出所求问题的近似值，解的精度可用估计值的标准误差表示。

（三） VaR 算例①

假设某银行拥有一个英镑多头，现在价值为 1 000 万元人民币。我们通过以下算例说明如何应用历史模拟法计算该组合在持有期为 1 天，置信水平为 95% 的 VaR。

1. 确定风险因子与资产组合的收益。该组合由英镑的多头组成，在持有期末其价值由组合的当前价值 Q_0 和英镑汇率的变化量共同确定。若用 S_0 和 S_T 表示现在和持有期末的英镑汇率，组合在持有期末的收益 R 可由下式表示。

$$R = Q_0\left(\frac{S_T - S_0}{S_0}\right)$$

其中，只有持有期末的英镑汇率 S_T 是不确定的，所以我们将持有期收益率 $(S_T - S_0)/S_0$ 确定为唯一的风险因子。

2. 估计风险因子的概率分布。我们收集了 2015 年共 307 个交易日的英镑中间价②，并计算了每天的日收益率 $(S_t - S_{t-1})/S_{t-1}$。历史模拟法隐含地假设了风险因子服从其历史序列所确定的分布。所以，我们可以将收益率序列 $\{(S_t - S_{t-1})/S_{t-1}: t = 1,2,\cdots,307\}$ 当作风险因子在持有期末的一个随机样本。当有多个风险因子的时候，我们用相同的方法同时计算每个风险因子的历史序列，并将其当作由风险因子联合分布得到的一个随机样本。

3. 计算模拟组合收益序列。在本算例中，组合收益等于其现在以人民币计算的价值 Q_0 与收益率的乘积。利用表 8－1 中收益率序列，我们可以得到模拟组合收益序列 $\{R_t: t = 1,2,\cdots,307\}$。如果存在多个风险因子，我们同样可以根据风险因子与组合收益之间的关系并利用风险因子的随机样本计算模拟组合的收益。

表 8－1　历史模拟法

日期（t）	S_t	$(S_t - S_{t-1})/S_{t-1}$	组合收益 R_t（万元）
0	966.33	—	—
1	966.27	-0.0001	-0.06
2	955.73	-0.0109	-10.91
3	950.71	-0.0053	-5.25
…	…	…	…
306	961.41	0.0017	1.73
307	963.40	0.0021	2.07

4. 利用模拟组合的经验分布计算 VaR。将上一步得到的模拟组合的收益序列从小到大排列（见表 8－2），可以得到模拟组合收益的直方图或经验分布，如图 8－3 所示。由定义知组合损失超过 VaR 的概率不大于 5%，所以模拟组合损失大于 VaR 的样本个数为：$307 \times 0.05 \approx 15.35$。

① VaR 算例为吴克坤博士编写。

② 在实际工作中为了得到更加准确的估计常常需要更长的历史数据。

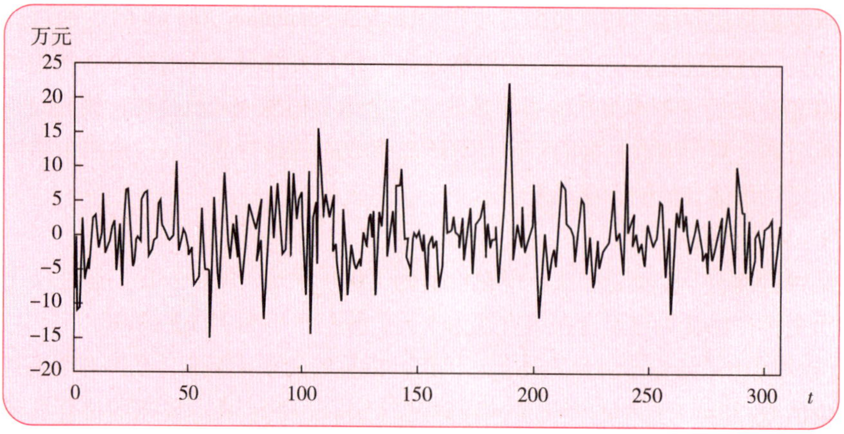

图 8－2　模拟组合收益

表 8－2　模拟组合收益排序

序号	1	2	…	15	16	…	306	307
组合收益	−15.26	−14.48	…	−70.77	−70.68	…	17.03	22.49
累积概率	0.0033	0.0065	…	0.0489	0.0521	…	0.0997	1.0000

如表 8－1 所示，因为组合损失超过 VaR 的概率不大于 5%，所以本算例中 VaR 等于 7.77 万元。①

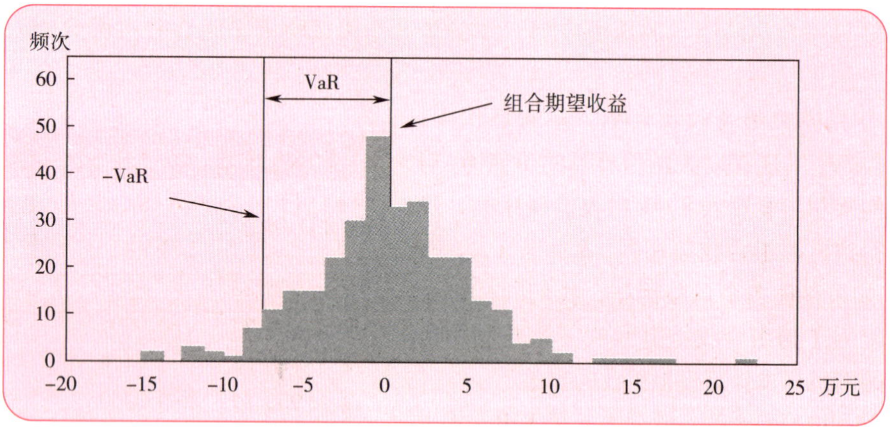

图 8－3　模拟组合收益直方图与 VaR

（四）事后检验与压力测试

若估算事后检验的结果与实际结果近似，则表明该 VaR 方法或模型的准确性和可靠性较高；若两者差距较大，则表明该 VaR 方法或模型的准确性和可靠性较低，或者是事后检验的假设前提存在问题；介于这两种情况之间的检验结果，则暗示该 VaR 方法或模型存在问题，

① 当组合持有期较长时，需要考虑组合收益的确定趋势，此时需在本算例 VaR 基础上加上模拟组合收益的均值。当持有期较短时，组合收益的均值较小，可忽略不计。

但结论不确定。

> 事后检验（Back Testing）是指将VaR方法或模型的估算结果与实际发生的损益进行比较，以检验计量方法或模型的准确性、可靠性，并据此对计量方法或模型进行调整和改进的一种方法。

VaR 方法较为准确地测量了金融市场正常波动情形下资产组合的市场风险，但实际金融市场中极端波动情景发生的概率远高于正态分布的估计，金融市场价格变化的分布具有明显的厚尾性，而 VaR 方法在这种极端市场情景下存在较大的估计误差，因此金融风险管理师们引入压力测试来测量极端市场状况下的市场风险。

> 压力测试（Stress Testing）又称“压力试验”，是对极端市场情景下资产组合损失的评估。

压力测试包括情景分析和系统化压力测试。情景分析旨在评估金融市场中的某些特殊情景或时间对资产组合价值变化的影响，评估了市场波动性变化和相关性的影响，明确给出了某情景下资产组合的损失，虽然没有像 VaR 方法一样指明损失发生的概率，却可以和 VaR 互为补充。系统化压力测试是用不同资产、不同程度的大幅波动构造一系列极端情景，并评估这些极端情景对资产组合的影响，从而产生一系列压力测试结果集合。

（五） VaR 在商业银行市场风险计量与管理中的应用

VaR 作为一个概念，最先起源于 20 世纪 80 年代末交易商对金融资产风险计量的需要。VaR 作为一种市场风险计量和管理的工具，则是由 J. P. 摩根银行在 1994 年最早推出，最初是 J. P. Morgan 集团的风险管理人员为满足当时总裁 Dennis Weatherstone 每天提交“4. 15 报告”的要求而开发的，其标志性产品为风险矩阵模型（Risk Metrics Model）。1995 年 4 月，巴塞尔委员会推出了一个有关市场风险模型扩展的建议，第一次允许银行使用自己的风险度量内部模型来决定其资本要求，并正式承认了 VaR 体系的科学性。1996 年，巴塞尔委员会发布《资本协议市场风险补充规定》，指出银行可以运用经过监管部门审查的内部模型来确定市场风险的资本充足性要求，并推荐了 VaR 方法。国际研究机构 30 人小组（Group of 30）和国际互换与衍生工具协会（ISDA）等一致推荐将 VaR 方法作为市场风险计量的最佳方法。

现在 VaR 得到了普遍的推广和运用。VaR 不仅被用于市场风险的计量，而且还被用于信用风险、操作风险的计量；不仅被用于金融风险的计量，而且还被用于金融风险的管理与控制；不仅各大银行广泛应用 VaR 这一金融风险的计量和管理工具，保险公司、投资基金、养老金基金及非金融公司也纷纷采用 VaR 这一风险管理手段，金融监管当局以及行业协会也都认为 VaR 是一种可以接受的风险估计方法。总之，VaR 的产生和发展推动了风险计量技术的标准化、规范化和国际化，VaR 已从市场风险的计量工具发展成为“金融风险管理的新基准”。①

三、衍生工具在商业银行市场风险管理中的应用

远期、期货、期权、互换等衍生工具是一把“双刃剑”，商业银行从事衍生工具交易会面临市场风险、操作风险、信用风险等多种风险，同时商业银行也可以利用衍生工具进行保

① Philippe Jorion, Value at Risk: The New Benchmark for Managing Financial Risk, Third Edition, McGraw - Hill Companies, p. xxi, 2007.

值，衍生工具是商业银行市场风险管理的重要手段。

（一） 远期与商业银行市场风险管理

商业银行市场风险管理的远期工具主要有远期利率协议和远期外汇合约。

远期利率协议（Forward Rate Agreement，FRA）是一种远期合约，是交易双方在订立协议时商定，在将来的某一特定日期，按照规定的货币、金额和期限、利率进行交割的一种协议。远期利率协议是防范将来利率波动的一种预先固定远期利率的金融工具。

远期外汇合约（Forward Exchange Contract）是一种按照事先规定的汇率和金额在既定的未来某一时间交割的外汇买卖合约，外汇买卖所使用的汇率即为远期汇率。远期外汇合约经常被用于管理汇率风险，进行外汇保值。

（二） 期货与商业银行市场风险管理

商业银行市场风险管理的期货工具主要包括利率期货和货币期货。

利率期货（Interest Rate Futures）是指买卖双方按照事先约定的价格在期货交易所买进或卖出某种有息资产，并在未来的某一时间进行交割的一种金融期货业务。利率期货是有利息的有价证券期货，进行利率期货交易是为了固定资本的价格，即得到预先确定的利率或收益。由于利率期货将利率事先通过期货协议确定下来，避免了因利率出现始料未及的变化而影响金融资产价格或投资收益，故成为利率风险管理的一种工具。利率期货在利率风险管理方面的特殊功能使这种创新工具得到了迅速发展。

货币期货（Currency Futures）实际上是金额、期限和到期日都标准化的远期外汇合约。期货交易的套期保值是针对现货市场的某笔交易，在期货市场上做一笔买卖方向相反、期限相同的交易，用期货市场上的盈利来抵冲现货市场上的亏损。

（三） 期权与商业银行市场风险管理

利率期权和货币期权被广泛应用到商业银行市场风险管理中。

利率期权（Interest Rate Option）的买方获得一项权利，在到期日或期满前按预先确定的利率即执行价格，按一定的期限借入或贷出一定金额的货币。利率期权是一项规避短期利率风险的有效工具。借款人或贷款人通过买入一项利率期权，可以在利率水平向不利方向变化时得到保护，而在利率水平向有利方向变化时得益。

货币期权（Currency Options）赋予合同购买者在一定期限内按规定价格购买或出售一定数量某种货币的权利。其与远期或期货合同的差别在于，期权合同购买方拥有执行合同的权利，而没有必须执行合同的义务，从而在防范不利的汇率波动的同时，又不丧失汇率有利波动可能产生额外利润的机会。相应地，购买货币期权进行套期保值的成本要高一些。期权合同也是标准化的，其缺陷同样在于，其金额和期限很难与现货交易完全一致。

（四） 互换与商业银行市场风险管理

利率互换和货币互换也被应用到商业银行市场风险管理中。

利率互换（Interest Rate Swaps）是不同交易主体之间的一种协议，协议双方均同意在预先约定的一系列未来日期，按照事先约定的利率方式，交换一定的现金流量。利率互换交易始于20世纪80年代初期，自问世以后，得到公司财务管理人员和金融机构的广泛使用。通过利率互换，客户能够获得低于市场固定利率贷款或浮动利率的贷款，降低筹资成本，或者可以重新改善和组合债务结构，使债务结构具有更大的灵活性。

货币互换（Currency Swaps）是对长期的外币融通最常用的避险方法。在货币互换的安排下，双方交换支付实际债务本金与利息的责任。交易双方首先按固定汇率在期初交换两种不同货币的本金，然后按预定的日期和预定的利率进行一系列的利息互换，到期日按事先决定的汇率将本金再换回来。借款者在不同货币的资金市场上的筹资能力往往不同，可以通过借入一种利率较低的货币，通过货币互换，换成所需要资金的货币，来降低所需货币的借款成本，并避免汇率变化的风险。

（五） 利率上限、利率下限及利率上下限

利率上限（Interest Rate Cap）又称“利率帽子”或“封顶”，是指交易双方确定一项固定的利率水平，在未来确定期限内每个设定的日期，将选定的参考利率和固定利率水平相比较，如果参考利率超过固定利率，买方将获得两者间的差额，反之将不发生资金交割，买方需支付卖方一笔费用以获得该项权利。利率上限可以看成是由一系列不同有效期限的借款人利率期权合成的，通过买入利率上限，投资者可以避免未来一段时间内每一期的利率风险。

利率下限（Interest Rate Floor）又称“利率地板”或“保底”，是指交易双方确定一项固定的利率水平，在未来确定期限内每个设定的日期，将选定的参考利率与固定利率水平比较，如果参考利率低于固定利率，买方将获得两者间的差额，反之将不发生资金交割。与利率上限相似，利率下限可以看成是由一系列不同有效期限的贷款人利率期权合成的，不同的是利率下限通常用来防范利率下跌带来的不利影响。

利率上下限（Interest Rate Collar）又称“利率领子”或“双封”，它由利率上限和利率下限合成。对于浮动利率债务的借款人来说，买入一项利率上下限可以通过买入一项利率上限，同时卖出一项利率下限合成，达到将未来一段时间的利率成本限定在一定幅度内的目的。对于收取浮动利率的贷款人而言，卖出一项利率上下限可以通过卖出一项利率上限，同时买入一项利率下限合成，零成本的利率上下限同样可以达到避险的目的。

第四节 商业银行操作风险管理

国际银行发展史上，因操作风险酿成的风险事件屡见不鲜。正因为操作风险频繁发生，给商业银行造成了巨大的损失，也严重损害了商业银行的声誉，因此操作风险已经引起商业银行和金融监管部门的高度重视。巴塞尔委员会2001年以来多次发表咨询报告，与业界磋商如何建立稳妥的操作风险管理和监管机制。2003年2月，巴塞尔委员会发布《操作风险管理与监管的稳健做法》，总结出商业银行操作风险管理与监管的十项原则。

一、商业银行操作风险的识别

（一） 商业银行操作风险的概念

操作风险的含义是比较宽泛的，它包括法律风险、欺诈风险、技术风险等，但不包括声誉风险和战略风险。引起操作风险的因素有四种，分别为内部操作流程、人为因素、系统因素和外部事件。各种因素引起操作风险事件发生的频率和影响力不尽相同，商业银行应该将频率低影响大的事件作为操作风险管理的重点。

操作风险是指由不完善或有问题的内部程序、员工和信息科技系统，以及外部事件所造成损失的风险。

（二）商业银行操作风险的特点

1. 操作风险具有明显的内生性。信用风险、市场风险一般为外生性风险，是由外部不确定的因素引发的，而操作风险，除自然灾害及外部冲击等一些不可测的意外事件外，大多是由内部不合规的操作因素引起的，因此，操作风险的成因具有内生性，操作风险的防范也主要依赖于商业银行的内部治理结构和控制能力。

2. 操作风险具有较强的人为性。市场风险与金融产品市场价格波动相联系，信用风险主要来自借款者的违约风险，而绝大多数的操作风险可以归因于有意或无意的人为操作失误。操作风险存在于商业银行的日常营运中，人为因素在引发操作风险的因素中占有重要的地位。在巴塞尔委员会定义的7种操作风险损失事件类型中，有6种直接与人为操作有关。只要与人相关的业务，都存在操作风险，在业务规模大、交易量大、结构变化迅速的业务领域受到操作风险冲击的可能性最大。

3. 操作风险与预期收益弱相关。对于信用风险和市场风险来说，存在风险和报酬的一一对应关系，是一种投资风险或带有投机性的风险，但是这种关系并不适用于操作风险，操作风险引起的损失在很多情况下与收益之间的关系并不明显，也不一致，因此，操作风险是一种比较纯粹的风险，承担这种风险通常不能给银行带来任何收入。

4. 操作风险的覆盖面广。操作风险几乎覆盖了商业银行经营管理所有方面的不同风险，既包括那些发生频率高、损失相对较小的日常业务流程处理上的小错误，也包括那些发生频率低、损失相对较大的自然灾害、大规模舞弊等。再加上操作风险与信用风险、市场风险等其他风险相互交叠，因此，操作风险的管理比较复杂，不可能由一个部门完成，商业银行各业务部门应当承担第一责任。如果说市场风险和信用风险的管理日趋集中化的话，那么操作风险的管理则应强调分散化。

（三）商业银行操作风险的分类

根据《巴塞尔新资本协议》的相关规定，操作风险按损失类型可划分为以下七种。

1. 内部欺诈（Internal Fraud），即故意骗取、盗用财产或违反监管规章、法律或公司政策导致的损失，此类事件至少涉及内部一方，但不包括性别/种族歧视事件。例如内部人员偷盗、员工通过自己的账户进行内部交易、内部人员故意误报头寸等。

2. 外部欺诈（External Fraud），即第三方故意骗取、盗用财产或逃避法律导致的损失。例如抢劫、盗窃、伪造、开具多户头支票欺诈以及黑客对计算机系统的破坏等。

3. 就业政策和工作场所安全性（Employment Practices & Workplace Safety），即违反就业、健康或安全方面的法律或协议、个人工伤赔付或者因性别/种族歧视事件导致的损失。例如工人补偿申诉、侵害雇员健康和安全条例、有组织的工会行动等。

4. 客户、产品及业务操作风险（Clients, Product & Business Practices），即因疏忽未对特定客户履行分内义务（如信托责任和适当性要求）或产品性质或设计缺陷导致的损失。如受托人违约、滥用客户的秘密信息、银行账户的不正当交易、洗钱、销售未授权产品等。

5. 实体资产损坏（Damage Physical Assets），即实体资产因自然灾害或其他外部事件丢失或毁坏导致的损失。如恐怖事件、火灾、洪水、地震等造成的物质资产损失。

6. 业务中断和系统失败（Business Disruption & System Failures），即业务的意外中断或系统出现错误。如计算机软件或硬件错误、通信问题、设备老化、供电中断等造成的损失。

7. 执行、交割及流程管理风险（Execution，Delivery & Process Management），即交易失败、过程管理出错、与合作伙伴或卖方的合作失败。例如交易数据输入错误、间接的管理失误、不完备的法律文件、未经批准访问客户账户、合作伙伴的不当操作以及卖方纠纷等。

二、商业银行操作风险的度量

商业银行操作风险度量往往是与资本配置联系在一起的，即商业银行需要为操作风险配置多少经济资本。在度量操作风险和提取相应资本金方面，《巴塞尔新资本协议》提供了三种方法：基本指标法、标准法以及高级计量法。这三种方法在复杂性和风险敏感度方面渐次加强。

（一） 基本指标法

基本指标法（Basic Indicator Approach）是巴塞尔委员会所确定的初始阶段度量操作风险的方法。它不区分银行的经营范围和业务类型，而是把操作风险的资本要求同代表银行总体风险暴露的某项指标联系在一起，统一使用一个风险指标。采用基本指标法的银行持有的操作风险资本应等于前三年总收入的平均值乘上一个固定比例（用 α 表示），计算公式如下：

$$K_{BIA} = \left[\sum (GI_{1,\cdots,n} \times \alpha)\right] / n$$

其中，K_{BIA} 是基本指标法下操作风险资本金所需要的资本；GI 是前三年中总收入为正数的年份的年总收入，大致代表了银行的操作风险敞口；n 是前三年中总收入为正数的年份的数量；α 是 15%，由巴塞尔委员会设定，将行业范围的监管资本要求与行业范围的指标联系起来。

基本指标法对于总收入（Gross Income）的定义是，净利息收入加上净非利息收入。总收入包括所有计提准备（例如未付利息）和总营业支出，但是不包括银行账户上出售证券实现的利润或损失，也不包括特殊项目以及保险收入。新资本协议未对是否采用该方法提出具体门槛标准，但巴塞尔委员会鼓励采用此法的银行遵循巴塞尔委员会于 2003 年 2 月发布的《操作风险管理和监管的稳健做法》。中国银监会在 2005 年 12 月颁布的《商业银行风险监管核心指标（试行）》中规定了操作风险损失率这一操作风险衡量指标，操作风险损失率即操作风险造成的损失与前三期净利息收入加上非利息收入平均值之比，但并未规定具体的指标值。

基本指标法虽然简单易行，但是操作风险的暴露与总收入指标之间的联系并不紧密；况且，单一指标法尚不能全面正确地反映复杂的操作风险，因此，可以肯定地说，基本指标法不是度量操作风险的最有效方法。

（二） 标准法

标准法（Standardised Approach）是基本指标法的一种改进方法。它与基本指标法的不同之处在于该方法将商业银行的业务分为九个产品线。在各产品线中，总收入是一个广义的指标，代表业务经营规模，因此也大致代表各产品线的操作风险暴露。计算各产品线资本要求的方法是，用银行的总收入乘以一个该产品线适用的系数（用 β 值表示）。β 值代表行业在特定产品线的操作风险损失经验值与该产品线总收入之间的关系。总资本要求是各产品线监管资本的简单加总，计算公式如下：

$$K_{TSA}=\{\sum_{i=1}^{3}\max[\sum_{i=1}^{9}(GI_i\times\beta_i),0]\}/3$$

其中，K_{TSA} 为按标准法计量的操作风险资本要求；$\max[\sum_{i=1}^{9}(GI_i\times\beta_i),0]$ 是指各年为正的操作风险资本要求；GI_i 为各业务条线总收入；β_i 为各业务条线的操作风险资本系数（见表 8－3）。

使用标准法不需要一个复杂的信息管理系统，银行可以方便地计算出所需的资本量。与基本指标法相比，它能够更好地反映银行所面临的操作风险敞口，具有极强的可操作性，特别适合于规模小的银行。但是，该方法计算出的各产品类别的操作风险并不能与银行实际存在的操作风险相匹配。因为操作风险的暴露与收入指标之间的联系并不紧密，而且使用该方法的银行还必须达到一系列的资格标准：银行的操作风险管理系统必须对操作风险管理功能进行明确的职责界定；操作风险管理功能应该开发出识别、监测、控制/缓释操作风险的策略；作为银行内部操作风险评估系统的一部分，银行必须系统地跟踪与操作风险相关的数据，包括各产品类别发生的巨额损失；必须定期向业务管理层、高级管理层和董事会报告操作风险暴露情况，包括重大操作损失；银行的操作风险管理系统必须文件齐备等。

表 8－3　巴塞尔协议规定的产品线与 β 系数之间的关系

业务类别	β 系数
公司金融	18%
交易和销售	18%
零售银行业务	12%
商业银行业务	15%
支付和清算	18%
代理服务	15%
资产管理	12%
零售经纪	12%

（三）高级计量法

与标准法相同，高级计量法（Internal Measurement Approaches）将商业银行的业务分为不同的产品线，对产品线/风险类型组合规定一个风险暴露指标（EI），该指标代表着该产品线操作风险暴露的规模或数量。商业银行通过内部损失数据计算出给定损失事件的概率（PE）以及该事件的损失程度值（LGE）。则该产品线风险类型组合的预期损失（EL）为

$$EL=EI\times PE\times LGE$$

监管者根据全行业的损失分布，为每个产品线/损失类型组合确定一个将预期损失转换成资本要求的转换因子，利用转换因子计算出每个业务单位的资本要求。用内部计量法计算的总资本要求（K_{IMA}）的计算公式为

$$K_{IMA}=\sum_{i}\sum_{j}[\gamma(i,j)\times EI(i,j)\times PE(i,j)\times LGE(i,j)]$$

其中，i 代表产品线，j 代表风险类型。$\gamma(i,j)$ 是将 i 产品线/ j 风险类别组合的预期损失，EL 转化为监管资本的参数。

高级计量法的优势主要在于银行可以采用自身的损失数据去计算应持有的风险资本，这

更加真实地反映了银行所承受的操作风险，且银行可以通过良好的风险管理来提高其竞争力。它的不足之处在于划分标准业务单位和损失类型，这很容易造成与商业银行内部的业务单位和损失类型不相匹配。另外，损失有时并没有特别给予记录或者损失的原因很难发现，尤其是那些发生频率低但影响巨大的损失数据很难获得，这使数据的收集更加困难，不足的数据是该种方法在实际运用中的一大障碍。

三、商业银行操作风险的管理

根据德勤（Deloitte）2004 年对全球 162 家银行操作风险管理状况的调研，16% 的商业银行已经将操作风险纳入日常管理，大部分银行仍处于初步识别风险和数据积累阶段，而尚未着手进行操作风险管理的机构有 8%；银行操作风险管理逐步向集中化的模式迁移，多达 78% 的机构表示它们采用独立的风险控制和稽核手段管理操作风险。穆迪公司《2004 年欧洲银行操作风险管理最佳实践调研》显示，几乎所有欧洲银行都建立了集中化的操作风险管理部门，在全行范围内应用和推广管理工具、管理方法、管理政策，负责监控操作风险敞口和损失，积累和集中处理相关数据，向管理高层提交操作风险管理报告，规划操作风险缓释策略。

各国商业银行和各监管当局都日益重视操作风险的管理和监管。2003 年 2 月，巴塞尔委员会公布了《操作风险管理和监管的稳健做法》，将银行操作风险管理和监管概括出 10 项原则。2004 年 6 月，巴塞尔委员会在《巴塞尔新资本协议》中将操作风险纳入资本监管的范畴。2006 年 10 月，巴塞尔委员会修订后的《有效银行监管核心原则》专门为“操作风险的监管”新增一条原则（原则 15）①，同时还制定了评估该条原则执行情况的 8 条必要标准和 1 条附加标准。2005 年 3 月，中国银监会出台了《关于加大防范操作风险工作力度的通知》，对加强商业银行操作风险管理提出了 13 条要求。2007 年 5 月 14 日，中国银监会又发布了《商业银行操作风险管理指引》，该指引自发布之日起施行。

（一） 操作风险管理环境与文化

有什么样的风险文化，就会有什么样的风险管理水平。错误的认识往往会导致风险管理的失败。当一家银行的文化以高标准的道德操守严格地要求各级管理者时，操作风险的管理才会最为有效。因此，在操作风险管理框架构筑的同时，必须要建立正确的、良好的风险控制文化。董事会与高级管理层应通过各种活动和言语努力促进这种公司文化的建立，使全体员工在从事银行业务中遵守统一的行为规范。加强银行全员对操作风险的认识，建立内部风险控制文化，以营造出良好的操作风险管理和控制环境。

（二） 操作风险管理战略和政策

为了使操作风险管理框架有效运行，一家银行需要识别其利益相关人，并了解他们的要求和银行对他们的义务，这有助于在决定操作风险管理战略时识别关键业务的驱动者和相关目标。明确了这些目标后，银行应该考虑它在实现这些目标的过程中面临的战略挑战，以及不去实现这些目标的后果，从而建立起一套操作风险管理战略。至于制定

① 原则 15 的具体内容是：“银行监管当局必须满意地看到，银行具备与其规模及复杂程度相匹配的识别、评价、监测和缓解操作风险的风险管理政策和程序。”

操作风险管理战略，以及确保其与银行的整体业务目标相统一的责任，应该由高级管理层承担。

操作风险管理政策是为所有关键业务及其过程制定操作风险管理标准和目标，操作风险管理的方法内含于这些政策之中。操作风险管理政策应该有助于业务活动及其支持过程的监控、测量和管理，能够反映业务活动发生的内外部环境，并接受定期的检查和更新。这些政策应该能够建立起一种机制，使得银行能识别、测量和监控所有重大的操作风险。为了达到这个目的，它们应该具有与风险和采取的行动相适应的范围和尺度，并定期清楚地传达给所有人员，以维持一定的风险意识水平，同时确保它们被一贯地执行。

（三） 操作风险管理组织结构和人员

董事会必须建立清晰的管理结构、明确的责任分工，并且保证操作风险的管理框架能够覆盖所有的相关领域，还应当建立清晰的关于操作风险的管理和报告程序。所有的业务部门和支持性部门都应当整合在整个操作风险的管理框架中。操作风险管理人员的配置应该从现代商业银行管理和银行内部风险控制的要求出发，形成有效的横向制约机制。有效的横向制约机制对内部人员欺诈和操作疏忽带来的操作风险的控制非常重要。

员工的道德水平对操作风险的预防和控制都有很大的影响。从道德情操方面提高员工的素质，是构建有效的操作风险管理和控制框架过程中不可忽视的一项工作。全体员工在从事业务活动时遵守统一的行为规范，所有员工都清晰了解本行的操作风险管理政策，对风险的敏感程度、承受水平、控制手段有足够的理解和掌握。还要寻求合格的、充足的操作风险管理人员。

第五节 商业银行流动性风险管理

一、商业银行流动性风险的识别

商业银行的流动性包括两方面的含义：一是资产的流动性，二是负债的流动性。资产的流动性是指银行资产在不发生损失的情况下迅速变现的能力；负债的流动性是指银行以较低的成本适时获得所需资金的能力。当银行的流动性面临不确定性时，便产生了流动性风险。

（一） 商业银行流动性风险的概念

巴塞尔银行监管委员会曾于 1997 年 9 月 1 日发布了《有效银行监管的核心原则》，在该原则中对流动性风险的定义为：银行无力为负债的减少或资产的增加提供融资的可能性，即当银行流动性不足时，它无法以合理的成本迅速增加负债或变现资产获得足够的资金，从而会引发流动性支付危机导致挤兑情况的发生。中国银监会 2014 年 1 月 17 日发布的《商业银行流动性风险管理办法（试行）》中，流动性风险是指商业银行无法以合理成本及时获得充足资金，用于偿付到期债务、履行其他支付义务和满足正常业务开展的其他资金需求的风险。

案例 8-2

海南发展银行倒闭透视

1998 年 6 月 21 日，中国人民银行决定关闭海南发展银行。该银行是新中国第 15 家商业银行，也是《中华人民共和国商业银行法》颁布实施后成立的第一家股份制商业银行，在经营不到三年时间后就被关闭，成为新中国第一家被关闭的商业银行，海南发展银行倒闭标志着中国版“银行不倒”神话的终结。

（一） 先天严重不足

海南发展银行（以下简称海发行）是海南省政府提出组建的一家区域性股份制商业银行。海发行是在改组合并海南省 5 家信托投资公司的基础上向全国公开募集股本组建的一家地方性股份制商业银行，基本上属于“新设合并”，由海南省人民政府控股。

这 5 家信托投资公司都是 20 世纪 80 年代中后期建立起来的，其中有 4 家属于无证经营。海发行在原 5 家信托投资公司的基础上组建的 5 家分支机构均存在资产负债结构不合理、资产质量较差、大量到期债务无力偿还等问题，有的机构存在亏损和账外经营问题。海发行开业之初即背负着近 45 亿元的债务。

（二） 后天经营管理不善

海发行一开始以吸存为重点，不久便陷入高息揽存和高息筹资的怪圈。该行在经营管理上未能贯彻统一法人的经营思想，总分行在经营管理方面脱节，总行未能有效地管理和控制分支机构的经营风险，未经批准擅自在香港设立从事金融业务的机构并形成巨额亏损，存在账外经营等问题。海发行总部尽管运转时间不长，但也积累了比较严重的经营风险，特别在国际业务、信贷业务和表外业务等方面的风险比较突出，贷款过于集中，对股东及相关企业贷款问题严重，贷款责任制不落实，甚至有的贷前调查报告无调查人签名、无信贷部公章，所有贷款档案均无贷后检查报告，该行的行长和副行长居然不是贷款审批委员会成员，而且行长没有最后否决权。其必然结果是贷款质量低下，贷款收息率不高。

海发行股东大会形同虚设，作为主要股东的地方政府“一统天下”，银行的重大决策不是由董事会集体决定，而是政府或政府委托的代表一人说了算，至于监事会等监督机制更是“一纸空文”。

（三） “水中救人不成反被拖向深渊”

海发行成立两年多后陷入严重危机直至被关闭，其导火索源自于海发行对海南省 28 家城市信用社不堪重负的兼并和托管后引发的储户挤兑。海发行原本是“自身难保”，它既没有实力也不十分情愿兼并 28 家城市信用社，这种行政干预式的并购结果只能是使海发行“水中救人不成反被拖向深渊”，其关闭因此也可说是行政过度干预的结果。海发行接管城市信用社的资产为 137 亿元人民币，其负债为 142 亿元人民币。据海发行对 28 家城市信用社资产清理的初步估算，资产损失将达 35 亿元左右，占城市信用社资产总额的 41%。

资料来源：宋清华．银行危机论［M］．北京：经济科学出版社，2000：310-318.

（二） 商业银行流动性风险的种类

与商业银行的流动性相同，流动性风险可分为资产流动性风险和负债流动性风险。

1. 资产流动性风险。资产流动性风险也被称为市场/产品流动性风险（Market/Product Liquidity Risk），它是资产头寸无法轻易变现的风险，由于市场的流动性程度加深或市场崩溃而使商业银行资产价格受市场价格剧烈影响，资产到期不能按期足额收回，进而无法满足到期负债的偿还和新的合理贷款及其他融资需要，从而给商业银行带来损失。

2. 负债流动性风险。负债流动性风险也被称为融资流动性风险（Funding Liquidity Risk），它是金融机构在没有遭受意外损失的情况下无法融资来偿还债务的风险。商业银行过去筹集的资金特别是存款资金，由于内外因素的变化而发生不规则波动，对其产生冲击并引发相关损失的风险。商业银行筹资能力的变化可能影响原有的筹融资安排，迫使商业银行被动地进行资产负债调整，造成流动性风险损失。这种情况可能迫使银行提前进入清算，使得账面上的潜在损失转化为实际损失，甚至导致银行破产。

如果资产组合包含流动性较差的资产而又必须以不利价格出售来应对融资问题，这两种风险会相互作用。

二、商业银行流动性风险的评估

商业银行流动性风险是一种综合性风险。商业银行的各种基础性风险，诸如信用风险、市场风险、操作风险等，经过货币市场和金融市场的传递，最终都会影响流动性风险（尤其在经济危机爆发时期），因此，流动性风险是一种极难精确度量的风险。

商业银行流动性风险的评估方法基本反映了在一定历史时期，银行对流动性管理的认识过程。早期的银行认为流动性主要来自资产方，这一时期对流动性风险的评估方法主要包括存贷比率、流动性比率、核心存款与总资产的比率等。随着负债管理理论的提出，商业银行开始意识到流动性还来源于未被用尽的借款能力，对流动性风险的评估进而转移到负债方。最新的发展状况表明，流动性风险评估方法具有两个方面的特征：一方面侧重于银行资产负债表内的项目以及各项目之间联系所产生的财务比率，反映了某个时点商业银行流动性风险状态，因此具有静态特征；另一方面侧重于银行潜在的流动性需求及银行满足这种需求的能力，进而设计资产负债表以外的业务，具有动态特征。

（一） 流动性风险的静态评估方法

1. 资产流动性风险的评估。商业银行资产的流动性主要指资产变现的难易程度。一般来说，流动性较高的资产在二级市场上表现出较低的违约风险。资产流动性风险通常使用的评估比率为：流动资产/总资产、贷款总额/总资产、贷款总额/存款总额、易变资产/总资产。

2. 负债流动性风险的评估。负债流动性风险通常使用的评估比率有总股本/总资产、风险资产/总资产、总存款/总负债、核心存款/总负债、大额负债依赖度。

（二） 流动性风险的动态评估方法

商业银行流动性风险动态评估方法采用的是框架分析，将更多的影响流动性的因素纳入其中，现已成为各国监管当局和商业银行广泛使用的流动性风险评估方法。

1. 缺口分析。缺口分析是巴塞尔委员会认为评估商业银行流动性状况的较好方法，在各国商业银行得到广泛应用。缺口分析针对未来特定时间段，计算到期资产（现金流入）和到期负债（现金流出）之间的差额，即流动性缺口，以判断商业银行在不同时段内的流动性是否充足。流动性缺口可引申为边际缺口，边际缺口反映的是银行资产和负债变化值之间的差异。

此外，商业银行在未来特定时段内的贷款平均额和核心存款平均额之间的差额构成了融资缺口，即

融资缺口 = 贷款平均额 = 核心存款平均额

如果缺口为正，商业银行通常需要出售流动性资产或在金融市场进行融资以弥补流动性不足。商业银行的核心存款被认为是银行资金的稳定来源，因此，融资缺口视为“不稳定的融资”必须通过“不稳定负债”筹集新资金来弥补。

2. 久期分析。利率波动将直接影响商业银行的资产和负债价值变化，进而造成流动性状况发生变化。因此，同样可以采用市场风险管理中的久期分析方法，评估利率变化对商业银行流动性状况的影响。用 D_A 表示总资产的加权平均久期，D_L 表示总负债的加权平均久期，V_A 表示总资产，V_L 表示总负债，R 为市场利率，当市场利率变动时，资产和负债的变化可表示为

$$\Delta V_A = -[D_A \times V_A \times \Delta R/(1+R)]$$

$$\Delta V_L = -[D_L \times V_L \times \Delta R/(1+R)]$$

市场风险管理中的久期缺口同样可以用来评估利率变化对商业银行某个时期的流动性状况的影响。

（1）当久期为正值时，如果市场利率下降，则资产价值增加的幅度大于负债价值的增加幅度，流动性也随之增强；反之，则流动性减弱。

（2）当久期缺口为负值时，如果市场利率下降，流动性也随之减弱；反之，则流动性增强。

（3）当久期缺口为零时，利率变动对商业银行的流动性没有影响。

总之，久期的绝对值越大，利率变化对商业银行的资产和负债价值影响越大，对其流动性的影响也越显著。

案例 8－3

运用久期分析法评估利率变化对商业银行流动性的影响

假设商业银行以市场价值表示的简化资产负债表中，资产 $A = 1\,000$ 亿元，负债 $L = 800$ 亿元，资产加权平均久期为 $D_A = 6$ 年，负债加权平均久期为 $D_L = 4$ 年。根据久期分析法，如果市场利率从 3% 上升到 3.5%，则利率变化对商业银行整体价值的影响如下：

资产价值变化：

$\Delta V_A = -[D_A \times V_A \times \Delta R/(1+R)] = -[6 \times 1\,000 \times (3.5\% - 3\%) / (1 + 3\%)] = -29.13$（亿元），即资产价值减少 29.13 亿元。

负债价值变化：

$\Delta V_L = -[D_L \times V_L \times \Delta R/(1+R)] = -[4 \times 800 \times (3.5\% - 3\%) / (1 + 3\%)] = -15.53$（亿元），即负债价值减少（相当于商业银行收益）15.53 亿元。

整体价值变化 = −29.13 − （−15.53） = −13.6（亿元），即商业银行的整体价值降低约 13.6 亿元，其流动性可能因此而减弱。

3. 流动性指数。流动性指数方法是由美联储的 Jim Pierce 提出的，它实际上衡量的是商业银行资产面临立即变现的要求时可能的损失程度。正常的资产转让价格与急速变现下的资产转让价格存在差异，因为前者可以以更长的时间搜寻买主、商定合理的价格。对于不同的资产种类，这一差异的大小也各不相同。现金资产的这一差异为 0；国债因为信用高、市场大，这一差异会比较小；一般的证券类型，如果是上市交易的类型，那么只要量不是非常大，这一差异也不会太大；但对于贷款，尤其是无抵押的信用贷款，急速转让变现就可能带来较大的损失。把这些相对差异以相应资产所占比重为权重进行求和，就得到了流动性指数。流动性指数的数值在理论上介于 0 到 1 之间，越接近 1，说明资产的总体变现能力越强，变现损失越低，流动性风险也越低。同时，计算出的流动性指数还可以与行业平均水平进行比较。

专栏 8－2
巴塞尔委员会流动性风险监管标准

巴塞尔委员会在 2010 年 11 月正式公布的《流动性风险计量标准和监测的国际框架》中提出了两个互补的流动性风险监管标准：一是流动性覆盖率，衡量在设定的严重压力情景下，优质流动性资产能否充分满足短期流动性需要；二是净稳定融资比率，衡量较长时期的结构性流动性错配情况。

（一） 流动性覆盖率

流动性覆盖率（Liquidity Coverage Ratio，LCR）的目标是在监管部门设定的严重流动性压力情境下，银行可以在 30 天内将所持有的无变现障碍且优质的资产迅速转变为现金来满足它的流动性需求。其计算公式为

$$流动性覆盖率 = 优质流动性资产储备 / 未来 30 天的资金净流出量 \geqslant 100\%$$

流动性覆盖率是建立在传统的流动性“覆盖率”方法基础之上，该方法在银行内部被用来评估偶发流动性事件可能导致的风险暴露。在压力情景下的资金累计净流出量应该按照未来 30 天计算。流动性覆盖率的标准是不低于 100%（即优质流动性资产储备至少应该等于估算的资金净流出量）。各家银行应该持续满足这一要求，并持有无变现障碍和高流动性资产储备，用来抵御可能发生的严重流动性压力。银行和监管机构也要注意到任何潜在的 30 天期限错配情况，并确保有足够的流动性资产来填补这一个月当中的资金缺口。

中国银监会于 2014 年 1 月 17 日发布的《商业银行流动性风险管理办法（试行）》中规定，商业银行流动性覆盖率应当于 2018 年底前达到 100%；在过渡期内，应当于 2014 年底、2015 年底、2016 年底及 2017 年底前分别达到 60%、70%、80%、90%。在过渡期内，鼓励有条件的商业银行提前达标；对于流动性覆盖率已达到 100% 的银行，鼓励其流动性覆盖率继续保持在 100% 之上。

（二） 净稳定融资比率

净稳定融资比率（Net Stable Funding Ratio，NSFR）的目标在于促进银行业机构的资产和业务融资更趋中长期化，作为流动性覆盖率指标的一个补充，有助于抵抗流动覆盖率的悬崖效应，并能鼓励银行通过结构调整减少短期融资的期限错配、增加长期稳定资金来源，提高监管措施的

有效性。其计算公式为

$$净稳定融资比率 = 可用的稳定资金 / 业务所需的稳定资金 > 100\%$$

净稳定融资比率是建立在传统的“净流动性资产”和“资本金”计算方法之上的，这些传统方法为国际银行机构、银行分析师和评级机构所广泛使用。但是 NSFR 又并不局限于传统方法，它将传统公式所忽略的表外资产潜在的流动性风险以及用短期资金为长期资产融资等期限错配的情况都纳入了考虑范围。该方法可以说是一种流动性风险的综合计量方法，可以识别当前市场面临的困难，包括在流动性不足的市场环境下正在进行中的交易及证券化行为导致的融资需求。

三、商业银行流动性风险的监测与控制

（一） 商业银行流动性风险监测

巴塞尔委员会在 2010 年 11 月正式公布的《流动性风险计量标准和监测的国际框架》中列举了四个监测工具，用于对商业银行的流动性风险进行连续监测。这些工具反映了商业银行的现金流、资产负债表以及某些市场指标的具体信息。四种监测工具包括合同期限错配、融资集中度、可用的无变现障碍资产和与市场有关的监测工具。

1. 合同期限错配。合同期限错配是指一定时间段内合同约定的资金流入和流出之间的缺口，其中，资产现金流按照其可能的最晚流入时间报告，负债现金流按照其可能的最早流出时间报告。

合同期限错配是了解一家银行最基本和最简单的流动性需求的基础。该工具提供了一个对合约承诺展开分析的初级、简单的基本框架，常用于比较机构间的流动性风险，并在潜在流动性需求可能上升的时候给银行和监管当局以提示。

2. 融资集中度。该工具可以识别比较重要的批发融资来源，分析因素包括特定的交易对手、工具和币种。根据分析因素不同，其计算公式可分别定义为

$$A = 从单个重要交易对手吸收的负责资金 / 银行资产负债表总量$$

$$B = (通过单个重要产品 / 工具吸收的负债资金) / 银行资产负债表总量$$

$$C = 每种重要货币计价的资产和负债清单$$

上面三个计算公式中，“重要交易对手”是指该单个交易对手或一组相互关联交易对手提供的融资量超过了银行总负债的 1%；“重要工具/产品”是指通过单个工具/产品或一组类似工具/产品融资的金额超过了银行总负债的 1%；“重要货币”是指该货币计价的负债超过了银行总负债的 1%。

虽然融资集中度能够识别比较重要的批发融资来源，但在实际中，商业银行的许多债务类型无法确定实际的融资交易对手，并且重要交易对手可能经常变动，此时，融资集中度计算值与实际值会产生较大偏差。另外，该指标不能显示出商业银行寻找替代融资来源的难度。

3. 可用的无变现障碍资产。可用的无变现障碍资产是指商业银行可在二级市场进行抵押融资和（或）被中央银行接受作为借款担保品的、无变现障碍的资产。该工具衡量了一家银行有多少无变现障碍的资产可以当作担保融资的抵押物，从市场上或从央行提供的融资便利中融资。

可用的无变现障碍资产体现了商业银行的额外融资来源和融资的潜在能力。但当市场融资需求强烈的时候，该指标会使银行认为这些资产的实际可变现价值比想象的要高，而由此产生虚假信号。并且，在系统性事件或单个特殊事件发生后，交易对手可使用的折扣率以及贷款政策都可能发生变化，而该指标并不能反映这些潜在信息。为了获得更全面的信息，可将期限错配指标及其他资产负债表有关数据与通过该指标获得的信息结合起来分析。

4. 与市场有关的监测工具。商业银行不仅可以从资产负债表各个项目之间的关系中获得银行流动性状况的很多信息，还可以根据市场对银行的反应捕捉到有关本行的流动性信息。这些信息包括以下几类。

（1）市场整体的信息。有价值的市场监测信息包括但不限于：股票价格（包括股市整体表现以及与被监管银行业务有关的各个领域的数据），债券市场（货币市场、中期票据、长期债务、衍生工具、政府债券市场、信用掉期互换的价差指数等），外汇市场，商品市场，以及与某些与特定产品有关的指数，例如某些证券化产品指数（如 ABX）。

（2）金融行业的信息。为跟踪确认整个金融部门是否如实反映整个市场的波动情况或其是否处于困境，需监测的信息包括整体金融部门以及特定金融领域（包括指数）的权益和债务市场信息。

（3）特定银行的信息。为监测市场是否对一个特定机构失去信心或已认识到一个机构的风险，有必要收集二级市场上有关股票价格、信用违约掉期（CDS）价差、货币市场交易价格、各种期限融资的展期和价格情况、银行债券和（或）次级债务的价格/收益率等信息。

中国银监会于 2014 年 2 月 19 日发布的《商业银行流动性风险管理办法（试行）》中提出的流动性风险监测参考指标，包括流动性缺口、流动性缺口率、核心负债比例、同业市场负债比例、最大十户存款比例、超额备付金比率及重要币种的流动性覆盖率。

（二）商业银行流动性风险的控制

目前，对商业银行流动性风险有效控制没有完全一致的标准方法，但流动性风险管理实践中，国际银行通过经验总结，现已形成了一些流动性风险控制的基本策略，主要有以下四点：

1. 建立良好的流动性管理框架。董事会可通过政策程序来界定银行流动性管理理念，并负责对银行承担流动性风险的能力和意愿作出限定和在全行范围内的沟通，以便核准创建适当的流动性风险管理程序所必需的机制，包括流动性委员会、政策、步骤和技术基础等。此外，董事会和高管层必须明确指定流动性授权分级管理的政策程序，明确界定流动性管理者的权利和责任，并将流动性风险指令传达到银行所有利益相关人，包括投资人、债权人、监管者、员工和信用评级机构。

2. 建立有效运行的测量和报告机制。银行应制定和执行适应自身健全的流动性衡量标准。动态与静态测量标准相结合，保守的评估各项资产折扣和筹资可能性。

3. 实施有效的具体控制方法。商业银行流动性风险具体控制方法包括对市场风险实施限额管理，更多地依赖稳定的融资来源，融资来源、地域和债务期限的分散化与多元化，通过压力测试和情景分析了解商业银行抵御风险的能力，及为应对突发事件和异常市场状况制订流动性应急计划。

（1）限额管理。限额管理是商业银行对市场风险进行控制的一项重要手段。为了确保将所承担的市场风险控制在可以承受的合理范围内，使市场风险水平与其风险管理能力和资本实力相匹配，商业银行应当根据其业务规模、性质、复杂程度、流动性风险偏好和外部市场发展变化情况，设定流动性风险限额。市场风险限额可以分配到不同的地区、业务单元和交易员，还可以按资产组合、金融工具和风险类别进行分解。银行负责市场风险管理的部门应当监测对市场风险限额的遵守情况，并及时将超限额情况报告给管理层。常用的市场风险限额包括现金流缺口限额、负债集中度限额、集团内部交易和融资限额等。

（2）融资渠道多元化。融资渠道多元化是指商业银行要尽可能地从多种渠道筹集资金，而不能局限于既有的少数渠道，即便是现有的渠道能够完全满足商业银行的资金来源和流动性需求的需要也不能例外。

完善的流动性管理认为，银行应该从多种渠道筹措资金，避免出现融资来源集中于某一特定领域和某一特定借款人的集中度风险。但是，即使没有集中度风险的存在，在任何时候，这些特定的领域和特定的借款人都可能因为自身内在和外在的原因无法提供资金融通。考虑到这种风险存在的可能性，商业银行应当分析正常和压力情景下未来不同时间段的融资需求和来源，并加强表内外资产负债品种、期限、交易对手、融资抵（质）押品和融资市场等的集中度管理，适当设置集中度限额；加强融资渠道管理，积极维护与主要融资交易对手的关系，保持在市场上的适当活跃程度，并定期评估市场融资能力；密切监测主要金融市场的交易量和价格等变动情况，评估市场流动性对商业银行融资能力的影响。

（3）压力测试和情景分析。在金融风险管理领域里，压力测试是指将金融机构或资产组合置于某一特定的极端情境下，如经济增长骤减、失业率快速上升到极端水平、房地产价格暴跌等异常的市场变化，然后测试该金融机构或资产组合在这些关键市场变量突变的压力下的表现状况，看是否能经受得起这种市场的突变。其目标是识别那些可能提高异常利润或损失发生概率的事件或情境，度量这些事件发生时银行资本充足率状况。测试的质量取决于构造合理、清晰、全面的情景。

压力测试通常包括信用风险、市场风险、操作风险、其他风险等方面内容，可采用敏感性测试和情景测试等具体方法。敏感性测试旨在测量单个重要风险因素或少数几项关系密切的因素由于假设变动对银行风险暴露和银行承受风险能力的影响；情景测试是假设分析多个风险因素同时发生变化以及某些极端不利事件发生对银行风险暴露和银行承受风险能力的影响。

压力测试能够帮助商业银行充分了解潜在风险因素与银行财务状况之间的关系，深入分析银行抵御风险的能力，形成供董事会和高级管理层讨论并决定实施的应对措施，预防极端事件可能对银行带来的冲击。对于日常管理中广泛应用各类风险计量模型的银行，压力测试应成为模型方法的重要补充。压力测试也能够帮助银监会充分了解单家银行和银行业体系的风险状况和风险抵御能力。

（4）制订流动性应急计划。随着全球经济发展的不确定性增加，商业银行在流动性风险管理过程中，遭遇突发事件和异常市场状况的可能性也越来越高。因此，商业银行在完善流动性风险监测的同时，可以根据其业务规模、性质、复杂程度、风险水平、组织架构及市场影响力，充分考虑压力测试结果，制订有效的流动性风险应急计划。该计划应以良好的限定的资产、负债和对冲优先次序为基础，并具有适当沟通步骤。对流动性风险，以客观观测为主，主观评价和判断为辅，定期分析那些具有“早期预警信号”的指标。

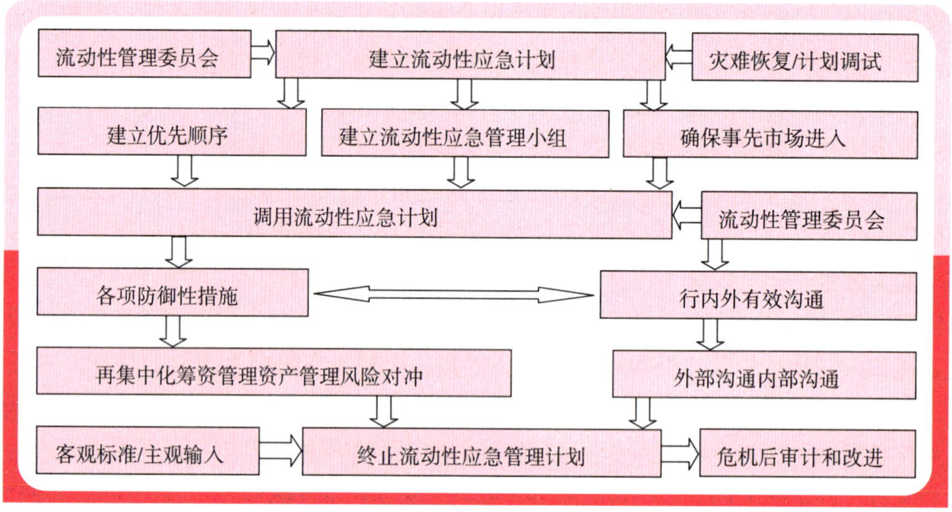

图 8-4　银行流动性应急计划流程

4. 对流动性风险管理政策和程序进行实时检查。可由银行内部和外部审计人员对银行流动性风险程序彻底诊断，确保该程序能够满足必要的治理标准和监管标准。审计人员应该独立于产生、控制流动性风险的职位。流动性风险解决之后，应总结问题产生的原因和应变方法，以便确定是否对现有流动性风险管理程序进行修正和完善。应结合对流动性风险的监控，定期分析政策程序，以确定其有效性以及是否与流动性风险指令相一致。对估值模型（如风险值、流动性调整风险值、衍生和信用风险定价、压力测试方法）一定要有一套完整评价基准，并定期实施独立的评价，校验测量和监测流动性数据的完整性。

本章小结

1. 商业银行面临的风险分为信用风险、市场风险、操作风险、流动性风险、国家风险、法律风险、声誉风险、战略风险、环境风险等九大类。在商业银行风险管理的组织结构中，董事会对风险管理负最终责任，高级管理层是风险管理的执行主体，风险管理部门负责日常风险管理工作，其他部门履行相应的风险管理职责。

2. 商业银行的信用风险主要存在于贷款业务中，贷款信用风险是商业银行面临的最主要的信用风险。集中风险是贷款信用风险的一种表现形式，对关系人发放贷款是形成不良贷款的常见情形之一。除了贷款业务有信用风险，商业银行的票据贴现、同业拆借、证券投资、或有负债、衍生产品交易等非贷款业务也存在信用风险。商业银行信用风险与商业银行贷款风险是两个不同的概念，它们之间相互交叉但不能相互包容，交叉部分即为贷款信用风险。

3. 信用风险的度量方法或技术不断演进，从最初的专家制度、信用评级，到后来的日渐专业化、模型化。《巴塞尔新资本协议》提出了两种信用风险的度量方法，即标准法和内部评级法。内部评级法主要包括划分风险敞口、划分风险要素、划分风险权重等三项内容。内部评级法分为初级法和高级法。信用风险的度量模型主要有Z评分模型、ZETA模型、信用矩阵模型、信用组合观察模型、信用风险附加模型、信用监测模型。信用风险管理的传统方法有回避、分散、转嫁、控制、补偿。信用风险管理的信用衍生工具主要有信用违约互换、总收益互换、信用违约期权、信用价差期权、信用关联票据。

4. 商业银行市场风险包括利率风险、汇率风险、证券价格风险和商品价格风险。利率风险按照来源的不同，可以分为以下四种：重新定价风险、收益率曲线风险、基准风险、期权性风险。汇率风险种类有交易风险、经济风险和会计风险。

5. VaR是指在给定的市场条件与置信水平下，某一金融资产、资产组合或某个机构在给定的时间区间内的最大期望损失。VaR的计算基于两个参数——持有期和置信水平。VaR具有表述简单、高度综合、便于比较、可以事前计算等特点。VaR的常用模型技术主要有三种：历史模拟法、方差—协方差法和蒙特卡罗模拟法。

6. 远期、期货、期权、互换等衍生工具是商业银行市场风险管理的重要手段。商业银行市场风险管理的远期工具主要有远期利率协议和远期外汇合约，期货包括利率期货、货币期货等，期权包括利率期权、货币期权等，互换也有利率互换、货币互换之分，利率上限、利率下限及利率上下限均可用于利率风险管理。

7. 操作风险是指由于内部程序、人员和系统的不完备或失效，或由于外部事件，造成直接或间接损失的风险。商业银行操作风险具有明显的内生性、较强的人为性、与预期收益弱相关、覆盖面广等特点。商业银行操作风险被划分内部欺诈，外部欺诈，就业政策和工作场所安全性，客户、产品及业务操作风险，实体资产损坏风险，业务中断和系统失败以及执行，交割及流程管理风险等七种类型。商业银行操作风险的度量方法有基本指标法、标准法以及高级计量法。

8. 流动性风险是一种综合性风险，通常被认为是商业银行破产的直接原因。对流动性风险的识别、监测和控制，必须兼顾商业银行的资产和负债两方面。流动性风险管理的核心就是要尽可能地提高资产的流动性和负债的稳定性，并在两者之间寻求最佳的风险与收益的平衡点。

本章重要概念

信用风险　市场风险　利率风险　汇率风险　操作风险　流动性风险　国别风险

法律风险　声誉风险　首席风险官　信用评级　标准法　内部评级法　违约概率
违约损失率　违约风险敞口　Z 评分模型　信用矩阵模型　信用组合观察模型
信用风险附加模型　信用监测模型　信用衍生工具　信用违约互换　总收益互换
信用违约期权　信用价差期权　信用关联票据重新定价风险　收益率曲线风险
基准风险　VaR 基本指标法　高级计量法　远期利率协议　远期外汇合约
流动性缺口　流动性覆盖率　净稳定融资比率　久期分析法　期限错配
融资集中度　限额管理

思考与练习

1. 为什么说银行业是一个高风险行业？
2. 商业银行信用风险与商业银行贷款风险有什么联系与区别？
3. 商业银行信用风险度量的方法和模型有哪些？它们各有什么优缺点？
4. 衍生工具在商业银行市场风险管理中有哪些作用？
5. 什么是全面风险管理体制？董事会、高级管理层、首席风险官、风险管理部门各自在商业银行风险管理中的职责是什么？
6. 商业银行信用风险管理的传统方法和信用衍生工具有哪些？
7. 什么是 VaR？VaR 的常用模型有哪些？它在商业银行市场风险计量和管理中有什么作用？

案例分析

法国兴业银行欺诈案①

2008 年 1 月 24 日，法国兴业银行曝出该行历史上最大违规操作丑闻，该行交易员热罗姆·盖维耶尔（Jérôme Kerviel）违规购入大量欧洲股指期货，给银行造成 49 亿欧元（折合 71.6 亿美元②）损失。此次法国兴业银行的损失金额是英国巴林银行当时损失金额的 4 倍多，是全球银行业历史上最大规模的欺诈案之一，也是有史以来单笔涉案金额最大的交易员欺诈事件。

（一） 事件经过

从 2007 年上半年开始，法兴银行交易员盖维耶尔在未经授权的情况下违规从事欧洲股票指数期货。欧洲股指期货市场是国际股票市场中流动性最高的区域之一，在正常情况下，每日将围绕这些指数产生 400 亿 ~ 500 亿美元的期货交易量。截至 2007 年底，盖维耶尔预期

---

① 宋清华，黄赛男．天网恢恢，疏而必漏——法国兴业银行欺诈案及其启示［J］．中国农业银行武汉培训学院学报，2009（5）．

② 亦说 50 亿欧元（折合 73 亿美元）。

股票市场会下跌，因此一直大手笔做空市场。由于投入大量资金，而且市场颓势与预期一致，盖维耶尔管理的账户在2007年底时一度出现巨额的浮动盈利。

从2008年开始，盖维耶尔突然反手做多，豪赌市场会出现上涨。然而，他错误地估计了形势，全球主要金融市场因次贷危机出现新一轮动荡，欧洲市场的大跌使其交易账户的亏损越来越大。盖维耶尔在未被授权的情况下居然创建了超过500亿欧元（约合728亿美元）欧洲股指期货的多头仓位。这一数字不仅超过法兴银行现有的大约350亿欧元（约合510亿美元）市值，而且与斯洛伐克整个国家一年的国内生产总值（GDP）相当。盖维耶尔之所以能够“悄然”建立起高达500亿～700亿欧元的多头仓位，是因为他除了法兴银行的正式账户外，还在交易所内偷建了一个虚拟账户，挂在法兴银行名下。他每次都用后一个虚拟账户来取消正式账户的部分交易，所以属于法兴银行的正式账户里并没有发生异常现象。同时，因为他对查账的日程表了如指掌，并在真实仓位面临交割前会进行展期，从而使他的交易躲过了法兴银行的风险监控系统BaR。

2008年1月18日，法兴银行的一位法务官员发现一笔超过该行风险限制的交易。1月19日，法兴银行的工作人员发现这一虚假的仓位背后的操作人盖维耶尔。1月20日，所有的违规交易头寸都被最终确认，总体盈亏程度也被确认。1月21日，法兴银行开始了紧急平仓行动，抛售持续了三天。1月23日，法兴银行发布公告，称因交易员失误造成49亿欧元损失。1月24日，法兴银行向法院提交诉状，指控盖维耶尔伪造银行记录、使用伪造账户以及涉嫌计算机系统欺诈。1月27日，法兴银行发布《关于巨额损失事件解释说明》。3月11日，法兴银行宣布通过增资扩股计划成功筹资近55亿欧元，从而解决了自有资金问题，恢复了支付能力。4月9日，法兴银行总裁布东在法国国民议会财政委员会听证会上称该行运营状况良好。7月4日，法国银行监管机构——法国银行委员会对兴业银行开出400万欧元罚单，原因是兴业银行内部监控机制“严重缺失”，导致巨额欺诈案的发生。

（二） 损失是如何造成的

1. 欺诈交易手法：“伟大的新交易策略”。盖维耶尔采取的交易手法是同时构造A、B两个投资组合，用伪造的投资组合B来“对冲”真实投资组合A中金融工具的风险，这种交易手法被盖维耶尔称为“伟大的新交易策略”。具体来说，盖维耶尔开始操作一个投资组合A，其中包括对以欧洲主要股票市场指数（EURO STOXX 50指数、德国DAX指数和英国FTSE指数等）为基准的金融工具（期货）的一系列真实的操作行为。该投资组合中的金融工具交易是真实存在的，与银行的正常交易量相符，同时也受到了银行的日常监控特别是来自主要清算中心的保证金追缴要求。这些金融工具的购买行为被认为是法兴银行操作，银行本身也予以认同，相关的保证金追缴由银行结算。同时，盖维耶尔还构建了投资组合B，只不过投资组合B中的所有操作数据是伪造的。这样一来，表面上看投资组合A中的金融工具可以由投资组合B所对冲，所有的显性风险仅仅是非常低的余值风险。

由于看到的所有显性风险仅仅是非常低的余值风险，银行会交纳相关的保证金，这也是为什么盖维耶尔在未被授权的情况下可以创建超过500亿欧元（约合728亿美元）欧洲股指期货的多头仓位。凭借这种方法，盖维耶尔隐藏了数额巨大的投机性头寸，这些行为与他的正常业务工作没有任何关联。为了使这些伪造的交易数据不会被及时查出，他利用自己在操作控制系统上积累的经验知识，持续地躲避了控制系统的检查。而这些系统正是用于审核交易员所完成的操作行为的真实性和有关特性。

在该事件的实际操作中，盖维耶尔使用了多种欺骗方法来规避相关的交易被查出：首先，他确保所执行的违规操作的特征不会引起高概率的控制核查。他选择的违规交易中不带有任何包括现金流动、保证金追缴要求和那些需要得到及时确认的操作行为。其次，他盗用了操作人员管理的 IT 系统权限，用于取消特定的交易行为。第三，他伪造了相关数据，使得他能够伪造虚假操作数据的来源。第四，他在每次虚假操作中使用另一个不同于他刚刚取消的交易中的金融工具，目的是增加他规避相关审查的概率。

2. 交易损失值的计算。根据法兴银行在 2008 年 1 月 27 日发布的 5 页纸的声明，盖维耶尔购买了 700 000 份 EURO STOXX 50 指期货，投资 300 亿欧元；购买了 140 000 份德国 DAX 股指期货，投资 180 亿欧元；对伦敦 FTSE 股指期货投资 20 亿欧元。总计投资 500 亿欧元。

2008 年 1 月 18 日（星期五）下午，欧洲股市大幅下跌。1 月 20 日晚到 1 月 21 日，亚洲股市在欧洲股市开盘前也大幅下跌（恒生指数下跌 5.4%）。市场的外部环境极为不利。法兴银行平仓有步骤地进行了三天，所有违规持仓在 1 月 23 日晚上被全部平仓。

根据法兴银行 2008 年 1 月 27 日的公告给出的数据，以及欧洲指数期货合约规格，计算出盖维耶尔买入时的指数值 F_0，F_t 取 2008 年 1 月 22 日的收盘指数，进而估算出盖维耶尔欺诈交易的损失值。现以估算投资 EURO STOXX 50 指数期货造成的损失值为例。

由投资总额 300 亿欧元和期货合约的份数 700 000 份，可以推知 $F_0 = 4\ 285.71$；F_t 取 2008 年 1 月 22 日的收盘指数 3 753.68。①

$$L = (4\ 285.71 - 3\ 753.68) \times 700\ 000 \times 10 = 3\ 724\ 240\ 000 \text{ 欧元}$$

可以得出，盖维耶尔投资 EURO STOXX 50 指数期货约损失了 37 亿欧元。同样，可以估算出投资在 DAX 指数期货和 FTSE 指数期货上的损失总额约为 12 亿欧元。

（三） 法兴银行为什么没有倒闭?

法国兴业银行曾是金融衍生产品市场的领导者，但它的风控“天网”在盖维耶尔面前不堪一击。法兴银行成功地应对和处理了这次由热罗姆·盖维耶尔（Jérôme Kerviel）欺诈交易引起危机，法兴银行在次贷危机的不利背景下平稳渡过这次劫难所展现出来的危机处理能力值得我们关注。

首先，法兴银行管理层在发现了违规交易行为，并确定所有违规头寸和盈亏额度后，果断决定在正式通知投资者前尽快平仓，防止亏损进一步扩大。平仓进行了三天，最终将损失控制在 49 亿欧元，避免了损失的进一步蔓延。同时在正式通知投资者前尽快平仓避免了市场预期的恶化，可以减少损失，否则该行的损失将更大。

其次，法兴为处理此次危机成立了由独立董事组成的特别委员会，专门负责处理和协调与“欺诈案”相关的事宜。特别委员会及时对外通报事件调查进展，让市场能够及时得到权威的信息，避免市场猜疑和谣言。

---

① 若是到期的情况下，$F_t = I_t$；因为在这个例子中，期货并没有到期，所以 F_t 并不等于 I_t。但是我们无法找到盖维耶尔投资的股指期货的到期日期，所以也就没有找到 F_t 的数值。我们取了 I_t 的值来代替 F_t 的值。

再次，寻求国家领导层的支持，稳定公众对法兴银行的信心，避免挤兑发生。法国总统萨科奇表示，政府应当对外国企业收购法兴银行的可能性保持警惕，并批评前任政府未能成功阻止2003年法国普基集团（Pechiney）被加拿大铝业集团（Alcan）收购。法国总理弗朗索瓦·菲永也表示，政府不会允许其他金融机构恶意收购因职员违规操作而蒙受巨大损失的法兴银行。

最后，法兴银行成功完成增资扩股计划。2008年1月25日，在向公众通报危机和道歉时，法兴银行董事会就决定实施55亿欧元连带优先认购股权的资本充足方案。2008年3月11日，法兴业银行的增资扩股计划获得了成功，所有的大股东都进行了申购，申购资金总计超过100亿欧元，是兴业银行筹资额55亿欧元的1.84倍。法兴银行从而解决了自有资金问题，恢复了支付能力。

（四）讨论题

1. 此案件是单独的个案还是系统性金融风险（或全球金融市场动荡）的组成部分之一？法国兴业银行为什么没有倒闭？

2. 什么是股指期货？为什么股指期货具有保值功能？股指期货会给其交易者带来哪些风险？

3. 交易员究竟是怎样一个群体，又有怎样的生存法则？交易员进行交易的具体程序是怎样的？该案是否为盖维耶尔一人所为（或有没有别的知情者）？盖维耶尔违规操作的动机是什么？是什么原因让他敢如此冒险甚至铤而走险？

4. 为什么此类案件会一而再再而三地发生？商业银行将来到底应如何防止此类案件再次发生？金融监管部门从中可以得到哪些启示？

第九章 商业银行绩效管理

2011年，为加强对金融企业的财务监管，进一步规范金融企业绩效评价工作，财政部发布了《关于印发〈金融企业绩效评价办法〉的通知》（财金〔2011〕50号），对国内金融机构实行全面、系统的绩效评价办法。根据金融行业实际，将金融企业划分为银行业、保险业、证券业和其他金融业4大类作为评价对象进行绩效评价。通过建立综合的指标体系，包括盈利能力指标、经营增长指标、资产质量指标以及偿付能力指标，并确立金融企业绩效评价标准①，对金融企业特定会计期间的财务状况和经营成果进行多角度的分析和综合评判。对金融企业的评价结果能够综合反映金融企业资产营运质量，可以直接作为评价金融企业绩效、确定金融企业负责人薪酬、加强金融企业经营管理的重要依据，对推动金融企业提升经营管理水平，促进金融企业健康发展具有重要意义。

我国各省、直辖市和自治区也针对各地的实际情况，制定了相应的金融企业绩效评价制度。如山东省于2011年颁布并实施了《山东省地方金融企业绩效评价办法》，对在山东省境内依法设立的金融企业进行年度绩效评价并对社会公布。以2014年为例，山东省财政厅公布的2014年山东地方金融企业绩效评价结果显示，纳入评价范围的405家地方金融企业中，有103家企业被评为优秀（A级以上），其中32家被评价为AAA级地方金融企业；良好的有179家，占比为44.20%；中等的有83家，占比为20.49%；较低的有22家，占比为5.43%；较差的有18家，占比为4.45%。

在向现代经营机制转变的过程中，加强绩效管理（Performance Management）已经成为我国商业银行经营管理的核心内容和改革的重要方向。我国商业银行历经了改革开放30多年的快速发展，以及21世纪初期的全面现代化改造之后，均已初步建立了系统的绩效管理体系。绩效管理日益成为提升商业银行经营效率，增强竞争力的重要制度保障。

通过本章的学习，你将能够：

- 了解商业银行绩效管理的含义、功能和目标；
- 掌握商业银行绩效评估的含义、内容和作用；
- 理解商业银行绩效评估指标体系的类型与构成；
- 掌握商业银行绩效评估的多种方法，以及这些方法的内容和运用。

---

① 标准值根据金融企业年度财务会计报告数据，运用数理统计方法，分年度、分行业统一测算并公布。

第一节 商业银行绩效管理与绩效评估

一、商业银行绩效管理的功能与目标

（一）绩效管理的定义与目的

商业银行绩效管理是指管理者与员工双方就目标以及如何实现目标达成共识，并协助员工成功达到目标的管理活动。具体来说，绩效管理就是通过制定目标，运用评价方法进行考核，以明确被管理对象是否有效完成目标任务的管理活动。绩效管理包括计划、辅导、评估和成果四个部分。

绩效（Performance）是企业管理中的一个基础概念，指企业中对应职位的工作职责所达到的阶段性结果及其过程中可评价的行为表现。

绩效管理的目的在于通过激发管理者与员工的工作热情和提高员工的能力和素质，以达到改善公司绩效的效果，服务于企业经营计划，以最终实现企业战略目标。因此绩效管理既包括对员工的评价、考核管理，也包括对管理者是否完成管理任务的评价。

商业银行绩效管理包括目标设计，绩效管理制度和流程的制定，以及绩效评价方法的应用，这些内容共同构成一个完整的绩效管理体系（如图 9－1 所示）。

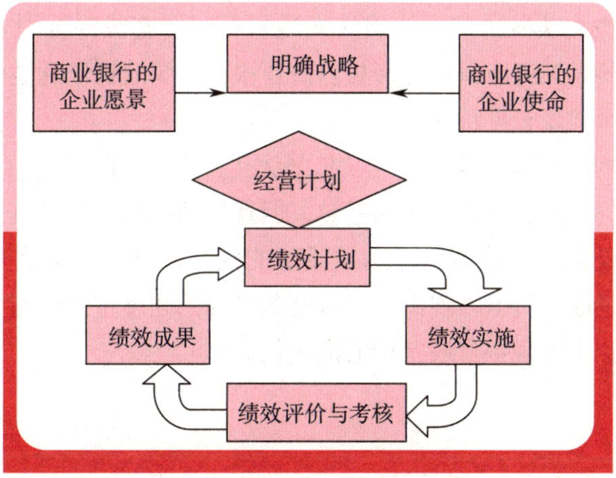

图 9－1 商业银行绩效管理体系

（二）商业银行绩效管理的功能

现代商业银行规模庞大，经营管理体系复杂，就好似一台高速运行的庞大机器，同时又需要面对瞬息万变的外部市场，因而对银行整体的有序运转提出了极高要求。

商业银行绩效管理扮演着以合理激励约束机制保障运转有序的重要角色。从功能角度看，绩效管理属于财务管理和人力资源管理的范畴，发挥着激发积极性的激励机制和控制风险的约束机制作用。现代商业银行的财务管理和人力资源管理已演变为战略性管理的组成部分，因此赋予了绩效管理更多元、更高层次的使命。对于商业银行来说，良好的绩效管理形成适度激励，既有短期的积极作用，也具有长期的战略性价值，并形成对公司治理的有效补充。

专栏 9-1
商业银行绩效管理偏差与金融危机

从近年来商业银行经营管理发展的实践来看，绩效管理的战略性价值日益凸显。商业银行及其他金融机构绩效管理的实效是导致 2008 年国际金融危机的重要因素。国际金融危机爆发的导火索是美国的次贷危机。进入 21 世纪后，美国商业银行普遍深度介入次级抵押贷款（Subprime Mortgage Loan）和次级抵押债券（Subprime Mortgage－backed Securities），包括提供次级抵押贷款和信用违约掉期（Credit Default Swap，CDS），其动因就是商业银行忽视风险，追逐短期利润，激励与约束机制出现了偏差，产生了“过度激励”倾向。这说明这些美国商业银行的绩效管理出现了问题。在危机爆发后，美国金融监管机构对商业银行（如被“国有化”后的花旗银行、摩根大通银行等）提出了高管“限薪”要求，就是对该倾向的一种纠正。

（三） 商业银行绩效管理的目标

商业银行绩效管理主要是为了实现两个维度的目标。

1. 指标维度的目标，即达到管理层和股东选定的目标。在激烈的市场竞争环境中，每家银行都有自己的经营管理特色，因此银行的绩效管理需要符合其自身特色与定位。如有些银行希望发展得更快一些，以尽早实现战略性发展目标；而有些银行则表现出稳健经营的风格，愿意以较小的风险承担来取得稳定回报。商业银行的绩效管理通过促进管理层的领导能力和管理水平提升，来实现长期目标。

2. 价值维度的目标，即能否实现公司价值最大化。在不同时期，由于经营的环境和条件不同，银行的经营目标可能会出现明显的差异，但其长期经营目标是基本一致的，这就是公司价值最大化，这也是优先于其他目标的最重要的经营目标。对于众多股份制商业银行而言，公司价值主要通过股票价值表现出来。从财务管理的角度进行衡量，基本原则要求在一个可接受的风险水平之上实现银行股票价值最大化。

专栏 9-2
股票价值模型与商业银行经营原则

1. 评价公司股票价值的基本公式。

$$\text{银行股票价值}(p) = \sum \frac{\text{预期未来红利}}{\text{折现因素}} = \sum \frac{E(D_T)}{(1+k)^n}$$

其中，p 为股票价值；$E(D_T)$ 为预期股票所支付的红利；k 为在一定风险水平上的股本回报率。

2. 预期红利持续增长条件下股票的价值。上述股票价值的计算公式适用于每年支付不同红利的股票。在预期银行股票红利收入按某一固定比例增长的条件下，股票价值的计算公式可发生相应变化：

$$\text{银行股票价值}(P_0) = D_1/(K-g)$$

其中，D_1 是预期第一期银行股票红利；K 是该银行股票已预见的风险水平的折现率；g 是银行红利预期的均速增长速度，K 一定大于 g 。

3. 投资期期末卖出股票时股票的价值。如果银行在投资期期末卖出股票，其股票价值的计算公式为

$$P_0 = \sum D_i / (1 + r)^i + P_n / (1 + r)^n$$

其中，P_0 为股票的价值；D 为不同年份股票的红利收入；t 为序号；r 为折现率。

上述三种公式表明，按照一定风险水平预期的股票回报率对于支付的红利进行贴现，即为股票的价值。影响银行股票价值的因素有两个：一是未来红利的价值，预期越高，股票价值就越大；反之则相反。二是银行已知的风险水平。股票的回报率与已知的风险水平成反比。对于商业银行来说，经营管理者应当遵循在利用各种手段降低银行经营风险的前提下，增加未来红利收入的原则，以提高股票价值。

二、商业银行绩效评估

（一） 绩效评估

绩效评估（Performance Appraisal）也称为绩效评价、绩效考核。商业银行的绩效评估可分为广义与狭义两个层次。

广义的绩效评估是指采用一组财务指标和一定的评估方法，对商业银行经营目标实现程度进行考核、评估。通过建立科学规范的经营绩效评估体系，运用科学评估方法对银行一定时期内的经营效益和经营者业绩进行真实、客观的综合评判①。

从狭义层次来说，绩效评估是一种正式的员工评估制度，它是通过系统的方法、原理来评定和测量员工在职务上的工作行为和工作成果。绩效评估是企业管理者与员工之间的一项管理沟通活动，其结果可以直接影响到薪酬调整、奖金发放及职务升降等诸多员工的切身利益。

在商业银行管理日益复杂化，激励约束机制须更为均衡而有效的背景下，绩效评估不仅面对内部不同部门、岗位的评价与考核需求，也需要从企业整体经营角度考虑进行评价，以更好地反映企业整体经营成果。因此，建立商业银行的绩效评价体系时需要从广义与狭义两个层次综合考虑。

（二） 商业银行绩效评估的内容

评估一家银行的绩效，要看其能否全面贯彻银行的经营方针与原则，协调安全性、风险性与效益性三者的关系，在保证银行经营安全稳健的前提下，获取最大的盈利。因此，银行绩效的评估应该包括盈利性指标、流动性指标、风险性指标和清偿能力指标，而这些指标也同样构成了评估商业银行绩效的总体指标体系。具体来说，商业银行绩效评估主要涉及三个方面的内容。

---

① 根据2011年财政部发布的《关于印发〈金融企业绩效评价办法〉的通知》（财金〔2011〕50号），绩效评价是指“通过建立评价财务指标体系，对照相应行业评价标准，对金融企业一个会计年度的盈利能力、资产质量、偿付能力以及经营增长状况等进行的综合评判”。

1. 认识银行的经营活动过程和结果，银行的三个主要财务报表是反映信息的主要工具。

2. 设计一套指标体系将报表信息结合起来，以便从多个角度全面考察银行经营业绩。

3. 应用一定的分析方法对指标数据进行分析处理，从而对银行的绩效作出评估。

绩效评估可以促进商业银行有针对性地对其经营管理进行改善，提高经营绩效。因此绩效评估是绩效管理的核心内容。

（三） 商业银行绩效评估的作用

对于商业银行来说，绩效评估能够发挥对内和对外两个方面的作用。

绩效评估是商业银行绩效管理的核心组成部分，是实施绩效管理的前提和基础，成功的绩效管理需要建立在有效的绩效评估基础之上。绩效评估直接服务于商业银行的绩效管理，对财务管理、人力资源管理和内部机构运营管理起到重要作用，这是对商业银行的内在方向发挥作用。绩效评估能够在商业银行具体业务和会计核算方法的基础上，以一套正式的结构化的制度规范为依据，对与员工工作有关的特定行为和结果进行衡量、评价，用于考察员工的实际绩效，通过有效激励促进岗位和机构的运营效率提升，提升商业银行的核心竞争力。

商业银行的绩效评估还能够在外部发挥一定程度的作用。绩效评估贯穿于商业银行经营活动的全过程，是银行监管者、股东、债权人、社会公众等利益相关者保护自身权益或维持银行竞争秩序的必然要求。对于存款人、投资人和其他债权人以来说，运用绩效评估的原理方法，可以清晰、准确地对商业银行整体价值与经营状态进行评估。与此同时，监管者也能够运用绩效评估方法，对商业银行运营状况的整体或者某些方面进行评估，以发现问题并实施监管。

第二节　绩效评估指标体系的构建

绩效评估指标体系的构建，是商业银行绩效管理的关键。商业银行经营的总目标是实现利润的最大化，对商业银行来说，就是实现股东权益的最大化。根据这一目标进行的商业银行绩效评估，需要构建、设计合理的评估指标体系，这是建立有效的绩效管理的关键。

专栏 9－3

商业银行多种绩效评估体系与方法的发展

商业银行本质是企业，绩效评估指标体系自然也伴随着企业绩效管理的进步而产生变化。从发展历史来看，商业银行的绩效评估经历了从传统到现代多元的两个大阶段。第一阶段是在 20 世纪 80 年代以前，绩效评估指标体系以财务指标为主；第二阶段是在 20 世纪 80 年代以后，企业绩效评估模式多元化，出现了诸如 EVA（经济增加值法）、BSC（平衡计分卡法）、KPI（关键业绩指标法）等方法，商业银行的绩效评估指标体系随之产生了相应的不同类型。与此同时，伴随着商业银行经营管理复杂性的增加，尤其是风险管理要求的日益提升，出现了充分考虑商业银行作为金融企业特性的指标体系，如将风险纳入评价并作为重要因素的经济资本（Economic Capital）

指标体系。

无论哪一种指标体系，评价信息的核心来源之一都是财务信息，因此编制规范的财务报表是实施有效绩效评估及绩效管理的基础。在此基础上，商业银行设计一套科学合理的财务比率指标，以便以财务报表为基础分析银行的经营，判断银行的经营绩效。

一、商业银行绩效评估体系的分类

（一） 单一指标体系

商业银行的单一指标体系主要是通过计算银行某一具体的财务比率，如资本充足率、净资产收益率等，并将其与历史情况纵向对比或与其他类似机构进行横向对比，据此对银行的整体经营情况作出评价和判断。同时其他相关管理机构对各指标的偏好也不同：监管部门侧重于资本充足率等稳健性监管指标；董事会侧重于净资产收益率、股东回报率等盈利指标；地方政府侧重于存款规划、贷款规模等规模指标。

（二） 多重指标体系

多重绩效评估指标体系是通过对商业银行在安全性、流动性和效益性等方面设定多个分项指标，并运用多元统计或者其他方法将这些指标所包含的信息进行合理的加工挖掘而最终得出一个综合评价值，然后通过综合得分来比较和判断不同银行在综合经营绩效以及某方面能力上的差异。

对商业银行的绩效评估一般同时采用两种体系，根据评估的目的来设置指标体系。随着对商业银行稳健性的要求日益提升，综合了风险和利润考量的多重指标体系模式的运用越来越广泛。

二、商业银行绩效评估指标体系的构建

商业银行的传统绩效评估体系主要关注银行的信用风险和自身盈利能力的各项衡量指标。改善经营状况的手段无非包括扩大净利息收入、提高服务费水平或者降低营业费用等方面。而在现代市场经济条件下，商业银行的收益始终与风险紧密联系、相互制约，商业银行必须在保持必要的清偿力与保障基本安全的条件下实现利润的最大化。因而，商业银行的绩效评估指标体系主要由盈利性指标体系与安全保障指标体系构成，并且特别强调两者的统一与均衡。其中，安全保障指标体系又包括流动性指标体系、风险性指标体系以及清偿力与安全性指标体系。

（一） 盈利性指标

盈利性指标是评价银行经营效益的重要指标，是用来衡量商业银行运用资金赚取收益同时控制成本费用支出的能力。盈利性指标的核心是资产收益率和股本回报率，利用这两个财务指标及其他派生财务比率指标可以全面有效地评估银行的获利能力。

1. 资产收益率（*ROA*）。资产收益率指标是银行净利润与总资产的比率。其将资产负债表、损益表中相关信息有机结合起来，是银行运用其全部资金获取利润能力的集中体现，数值越大，说明商业银行的资产盈利水平越高。其计算公式为

$$资产收益率 = \frac{净利润}{资产总额} \times 100\%$$

2. 营业利润率。这是商业银行的税后营业利润与资产总额的比率。商业银行的营业利润来自经营活动中的利息及非利息收入，将营业外收支排除在外，是其经营能力和成果的真实情况，反映了银行真实、稳定的获利能力。其数值越大，说明商业银行的营业利润水平越高。其计算公式为

$$营业利润率=\frac{税后营业利润}{资产总额}\times 100\%$$

3. 银行息差率。这是商业银行利差与盈利资产的比率。利差收入在商业银行的收支中占比最大，是影响商业银行经营绩效的关键因素。生息资产是指那些能给商业银行带来利息收入的资产。在银行总资产中，除去现金资产、固定资产外，均可看作生息资产。一般情况下，银行经营规模的扩大、生息资产的增加会带来利息收入的增加，但银行净息差的提高表明银行利差收入的增长幅度大于生息资产增长幅度，即银行在扩大资金运用、增加收入的同时，能较好地控制相应的融资成本。因此该指标可有效反映商业银行在筹资放款这一主要业务中的盈利能力，其数值越大，说明银行的生息资产的获利能力越强。其计算公式为

$$银行息差率=\frac{(利息收入-利息支出)}{生息资产}\times 100\%$$

4. 非利息净收入率。这是商业银行非利息净收入与资产总额的比率。由损益表中可知，银行的非利息收入主要有手续费收入和佣金收入，这类收入的获取无须增加相应的资产投入，较高的非利息收入会明显提高银行资产收益率。非利息支出包括提取贷款损失准备金、员工薪金、折旧等间接费用，均与银行管理效率直接相关。该指标数值越大，不仅说明商业银行的获利能力大，也反映了其经营管理效率高。但非利息收入中有较大部分是表外业务收入，在财务报表中并不反映，常伴随着一定的或有负债及其他风险，因而在应用该指标时应多注意其他相关信息，了解相应风险状况。其计算公式为

$$非利息净收入率=\frac{(非利息收入-非利息支出)}{资产总额}\times 100\%$$

5. 银行利润率。这是商业银行净利润与总收入的比率，该指标反映了银行收入有多大比例被用作各项开支，又有多大比例被作为可以发放股利或再投资的利润保留下来。其数值越大，说明商业银行能够支配的利润越多；反之则相反。其计算公式为

$$银行利润率=\frac{净利润}{总收入}\times 100\%$$

6. 权益报酬率（*ROE*）。又称净值收益率、资本盈利率，这是商业银行净利润与资本总额的比率。该指标反映了银行的获利程度，是银行资金运用效率和财务管理能力的综合体现，与股东财富直接相关，受到银行股东的格外重视，具有极强的综合性。其计算公式为

$$权益报酬率(ROE)=\frac{净利润}{资本总额}\times 100\%$$

（二） 流动性指标

流动性分析是商业银行财务分析的重要内容，在任何企业经营中都是盈利性和安全性之间的平衡杠杆。商业银行资金来源的特殊性，决定了流动性指标在经营绩效指标中的重要性，只有满足银行经营活动所需要的资金流动性，才能保证经营的安全性，盈利性才能够实

现。流动性的指标包括资产流动性指标、负债流动性指标和综合性指标三类。

1. 资产流动性指标。

（1）现金资产比例。这是现金资产与总资产的比率，现金资产是流动性最强的资产，可随时动用应付客户贷款和兑付存款。该比率高则反映银行流动性状况较好，抗流动性风险能力较强，但是现金资产的盈利性很低甚至无盈利。如果比重过高，超过了银行的流动性需求，则意味着盈利资产比重降低，银行盈利能力下降。其计算公式为

$$现金资产比例 = \frac{现金资产}{资产总额} \times 100\%$$

（2）短期债券比例。这是商业银行所持有的短期债券与资产总额的比率。银行持有的短期债券主要包括政府发行的国库券和货币市场的商业票据，主要以满足流动性需要为目的。其计算公式为

$$短期债券比例 = \frac{短期债券}{资产总额} \times 100\%$$

（3）证券资产比例。这是商业银行所持有的全部证券资产与资产总额的比率。商业银行资产组合中很大部分是所投资的各类证券，这些证券一般均可在二级市场上变现，为银行带来一定流动性供给。证券资产比重受一国商业银行监管制度和资本市场发达程度的制约。其计算公式为

$$证券资产比例 = \frac{证券资产}{资产总额} \times 100\%$$

（4）短期贷款资产比例。这是商业银行短期贷款与资产总额的比率。贷款是银行的主要盈利资产，大多有固定期限，在到期之前很少能为银行提供流动性供给。但是一年内到期的贷款在一个营业周期内自动清偿，可以带来相应的现金流入，提供一定的流动性，因而短期贷款比例可以作为衡量银行资产流动性的重要指标。其数值越高，表明贷款的流动性越强。其计算公式为

$$短期贷款资产比例 = \frac{一年期以内的贷款}{资产总额} \times 100\%$$

上述资产流动性指标主要从资产项目来反映银行的流动性。小银行受其规模、市场地位的影响，一般依靠提高资产的流动性来应付各种流动性风险，因而在对小银行进行绩效评估时，这四个指标具有较大意义。

2. 负债流动性指标。

（1）易变负债比例。这是商业银行易变负债与全部负债的比率。易变负债主要指银行吸收的各类借入的短期资金。这类负债受资金供求关系、市场利率、银行信誉等多种因素影响，其融资成本、规模都难以为银行所控制，是银行最不稳定的资金来源。该指标反映了银行负债方面的流动性风险情况，其数值越高，说明银行面临的潜在流动性需求规模较大且不稳定。其计算公式为

$$易变负债比例 = \frac{易变负债}{负债总值} \times 100\%$$

（2）短期资产负债比例。这是商业银行短期资产与易变负债的比率。银行短期资产包

括同业拆出、存放同业的定期存款、回购协议下的证券持有、交易账户证券资产、一年内到期的贷款等。这部分资产是银行最可靠的流动性供给，可以较好地应付各类流动性需求，该指标衡量了银行最可靠的流动性供给和最不稳定的流动性需求之间的对比关系，数值越高，说明银行的流动性状况越好。其计算公式为

$$短期资产负债比例 = \frac{短期资产}{易变负债} \times 100\%$$

以上两个指标主要从负债方面考虑商业银行的流动性状况。在运用这两个指标进行绩效评估时必须注意银行的规模，一些大银行特别是地处金融中心的大银行，在经营中更多地利用增加短期负债来获取流动性，小银行依靠资产变现取得流动性，因而对于不同的银行，同一指标数值所反映的流动性状况可能有较大差异。

3. 综合性指标。预期现金流量比率。这是商业银行预计现金流入与现金流出的比率。商业银行现金流入包括贷款收回、证券到期所得偿付、预期中的证券出售及各类借款和存款的增加等。现金流出包括正常贷款发放、证券投资、支付提存等项目，还包括预计贷款承诺需实际满足的部分及预计的其他或有负债一旦发生需要支付的部分。两者比值等于1，表明未来可预见的资金流大致平衡；比值大于1，表明未来流动性状况良好；比值小于1，意味着银行现金供给小于现金需求，流动性会出现问题。其计算公式为

$$预期现金流量比率 = \frac{现金流入}{现金流出} \times 100\%$$

（三）风险性指标

在财务管理和财务分析中，风险被定义为预期收入的不稳定性，这种收入的不确定性会降低企业价值。商业银行在经营活动中往往会因某些事件的发生而导致业务活动出现不稳定性，此种不确定性即为银行风险。近年来银行面临多变的经济环境和日趋加大的金融风险，更加重视对风险的衡量与控制。

1. 利率风险。商业银行最主要的收入与支出项目均为利息。因而市场利率的波动往往会造成银行利差收入以至于全部营业收入的波动，这便是利率风险。利率风险的度量一般用到以下两个公式：

$$利率风险缺口 = 利率敏感性资产 - 利率敏感性负债$$

$$利率敏感比率 = \frac{利率敏感性资产}{利率敏感性负债}$$

利率敏感资产是指收益率可随市场利率变动重新调整的资产，如浮动利率贷款。以相同的方式可定义利率敏感性负债。在应用以上两个指标分析时，应注意保持计算式中资产负债期限上的一致。两式在含义上是一致的。当缺口为0或比率为1时，银行不存在利率风险，利差收入不受利率变动影响，其他指标值均意味着存在利率风险。样本银行指标值与均衡值（0或1）偏差越大，银行面临的利率风险越大。

2. 信用风险。信用风险是指银行贷款到期不能得到偿还的风险。由于银行自有资本在资金来源中只占很小比例，因此其贷款只要有一部分贬值，往往会使银行陷入困境甚至崩溃的边缘。衡量银行信用风险的指标有以下几个。

（1）贷款净损失率。这是商业银行贷款净损失与贷款余额的比率。贷款净损失是指已被

银行确认并冲销的贷款损失与此后经过银行努力，又重新收回部分的差额。该比率反映了银行资产真实损失情况。其数值越大，银行信用风险越大。其计算公式为

$$贷款净损失率 = \frac{贷款净损失}{贷款总额}$$

（2）不良贷款比率。这是商业银行不良贷款与总资产之比。按照我国贷款五级分类，不良贷款主要是指次级类贷款、可疑类贷款和损失类贷款。

（3）贷款损失准备率。这是商业银行贷款损失准备金与贷款净损失的比率。贷款损失准备金来自历年的税前利润，直接用于弥补贷款损失。该项指标值越高，表明银行防范信用风险的能力越强。其计算公式为

$$贷款损失准备率 = \frac{贷款损失准备金}{贷款净损失}$$

（4）贷款损失保障倍数。这是商业银行当期利润加上贷款损失准备金后与贷款净损失的比率，这个数值越大，说明银行有充分的实力应对贷款资产损失，可以减少贷款损失对银行造成的不利影响。其计算公式为

$$贷款损失保障倍数 = \frac{当期利润 + 贷款损失准备金}{贷款净损失}$$

3. 欺诈风险。商业银行在经营中会遭受内部人员的或单独或相互勾结欺诈骗取贷款，从而使商业银行遭受贷款损失。欺诈风险通常与内部贷款有着较为密切的联系。所谓内部贷款是指商业银行的员工、股东特别是管理者与经营者利用职权从本行所借取的贷款。所以内部贷款占总贷款的比例越高，该银行越有可能存在欺诈风险，造成贷款损失。

（四） 清偿力和安全性指标

银行清偿力是指银行运用其全部资产偿还债务的能力，反映了银行债权人的权益所受保障的程度，清偿力充足与否也极大地影响银行的信誉。而清偿力不足的根本原因是资本金不足，未能与资产规模相匹配，因而传统的清偿力指标主要着眼于资本充足情况。具体指标如下。

1. 资本总额/资产总额。这里的资本总额是指全部资本中属于所有者的部分即所有者权益。资本资产比率将自有资本与总资产联系起来，说明商业银行在不侵蚀债权人利益的前提下，动用自有资本弥补资产损失的能力。该指标值越大，说明银行的清偿能力越强；反之则相反。但是该指标没有反映商业银行资产的结构，不同的资产有着不同的风险度。不同资产组合的商业银行尽管资本资产比率相同但所面临的风险却可能有较大的差异。因此，仅用这一指标进行清偿能力的分析是不够的。

2. 资本总额/风险资产。为了弥补资本与资产比率的不足，人们又设计出了资本与风险资产比率。这里的风险资产是指中长期贷款、长期债券、股票等不含第一级、第二级准备金在内的资产。很显然，资本与风险资产的比率这一指标更多地体现了资本资产损失的保护性功能，能较准确地反映商业银行的清偿能力。但随着商业银行业务的发展，这种方法也显示出不足之处：第一是商业银行资本的构成日益复杂，在提供清偿力方面是有差异的，应区别对待；第二是这种方法没有将表外业务纳入清偿能力分析范围；第三是不同的风险资产其风险度是不一样的，所需资本保护的程度自然也有所差异。

3. 资产增长率与核心资本增长率。该指标主要反映银行清偿能力的变化情况。一般情况

下，银行资产增长率低于核心资本增长率，说明银行的清偿能力加强；反之，银行的清偿能力减弱。这组指标也可用于银行间比较清偿力大小。

4. 现金股利/利润。银行的净值中占比最大的是利润的累积，现金股利是银行利润的净流出。这项指标越高，表示银行的利润累积能力越差，清偿力和安全性都会受到一定的影响。

第三节　商业银行绩效评估的方法

商业银行绩效评估方法多种多样。一般来说，不同类型的绩效管理模式对应不同的绩效评估方法。传统绩效管理模式侧重于与之相应的财务绩效考核、财务控制和传统经营因素（如信贷风险），因此比率分析法、杜邦分析法均集中于财务信息和传统经营因素信息评估，两者基于单一的财务维度来评价企业经营成果和实施人力资源管理。经济增加值法、平衡计分卡，以及经济资本等方法则反映了 20 世纪 80 年代以后现代战略性财务观念，并将其反映在绩效管理之中。这些方法充分考虑到影响商业银行经营绩效的复杂内外因素，并试图将其中的多种关键因素纳入评价体系，以建立更为全面的绩效管理模式。

一、比率分析法

比率分析法（Ratio Analysis）的核心是绩效评估指标，但孤立的指标数据是毫无意义的，并不能说明银行绩效的好坏，必须在比较中才能发挥作用。比较的形式主要有同业比较和趋势比较。将一家商业银行的绩效评估指标值与同业平均水平进行横向比较，可以反映出该行经营的优势与不足。对指标值进行连续期间内的比较，可以看出该银行的经营发展趋势，并对未来情况作出预测。在实际分析中，同业比较和趋势比较应结合起来使用。

比率分析法是以上述指标体系为核心，从盈利能力、流动性、风险性和清偿力及安全性四个方面对银行经营绩效分别作出评估，最后形成完整的结论。

在应用财务比率进行绩效评估时，也应注意到银行规模上的差异，很多情况下，绩效评估指标的差异来自规模差异以及相应经营方法上的不同，不能等同于经营绩效之间的差距。最后，在利用财务比率分析时，还应注意表外业务的情况，如经济环境的变化、利率走势等外部因素。

二、杜邦分析法

商业银行的经营绩效是一个包括多个因素的完整系统，其内部因素相互依存、相互影响，比率分析方法人为地将银行绩效分为四个方面，割裂了相互间的联系。综合分析法弥补了这种不足，它将银行盈利能力和风险状况结合起来对银行绩效作出评估。杜邦分析法是一种典型的综合分析法，其核心是权益报酬率（ROE），该指标有极强的综合性。

杜邦分析法（Du Pont Analysis）也称为综合分析法，是将银行的经营绩效看作一个系统，从系统内盈利能力和多风险因素的相互制约关系入手进行分析。

（一） 两因素的杜邦财务分析法

两因素的杜邦财务分析法以权益报酬率为核心，提示了银行盈利性和风险之间的制约关

系，对银行绩效进行全面分析评估。其计算公式为

$$权益报酬率(ROE) = \frac{净利润}{资本总额} = \frac{净利润}{资产总额} \times \frac{资产总额}{资本总额}$$

$$ROE = ROA \times EM$$

其中，$EM = \frac{资产总额}{资本总额}$，称为资本乘数或财务杠杆比率，它反映了银行资本的“杠杆”作用，即每一单位的资本所能动用的产生收益的资产数额。

ROE 是股东所关心的与股东财富直接相关的重要指标，上面的两因素模型显示，*ROE* 受资产收益率和资本乘数的共同影响，资产收益率是银行盈利能力的集中体现，它的提高会带来 *ROE* 的提高，即 *ROE* 指标间接反映了银行的盈利能力。

同时，*ROE* 指标也可体现银行的风险状况。提高资本乘数，可以改善 *ROE* 水平，但也带来更大风险。一方面，资本乘数加大，银行净值比重降低，清偿能力风险加大，资产损失较易导致银行破产清算。另一方面，资本乘数会放大资产收益率的波动幅度，较大的资本乘数导致 *ROE* 不稳定。

（二）　三因素分析法

银行资产收益率取决于多个因素，将其分解可以扩展为三个因素分析模型，能更好地从 *ROE* 指标出发分析评估银行绩效。

$$\begin{aligned} ROE &= ROA \times EM \\ &= PM \times AU \times EM \end{aligned}$$

其中，银行利润率(Profit Margin，PM) $= \frac{净利润}{总收入}$

资产利用率(Asset Utilization，AU) $= \frac{总收入}{资产总额}$

模型显示，银行 *ROE* 指标取决于上面这三个因素，其中银行利润率和资产利用率也包含着丰富的内容。首先，银行利润率的提高，要通过合理的资产和服务定价来扩大资产规模、增加收入，同时控制费用开支使其增长速度小于收入增长速度才能得以实现，因而该指标是银行资金运用能力和费用管理效率的体现。其次，资产利用率（*AU*）体现了银行的资产管理效率。良好的资产管理可以在保证银行正常经营的情况下提高其资产利用率，导致 *ROA* 指标的上升，最终给股东带来更高的回报率。

（三）　四因素分析法

银行利润率不只是和其资金运用以及费用管理效率相关，也和银行的税赋支出有关。因此可以将银行利润率做如下分解：

$$PM = TME \times EME$$

其中，税赋管理效率（Taxation Management Efficient，TME）$= \frac{净利润}{税前净收入}$

支出管理效率（Expediter Management Efficient，EME）$= \frac{税前净收入}{总收入}$

商业银行的税前净收入是其营业中的应税所得，不包括免税收入和特殊的营业外净收

入。净利润/税前净收入越高，反映银行的税赋支出越小，税赋管理较为成功。税前净收入/总收入也反映了银行的经营道义是银行资金运用和费用管理能力的体现。实际上将 *PM* 分解为 *TME* 和 *EME* 后，就得到了四因素的杜邦分析模型。由此可得

$$ROE = TME \times EME \times AU \times EM$$

从杜邦分析模型中可以看出，*ROE* 指标涉及了银行经营中的方方面面，杜邦分析法通过综合性极强的权益报酬率指标，间接体现了银行经营中各方面情况及它们之间的制约关系，可以以此对银行绩效进行全面的分析评估。

三、经济增加值法

经济增加值是 1982 年由 Stern Stewart 公司提出的一种新型的公司绩效评估指标，它能够克服传统指标在计算企业股权资本成本、弥补会计报表失真、为会计制度所影响、衡量企业为社会所作贡献等方面的缺陷，为企业提供较为客观、全面、系统的绩效衡量标准，在西方的商业银行价值管理中得到了广泛的运用，成为银行绩效评估的核心指标。

经济附加值（Economic Value Added, EVA）又称经济利润、经济增加值，是一定时期的企业税后营业净利润（NOPAT）与投入资本的资金成本的差额。经济附加值是基于税后营业净利润和产生这些利润所需资本投入总成本的一种企业绩效财务评价方法。

（一）EVA 的含义及计算

经济增加值，即经济利润，也称剩余收入，它是测量公司在一定时段经营业绩的指标。它衡量了减去所有成本支付（包含机会成本）后企业经营产生的利润，是评价经营效率和资本使用效率的综合指数，计算公式如下：

$$EVA = NOPAT - COIC = (ROIC - WACC) \times CAP$$

其中，*NOPAT* 是税后净营业利润，可以从财务报表中的损益表得出。它衡量的是在不涉及资本结构的情况下公司经营所获得的税后利润，反映了公司资产的盈利能力，其计算公式为

$$税后净经营利润 = 收入 - 成本 \pm EVA\ 调整 - 所得税$$

COIC 为资本成本，是公司投入的资本成本。可以从资产负债表中得出。

ROIC 为投入资本回报率，反映一家公司在经营活动中使用的有偿资本的净回报情况，很大程度上衡量了企业的资金经营效率。

WACC 为加权平均资本成本，是指债务资本的单位成本和股本资本的单位成本根据债务和股本在资本结构中各自所占的权重计算的平均单位成本。

通过上式可以看出，*EVA* 结合了财务报表中资产负债表和损益表全部科目，与传统的财务指标如净资产收益率、投资回报率等指标相比，*EVA* 更全面地反映了一个企业的真实经营业绩。

（二）主要会计调整

EVA 是建立在传统财务体系基础上的，*EVA* 中的税后净营业利润及占用的资本也都来源于常规的财务报告。但是在公认会计原则指导下的财务报告，由于其模型本身所固有的缺陷及管理人员对数据的操纵，一些财务数据并不能真实反映经营业绩，因而需要对这样的财务数据进行调整。主要的调整方法、原因和目的如表 9－1 所示。

表9－1　EVA模型中的会计调整

调整项目	调整方法	调整的原因和目的
研发费用	资本化并摊销（包括直线摊销法和偿债基金摊销法）	研发投资的收益在未来取得，如果去资本化，会降低当期的利润及低估公司资本
折旧	采用偿债基金摊销法	折旧存在主观性问题，不调整会扭曲经济现实
商誉	不摊销并恢复已有摊销额	商誉是永久性资产，能给企业带来收益
递延税款	从资产负债表中的负债下移出，加到股权中去	使资本投入额与递延税款资产（借方）和负债（贷方）相抵后计算的资本投入额相等
质量担保与坏账准备金	一是税后净营业利润加上准备金税后增加额；二是将质量保证准备金计入资本投入	准备金的提取额大小由主观判断确定，可被人为操纵
重组费用	将重组造成的投资损失列入重组投资，并考虑其资本成本	无法反映真实的重组过程，影响当期经营业绩
存货	先进先出法	后进先出法将低估占用的资本
经营租赁	计算应交租赁费用的现值，加入到资本投入中去	包含利息费用，可视为债务
通货膨胀	按物价水平调整	剔除通货膨胀带来的影响

（三）我国商业银行EVA体系的设计

我国商业银行在进行EVA体系运用实践时，遵循了EVA核算的基本思路，即商业银行每年创造的经济增加值等于税后净营业利润与全部资本成本的差额。其中资本成本既包括债务资本成本，也包括股本资成本。具体计算公式如下：

$$EVA = 税后净营业利润 - 资本总额 \times 加权平均资本成本$$

其中，

税后净营业利润 = 税后净利润 + 利息支出 + 本年商誉摊销 + 递延税项贷方余额 的增加 + 其他准备金余额的增加 + 资本化研发费用 − 资本研发费用在本年的摊销

加权平均资本成本 = 股本资本比例 × 股本资本成本 + 债务资本比例 × 债务资 本成本 ×（1 − 所得税税率）

资本总额是指所有投资者投入商业银行的全部资金账面价值，包括债务资本和股本资本。其中债务资本是指债权人提供的短期和长期贷款，不包括应付账款、应付单据、其他应付款等商业信用负债。因此资本总额还可以理解为商业银行的全部资产减去商业银行负债以后的净值。调整公式为

$$\begin{aligned}资本总额 &= 普通股权益 + 递延税款贷方余额 + 累积商誉摊销 + 各种准备金\\ &\quad + 研发费用资本化金额 + 短期借款 + 长期借款 + 长期借款中短期内到期的部分\end{aligned}$$

专栏9－4

EVA奖金计划薪酬体系在某城市商业银行的运用

山西省某城市商业银行是一家省属大型金融企业，是由地方财政、企业法人和个人投资入股的地方性股份制商业银行，于1999年成立，全行下设80余个营业网点，营业网点遍布城市市区。

经过 10 多年的快速发展，该商业银行进入稳定扩张的发展阶段，在经营规模、网点布局和业务品种等方面大力拓展，持续进取创新。但该银行经营管理效率的提升遇到瓶颈，内部管理面临尴尬局面，表现为基层员工工作缺乏激情，员工队伍缺乏积极向上的朝气；员工工作普遍处于被动等待状态，缺乏积极性和主动性。

分析研究表明，问题源于基层支行的分配机制：基层员工的收入主要依据业务量，薪酬分配按照从上级行分配到支行，然后支行进行内部二次分配，收入无显著差别。这种分配方法没有依据个人业绩的差别，导致了大锅饭式的分配局面。同时，二次分配中没有详细的分配规则，以领导的个人喜好与主观评价为依据，会引起员工的不满。所以，对于员工的激励方式需要加以改变，激励的源头在于绩效，需要有效的考核方式与之相匹配。

针对所存在的奖金分配系统不完善、员工消极被动的问题，该行引入了 EVA 奖金计划制度。以 EVA 考核为基础，该行将 EVA 与经营层以及员工的薪酬挂钩，把 EVA 增加值中的一定比例回报给经营层和员工，创造出使经营层、员工都更接近于股东的环境，使管理人以及企业的一般员工开始像企业的股东一样思考。按照 EVA 增加值的一个固定比例来计算经营层及员工的奖金是以 EVA 为核心的薪酬管理体系的思路。

EVA 奖励计划实施“红利银行”制度，即与经营业绩挂钩的奖金池方式，也就是将红利银行的奖金始终处于一种变动的状态，促使经营层以股东思维进行思考，使他们的决策能着眼于公司的长期发展，也能驱使员工积极思考如何改进工作。

在 EVA 奖金计划思路指导下，可以根据不同产品线来设置不同的提成比例，员工根据自己所掌握的业务技能范围及水平，进行相关业务的工作，充分体现能者多劳、多劳多得。在 EVA 奖金计划模式下，银行柜员可以敏锐地感觉到银行提供的各种产品的不同获利能力，这样每位员工都可以清楚地知道自己能力提高和工作努力的方向。

EVA 作为一种新型的绩效评价方法，体现出了以银行效益和价值为中心的经营理念，EVA 奖金计划以增量绩效对银行管理者进行考核，使管理者更关注银行效益的提高，更注意相关成本的节约，并更重视职工积极性的提高，因此，对于以资金调拨为主要业务模式的该银行来说，EVA 奖金计划属于较为合适、有效的激励方法。

四、平衡计分卡

（一）平衡计分卡的原理

平衡计分卡（Balanced Scorecard Cards,BSC）是将企业战略目标逐层分解为各种具体的相互平衡的绩效考核指标体系，并对这些指标的实现状况进行不同时段的考核，从而为完成战略目标建立坚实的执行基础的绩效管理体系。

平衡计分卡是哈佛大学罗伯特·卡普兰（Robert S. Kaplan）教授和复兴方案咨询公司总裁大卫·诺顿（David P. Norton）于 1992 年提出的一套企业绩效评价体系。他们提出了新的绩效衡量观点：希望未来的企业组织除了注重短期目标，也能兼顾长期发展的必要；除了关注财务表现之外，必须同样重视非财务方面的组织动作能力，包括产品创新、客户关系、内部流程、人员的学习与成长等。后来逐渐发展成为企业战略管理体系。BSC 是一系列财务绩效衡量指标和非财务绩效指标的综合体，包括四个方面：财务方面、客户方面、内部业务方面和学习与成长方面。BSC 的原理如图 9－2 所示。

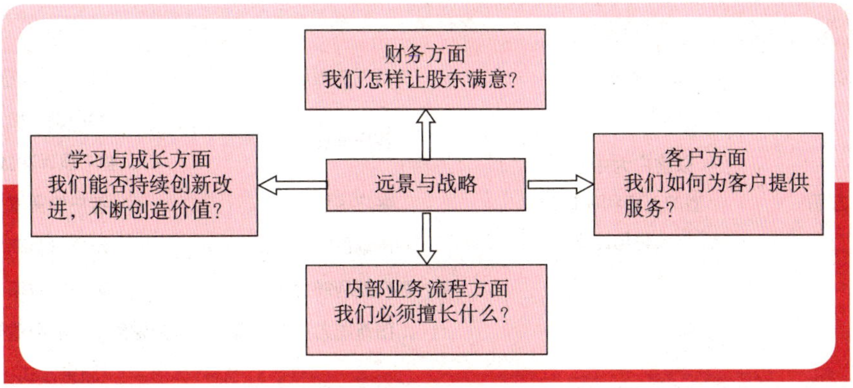

图9－2　BSC四维原理图

由图9－2分析可知，BSC以远景和战略为中心，从四个方面综合考试影响企业绩效的各类指标，最终实现企业财务目标。

第一维度是财务指标。该类指标既要体现企业的战略目标及实现情况，又要作为另外三个非财务方面的最终目标和衡量标准，使企业财务与非财务业绩动因之间构成一条垂直的因果关系链，并贯穿于平衡计分卡的四个方面。常用的指标包括资本报酬率、经济增加值、营业收入增长率、毛利率、净现值、税后净利润等。

第二维度是客户指标。该类指标是企业从客户角度出发评价企业经营效果，将客户方面纳入平衡计分卡绩效管理体系，以助于企业以客户需求为出发点，制定准确的市场战略，进而产生满意的财务绩效。主要指标包括市场和客户份额、客户保持率、客户获得率、客户满意度、客户盈利率等。

第三维度是内部业务流程指标。该类指标应当来自对客户满意度有最大影响的业务程度。主要指标包括：企业创新能力，如新产品开发速度、新产品销售额占比等；生产经营绩效指标，如生产率、产品服务质量等；售后服务绩效指标，如售后服务的一次成功率、客户付款时间等。

第四维度是学习与成长指标。公司的学习和成长能力通常有三个主要来源：人力、系统和组织程序。具体的指标包括员工满意程度、员工保持率、员工工作效率、企业信息覆盖率、信息系统反应时间、员工所提建议的数量等。

（二）平衡计分卡在商业银行中的应用

与其他行业相比，商业银行有其独特的运营特点，重点强调对风险的管理与控制、对信息处理系统的要求及建立良好的客户关系。因此在具体选择各类指标时，必须充分考虑这些重点，研究内部和外部环境，以发展战略为导向，结合BSC四个方面的战略目标，制定相应的绩效评价指标，如表9－2所示。

表9－2　BSC的绩效评价指标

指标类别	战略目标	关键成功因素	关键绩效指标
财务方面	提高利用资金获利的能力	增加收入	净资产收益率
		降低成本	成本费用收益率
		控制风险	不良贷款率
		发展能力	三年利润平均增长率

续表

指标类别	战略目标	关键成功因素	关键绩效指标
客户方面	以客户为中心，增加可获利客户的数量与比重	客户满意	客户满意度
			客户投诉次数
		客户保留	客户保留率
		市场份额	市场占有率
		客户获利能力	客户收益率
内部业务流程方面	提高经营效率，促进经营成效	创新能力	金融创新产品数量与比重
		服务质量	服务方式
			服务效率
		售后服务	售后服务质量
			售后服务成本
学习与成长方面	增强学习能力，保证组织健康成长	员工工作状态和精神状态	员工培训支出与质量
		有效激励程度	员工满意度
			员工工作效率
		信息系统完善程度	责权利对应程度
			信息反馈与处理

根据平衡计分卡的因果关系链，银行可以评估和监控战略执行情况，并可以借助对过程指标的考核，快速而准确地发现在执行战略过程中哪一环节处于薄弱状态，从而能够及时地进行改进和完善，保证战略目标的顺利实施。

本章小结

1. 商业银行绩效管理是指管理者与员工双方就目标以及如何实现目标达成共识，并协助员工成功达到目标的管理活动。

2. 商业银行绩效评估就是采用一组财务指标和一定的评估方法，对银行经营目标实现程度进行考核、评估。

3. 商业银行绩效评估是绩效管理的核心组成部分，是实施绩效管理的前提和基础，成功的绩效管理需要建立在有效的绩效评估基础之上。

4. 商业银行绩效评估指标体系可分为单一指标体系和多重指标体系。对商业银行的绩效评估一般同时采用两种体系。随着对商业银行稳健性的要求日益提升，综合了风险和利润考量的多重指标体系模式的运用越来越广泛。商业银行的绩效评估指标体系主要由盈利性指标体系与安全保障指标体系所构成。

5. 商业银行绩效评估方法多种多样。传统的比率分析法和杜邦分析法均集中于财务信息和传统经营因素信息评估，以较为单一的财务维度来评价企业经营成果和实施人力资源管理。而后来发展起来的经济增加值法、平衡计分卡以及经济资本等方法，充分考虑到影响商业银行经营绩效的复杂内外因素，并将其中的多种关键因素纳入评价体系。

本章重要概念

绩效管理　绩效评估　单一指标体系　多重指标体系　盈利性指标
流动性指标　风险性指标　清偿力　安全性指标　比率分析法　杜邦分析法
两因素分析法　三因素分析法　四因素分析法　经济增加值法　平衡计分卡
经济资本法

思考与练习

1. 我国商业银行的绩效考核指标体系存在哪些问题？如何完善我国商业银行绩效考核指标体系？
2. 如何全面理解商业银行绩效管理？
3. 请阐述商业银行绩效评估的内容。
4. 如何理解商业银行绩效管理和绩效评估之间的关系？
5. 商业银行的绩效评估指标体系一般由哪些类型的指标构成？
6. 请理解并学会运用杜邦分析法。
7. 请理解 EVA 方法在我国商业银行绩效评估中的应用。
8. 请理解平衡计分卡在我国商业银行绩效评估中的应用。

案例分析

选择一家中国上市银行，以其近三年年报为基础，分析该银行的经营绩效。

第十章
商业银行战略管理

"不谋万世者，不足谋一时；不谋全局者，不足谋一域。"

——［清］陈澹然《寤言二迁都建藩议》

2010年3月的一天，在从上海飞往武汉的航班上，渣打银行武汉分行行长Michael在思索着该如何落实CEO在上海举行的中国区管理层会议上布置的五年计划目标。Michael上个月刚刚就任这一职务，他在这次管理层会议上承担了要让武汉分行在2014年实现5000万美元年营业额的目标，这个数字是该分行2009年数字的三倍还要多。尽管目标十分激动人心，但Michael知道，要实现它还要面对诸多挑战。

一直以来，外资银行认为自己在中国的主要优势在于针对高端客户的优质服务，而中国的国有银行过去给人的印象往往是资不抵债、服务低效，一旦监管环境变得更加公平，外资银行一定能打败中资银行。但近年来的情况在悄然变化。中资银行凭借固有的广泛的分行网络以及近几年显著改善的资本状况，在客户服务、人才聚集和产品创新上不断提升自身的竞争力，因此外资银行面临实力强大的本土银行的激烈竞争。

除了本土银行的竞争外，在武汉，渣打银行还面临着外资银行的竞争，主要是汇丰银行。不久前，汇丰在武汉推出了中小企业服务，帮助外向型中小企业全面提升财务效率，量身定制跨境商贸金融解决方案，协助中小企业走向国际市场。汇丰中国近日还推出中小企业金融在线课堂，这是内地首个由外资银行为中小企业度身定制的免费财务管理在线学习平台，武汉的中小企业可通过这一免费的平台获取财务知识。

面对来自中外资银行以及分行内部营业指标的双重压力，Michael知道他必须担起更大范围的职责，应对更复杂的环境，更为果断而谨慎地决策，并且独立地迎接来自各个方面的压力和挑战。于是，他开始从经营环境、战略、财务、合规、市场、运营、领导力、客户与外部利益相关方管理等方面思考自己面对的挑战和待解决的问题。他需要尽快地制订一套完整的计划，带领他的团队迅速投入工作，实现公司交给的目标。

在领导力与人才管理方面，他知道武汉这样的内陆城市，人才短缺，各行相互挖角的情况严重，对于这种不可持续的竞争他应如何应对？带领着武汉渣打矩阵式的组织，他应如何实现"无权威的领导"，培养组织的长期竞争力？在运营和风险管理上，渣打面临中西部地区融资渠道单一，信用体系和中介机构不健全，银政、银企关系不"规范"，银行债权保护不够，贷款安全难有最后保证等问题，Michael应该如何把风险管理落实在每个人的自觉行动上？在金融和市场环境方面，Michael作为分行的行长，他意识到必须对当地、全国乃至国际的宏观形势作出比同事们更加专业、精准的判断，才能提出有远见、有价值、能服人的见解，那么 Michael 应该如何把握分行经营环境的变化并将其转化成业务驱动力？在战略思考与企业家精神方面，Michael 面临从哪些角度精准分析和判断自己面临的机会、挑战，如何在现有基础上实现业务突破，如何让渣打银行在武汉及其辐射的周边地区建立起持久的竞争力优势的思考。在法律、道德、合规和治理上，Michael 想到，银行业者如果可以更积极地与监管部门互动，既主动了解监管热点和自身容易忽视的风险，也能与之探讨银行的业务创新设想对中国银行监管体系建设可能的影响，从而实现双方的共赢，但要是做到这一点，他又应该如何着手？①

通过本章学习，你将能够：

- 了解商业银行竞争战略的分类，理解商业银行战略管理的流程与特征；
- 掌握商业银行战略分析的路径、商业银行制定战略决策的阶段与方法；
- 了解商业银行如何执行战略并进行动态调整。

第一节　商业银行战略管理概述

一、商业银行竞争战略及其分类

（一）竞争战略与竞争优势

战略，亦称谋、韬略、方略，首现于军事领域，现泛指基于内外部环境分析而作出的决定全局的策略。商业银行竞争战略，是指商业银行为求得长期可持续发展、保持竞争优势而采取的关系银行长期发展的竞争性战略。“战略管理之父”波特认为，竞争战略就是采取进攻性或防守性行动，在产业中建立起进退有据的地位。基本竞争战略有三种：总成本领先战略（Overall Cost Leadership）、差别化战略（Differentiation）、目标集聚战略（focus）。其中，贯穿于总成本领先战略的是使成本低于竞争对手，通常要求具备较高的相对市场份额或诸如规模经济等其他优势；差别化战略通过设计名牌形象、技术上的独特、性能特点、顾客服务、商业网络及其他方面的独特性，将产品或公司提供的服务差别化，树立起一些全产业范围中具有独特性的东西；目标集聚战略则是主攻某个特殊的顾客群、某产品线的一个细分区段或某一地区市场。

> *基本竞争战略有三种：总成本领先战略(Overall Cost Leadership)、差别化战略(Differentiation)、目标集聚战略(Focus)。*

竞争战略的焦点是竞争优势。一般认为，竞争优势主要来自四个方面：一是产品成本和质量；二是企业拥有的特殊资产和专门知识；三是通过设置障碍来阻止竞争对手进入；四是借助更多的资源或者更大的投入在市场上挤垮竞争对手。在传统的竞争环境下，这些优势一

① 案例来源：复旦大学管理学院教学案例库，www. fdsm. fudan. edu. cn。

旦建立，可能维持几十年而不会发生变化，当企业从一个阶梯向另一个更高的阶梯移动时，所需的时间可能是几十年甚至更长。换句话说，环境是相对稳定的，领先企业的目标是维持自己的竞争优势和建立一种平衡，非领先企业满足于现有地位和珍惜领先企业“赐予”的生存机会。在这种情况下，竞争是平和的。然而，在超竞争（过度竞争）环境下，却不可能长期地维持这种平衡，成功的企业需要通过适当的战略和行为去获得暂时的优势，同时通过打破市场均衡来破坏竞争对手的优势。在超竞争环境下，一个企业能否成功取决于其能否快速地从一种优势转向另一种优势，如果行业中的某一个企业快速地移向更高的阶梯，其他企业必须随之而上。领先企业越来越快地向上一阶移动，而非领先企业也不满足于它们的现状，即使领先企业是宽容的，并不想挤垮它们。在这种情况下，即使一个小企业有时也能驱动整个行业向上升级。这种超竞争性企业迫使其他公司或者背水一战，或者被竞争淘汰。可见，竞争优势的获取和保持需要企业不懈为之努力。商业银行的竞争优势是独立经营的银行在市场经济环境中相对其竞争对手所表现出来的生存能力、抗风险能力和持续发展能力的综合。具体而言，商业银行的竞争优势就是商业银行在市场竞争中，在有效利用甚至创造银行资源的基础上与竞争对手比较在资金筹措、产品处理、风险管理、金融营销等经营活动领域以及在产品的价格、质量、服务和满足消费者个性化、人性化需求等方面，为银行创造利润进而促进银行持续发展的能力。

专栏 10 -1

影响商业银行战略管理的主要学术观点

产业组织经济学	企业绩效部分取决于其所在的产业。 产业绩效是产业结构特征及产业内企业行为的函数。 管理者可通过设计顺应产业特征的战略而增进企业绩效
资源基础观点（Resource -based View）	组织即资源集， 其最重要的管理职能是获取和管理有价值的、独特的、难以模仿及不可替代的资源， 继而获得通往更优财务绩效的可持续竞争优势
利益相关者管理（Stake-holder Management）	企业管理的是利益相关者价值创造体系。 管理者的主要角色是加强利益相关者的互惠关系以建立竞争优势。 与利益相关者相处融洽的企业能够创造更多的价值继而更高的财务绩效

资料来源：改编自 Jeffrey S. Harrison and Caron H. St. John. Foundations in Strategic Management. Cengage Learning, 2013.

（二）商业银行战略分类

商业银行战略可以从不同角度加以划分。

1. 基于银行战略总体的分类。

（1）银行总体发展战略，包括：①创业战略，其战略重点是筹集经营资本买营运设备，选聘高级职员；②营运战略，其战略重点是争取客户，扩大营业规模，建立和巩固信誉，占用稳固的市场份额，增加盈利；③转换战略，其战略重点是调整业务结构，改变经营方向，关键是抓住战略转机。

（2）银行基本职能战略，包括人力资源管理与开发战略、科学技术研究与发展战略、营销战略等。以营销战略为例，主要包括：①产品战略——产品开发、产品质量、产品品牌、产品结构、产品定价、产品周期等子战略；②服务战略——服务/价值链、顾客需求导向、顾客满意（CS）、顾客关系、大客户等子战略；③市场战略——市场细分、市场区位、目标市场、市场定位、市场位次、市场组合、市场开拓与创新、广告、公关等子战略；④资源战略——资源开发、资源保护、可持续发展、资源优势战略等；⑤竞争战略——“胜败”型、“双赢”型、结盟型等战略及其再细分的各种战略，如成本领先战略、差异/特殊战略、目标市场/有效服务集中战略等。

2. 基于银行与环境关系的分类。

（1）适应性战略，即银行针对环境的不确定性、不可控性，为了适应环境的各种变化特征、规律、趋势而制定的战略。适应性战略分为积极适应与被动适应。

（2）配合型战略，即银行根据对所处环境的较深入的了解和对自身战略能力的充分估量，制定的积极主动地配合国家总体发展战略、地方政府的区域发展战略、工商企业客户的发展战略，并在其过程中作出贡献而发展自己的战略。

（3）进攻型战略，即银行依据对环境的深刻了解和对机会与风险的把握，主动地、自觉地、创造性地优化自身、发挥优势、扩大市场、创新市场，从本行的战略利益出发，去影响环境、改变环境、战胜对手、创造优势、发展自己的战略。

3. 基于银行管理层次的分类。

（1）总行战略，国际上称为公司层战略（Corporate - level Strategy），即银行总部层面的，以银行总体为研究对象所制定的战略，是银行的整体性、长远性决策。主要回答：我们的总目标是什么，为实现这些目标应该做些什么样的事业，每一种事业在组织中的地位如何，组织的整个经营范围是什么，从结构和财务上如何经营，怎样配置资源和管理这些业务等问题。

（2）分行战略，也称作事业层战略（Business - level Strategy），即具有相对独立的业务的集合体——战略经营单位（Strategic Business Unit）（如商业银行的各大中城市分行）的战略，又叫作 SBU 战略，主要是利用竞争者的相互不对称，在特定的市场中通过开发核心能力为顾客创造价值、获取核心竞争能力，如研究产品与服务在市场上的竞争问题。要说明：该分行应向什么顾客提供什么产品与服务，顾客满意度如何，如何实现 SBU 的目标，我们应该在何处竞争，要与哪些银行或产品竞争，如何保持我们的可持续性的竞争优势。

（3）职能战略（Functional - level Strategy），即总行、分行层次的各个职能部门的战略，主要明确职能部门如何发挥作用，执行总行战略、支撑 SBU 战略，与之保持一致，为其他各层次战略服务。每个 SBU 战略都可能转变为该类战略，如市场营销战略、财务战略、人才战略。各职能战略必须相互促进、互不抵触。

二、商业银行战略管理流程

所谓战略管理，就是将企业战略落实到具体业务和行动上。战略管理“计划学派”代表人物安索夫认为，战略管理就是企业确定其使命，根据组织外部环境和内部条件设定企业的战略目标，为保证目标的正确落实和实现进行谋划，并依靠企业内部能力将这种谋划和决策付诸实施，以及在实施过程中进行控制的一个动态管理过程。商业银行战略管理，是指商业银行最高决策者在分析其自身因素、环境态势及其相互关系与未来变化的基础上，集中对与银行存在密切关系的全部因素进行系统整合，提出、评估、鉴别、选择合理的战略模式，通过有效地全面规划、组织结构设计和人才安排、资源开发与合理配置，创造和发挥自己的独特优势，以实现银行使命与目标的管理活动过程。其流程如图10－1 所示。

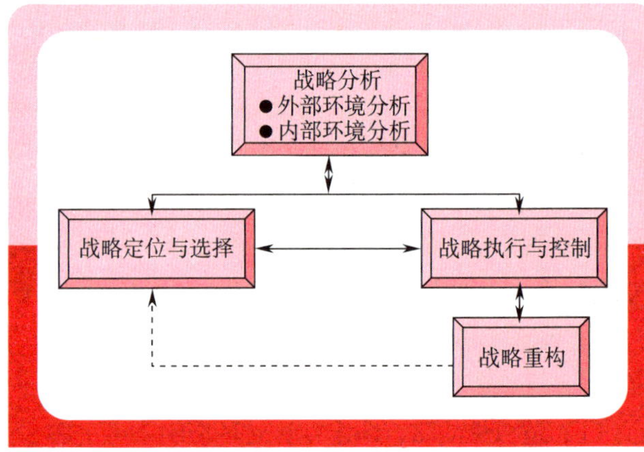

图 10－1　战略管理流程

（一）　战略分析

战略分析，即了解银行所处的内外部环境和相对竞争地位。其主要目的是评价影响银行目前和今后发展的关键因素，并确定在战略选择步骤中的具体影响因素。包括以下几个方面：

1. 确定银行的使命和目标，作为银行战略执行和评估的依据；

2. 外部环境分析，把握银行所处的社会文化环境、经济环境、政治环境、技术环境的变化趋势及主要驱动因素，了解诸如顾客、供应商、竞争者、政府、监管部门等外部利益相关者影响银行能力及作用方式正在发生哪些变化，分析上述变化蕴含的机会和威胁；

3. 内部条件分析，全面评估银行所拥有的资源和能力，洞察银行的优势与劣势，识别银行面对的主要威胁，了解管理层、员工、股东等内部利益相关者的期望，以及在战略实施过程中，这些利益相关者会作出何种反应，而这些反应又如何影响和制约银行经营管理行为。

（二）　战略定位与选择

战略定位与选择，即在评估战略备选方案的基础上选择战略方向。首先，考虑战略是否契合银行目标与使命，是否发挥了银行的优势、克服了劣势，是否利用了机会，将威胁削弱到最低程度；其次，考虑所选择的战略是否能被利益相关者所接受；最后，基于对收益、风险和可行性等方面综合考量，确定战略方向，并基于此制定银行总体发展战略、业务条线发展战略以及营销、财务、运营、研发、人力资源等职能层面的发展战略。

（三）　战略执行与控制

战略执行，包括为实现战略所需外部资源的获取、资源在银行内部的分配、为实现战略目标对组织所做的结构调整、银行文化建设等一切为保证战略计划顺利实施的措施。战略控制与战略实施是同时进行的，目的是保证战略实施的进程和结果基本符合既定战略方案，包括：（1）对战略实施情况进行密切跟踪和监视，不断分析银行内外部环境的变化对战略实施的影响；（2）检查、评估战略运行效果；（3）把战略实施的实际情况与其对应的方案和标准进行比较，发现实际与战略的偏差；（4）采取纠正措施，确保战略目标的实现。

（四）　战略重构

在商业银行经营环境发生重大变化（如经济下行、重大技术变革）时，商业银行必须重新评估其竞争战略及其执行方案。战略重构，即商业银行为重新焕发组织活力、巩固竞争地位而采取的一系列战略。常见的重构战术包括调整业务发展方向、紧缩型战略（Retrenchment）①、杠杆收购（Leveraged Buy - out，LBO）②、改变组织结构等。

专栏 10 -2
汇丰“瘦身”进行时

2008 年国际金融危机和后续欧债危机的爆发，使得欧美银行遭受重创，汇丰银行也深陷其中。屋漏偏逢连夜雨，四年后的 2012 年 7 月，汇丰控股又深陷“洗钱门”，为此其付出的代价是 19.2 亿美元罚单。受此影响，当年汇丰控股第三季度仅实现净利润 24.98 亿美元，较上年同期下滑 52%。

2012 年末，汇丰控股净资产收益率从 2011 年的 10.9% 下跌至 8.4%，成本效益比率从 2011 年的 57.5% 恶化至 62.8%。当年实现净利润 162.2 亿美元，较上年下降 17%，盈利表现接近市场预期下限。

虽然汇丰控股税前盈利账面仅显示下跌 12 亿美元，但从内部交易项来看，汇丰控股压力不小。汇丰控股自身债务公允价值出现了 52 亿美元亏损，同时加上“洗钱”罚款 19 亿美元，不过这些亏损都以去年处理的非核心资产获得 75 亿元收益而部分抵消，其中就包括出售中国平安 15.57% 股权所获得的 26 亿美元税后收益。

事实上，从 2011 年汇丰控股行政总裁欧智华上任以后，公司就制定了系列节流、重组和目标计划，裁员、出售非核心资产和投资进行重组成为汇丰控股的关键词。

由于汇丰控股将保险业务调整为非重点发展方向，汇丰将旗下位于中国香港、新加坡、墨西哥等地的保险业务悉数出售，中国内地也不能幸免。2012 年底，汇丰银行向正大集团出售了其持有的中国平安全部 15.57% 股权，结束了与中国平安的“十年婚恋”。在这笔“撤资”交易中，汇丰表示税后收益约为 26 亿美元。2013 年 3 月，汇丰人寿保险宣布解散其个人营销渠道，裁员人数接近 200 人。

汇丰银行在中国内地的“瘦身”计划还在继续。2013 年 12 月 10 日，汇丰银行宣布将其持有的 8% 上海银行股权出售给西班牙桑坦德银行。汇丰银行行政总裁王冬胜对此表示：“此项交易是

---

① 紧缩型战略是指企业从目前的战略经营领域和基础水平收缩和撤退，且偏离起点战略较大的一种经营战略。紧缩型战略是一种消极的发展战略。一般地，企业实施紧缩型战略只是短期的，其根本目的是使企业挨过风暴后转向其他的战略选择。有时，只有采取收缩和撤退的措施，才能抵御竞争对手的进攻，避开环境的威胁，迅速地实行自身资源的最优配置。可以说，紧缩型战略是一种以退为进的战略。

② 杠杆收购是指公司或个体利用收购目标的资产作为债务抵押，收购另一家公司的策略。在交易过程中，收购方的现金开支降到最低程度。换句话说，杠杆收购是一种获取或控制其他公司的方法。杠杆收购的突出特点是，收购方为了进行收购，大规模融资借贷去支付（大部分的）交易费用。通常为总购价的 70% 或全部。同时，收购方以目标公司资产及未来收益作为借贷抵押。借贷利息将通过被收购公司的未来现金流来支付。杠杆收购的主体一般是专业的金融投资公司，投资公司收购目标企业的目的是以合适的价格买下公司，通过经营使公司增值，并通过财务杠杆增加投资收益。通常投资公司只出小部分的钱，资金大部分来自银行抵押借款、机构借款和发行垃圾债券（高利率高风险债券），由被收购公司的资产和未来现金流量及收益作担保并用来还本付息。如果收购成功并取得预期效益，贷款者不能分享公司资产升值所带来的收益（除非有债转股协议）。在操作过程中可能要先安排过桥贷款（Bridge Loan）作为短期融资，然后通过举债完成收购。杠杆收购在国外往往是由被收购企业发行大量的垃圾债券，成立一个股权高度集中、财务结构高杠杆性的新公司。

我们继续执行集团策略的另一举措。面对中国如此庞大和重要的市场，着重于核心业务对我们而言更为重要。”①

三、商业银行战略管理的特征

（一）全局性

商业银行战略是描述商业银行总体性、全局性发展的蓝图。它是协调商业银行内部各职能部门之间和各管理层次之间关系的依据，是促进各方面均衡发展的保证。任何一个部门或单位在制订自己的计划、作出自己的决策时，都必须服从商业银行战略的需要，为实现商业银行战略目标服务。为了实现商业银行战略目标所体现的总体利益，有时一个部门不得不牺牲自己的局部利益。另外，我国商业银行战略的全局性特征，还表现在商业银行经营战略要与国家的经济、技术、社会发展战略相协调，与国家发展的总目标相适应。

（二）长期性

战略管理是面向未来的管理，因此商业银行要作出长期性的战略计划。如图 10－2 所示，银行在战略实施和重大目标上，当实际活动正按照期望曲线发展时，就要超前地安排以后的战略，进行战略分析，确定新的战略意图；当实际曲线与期望曲线在 *X* 点发生偏移时，或实际曲线达到一定高度时，就可考虑实施预定战略，即找出期望曲线下滑的原因，及时推出“第二曲线”，以保障银行长期获得所期望的目标（利润），而不要等到曲线下滑时才想到调整战略。

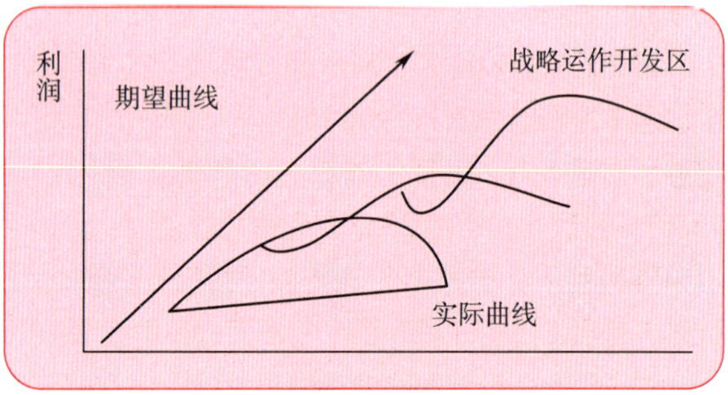

图 10－2　战略管理的长期性特征示意图

（三）渐进性

商业银行的战略管理是一个逐渐形成的过程。战略制定是一个逻辑渐进过程，是在较长时间内进行一系列小型决策的过程中和基础上完成的。可以表现为五种不同形式：计划（Plan）、策略（Play）、模式（Pattern）、过程（Process）、着眼点（Perspective）。如中国国有专业银行向真正的商业银行转化的改革过程中，就经历了一系列小改革：（1）放权让利：重在增强分支机构的活力和效率；（2）职能分离：分离政策性业务和商业性业务；（3）变革环境：重点是政银分开、理顺商业银行与中央银行、财政部门的关系；（4）增量促变：通过银行、金融业改革产生的“增量”促进银行“存量”的改革；（5）不良资产化解：集中解决国有商业银行的不良债权，以化解沉重的历史包袱；（6）结构优化：逐步调整优化银行的组织结构、业务结构、人员结构等；（7）内部控制：健全银行内部控制机制；（8）产权改革：改革银行的产权制度，做到“产权清晰、权责明确、政企分开、管理科学”，其中，

① 改编自章银海．汇丰瘦身冲击波：兴业银行疑是下个股权出售对象［EB/OL］．http：//finance.21cbh.com/2013/12－23/xNNTg5XzEwMDExNT.html。

也可实行总行控股的股份制、法人负责制、委托代理制等；（9）完善商业银行公司治理结构：推动商业银行发行上市和引入战略投资者。

（四）相对稳定性

商业银行战略的稳定性是指战略变革模式的连续性或惯性特征。亨利·明茨伯格（Henry Mintzberg）研究表明：全局性的、转型性（Transformational）的战略变革确实发生过，但不经常发生。格里·约翰逊（Gerry Johnson）认为：最好用连续性来描述和理解组织的战略发展。战略具有一种“惯性”趋势特征，一旦组织采用了某种特定的战略，它就可以以该战略为基础进行发展，而不是根本性地改变方向，这表现了战略管理具有稳定性的特征。其模式如图10－3所示。

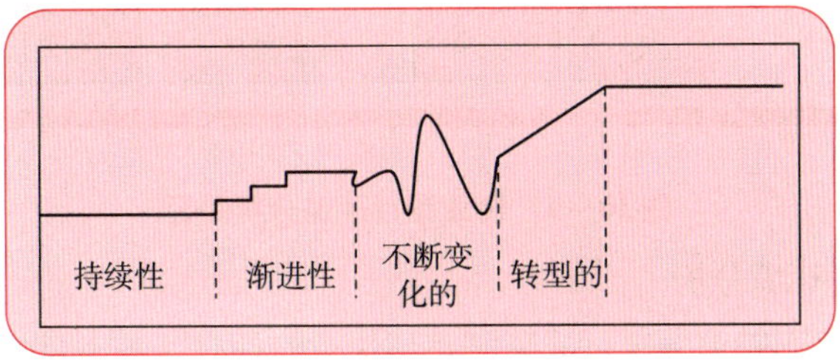

图10－3　战略变革模式特征示意图

（五）环境适应性

商业银行战略在执行过程中具有环境适应性特征。由于银行战略管理过程时间跨度较大，其间外部市场环境抑或商业银行自身的内部环境必然会发生一系列改变。当银行的环境要素发生变化后，银行需要冷静地分析环境的变化特点和原因，确定环境变化对银行发展的影响，作出战略调整。如果不能及时应对，则会对银行经营管理产生重大影响。中国银保监会（或银监会）将之定义为战略风险，即商业银行经营策略不适当或外部经营环境变化而导致的风险。

根据中国银保监会（或银监会）要求，商业银行应当建立与自身业务规模和产品复杂程度相适应的战略风险管理体系，对战略风险进行有效的识别、评估、监测、控制和报告。商业银行应当充分评估战略风险可能给银行带来的损失及其对资本水平的影响，并视情况对战略风险配置资本。《巴塞尔协议Ⅲ》代表了全面风险管理方向，银行战略需要将《巴塞尔协议Ⅲ》纳入其整体战略规划中。在战略风险管理上，要做到“四个结合”：（1）战略风险管理与战略规划工作相结合，建立一个以风险为导向的战略规划和执行流程；（2）战略风险评估以定性为主，定性与定量相结合；（3）战略风险管理与其他类别的风险管理相结合；（4）监管合规与提高自身风险管理水平相结合。

第二节　商业银行战略分析与决策制定

一、商业银行战略分析路径

商业银行战略分析通常遵循由外而内、由宏观至微观的分析路径，如图10－4所示。

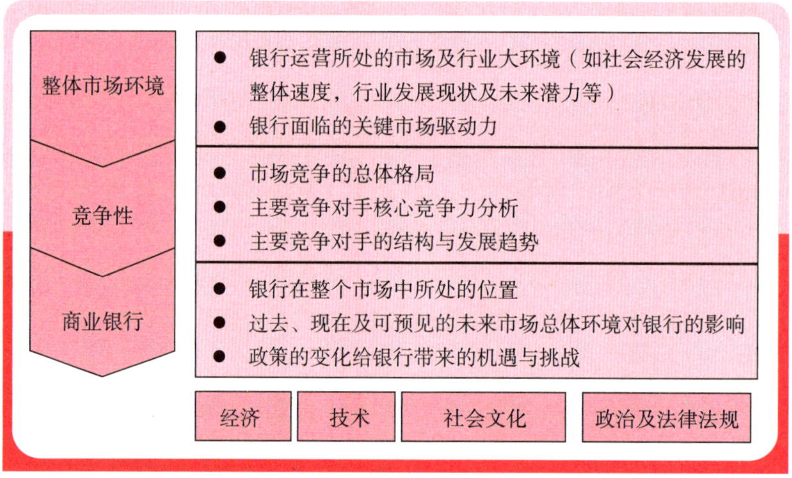

图 10－4　商业银行战略分析路径

（一） 整体市场环境分析

整体市场环境涵盖影响商业银行战略制定与执行的各种宏观力量。对宏观环境因素作分析，不同行业和企业根据自身特点和经营需要，分析的具体内容会有差异，但一般都应对政治（Political）、经济（Economic）、社会文化（Sociocultural）和技术（Technological）这四大类影响企业的主要外部环境因素进行分析。简单而言，称之为 PEST 分析法。

1. 政治法律环境（Political Factors）。政治环境包括一个国家的社会制度，执政党的性质，政府的方针、政策、法令等。不同的国家有着不同的社会性质，不同的社会制度对组织活动有着不同的限制和要求。即使社会制度不变的同一国家，在不同时期，由于执政党的不同，其政府的方针特点、政策倾向对组织活动的态度和影响也是不断变化的。

重要的政治法律变量包括执政党性质、政治体制、经济体制、政府的管制、税法的改变、各种政治行动委员会、产业政策、投资政策、国防开支水平、政府补贴水平、反垄断法规、与重要大国关系、地区关系、民众参与政治行为、政局稳定状况、各政治利益集团等。

2. 经济环境（Economic Factors）。经济环境主要包括宏观和微观两个方面的内容。宏观经济环境主要指一个国家的人口数量及其增长趋势，国民收入、国民生产总值及其变化情况以及通过这些指标能够反映的国民经济发展水平和发展速度。微观经济环境主要指企业所在地区或所服务地区的消费者的收入水平、消费偏好、储蓄情况、就业程度等因素。这些因素直接决定着企业目前及未来的市场大小。

重要的经济变量包括 GDP 及其增长率、可支配收入水平、居民消费（储蓄）倾向、利率、通货膨胀率、政府预算赤字、消费模式、失业趋势、劳动生产率水平、汇率、证券市场状况、进出口、不同地区和消费群体间的收入差别、价格波动、货币与财政政策等。

3. 社会文化环境（Sociocultural Factors）。社会文化环境包括一个国家或地区的居民教育程度和文化水平、宗教信仰、风俗习惯、审美观点、价值观念等。文化水平会影响居民的需求层次；宗教信仰和风俗习惯会禁止或抵制某些活动的进行；价值观念会影响居民对组织目标、组织活动以及组织存在本身的认可与否；审美观点则会影响人们对组织活动内容、活动方式以及活动成果的态度。

关键的社会文化因素包括妇女生育率、人口结构比例、性别比例、结婚数、离婚数、人口出生/死亡率、人口移进移出率、社会保障计划、人口预期寿命、生活方式、对政府的信任度、购买习惯、对道德的关切、储蓄倾向、性别角色、投资倾向、社会责任、宗教信仰状况等。

4. 技术环境（Technological Factors）。技术环境除了要考察与银行所处领域的活动直接相关的技术手段的发展变化外，还应及时了解国家对科技开发的投资和支持重点、该领域技术发展动态和研究开发费用总额、技术转移和技术商品化速度、专利及其保护情况等。

（二）竞争性分析

1. 波特五力分析。五力分析模型为迈克尔·波特于20世纪80年代初提出，对企业战略制定产生全球性的深远影响。该模型用于对竞争战略的分析，可以有效地分析客户的竞争环境。五力分别是：供应商的议价能力、购买者的议价能力、潜在竞争者进入的能力、替代品的替代能力、行业内竞争者现在的竞争能力。五种力量的不同组合变化最终影响行业利润潜力变化，如图10－5所示。

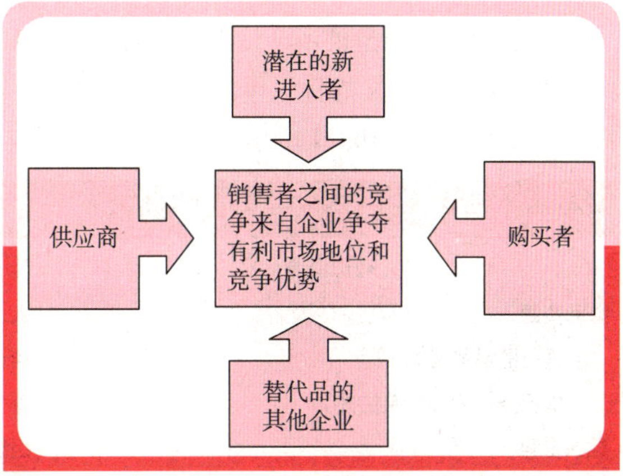

图10－5　波特五力模型

2. 竞争对手分析。“知己知彼，百战不殆”，有效的竞争对手分析有助于商业银行了解、解释和预测竞争对手的行为和动机。对竞争对手的分析要从目标、战略、对市场的假设以及资源和能力四个角度去评估，如图10－6所示。

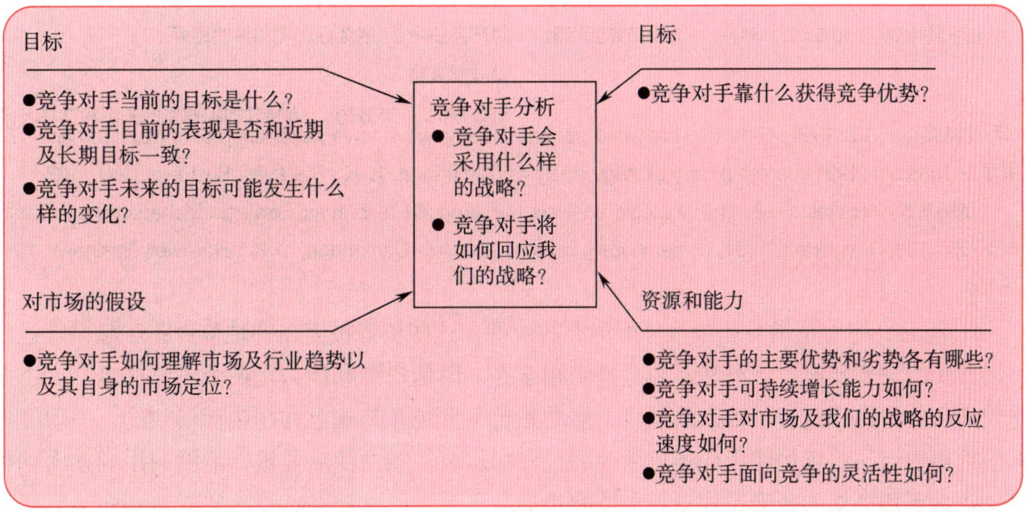

图10－6　竞争对手分析

（三）内部资源分析

对商业银行来说，内部资源具体是指商业银行拥有的资源、能力和核心竞争力，是商业银行建立竞争优势的基础（如图 10 - 7 所示）。

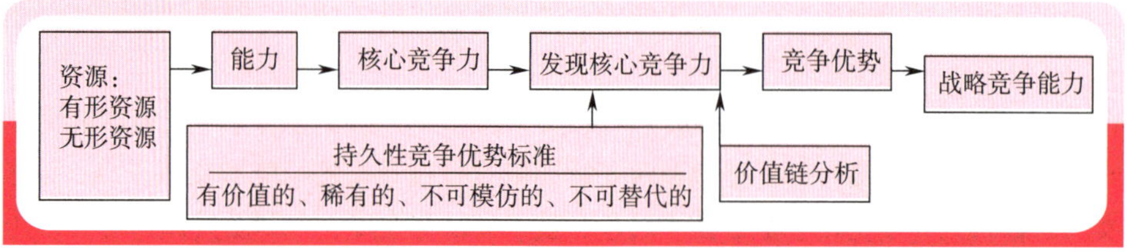

图 10 - 7　内部分析中能带来竞争优势和战略竞争能力的组成部分

1. 资源。资源是被用于投入商业银行的资本、设备、员工的技能、专利、财务状况以及经理人的才能。广义的资源包含了一系列个人、社会和组织的综合，分为有形资源和无形资源，具体形式如表 10 - 1 所示。

表 10 - 1　商业银行有形资源和无形资源

有形资源	无形资源
财务资源	人力资源知识
银行的借款能力	信任
银行产生内部资金的能力	管理能力
组织资源	组织惯例
银行的报告系统以及它正式的计划、控制和协调	创新资源创意
系统	科技能力
实物资源	创新能力
银行的经营设备和设备的位置以及先进的程度	声誉资源客户声誉
技术资源	品牌
技术的含量，如专利、商标、版权和商业机密	对产品质量、耐久性和可靠性的理解
	供应商声誉
	有效率的、有效的、支持性的和双赢的关系和交往方式

资料来源：J. B. 1991, Firm resources and sustained competitive advantage. Journal of Management, 17: 101; R. M. Grant, 1991, contemporary strategy analysis Cambridge, U. K.: Blackwell Business, 100 -102.

资料来源：R. Hall. 1992, The strategic analysis of intangible resources, Strategic Management Journal 13: 136 -139; R. M. Grant, 1991, contemporary strategy analysis Cambridge, U. K.: Blackwell Business, 101 -104.

2. 能力。能力是指商业银行分配资源的效率，这些资源被有目的地整合在一起，以达到一种预想的理想状态。资源和能力是紧密相连的，但是资源和能力是两个不同的概念。资源是组织和外界协调过程中输入的能量，能力是若干资源在其相互作用中而形成的，一项能力对应着组织对一组资源履行任务或活动的过程和结果。能力使商业银行能够利用洞察力和智慧创造并利用外部的机会，建立持久性的优势。

获得竞争优势和战略竞争能力的关键在于将能力建立在发展、积累信息和知识以及在商业银行内部员工间交流信息与知识的基础上。不同的能力水平决定了不同的竞争结果，决定了商业银行竞争的绩效水平。总之，能力是各种资源有效整合的过程和结果。简单来讲，商业银行的能力和竞争绩效的关系可以用图10－8表示。

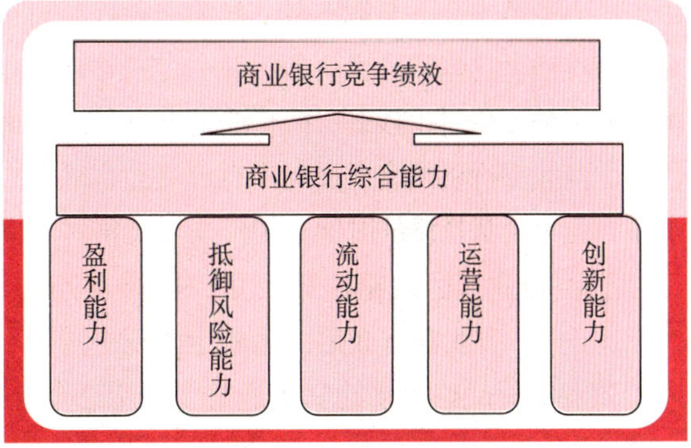

图10－8　商业银行综合能力和市场绩效关系

许多能力的基础建立在商业银行员工的技能和知识上，而且，经常是建立在他们某方面的专长上。商业银行的人力资本所拥有的知识是最重要的能力，最终会成为所有竞争优势的来源。在信息时代实物是辅助的，知识才是中心。商业银行不是从实物中里获取价值，而是从人们所固有的知识、技术诀窍、知识产权和竞争能力中获取。根据这点，商业银行的挑战在于为人们创造一种环境，使人们能将他们个人的知识组合在一起。

3. 核心竞争力。商业银行核心竞争力就是商业银行在兼顾其社会责任和公众服务义务的同时拓展市场、开创未来的能力。这种能力分为三个层次，由表及里分别是商业银行竞争行为能力、竞争战略管理能力和竞争潜在能力。换句话说，商业银行核心竞争力指的就是，在商业银行的经营目标是有效风险管理下的利润最大化的情形下，其核心竞争力取决于商业银行的安全能力与盈利能力，包括资本规模及充足性和由此确定的规模实力、盈利能力、影响盈利与资本充足性的资产质量或风险管理能力、影响盈利能力的经营效率与创新能力。

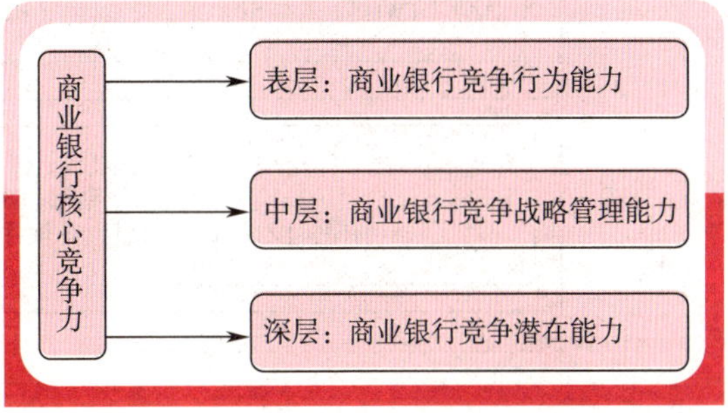

图10－9　商业银行核心竞争力构成层次

其中，竞争行为能力是商业银行核心竞争力的表层，指过去和现在的竞争表现；竞争潜在能力指竞争优势的重要来源和根本所在，是商业银行核心竞争力的深层；竞争战略管理能力指把竞争潜在能力化为行为能力和竞争优势的能力，是商业银行核心竞争力的中层。

在商业银行核心竞争力的三个构成层次中包含着八个方面的内容，这些也就是商业银行核心竞争力的外在表现以及对其进行评价时主要可以考察的内容。

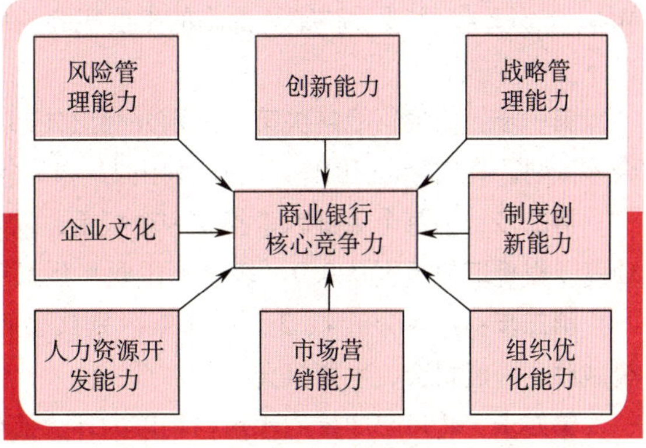

图10－10　商业银行核心竞争力的三个构成层次中包含的八个方面的内容

作为商业银行竞争优势的来源，核心竞争力使商业银行在竞争中脱颖而出，而且能反映商业银行的特性。在商业银行积累和学习怎样分配资源和能力的组织过程中，核心竞争力会不断地出现。作为一种行动的能力，核心竞争力能使商业银行超越竞争对手，商业银行通过这些核心竞争力，在一定的时候建立战略能力。进一步来讲，只有在商业银行的能力无法被竞争对手抄袭、模仿的情况下，商业银行才能形成持久性的竞争优势。在某个时间段内，商业银行可能会通过利用有价值的、稀有的然而可模仿的能力获取竞争优势。在这种情况下，竞争优势持续的时间长短能衡量竞争对手模仿产品、服务和过程的速度。

二、商业银行战略决策制定：阶段与方法

（一） 商业银行战略决策制定的三个阶段

商业银行战略决策的制定通常要经历三个阶段，如图 10－11 所示。

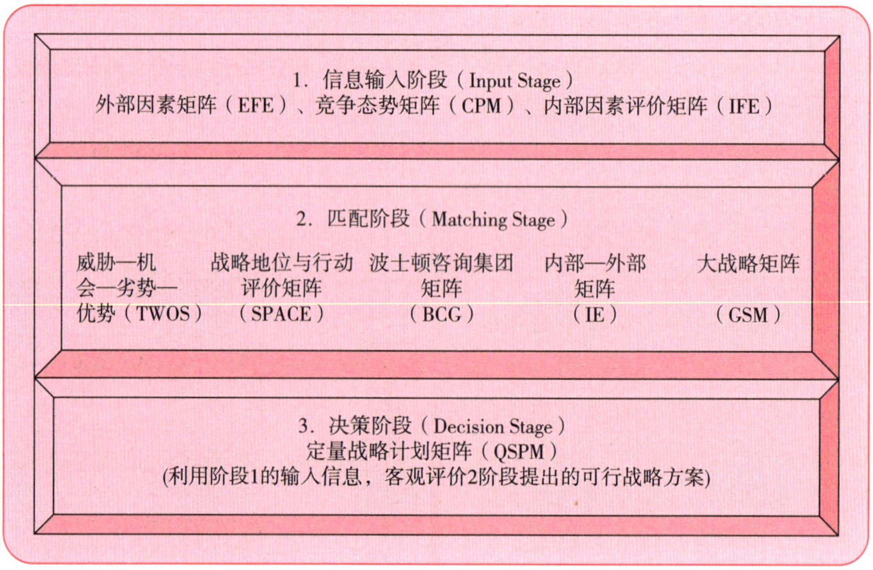

图 10－11　三个阶段的战略决策制定框架体系

（二） 商业银行战略决策方法

1. 信息输入阶段。

（1）外部因素矩阵（EFE）。企业外部环境关键因素评价矩阵（External Factor Evaluation Matrix，EFE），主要反映银行面临的主要机会与威胁，为制定战略提供可靠依据。具体包括以下五个步骤。

第一步：由银行战略决策者识别并列出外部环境中的关键因素，即找出其面临的主要机会和威胁。在实际应用中，一般以列出 11～15 个机会和威胁为宜。

第二步：为每个关键因素指定一个权重，以表明该要素对于银行经营活动成败的相对重要度。权重取值范围从 0.0（表示不重要）到 1.0，并使各要素权重之和为 1。

第三步：用评分值 1、2、3、4 来分别代表相应要素对于商业银行来说是主要威胁、一般威胁、一般机会、主要机会。

第四步：将每一要素的权重与相应的评分值相乘，从而得到各要素的加权评价值。

第五步：将第一要素的加权评价值加总，以求得银行外部环境机会与威胁的综合加权评价值。

根据以上评价过程可知：对于任一商业银行来说，其可能的最高与最低的综合加权评价值分别为4.0与1.0，其平均综合加权评价值为2.5. 如果综合加权评价值为4.0，表示该银行处于一个非常有吸引力的行业之中，面临大量的市场机会；而综合加权评价值为1.0，则表示企业处于一个前景不妙的行业之中，面临着严重的外部威胁。

表10－2提供了一个外部环境因素评价矩阵分析的示例。由表10－2所列数据可知，该金融机构的主要威胁来自关键竞争对手的扩张战略，其相应评价值为1；企业有两个主要的机会，即人口的增长和计算机、网络的发展，其相应评价值均为4；综合分析结果，对金融机构影响最大的两个要素依次是政府开放外汇管制和人口增加，其相应加权评价值分别为0.9和0.8；最后得出的综合加权评价值为2.8，表示金融机构在抓住外部机会与回避威胁方面处于行业平均水平（2.5）之上。

表10－2 银行外部环境因素评价矩阵示例

关键因素	权重	评价值	加权评价值
经济增长	0.3	2	0.6
人口增加	0.2	4	0.8
政府放开外汇管制	0.3	3	0.9
计算机、网络发展	0.1	4	0.4
主要竞争对手战略扩张	0.1	1	0.1
综合加权评价值	1		2.8

（2）内部因素矩阵（IFE）。内部因素评价矩阵（Internal Factor Evaluation Matrix，IFE矩阵），是一种对内部因素进行分析的工具。其做法是从优势和劣势两个方面找出影响企业未来发展的关键因素，根据各个因素影响程度的大小确定权数，再按企业对各关键因素的有效反应程度对各关键因素进行评分，最后算出企业的总加权分数。通过IFE，企业就可以把自己所面临的优势与劣势汇总，来刻画企业的全部引力。

IFE矩阵可以按如下五个步骤来建立。

第一步：列出在内部分析过程中确定的关键因素。采用10～20个内部因素，包括优势和弱点两方面的。首先列出优势，然后列出弱点。要尽可能具体，要采用百分比、比率和比较数字。

第二步：给每个因素以权重，其数值范围由0.0（不重要）到1.0（非常重要）。权重标志着各因素对于企业在产业中成败的影响的相对大小。无论关键因素是内部优势还是弱点，对企业绩效有较大影响的因素就应当得到较高的权重。所有权重之和等于1.0。

第三步：为各因素进行评分。1分代表重要弱点；2分代表次要弱点；3分代表次要优势；4分代表重要优势。值得注意的是，优势的评分必须为4或3，弱点的评分必须为1或2。评分以公司为基准，而权重则以产业为基准。

第四步：用每个因素的权重乘以它的评分，即得到每个因素的加权分数。

第五步：将所有因素的加权分数相加，得到企业的总加权分数。无论IFE矩阵包含多少因素总加权分数的范围都是从最低的1.0到最高的4.0，平均分为2.5。总加权分数大大低于2.5的企业的内部状况处于弱势，而分数大大高于2.5的企业的内部状况则处于强势。IFE矩阵应包含10～20个关键因素，因素数不影响总加权分数的范围，因为权重总和永远等于1。

内部因素评价矩阵IFE与外部环境因素评价矩阵EFE相似，此处不再赘述。

2. 匹配阶段。

（1）SWOT分析法。SWOT分析法（也称TOWS分析法、道斯矩阵）即态势分析法，20

世纪80年代初由美国旧金山大学的管理学教授韦里克提出，常用于企业战略制定、竞争对手分析等。这一方法通过分析企业现有资源和能力，指出企业的优势、劣势以及通过分析环境指出其机遇与威胁，以达到内部能力与外部环境的匹配。通常遵循以下步骤：第一步，确认当前的战略是什么；第二步，确认企业外部环境的变化；第三步，根据企业资源组合情况，确认企业的关键能力和关键限制；第四步，打分评价；第五步，将结果在SWOT分析图上定位（如图10－12所示）。在右上角定位的企业，具有很好的内部条件以及众多的外部机会，应该采取增长型战略；处于左上角的企业，面临巨大的外部机会，却受到内部劣势的限制，应该采取扭转型战略，充分利用环境带来的机会，设法清除劣势；在左下角定位的企业，内部存在劣势，外部面临强大的威胁，应采取多种经营战略，利用自己的优势，在多样化经营上寻找长期的发展机会。

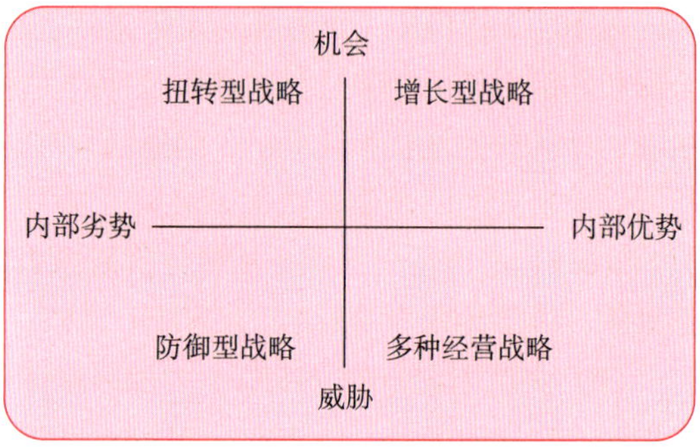

图10－12　SWOT分析与战略选择

（2）SPACE矩阵分析。战略地位与行动评价矩阵（Strategy Position and Action Evaluation Matrix，简称SPACE矩阵）主要是分析企业外部环境及企业应该采用的战略组合。SPACE矩阵有四个象限分别表示企业采取的进取、保守、防御和竞争四种战略模式。这个矩阵的两个数轴分别代表了企业的两个内部因素——财务优势（FS）和竞争优势（CA）；两个外部因素——环境稳定性（ES）和产业优势（IS）。

建立SPACE矩阵的步骤包括：（1）选择构成财务优势（FS）、竞争优势（CA）、环境稳定性（ES）和产业优势（IS）的一组变量；（2）对构成FS和IS的各变量给予从+1（最差）到+6（最好）的评分值。而对构成ES和CA轴的各变量从－1（最好）到－6（最差）的评分值；（3）将各数轴所有变量的评分值相加，再分别除以各数轴变量总数，从而得出FS、CA、IS和ES各自的平均分数；（4）将FS、CA、IS和ES各自的平均分数标在各自的数轴上；（5）将X轴的两个分数相加，将结果标在X轴上；将Y轴的两个分数相加，将结果标在Y轴上；标出X、Y数轴的交叉点；（6）自SPACE矩阵原点到X、Y数值的交叉点画一条向量，这一条向量就表示企业可以采取的战略类型：进取、竞争、防御或保守，如图10－13所示。

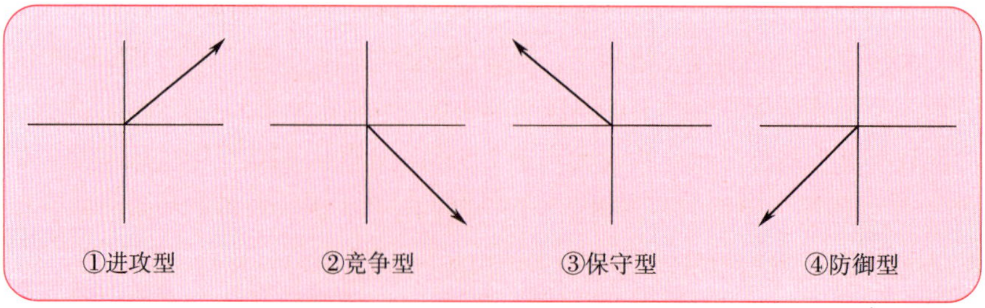

图10－13　各种战略形态示意

①进攻型。行业吸引力强、环境不确定因素极小、金融机构有一定的竞争优势，并可以用财物实力加以保护。处于这种情况下的商业银行可以采取发展战略。

②竞争型。行业吸引力强，但环境处于相对不稳定状况，金融机构占有竞争优势，但是缺乏财物实力。处于这种情况下的商业银行应寻求财务资源以提升竞争力。

③保守型。商业银行处于稳定而缓慢发展的市场，竞争优势不足，但是财物实力比较强。处于这种情况下的商业银行应该调整其产品系列，争取进入利润更高的市场。

④防御型。商业银行处于日趋衰退且不稳定的环境，本身又缺乏竞争性产品且财务能力不强，此时，商业银行应考虑退出市场。

案例 10－1
A 省 B 银行 SPACE 矩阵评价

（一）变量选择

1. 财务优势（FS）。以财政部颁布的《银行类金融企业绩效评价财务指标标准值》（见表 10－3）为标杆，选取资本利润率、资产利润率、成本收入比、不良贷款率、拨备覆盖率、资本充足率为评价指标，“优秀”、“良好”、“中等”、“较低”、“较差”各档次分别赋值为 6 分、5 分、4 分、3 分、2 分。

表 10－3　银行类金融企业绩效评价财务指标标准值　　单位：%

项目	优秀	良好	中等	较低	较差
盈利能力状况					
资本利润率	23. 10	15. 30	13. 20	3. 90	0. 10
资产利润率	1. 70	1. 30	0. 80	0. 30	-0. 50
成本收入比	29. 30	31. 90	34. 50	59. 50	68. 10
经营增长状况					
国有资本保值增值率	138. 10	128. 00	116. 80	105. 30	100. 80
利润增长率	134. 10	30. 70	5. 70	－17. 40	-33. 60
经济利润率	18. 20	12. 20	8. 00	-0. 40	-3. 30
资产质量状况					
不良贷款率	2. 30	4. 70	13. 10	21. 60	29. 00
拨备覆盖率	159. 90	112. 30	66. 90	20. 60	8. 70
偿付能力状况					
资本充足率	12. 40	10. 50	8. 70	2. 50	0. 50
核心资本充足率	10. 10	9. 50	7. 20	1. 10	0. 10

2. 产业优势（IS）。通常产业优势可采用增长潜力、盈利能力、财务稳定性、专有技术知识、资源利用、资本密集性、进入市场的便利性、生产效率和生产能力利用率指标来衡量。从我国银行业实际出发，着重从金融监管和银行业发展潜力来衡量产业优势，选取地域经营自由度、产品

经营自由度和成长空间三项指标。

3. 环境稳定性（ES）。通常环境稳定性可采用技术变化、通货膨胀、需求变化性、竞争产品的价格范围、市场进入壁垒、竞争压力、价格需求弹性的指标来衡量。基于中国银行业发展实际，选取技术变化、需求变化、竞争压力三项作为环境稳定性的衡量指标。

4. 竞争优势（CA）。通常竞争优势可采用市场份额、产品质量、产品生命周期、用户忠诚度、竞争能力利用率、专有技术知识、对供应商和经销商的控制的指标来衡量。结合 B 银行实际，选取市场份额、网点密度和竞争对手相对优势作为竞争优势的衡量指标。

（二）评分

表 10 -4　B 银行 SAPCE 矩阵评分表

项目	相关描述（依据）	评分
财务优势（FS）		
资本利润率	2013 年为 6.81%，“较低”	3
资产利润率	2013 年为 0.91%，“中等”	4
成本收入比	2013 年为 42.17%，“较低”	3
不良贷款率	2013 年为 1.52%，“优秀”	6
拨备覆盖率	2013 年为 161.16%，“优秀”	6
资本充足率	2013 年为 22.34%，“优秀”	6
总分		28
产业优势（IS）		
地域经营自由度	2007 年，银监会明确表示支持具备条件的城商行跨区域经营。2009 年 4 月，银监会发布了《中小商业银行分支机构市场准入政策的调整意见（试行）》，其核心内容是取消分支机构设立的数量限制和营运资金要求。但股份制商业银行设立分行和支行，仍由银监会根据监管评级和优化布局等要求进行审批。银监会鼓励股份制商业银行优先到西部、东北等金融机构较少、金融服务相对薄弱地区设立分支机构，对符合监管导向的相关申请予以优先支持	3
产品经营自由度	我国目前仍为分业经营，国际金融危机更是进一步阻滞了商业银行综合经营的进程，产品创新受到较大限制	2
成长空间	A 省 GDP 增速连续 8 年保持两位数增长，而 B 银行服务区域的发展速度高于 A 省平均水平；2013 年 A 省银行业金融机构资产突破万亿元，同比增长 36.3%，存、贷款增量双双突破 2 000 亿元	5
总分		10
环境稳定性（ES）		
技术变化	技术对银行产品创新及运营效率提升的作用日益凸显，技术的升级换代及设备更新使得 IT 及研发投入占比呈现上升态势	-4

续表

项目	相关描述（依据）	评分
需求变化	企业客户呈现管理多样化、融资多元化、产业细分化和资金集中化等特征，零售客户则呈现整体富裕、差距扩大化、投资多元化等特征，客户需求差异性日趋明显	-5
竞争压力	短期内，A省银行业寡头垄断的竞争格局不会改变；"引金入A"战略的推进将进一步加剧竞争	-4
总分		-13
竞争优势（CA）		
存款业务市场份额	2013年末A省本外币贷款余额9638.9亿元，B银行存款余额为234.23亿元，占比为2.43%	-5
贷款业务市场份额	2013年末A省本外币贷款余额7360.40亿元，B银行贷款余额为133.35亿元，占比为1.81%	-5
网点密度	截至2013年12月31日，B银行已设立一级分支行7个，县城支行2个，二级支行49个，营业网点58个。同期A省地区银行类金融机构共有5384个	-4
竞争对手相对优势	国有控股银行以其规模上的先天优势及体制上的后天优势，对B银行构成全方位的竞争压力；股份制商业银行将对B银行形成合围之势，部分在A省分支机构有可能赶超B银行	-5
总分		-19

结论：

FS平均值：28 ÷6 =4.67

IS平均值：10 ÷3 =3.33

ES平均值：-13 ÷3 = -4.33

CA平均值：-19 ÷4 = -4.75

向量坐标值：x轴：（-4.75）+3.33 =（-1.42）

y轴：（-4.33）+4.67 = 0.34

（三）战略选择方案

根据评分，B银行应该采取保守型策略，即稳健经营、固守基本竞争优势而不要过分冒险。保守型战略通常包括市场渗透、市场开发、产品开发及集中多元化经营。在保守型战略当中，B银行的财务稳定性是核心问题，其关键要素是产品的竞争能力。处于这种状态的B银行，应突出其产品重点，明确其战略定位，集中力量争取进入利润更高的市场。

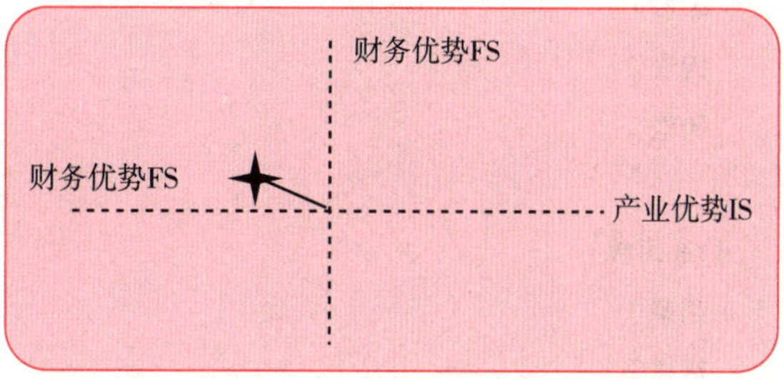

图10-14 B银行SPACE矩阵图：保守型

（四）决策阶段

定量战略计划矩阵（QSPM 矩阵）是战略决策匹配阶段的重要分析工具。该分析工具能够客观地指出哪一种战略是最佳的。QSPM 利用第一阶段和第二阶段的分析结果来进行战略评价。

QSPM 的分析步骤如下：将第二阶段制定的各种战略分别评分，评分是根据各战略是否能使企业更充分利用外部机会和内部优势，尽量避免外部威胁和减少内部弱点四个方面，通过专家小组讨论的形式得出。得分的高低反映了战略的最优程度。也就是说，QSPM 的输入信息正是第一阶段的因素评价结果（由 EFE 矩阵、IFE 矩阵、竞争态势矩阵分析得出）和第二阶段的备选战略（由 SWOT 矩阵、SPACE 矩阵、BCG 矩阵、IE 矩阵和大战略矩阵分析得出），QSPM 的结果反映战略的最优程度。值得注意的是，虽然 QSPM 是基于事先确认的外部及内部因素来客观评价备选战略的工具，然而，良好的直觉判断对 QSPM 仍然是必要且极为重要的。

QSPM 矩阵的格式如表 10－5 所示。QSPM 顶部一行包括了从 SWOT 矩阵、SPACE 矩阵、BCG 矩阵、IE 矩阵和大战略矩阵中得出的备选战略。这些匹配工具通常会产生类似的可行战略。需注意的是，并不是说匹配技术所建议的每种战略都要在 QSPM 中予以评价，战略分析者必须运用良好的直觉及行业的丰富经验剔除一些明显不可行的战略选择，只将最具吸引力的战略列入 QSPM 矩阵。QSPM 的左边一列为关键的外部和内部因素（来自第一阶段），顶部一行为可行的备选战略（来自第二阶段）。具体地说，QSPM 的左栏包括了从 EFE 矩阵和 IFE 矩阵直接得到的信息。在紧靠关键因素的一列中，将标出各因素在 EFE 矩阵和 IFE 矩阵中所得到的权数。在 QSPM 矩阵中一个重要的概念是战略的最优程度。它是根据各战略对外部和内部因素的利用和改进程度而确定的。QSPM 中包括的备选战略的数量和战略组合的数量均不限，分析的结果并不是非此即彼的战略取舍，而是一张按重要性和最优程度排序的战略清单。

表 10－5 定量战略计划矩阵

关键因素	备选战略				
	权重	战略 A	战略 B	战略 C	战略 D
外部因素					
因素 1					
因素 2					
因素 3					
……					
内部因素					
因素 1					
因素 2					
因素 3					
……					

第三节　商业银行战略执行与动态管理

战略的执行是一项系统工程，需要商业银行上下齐心协力、群策群力地共同完成。美国企业家拉里·博西迪（Larry Bossidy）认为，战略常常招致失败，是因为它没有被很好地执行。因而，一旦确定要实施新的或调整后的战略，商业银行必须作出整体战略部署，对成功执行战略规划需要具备哪些条件作出判断，调整优化资源配置，并对战略执行情况进行动态监控，及时修正原来的战略分析、战略选择和战略实施方案。

一、商业银行经营战略的执行

战略执行是指将战略方案转变为业务经营与管理活动，是实现战略目标的各种行为关系的总和。主要内容包括优化组织体系、建立分层次规划体系、整合配置资源、设计与绩效挂钩的激励机制、塑造良好的企业文化。

（一）优化组织体系

建立适应战略执行需要的组织结构，赋予战略实施部门和业务单元相应的职能、责任与权力，协调战略实施单元之间的关系，是确保战略执行的“硬件”基础。优化组织体系的核心是使组织架构和流程适应战略，涉及组织的扁平化、授权管理、流程再造、建立战略联盟、战略外包、信息技术的应用以及促进跨部门的信息沟通与合作。一般而言，以成本和效率为中心的战略通常采取职能式的组织架构，以充分发挥集权式管理刚性、统一的优势；以市场和研发为中心的战略通常采取事业部制组织架构，充分发挥分权式管理柔性、灵活的优势；以成本、效率、市场和研发为特色的战略应采取矩阵式的组织架构，可充分发挥集权式管理和分权式管理各自的优势。

（二）建立分层规划

要把经营战略真正落实为银行的各种经营管理活动，必须把银行战略目标和实现目标的各种措施分解和具体化，形成一个以银行整体为对象的、与银行战略规划相一致的、具有可操作性的战略规划体系。商业银行的战略规划体系可能包括区域发展规划（包括区域定位、业务定位和客户定位策略等）、业务发展规划（包括公司业务发展规划、零售业务发展规划、投融资业务发展规划、中间业务发展规划等）、虚拟渠道发展规划、资本运作规划（包括上市规划、收购兼并规划、战略联盟规划等）、风险管理规划、资源配置规划等。

（三）整合配置资源

战略的执行，离不开资源的支持保障；资源的稀缺性，决定了商业银行的投入不可能无限增长，因而，必须建立高效的资源配置机制，制订有关人力、物力、财力和信息资源配置数量、方式和时间的方案，确保资源按照各级、各类战略目标的重要程度、优先顺序和特征进行高效合理的配置，尤其要加大对关键部门、业务单元的资源投入，使银行在各级、各类战略执行的主攻方向上形成相对资源优势，为战略执行的最终成功奠定坚实基础。一是通过明确资源配置政策、加强传导效率考核，建立公开透明的配置机制，解决决策传导过程中的效率损失问题；二是通过完善资源配置模式、实施多维度资源配置，建立与价值管理相适应的配置方式。

（四） 设计激励机制

建立一个有利于促进战略有效执行的激励机制，关键在于把与战略相关的绩效度量作为设计激励措施/评价个人或团队和给予回报的主要依据。一般认为，有效的激励机制应具备以下特征：员工的绩效工资必须是员工报酬的主要部分；激励报酬计划不仅面向高层管理者，而且面向低层管理者和员工；奖励系统的管理必须谨慎/公正，要正确平衡奖赏与惩处；给予的激励只以战略绩效目标的完成情况为依据；每个员工期望实现的个人绩效目标应该是员工自己能力可控制的；缩短绩效评估和报酬支付之间的时间差；不仅依赖金钱激励，大胆运用非金钱激励；避免绕过报酬系统，避免根据努力程度而不是绩效结果给予员工奖励。目前商业银行通行的做法是通过平衡计分卡把发展战略、市场定位、价值目标以及绩效指标（KPI）有机地联系起来，从财务、客户、内部运营和学习成长四个维度界定发展目标和评价指标。

（五） 塑造企业文化

管理战略执行过程中的一个重要任务是建立和发展企业文化与银行战略的匹配关系。这是因为，如果企业文化与银行指导方针、绩效目标或战略相冲突，那么企业文化就会成为战略执行的绊脚石。管理者可通过以下三种方式利用价值观、道德标准来培育企业文化：一是传播银行战略意图；二是指导银行员工做正确的事以及正确地做事；三是培养判断特殊行动、决策和政策的适合性的道德意识。为了提高效率，必须通过训练使银行的价值观标准成为银行内部的一种行为方式乃至生活方式，并且得到严格地服从和遵守。此外，高层管理者必须遵守所推崇的并作为道德行为、价值判断和社会责任的标准。

专栏 10－3

某商业银行战略规划的实施管理机制

根据“统一部署、分层实施”的战略管理原则，商业银行要从总体、条线、分支行三个层面建立健全战略规划实施管理机制。

（一）总体层面

董事会战略委员会负责确定全行经营目标和中长期发展战略，并对战略规划执行情况进行检查和监督。经营层负责全行战略实施的组织、部署和协调，定期对全行战略执行情况进行回顾、分析，研究解决战略执行中遇到的重大问题，并根据外部形势变化，向董事会战略委员会及时提出战略更新的建议方案。总行发展规划部作为全行战略规划实施推动工作的日常管理部门，具体负责全行战略管理工作的组织协调，组织建立战略实施的控制和评价体系，组织制定全行各条线、各部门、各分支行的战略目标，并监控、评价战略目标完成情况，及时牵头研究影响全行战略实施的关键问题，并提出解决方案。

（二）条线层面

根据战略管理需要，全行划分为三大条线：业务条线、管理条线和支持条线。其中，业务条线细分为公司银行、中小企业业务、零售银行、国际业务四个条线；管理条线细分为风险管理、财务管理等条线；支持条线细分为营运、IT、人力资源等条线。总行各部门按照职责分工归属于各条线管理。每个条线的主管行长为本条线的战略执行第一责任人，各部门总经理为本部门的战略执行第一责任人，负责根据全行总体发展战略规划编制本条线、本部门的战略规划，并组织实施。

（三）分支行层面

各分支行行长为商业银行战略执行第一责任人，负责根据总体战略规划和条线规划编制商业银行战略规划，并组织实施。各分支行须指定具体部门负责商业银行战略实施工作的统一管理，对口总行发展规划部，具体负责商业银行战略管理工作的组织协调。

各条线、各部门、各分支行在战略实施过程中，均要定期对商业银行战略执行进度进行回顾、分析，研究解决战略执行中遇到的重大问题，对跨条线、跨部门、跨分支行的重大问题要及时提出解决意见和建议，报战略委员会商议。

二、商业银行经营战略的监测评价与动态管理

战略规划具有适用性的特征，但不是一成不变的。由于环境发生变化，特别是发生重大变化，有必要对既定战略规划进行调整与纠偏。董事会和经营层要对战略实施进程进行密切跟踪和监控，定期分析内外部环境变化对战略实施的影响，及时发现战略执行情况与规划目标的偏差，建立战略规划的监测评价与动态调整机制，采取有效措施，确保战略目标的实现。

（一） 树立动态战略管理观念

在保持战略相对稳定性和连续性的前提下，对发展战略及其实施计划也必须进行动态管理，提高战略管理的前瞻性，变反应式战略管理为预见式战略管理。

（二） 建立战略规划监测评估机制

监测评估机制的目的是使战略实施的进程和结果基本符合战略方案预期的进程与结果，为战略管理提供一个全面的、动态的内外部环境图景，以准确地估计自身的竞争能力、竞争对手的实力和外部环境所蕴藏的各种机会和威胁，适时地进行战略调整。战略监测主要内容包括：一是对战略执行情况进行密切跟踪与监测，分析银行内外部环境变化对战略实施的影响；二是通过定量和定性分析，监测战略的实施效果；三是把战略实施情况与战略目标和方案进行比较，发现战略执行的偏差；四是采取纠正措施，确保战略目标的实现。如果银行内外部经营环境和条件发生了较大变化，还需要调整和修正战略。

（三） 建立顺畅有效的战略沟通机制， 增强战略的向心力和凝聚力

一方面，要通过从上至下的战略分解来沟通战略并协调团队，使各部门、各分支行直至全体行员都清楚自身工作和全行战略目标之间的关系，明确自身的工作目标，树立强烈的使命感和方向感；另一方面，要通过从下而上的战略参与及时发现战略实施中的问题和吸收改进的建议。

（四） 建立战略风险的规避和化解机制

在战略发展规划的实施过程中，要及时辨识战略风险因素，不断分析、研究战略风险的影响，并形成分析和辨识战略风险因素的系统方法，在建立对战略风险的预警机制和快速反应机制的基础上，建立和不断完善商业银行的战略风险规避机制和化解机制，以免与战略风险正面冲突而遭到战略失败。

本章小结

1. 战略管理指根据对内外部环境和资源的深入分析，进行战略规划设计，确定企业未来方向与使命，并将之付诸实践，其关键要素包括战略分析、战略定位与选择、战略执行与控制、战略重构。商业银行的战略管理具有全局性、长期性、渐进性、相对稳定性、环境适应性的特征。

2. 商业银行战略分析通常遵循由外而内、由宏观至微观的分析路径，从整体市场环境、竞争性、商业银行三个层面渐次展开。其中，整体环境分析通常包括政治、经济、社会文化、技术四大类影响因素；竞争性可应用波特五力分析、竞争对手分析等方法加以解析；内部资源分析则包括资源、能力和核心竞争力三部分。

3. 商业银行战略决策的制定通常包括信息输入、匹配、决策三个阶段。

4. 商业银行战略执行的主要内容包括优化组织体系、建立分层次规划体系、整合配置资源、设计与绩效挂钩的激励机制、塑造良好的企业文化。

5. 商业银行应建立战略规划的监测评价与动态调整机制，及时发现战略执行情况与规划目标的偏差，采取有效措施，确保战略目标的实现。

本章重要概念

竞争战略　竞争优势　战略管理　PEST 分析　五力分析　SWOT 分析
SPACE 矩阵　定量战略计划矩阵　平衡计分卡

思考与练习

1. 商业银行战略管理的流程与特点是什么？
2. 商业战略分析应遵循怎样的分析路径？
3. 商业银行如何制定战略决策？
4. 商业银行如何确保战略实施成效？

案例分析

天津金城银行的经营战略①

作为首批试点的民营银行，天津金城银行股份有限公司（以下简称天津金城银行）定位于“公存公贷”，其定位是打造主流的互联网化公司银行。基于互联网、物联网等科技发展，

① 张漫游．“互联网+细分市场”天津金城银行突围对公红海［N］．中国经营报，2015－06－20，有删节。

用互联网思维和互联网金融方式发展以公司银行业务为主体的传统银行业务，发展以投行、金融市场业务等为重点的创新金融业务，成为国内主流的互联网化公司银行。

（一）成立事业部深耕细分市场

天津金城银行副行长周青松认为，传统商业银行在对公领域的竞争看似激烈，而实际上各家银行并没有在这一业务上形成特色竞争和垄断竞争，未来应该是差异化的竞争。天津金城银行将专注于财政金融、汽车金融、医疗卫生、旅游养老、节能环保、航空航天6大细分市场。之所以选定这6个专业的细分市场，主要是由于这些战略性新兴产业符合国家政策导向，具有高成长性、抗经济周期性、市场前景广阔的特点，有助于银行优化信贷结构，防范风险。

针对上述6个细分市场，天津金城银行专门成立了6个事业部，推行“1+1+1+N”营销细分战略。即“一个区域+一个行业细分市场+一款特色产品+高度可复制”。

在这6个行业中，天津金城银行将主要服务于优质的中小企业和民营经济。“面对一些大中型国有客户，就天津金城银行目前的实力而言，不仅难以与传统银行竞争，同时受资本金的约束，天津金城银行在与大客户谈判时，都很难享受平等的待遇。”天津金城银行公司业务负责人张鲲坦言，“传统银行资本规模庞大，银行的经营牌照和产品种类较丰富，单笔项目的授信额度大，面对大型企业他们更有优势。天津主流的大集团规模和负债都很庞大，我们可以算一下，天津金城银行现在的资本金只有30亿元，如果按照对单一客户的授信余额不得超过资本净额10%的标准，则授信额度是3亿元，按照单一集团客户授信余额不得超过资本净额15%的标准，额度是4.5亿元，这对大企业来说只是杯水车薪。目前，天津金城银行与这些大中型企业客户合作的方案就是利用这些企业的下属子公司，将它们作为核心企业，并以它们的交易大数据作为保障，为其上下游企业提供供应链金融服务。这些中小微企业符合天津金城银行的目标客户群定位，资源匹配度更高。”

“这样的合作是建立在市场细分和‘互联网+’思维的基础上。”张鲲举例道，该行现在正与天津市一家汽车贸易有限公司展开合作，以该公司为核心企业，开展供应链金融服务。目前该企业享受到的各家银行提供的金融服务集中在一手车交易市场，与二手车相关的金融服务尚有待加强。天津金城银行通过市场调研分析，发现该企业二手车市场的产业链条长、市场需求庞大，且该企业在这一领域经营多年，对行业有深入了解，占有一定的市场地位，依托真实的交易背景，以大量的交易数据和互联网技术作为保障，天津金城银行很快就与该企业达成共识并快速展开合作。

在经济下行的背景下，与零售业务相比，对公业务易受经济周期的影响，风险较大。温州中小企业发展促进会会长周德文推测，与传统银行相比，新开业的民营银行出现不良贷款危机的可能性更大。他担忧道：“民营银行定位于服务中小微企业，风险本来就很大，这要求民营银行在营业初期就树立起强大的风险意识。”

对此，张鲲告诉记者，在风险把控方面，监管层面对民营银行的要求并没有放松，天津金城银行风控部门的把关标准不比传统银行低，只是在依托云端大数据进行价值分析和收益覆盖风险上进行了创新。“我们不仅利用供应链提供金融服务，可以利用核心企业的大数据，确保贸易背景和贷款用途的真实性，而传统银行面临风险的主要原因就是授信企业的多元化经营和贷款的挪用，严禁用于民间借贷、炒股、高端消费等。”张鲲表示。

张鲲认为，虽然现在仍处于“三期叠加”的经济增长趋缓背景下，信用风险和市场风险不断积累、集中释放，但天津金城银行的成立恰好与此是轻偶合。

（二）打造互联网化公司银行

“结合天津的八大优势产业，支持天津主流优势的客户，只是天津金城银行发展对公业务的第一阶段。”张鲲告诉记者，“第二阶段是创新业务，即运用投行思维，打造资产驱动型、轻负债的银行，以大资管的理念，建立高效的资产池。先找到好的投资项目，再募集资金，通过创新的业务，增加资产资本周转的速度，增加收益率。第三个阶段是发展‘互联网 + ’业务。天津金城银行未来是要打造主流的、互联网化的公司银行，而非与传统银行在传统业务上进行市场竞争。在互联网业务方面，天津金城银行正在建立核心系统，之后会先逐步将金融产品移至线上。”

张鲲告诉记者，其实天津金城银行的传统业务、创新业务和“互联网 + ”业务是共同发展的，目前看来是传统业务发展得比较快，由于“互联网 + ”业务想要作出成绩并在全国范围内可复制还要一定的时间，年底，天津金城银行的首个互联网产品——“政购通”将会上线。

周青松表示，天津金城银行立足于“公存公贷”，会优先发展产业金融互联网，之后再发展消费金融互联网。“我们不会将自己打造成一个纯网络银行。与微众银行、网商银行相比，我们目前缺少数据支持，也没有线上客户，还是会结合实体网点一起服务客户。”周青松表示。

值得注意的是，天津金城银行虽然以“公存公贷”为主营业务，但并不意味着不做零售业务。周青松告诉记者，天津金城银行的零售业务是公司业务的长尾。“出于对业务结构搭配、补充和稳定的考虑，天津金城银行的零售业务不能不做。如果都是公司业务，银行的各项指标可能会出现大起大落，一定比例的零售业务可以对银行长期的发展起到稳定作用。在零售银行业务方面，我们不会和传统银行竞争，会按照自己的步调发展。现在传统商业银行的零售业务和对公业务一般为‘三七开’。我认为，未来天津金城银行的零售业务在 10% 左右是比较合理的，具体的比例会根据不同时期的战略选择而定。”

思考题：

请对天津金城银行的经营战略进行评价。

参考文献

[1] 鲍静海，马丽华．商业银行经营与管理［M］．北京：高等教育出版社，2013.

[2]［澳］布莱特·金．银行3.0——移动互联网时代的银行转型之道［M］．白宫，施轶，译校．广州：广东经济出版社，2014.

[3]［美］彼得·S. 罗斯，［美］西尔维娅·C. 赫金斯．商业银行管理［M］．刘园，译．北京：机械工业出版社，2013.

[4] 陈小宪．风险、资本、市值：中国商业银行飞跃的核心问题［M］．北京：中国金融出版社，2004.

[5] 戴国强．商业银行经营学［M］．北京：高等教育出版社，2016.

[6] 方堃．商业银行投资银行业务理论与实务［M］．天津：南开大学出版社，2014.

[7] 傅罡，李向军，李永强．商业银行绩效管理［M］．北京：清华大学出版社，2006.

[8] 盖锐．商业银行经营管理（第3版）［M］．北京：高等教育出版社，2014.

[9] 国务院：《存款保险条例》，2015。

[10] 葛兆强．商业银行经营管理十论［M］．北京：经济管理出版社，2012.

[11] 龚志坚．商业银行大变革：组织与流程再造［M］．北京：中信出版社，2015.

[12] 侯志铭，高嘉璘．商业银行经营管理［M］．北京：对外经济贸易大学出版社，2015.

[13] 胡良琼，李远慧．商业银行经营管理［M］．北京：北京大学出版社，2012.

[14] 黄宪，赵征，代军勋．银行管理学［M］．武汉：武汉大学出版社，2013.

[15] 黄勇．中国投资银行业务管理研究［M］．北京：经济科学出版社，2012.

[16] Joseph F. Sinkey，Jr.．商业银行财务管理（第6版）［M］．北京：中国人民大学出版社，2005.

[17] 杰恩·德米内．银行估值与价值管理——存贷款定价、绩效评估与风险管理［M］．于东智，译．北京：中国金融出版社，2014.

[18] 拉里·博西迪，拉姆·查兰，查尔斯·伯克．执行：如何完成任务的学问［M］．北京：机械工业出版社，2011.

[19] 李志辉．商业银行管理学（第三版）［M］．北京：中国金融出版社，2015.

[20] 廖继全．巴塞尔协议Ⅲ解读与银行经济资本应用实务［M］．北京：企业管理出版社，2013.

[21] 刘春志．商业银行经济资本：理论解释与中国实践［M］．北京：中国社会科学出版社，2011.

[22] 刘金波．银行经营管理［M］．北京：中国金融出版社，2012.

[23] 刘肖原，范淑芳．商业银行经营与管理［M］．北京：中国人民大学出版社，2014.

[24] 刘忠燕．商业银行经营管理学［M］．北京：中国金融出版社，2014.

［25］廖继全．银行经济资本——领先银行的创新逻辑与实务方法［M］．北京：企业管理出版社，2015.

［26］林强．中美银行的较量——中美银行经营管理比较（第二版）［M］．成都：西南财经大学出版社，2015.

［27］彭建刚．商业银行管理学（第四版）［M］．北京：中国金融出版社，2015.

［28］潘敏．商业银行公司治理——基于银行业特征的研究［M］．北京：人民出版社，2013.

［29］全国人民代表大会常务委员会：《中华人民共和国商业银行法》，2015。

［30］全国人民代表大会常务委员会：《中华人民共和国银行业监督管理法》，2003。

［31］［韩］W. 钱·金，［美］勒妮·莫博涅．蓝海战略［M］．吉宓，译．北京：商务印书馆，2005.

［32］宋清华．银行危机论［M］．北京：经济科学出版社，2000.

［33］苏立峰，高晓娟．商业银行经营与管理案例分析［M］．上海：立信会计出版社，2015.

［34］田美玉，鲍静海．投资银行学［M］．南京：东南大学出版社，2005.

［35］王红梅，王建华．商业银行经营管理［M］．北京：中国人民大学出版社，2013.

［36］吴琼昂．中国商业银行利率定价管理［M］．北京：中国财政经济出版社，2010.

［37］许学军．商业银行绩效考核实务［M］．上海：上海财经大学出版社，2006.

［38］薛誉华，郑晓玲．现代商业银行经营管理［M］．上海：复旦大学出版社，2012.

［39］［英］休亨瑞·乔德里著，于东智译．银行流动性风险与资产负债管理导论［M］．北京：中国金融出版社，2012.

［40］余姗．投资银行业务［M］．北京：北京大学出版社，2013.

［41］银行业专业人员职业资格考试办公室．风险管理（中级）［M］．北京：中国金融出版社，2016.

［42］叶龙森，宋清华．风险管理与现代金融［J］．财贸经济，2007（11）.

［43］阎庆民，杨爽．互联网＋银行变革与监管［M］．北京：中信出版社，2015.

［44］张立迎，张璇．商业银行经营管理［M］．北京：科学出版社，2013.

［45］张育军．金融危机与改革［M］．北京：中信出版社，2014.

［46］赵昌文，杨记军，夏秋．中国转型期商业银行的公司治理与绩效研究［J］．管理世界，2009（7）.

［47］郑先炳．西方商业银行最新发展趋势［M］．北京：中国金融出版社，2002.

［48］中国银行业从业人员资格认证办公室．公司信贷［M］．北京：中国金融出版社，2013.

［49］中国银行业从业人员资格认证办公室．个人贷款［M］．北京：中国金融出版社，2013.

［50］中国银行业从业人员资格认证办公室．风险管理［M］．北京：中国金融出版社，2013.

［51］中国银行业监督管理委员会：《商业银行公司治理指引》，2013。

［52］中国银行业监督管理委员会：《商业银行资本管理办法（试行）》，2013。

［53］中国银行业监督管理委员会宣传部．中国银行业监督管理委员会 2015 年报［M］．北京：中国金融出版社，2016.

［54］中国银行业监督管理委员会：《中国银行业运行报告（2014 年度）》，2015。

［55］中国银行业协会行业发展研究委员会．中国银行业发展报告（2015）［M］．北京．中国金融出版社，2015.

[56] 中国银行业协会行业发展研究委员会．中国银行业发展报告（2016）［M］．北京：中国金融出版社，2016.

[57] 周骏，张中华，宋清华．商业银行创新与资本市场［M］．北京：中国金融出版社，2006.

[58] 朱新蓉，宋清华．商业银行经营管理［M］．北京：中国金融出版社，2009.

[59] 庄毓敏．商业银行业务与经营（第三版）［M］．北京：中国人民大学出版社，2010.

[60] 张中华，朱新蓉，唐文进．2015 中国金融发展报告［M］．北京：北京大学出版社，2016.

[61] 邹传伟．银行流动性风险计量和监管的理论分析［J］．金融监管研究，2016（7）.

[62] 中国人民银行金融研究所．新金融时代［M］．北京：中信出版社，2015（11）.

[63] 中国银监会国际部．商业银行资本工具创新研究［M］．北京：中国金融出版社，2015.

[64] Arnold, Ivo J. M. and S. E. Van Ewijk. The Quest for Growth: The Impact of Bank Strategy on Interest Margins. *International Review of Financial Analysis*, 2012, 25 (6), pp. 18 – 27.

[65] Altman, Edward I., Robert G. Haldeman and Paul Narayanan. ZETA Analysis, A New Model for Bankruptcy Classification. *Journal of Banking and Finance*, 1977, 1 (1), pp. 29 – 54.

[66] Altman, Edward I.. Financial Ratios, Discriminant Analysis and the Prediction of Corporate Bankruptcy. *Journal of Finance*, 1968, 23 (4), pp. 589 – 609.

[67] Basel Committee on Banking Supervision. International Convergence of Capital Measurement and Capital Standards: A Revised Framework, November, 2005.

[68] Basel Committee on Banking Supervision. International Convergence of Capital Measurement and Capital Standards: A Revised Framework (Comprehensive Version), June, 2006.

[69] Basel Committee on Banking Supervision. Basel Ⅲ: A Global Regulatory Framework for More Resilient Banks and Banking Systems, Revised June, 2011.

[70] Basel Committee on Banking Supervision. Basel Ⅲ: International Framework for Liquidity Risk Measurement, Standards and Monitoring, December, 2010.

[71] Basel Committee on Banking Supervision. Basel Ⅲ: The Liquidity Coverage Ratio and Liquidity Risk Monitoring Tools, Revised January, 2013.

[72] Basel Committee on Banking Supervision. Basel Ⅲ: The Net Stable Funding Ratio, October, 2014.

[73] Batiz – lazo, Bernado and Douglas Wood. Strategy, Competition and Diversification in European and Mexican Banking. International Journal of Bank Marketing, 2003, 21 (4), pp. 202 – 216.

[74] Belkhaoui, Samir, Lassaad Lakhal, Faten Lakhal and Slaheddine Hellara. Market Structure, Strategic Choices and Bank Performance: A Path Model. Managerial Finance, 2014, 40 (6), pp. 538 – 564.

[75] Bos, J. W. B. and C. J. M. Kool. Bank Efficiency: The Role of Bank Strategy and Local Market Conditions. *Journal of Banking and Finance*, 2006, 30 (7), pp. 1953 – 1974.

[76] Grant, Robert M.. Contemporary Strategy Analysis. Blackwell Publishers, 1991.

[77] Hall, Richard. The Strategic Analysis of Intangible Resources. *Strategic Management Journal*, 1992, 13 (2), pp. 135 – 144.

[78] Harrison, Jeffrey S. and Caron H. St. John. Foundations in Strategic Management. Cengage Learning, 2013.

[79] Hull, John C.. Options, Futures, and Other Derivatives (9th edition). Prentice Hall, 2014.

[80] Hull, John C.. Risk Management and Financial Institutions (3th edition). John Wiley & Sons Inc.,

2012.

[81] Jorion, Philippe. Financial Risk Manager Handbook (6th edition). John Wiley & Sons, 2010.

[82] Jorion, Philippe. Value at Risk: The New Benchmark for Managing Financial Risk (3th edition). Mc Graw – Hill, 2007.

[83] Koch, Timothy W. and S. Scott Mac Donald. Bank Management (8rd edition). Cengage Learning, 2014.

[84] Moutinho, Luiz and Kamal Naser. Strategic Marketing Management: The Case of Islamic Banks. *International Journal of Bank Marketing*, 1997, 15 (6), pp. 187 – 203.

[85] Rose, Peter S.. Commercial Bank Management. 5th edition. Mc Graw – Hill Higher Education, 2001.

[86] Rose, Peter S. and Sylvia C. Hudgins. Bank Management & Financial Services. 9th edition. Mc Graw – Hill Education, 2012.

[87] Robbins, Lynch. Strategic Management. 7th revised edition. Pearson Education Limited, 2015.

[88] Young, Mark R.. Market Structure Analysis: A Foundation for Developing and Assessing Bank Strategy. *International Journal of Bank Marketing*, 1999, 17 (1), pp. 20 – 25.

21 世纪高等学校金融学系列教材

一、货币银行学子系列

★货币金融学（第五版）	朱新蓉	主编	69.00 元	2021.05 出版
（普通高等教育“十一五”国家级规划教材/国家精品课程教材·2008）				
货币金融学	张　强　乔海曙	主编	32.00 元	2007.05 出版
（国家精品课程教材·2006）				
货币金融学（附课件）	吴少新	主编	43.00 元	2011.08 出版
货币金融学（第二版）	殷孟波	主编	48.00 元	2014.07 出版
（普通高等教育“十五”国家级规划教材）				
现代金融学——货币银行、金融市场与金融定价	张成思	编著	58.00 元	2019.10 出版
货币银行学（第二版）	夏德仁　李念斋	主编	27.50 元	2005.05 出版
货币银行学（第三版）	周　骏　王学青	主编	42.00 元	2011.02 出版
（普通高等教育“十一五”国家级规划教材）				
货币银行学原理（第六版）	郑道平　张贵乐	主编	39.00 元	2009.07 出版
金融理论教程	孔祥毅	主编	39.00 元	2003.02 出版
西方货币金融理论	伍海华	编著	38.80 元	2002.06 出版
现代货币金融学	汪祖杰	主编	30.00 元	2003.08 出版
行为金融学教程	苏同华	主编	25.50 元	2006.06 出版
中央银行通论（第三版）	孔祥毅	主编	40.00 元	2009.02 出版
中央银行通论学习指导（修订版）	孔祥毅	主编	38.00 元	2009.02 出版
商业银行经营管理（第二版修订版）	宋清华	主编	50.00 元	2021.08 出版
商业银行管理学（第五版）	彭建刚	主编	53.00 元	2019.04 出版
（普通高等教育“十一五”国家级规划教材/国家精品课程教材·2007/国家精品资源共享课配套教材）				
商业银行管理学（第三版）	李志辉	主编	48.00 元	2015.10 出版
（普通高等教育“十一五”国家级规划教材/国家精品课程教材·2009）				
商业银行管理学习题集	李志辉	主编	20.00 元	2006.12 出版
（普通高等教育“十一五”国家级规划教材辅助教材）				
商业银行管理	刘惠好	主编	27.00 元	2009.10 出版
现代商业银行管理学基础	王先玉	主编	41.00 元	2006.07 出版
金融市场学（第三版）	杜金富	主编	55.00 元	2018.07 出版
现代金融市场学（第四版）	张亦春	主编	50.00 元	2019.02 出版
中国金融简史（第二版）	袁远福	主编	25.00 元	2005.09 出版
（普通高等教育“十一五”国家级规划教材）				
货币与金融统计学（第四版）	杜金富	主编	48.00 元	2018.07 出版
（普通高等教育“十一五”国家级规划教材/国家统计局优秀教材）				
金融信托与租赁（第五版）	王淑敏　齐佩金	主编	45.00 元	2020.06 出版
（普通高等教育“十一五”国家级规划教材）				
金融信托与租赁案例与习题	王淑敏　齐佩金	主编	25.00 元	2006.09 出版

（普通高等教育“十一五”国家级规划教材辅助教材）

金融营销学	万后芬	主编	31.00 元	2003.03 出版
金融风险管理	宋清华　李志辉	主编	33.50 元	2003.01 出版
网络银行（第二版）	孙　森	主编	36.00 元	2010.02 出版
（普通高等教育“十一五”国家级规划教材）				
银行会计学	于希文　王允平	主编	30.00 元	2003.04 出版

二、国际金融子系列

国际金融学	潘英丽　马君潞	主编	31.50 元	2002.05 出版
★国际金融概论（第五版）	孟　昊　王爱俭	主编	45.00 元	2020.01 出版
（普通高等教育“十二五”国家级规划教材/国家精品课程教材·2009）				
国际金融（第三版）	刘惠好	主编	48.00 元	2017.10 出版
国际金融概论（第三版）（附课件）	徐荣贞	主编	40.00 元	2016.08 出版
★国际结算（第七版）（附课件）	苏宗祥　徐　捷	著	70.00 元	2020.08 出版
（普通高等教育“十二五”国家级规划教材/2012—2013 年度全行业优秀畅销书）				
各国金融体制比较（第三版）	白钦先	等编著	43.00 元	2013.08 出版

三、投资学子系列

投资学（第三版）	张元萍	主编	56.00 元	2018.02 出版
证券投资学	吴晓求　季冬生	主编	24.00 元	2004.03 出版
证券投资学（第二版）	金　丹	主编	49.50 元	2016.09 出版
现代证券投资学	李国义	主编	39.00 元	2009.03 出版
证券投资分析（第二版）	赵锡军　李向科	主编	35.00 元	2015.08 出版
组合投资与投资基金管理	陈伟忠	主编	15.50 元	2004.07 出版
投资项目评估（第三版）	李桂君　宋砚秋　王瑶琪	主编	60.00 元	2021.06 出版
项目融资（第三版）	蒋先玲	编著	36.00 元	2008.10 出版

四、金融工程子系列

金融经济学教程（第二版）	陈伟忠　陈珩瑱	主编	46.00 元	2016.09 出版
衍生金融工具（第二版）	叶永刚　张　培	主编	37.00 元	2014.08 出版
现代公司金融学（第三版）	马亚明	主编	59.00 元	2021.08 出版
金融计量学	张宗新	主编	42.50 元	2008.09 出版
数理金融	张元萍	编著	29.80 元	2004.08 出版
金融工程学	沈沛龙	主编	46.00 元	2017.08 出版

五、金融英语子系列

金融英语阅读教程（第四版）	沈素萍	主编	48.00 元	2015.12 出版
（北京高等教育精品教材）				
金融英语阅读教程导读（第四版）	沈素萍	主编	23.00 元	2016.01 出版
（北京高等学校市级精品课程辅助教材）				
保险专业英语	张栓林	编著	22.00 元	2004.02 出版
保险应用口语	张栓林	编著	25.00 元	2008.04 出版

注：加★的书为“十二五”普通高等教育本科国家级规划教材。

21世纪高等学校保险学系列教材

保险学概论	许飞琼	主编	49.80元	2019.01出版
保险学（第二版）	胡炳志　何小伟	主编	29.00元	2013.05出版
保险精算（第三版） （普通高等教育“十一五”国家级规划教材）	李秀芳　曾庆五	主编	36.00元	2011.06出版
人身保险（第二版）	陈朝先　陶存文	主编	20.00元	2002.09出版
财产保险（第六版） （普通高等教育“十一五”国家级规划教材/普通高等教育精品教材奖）	许飞琼　郑功成	主编	56.00元	2020.12出版
财产保险案例分析	许飞琼	编著	32.50元	2004.08出版
海上保险学	郭颂平　袁建华	编著	34.00元	2009.10出版
责任保险	许飞琼	编著	40.00元	2007.11出版
再保险（第二版） （普通高等教育“十一五”国家级规划教材）	胡炳志　陈之楚	主编	30.50元	2006.02出版
保险经营管理学（第二版） （普通高等教育“十一五”国家级规划教材）	邓大松　向运华	主编	42.00元	2011.08出版
保险营销学（第四版） （教育部经济类专业主干课程推荐教材）	郭颂平　赵春梅	主编	42.00元	2018.08出版
保险营销学（第二版）	刘子操　郭颂平	主编	25.00元	2003.01出版
★风险管理（第五版） （普通高等教育“十一五”国家级规划教材）	许谨良	主编	36.00元	2015.08出版
保险产品设计原理与实务	石　兴	著	24.50元	2006.09出版
社会保险（第四版） （普通高等教育“十一五”国家级规划教材）	林　义	主编	39.00元	2016.07出版
保险学教程（第二版）	张　虹　陈迪红	主编	36.00元	2012.07出版
利息理论与应用（第二版）	刘明亮	主编	32.00元	2014.04出版

注：加★的书为“十二五”普通高等教育本科国家级规划教材。